国家社科基金
GUOJIA SHEKE JIJIN HOUQI ZIZHU XIANGMU
后期资助项目

国家社科基金后期资助项目（23FGLB070）

“双碳”目标驱动的智慧供应链运作管理研究

邱玉琢　著

中国财经出版传媒集团
中国财政经济出版社
·北 京·

国家社科基金后期资助项目
出版说明

后期资助项目是国家社科基金设立的一类重要项目，旨在鼓励广大社科研究者潜心治学，支持基础研究多出优秀成果。它是经过严格评审，从接近完成的科研成果中遴选立项的。为扩大后期资助项目的影响，更好地推动学术发展，促进成果转化，全国哲学社会科学工作办公室按照“统一设计、统一标识、统一版式、形成系列”的总体要求，组织出版国家社科基金后期资助项目成果。

全国哲学社会科学工作办公室

序

在21世纪的第三个十年，全球气候变化已成为人类面临的严峻挑战之一。2024年，全球平均气温较工业化前水平上升1.6摄氏度，极端天气事件频发，给全球经济和社会带来前所未有的压力。在这一背景下，实现“双碳”目标已成为全球共识，而中国作为世界第二大经济体，在这场绿色变革中扮演着关键角色。

当前，我国正处于工业化和城市化进程的关键阶段，能源结构转型面临巨大挑战。化石能源占比仍超过80%，能源强度和碳强度下降速度亟待提升。与此同时，国际碳关税政策的实施使我国出口企业面临新的贸易壁垒，推动供应链绿色转型已成为当务之急。

在这一历史性时刻，邱玉琢教授的《“双碳”目标驱动的智慧供应链运作管理研究》应运而生。邱教授是教育部物流管理与工程教指委物流管理工作组副组长，是我国物流领域十分勤奋努力的青年学者，近年来佳作频出，且主持过国家社科基金重大项目。邱教授以其深厚的学术造诣和丰富的实践经验，为我们呈现了一部兼具理论深度和实践价值的学术著作。

本书的创新之处在于构建了一个完整的“双碳”目标驱动下的智慧供应链运作管理理论体系。在车辆路径规划方面，作者创新性地将碳排放规制和客户行为纳入研究框架，为生鲜电商物流的“最后一公里”问题提供了切实可行的解决方案。在库存路径规划领域，针对疫情等突发事件，提出了基于预测需求函数的优化模型，有效避免了过度补货问题。在生产路径规划方面，构建的双层模型为碳排放规制下的生产决策提供了科学依据。

特别值得关注的是，本书在智慧供应链协调决策方面的突破性研究。通过构建多层次闭环供应链博弈结构，深入分析了不同激励政策的实施效果，为双渠道供应链管理提供了新的思路。在智慧供应链运作仿真研究方面，作者提出的优化方法对全球供应链的联合设计和规划具有重要指导意义。

本书不仅为学术界提供了丰富的理论素材，更为企业实践提供了切实可行的指导方案。无论是高校师生、科研人员，还是企业管理者，都能从中获得启发。虽然在某些领域还有待进一步深化研究，但毋庸置疑，这是一部在智慧供应链运作管理领域具有里程碑意义的著作。

在全球向低碳经济转型的关键时期，本书的出版恰逢其时。它不仅为我们提供了应对气候变化挑战的新思路，更为实现可持续发展目标指明了方向。相信本书一定能成为推动我国供应链管理领域创新发展的重要力量，为构建绿色、智能、高效的现代供应链体系作出重要贡献。

黄有方

于上海海事大学

2024 年 12 月

前　言

当今社会，我们面临气候变化威胁、温室气体排放增加、可持续发展需求、国际共识与政策承诺以及技术进步与创新机遇。与此同时，我们也要承受数据爆炸和数字化转型、数据驱动决策的需求、管理科学和运筹学的发展、技术进步和计算能力的提升，以及商业竞争和经营效率的提高等给我们施加的压力，于是“双碳”目标驱动的数智管理问题受到越来越多的关注。另外，全球化加剧和复杂性增加、实时和准确信息需求的提升、客户需求日益多样化和个性化、可持续发展的要求，以及技术进步和数字化转型的机遇，共同推动了智慧供应链运作管理研究的发展。因此，研究“双碳”目标驱动的智慧供应链运作管理的特点和规律，对推动供应链的低碳智能运作和发展具有重要意义。

本书在梳理车辆路径规划、库存路径规划、生产路径规划、绿色供应链协调决策、绿色全球供应链设计仿真等相关问题的基础上，提出了“双碳”目标驱动的智慧供应链运作管理这一概念，并结合碳排放规制、车队构成、目标结构、客户理性、绿色机制等因素进行研究，以期明晰供应链低碳智能运作管理的相关规律，构建“双碳”目标驱动的智慧供应链运作管理的理论体系，总结供应链低碳智能运作管理的经验和教训，为我国相关企业的供应链低碳智能运作管理活动提供理论支撑和实践指导。本书的主要内容包括如下五个方面。

一、碳排放规制下智慧供应链车辆路径规划研究

本部分分析解决了碳排放规制下生鲜供应链异构车队路径规划、油电混合车队路径规划、考虑低碳的多目标冷链混合车队路径规划、考虑客户有限理性的生鲜供应链“最后一公里”问题、校园无人车两阶段多行程供应链路径规划、考虑客户满意度的供应链纯电动车路径规划等智慧供应链车辆路径规划问题，综合运用了混合整数规划、多目标规划等模型，采用禁忌搜索、遗传算法、可变邻域搜索、混合启发式算法等启发式方法，并

进行了敏感性和对比分析的计算和实例分析，为碳排放规制下智慧供应链车辆路径规划提供依据。

二、碳排放规制下智慧供应链库存路径规划研究

本部分以新冠疫情为背景，构建了一个通用的应急物资供应商管理库存路径规划模型。在研究补货决策中使用了预测需求函数，以避免过度补货的问题，因为单独依赖最大限度补货政策可能导致补货过度，与实际需求脱节。本部分还设计了改进的蚁群优化算法，结合遗传算法中的交叉、变异以及局部改进操作，以避免蚁群优化算法过早地陷入局部最优，扩大其搜索域，从而提高算法的性能，同时对算法参数和模型参数分别进行敏感性和对比分析，为计算和实例分析提供依据。

三、碳排放规制下智慧供应链生产路径规划研究

本部分以电子商务、送货上门服务和城市化的快速增长为背景，考察了防止大型卡车堵塞城市道路，由环保和小型车辆完成“最后一公里”配送活动的有效多层网络结构，构建了包含换装配送中心的双层生产路径模型。本部分通过一种基于数学规划的启发式算法以快速找到可行解，设计了分枝－割平面算法，并引入了有效不等式来加强数学模型，提供对配送中心处理成本、库存成本和路径成本之间动态平衡的管理见解，为碳排放规制下智慧供应链生产路径规划提供依据。

四、碳排放规制下智慧供应链协调决策研究

首先，本部分在包括制造商、零售商/再制造商以及回收中心的多层次闭环供应链中提出了一种新的优选博弈结构。基于两阶段博弈论，考虑了制造、再制造和交付过程中的减排。在此基础上，构建斯塔克尔伯格、纳什博弈以及讨价还价结构，通过比较说明分散决策模型的优势，通过数值分析发现减排率与相应利润之间的相关关系。其次，本部分分析了激励制造商进行研发投资和根据产品的绿色化水平直接激励消费者这两种激励政策的利与弊。在制造商和零售商之间的斯塔克尔伯格、纳什博弈框架下，推导出最优决策，并进行比较分析，探讨制造商在两种策略下的最优解、消费者剩余和环境改善的特征。最后，针对制造商主导的垂直整合、分散、部分整合零售、部分整合直销和水平整合五种网络结构，本部分提出了一个考虑碳限额与交易政策的双渠道供应链模型。通过逆向归纳方法，本部分确定了最优的批发价格、销售价格、需求和减排率，评估了各

种网络结构下碳排放配额和碳排放水平对最优批发价格、销售价格、需求和减排率的影响；通过敏感性分析衡量了消费者的渠道偏好对价格和减排率的影响，以最大限度地减少碳足迹。

五、碳排放规制下智慧供应链运作仿真研究

本部分研发了一种基于仿真的优化方法，旨在联合设计和规划全球供应链，以最小化成本和二氧化碳排放。分析和优化全球供应链所需的假设包括确定交货时间、中央配送设施的无延误交货以及补充供应链节点库存的二次方案。本部分探讨了当这些假设被放宽时，分析优化过程中的决策是否会发生变化，以及如何变化。本部分还将该方法应用于实际供应链结构，并揭示了供应链节点的最佳交货周期、中央配送设施可以选择的运作服务水平、在最佳条件下网络的成本和二氧化碳排放量降低水平以及战略网络设计决策解决方案。

邱玉琢

2024 年 10 月

目 录

第一篇 “双碳”目标驱动的智慧供应链运作优化

第二篇　“双碳”目标驱动的智慧供应链协调管理

第三篇　“双碳”目标驱动的智慧供应链仿真

绪　论

一、研究背景与动机

（一）研究背景

在当今全球气候越发恶劣的背景下，碳中和成为各国政府和企业关注的焦点。作为全球最大的温室气体排放国之一，中国正在积极采取行动，努力实现碳中和目标。其中，“双碳”目标作为中国碳中和的一个重要阶段性目标备受瞩目。我国的“双碳”目标，是指到2030年我国二氧化碳排放达到峰值，并努力争取在2060年前实现碳中和。这不仅仅是一个数字目标，更涉及我国经济结构和产业发展的深刻变革。在这一背景下，智慧供应链运作管理显得尤为重要。智慧供应链运作管理，是指利用信息技术和数据分析等手段，对供应链中的各个环节进行优化和协同，实现资源的高效利用和排放的最小化。在“双碳”目标的驱动下，传统的供应链管理模式已经无法满足碳中和的要求，要想达到该要求，必须借助智慧技术来提升供应链的管理水平。基于对这一背景的深刻认识和研究，本书通过系统梳理“双碳”目标对中国经济和供应链管理的影响，探讨了仿真、优化与决策技术在供应链运作管理中的应用，为实现碳中和目标提供理论支撑和实践指导。

1. “双碳”目标驱动

“双碳”目标是中国政府在2030年前实现碳达峰，2060年前实现碳中和的承诺。这一目标的实现对于减缓全球气候变化、保护生态环境具有重要意义。为了达成“双碳”目标，各行各业都需要积极采取措施，减少碳排放，提高能源利用效率，推动绿色发展。

开展“双碳”目标驱动研究的背景主要包括以下几个方面。

首先，“双碳”目标是国际社会对气候变化问题的共识。随着全球气候变暖的状况日益严重，各国纷纷提出减排目标，以应对气候变化带来的挑战。中国作为世界上最大的碳排放国之一，承担着应对气候变化的责任和义务。

其次，“双碳”目标是中国经济转型升级的需要。传统的发展模式已经难以为继，高碳经济发展模式不仅加大了资源环境压力，也限制了未来经济增长的潜力。实施“双碳”目标，可以推动经济结构调整，促进绿色低碳发展，实现经济可持续增长。

最后，“双碳”目标是推动科技创新和产业升级的动力。实现“双碳”目标，需要依靠技术创新和产业升级，推动能源、交通、建筑等领域的绿色转型。开展“双碳”目标驱动研究，可以促进科技创新，加快绿色技术的研发和应用，推动产业结构升级。

综上所述，开展“双碳”目标驱动研究具有重要的现实意义和深远的战略意义。只有不懈努力，加大政策支持力度，推动技术创新和产业转型，才能最终实现2030年前碳达峰、2060年前碳中和的目标，为构建美丽中国、美丽世界作出贡献。

2. 数智管理

数智管理研究是当今商业领域中备受关注的一个重要课题。随着信息技术的迅猛发展和大数据的不断涌现，企业管理方式将面临前所未有的挑战和机遇。为了更好地适应这一变化，开展数智管理研究变得尤为重要。

首先，数智管理研究源于对管理领域的数字化和信息化趋势的关注。互联网和物联网的发展带来了海量的数据，对传统的数据处理和分析方法提出了挑战，也为管理决策提供了更多的可能性。人工智能技术的快速发展为管理领域带来了新的机遇和挑战。机器学习、自然语言处理、数据挖掘等技术的应用，使管理者能够更好地理解和预测市场趋势、客户需求，优化运营和管理流程。

其次，全球化竞争的加剧推动了数智管理研究的发展。在全球化的背景下，企业的竞争对手来自各个国家，所面临的市场变化迅速，传统管理方式已经无法适应快速变化的市场环境。通过数智管理研究，企业可以更好地把握市场动态，及时调整策略，提高竞争力。

最后，消费者行为的复杂性也是促使数智管理研究兴起的原因之一。随着消费者需求多样化和个性化的发展，传统的市场营销方式已经无法满足消费者的需求。通过数智管理研究，企业可以深入了解目标市场的特征、偏好和行为，从而进行更精准的市场定位。

综上所述，可以说，数智管理研究的兴起是多方面因素共同作用的结果。通过开展数智管理研究，企业可以更好地应对市场挑战，提高经营效率，实现可持续发展。随着技术的不断进步和数据的不断涌现，数智管理研究必将成为企业管理的发展趋势。

3. 智慧供应链运作管理

随着全球经济的快速发展和信息技术的飞速进步，智慧供应链运作管理作为一种新型的管理模式逐渐受到人们的关注。在这种背景下，开展智慧供应链运作管理研究显得尤为重要。

首先，传统的供应链管理模式已经难以适应当今复杂多变的市场环境。全球化加剧、市场竞争激烈、消费者需求多样化等因素使传统的供应链管理模式面临许多挑战。智慧供应链运作管理的引入，可以通过信息技术的运用实现供应链各环节的智能化和优化，提高供应链的灵活性和响应速度，更好地适应市场需求的变化。

其次，智慧供应链运作管理研究可以促进企业间的合作与协同。在传统的供应链管理模式下，企业间往往存在信息不对称、合作不足等问题，导致供应链效率低下。而智慧供应链运作管理通过信息技术的应用，实现了供应链各环节的信息共享和协同决策，有利于提高整个供应链的运作效率，降低企业成本，提升服务质量。

最后，智慧供应链运作管理研究也有利于推动企业转型升级和提升竞争力。随着信息技术的广泛应用，企业已经逐渐意识到智慧供应链运作管理的重要性。开展相关研究有助于企业了解最新的管理理念和技术趋势，加快转型升级，提高核心竞争力，实现可持续发展。

综上所述，开展智慧供应链运作管理研究，是适应市场环境变化、促进企业合作与协同、推动企业转型升级的必然选择。只有不断深化研究，不断探索创新，才能更好地应对挑战，实现供应链管理的高效运作和持续发展。

基于对上述这些背景的深刻认识，本书将开展“双碳”目标驱动的智慧供应链运作管理研究，以期提高供应链低碳智能运作管理效率、环境治理效率、资源利用效率，促进生态可持续发展。

（二）研究动机

随着全球气候变化的不断加剧，碳排放问题已经成为各国政府和企业关注的重点。为实现碳中和目标，许多学者开始积极探索如何开展“双碳”目标驱动的智慧供应链运作管理研究。

首先，开展这项研究的动机在于实现可持续发展。通过优化供应链管理，企业可以减少碳排放，减少资源浪费，提高运营效率。这不仅有助于企业降低成本，提升竞争力，还有助于减小对环境的负面影响，实现绿色发展。

其次，智慧供应链运作管理研究可以提升企业的创新能力。随着科技的不断进步，智能化、数字化已经成为供应链管理的趋势。通过引入人工智能、大数据分析等技术，企业可以实现供需匹配的精准化，降低库存成本，提高交付效率，进而提升整体运作效率。

最后，开展“双碳”目标驱动研究还有助于企业塑造良好的社会形象。在消费者越来越关注企业的社会责任感的今天，采取环保措施已经成为企业的重要任务。通过实施碳中和政策，企业可以向社会传递环保、可持续发展的正面形象，赢得消费者的信任和支持。

综上所述，开展“双碳”目标驱动的智慧供应链运作管理研究是企业可持续发展的需要，是提升竞争力的关键，也是建立良好社会形象的有效途径。

二、研究目标和意义

（一）研究目标

“双碳”目标驱动的智慧供应链运作管理研究，旨在通过深入探讨，提升环保意识，促进供应链运作的可持续发展。明确“双碳”目标在智慧供应链管理中的具体作用与影响，为企业提供有效的管理策略和实践指导。

首先，研究目标在于分析“双碳”目标对智慧供应链运作管理的影响，包括在减少碳排放、提高能源利用效率、优化物流运输等方面的作用。通过深入研究，可以揭示“双碳”目标在供应链管理中的作用机制，为企业制定可持续发展的战略和政策提供理论支持。

其次，研究目标还包括探讨“双碳”目标在智慧供应链管理中的具体实践案例和成功经验，通过借鉴和总结已有的实践经验，为其他企业提供可复制和推广的最佳实践模式。这有助于推动更多企业积极响应“双碳”目标，加速智慧供应链管理的发展和普及。

总体来说，通过开展“双碳”目标驱动的智慧供应链运作管理研究，旨在促进企业增强环保意识和可持续发展水平，推动供应链管理向智慧、绿色、低碳的方向发展，为构建更加和谐、可持续的社会和环境作出积极贡献，同时为推动智慧供应链运作管理领域的发展作出积极贡献。

（二）研究意义

在当前全球气候变化挑战日益严峻的背景下，各国纷纷承诺实现碳中和目标，其中，我国的“双碳”目标更是备受关注。在这一背景下，开展“双碳”目标驱动的智慧供应链运作管理研究显得尤为重要。

首先，智慧供应链运作管理是指通过运用先进的信息技术和数据分析手段，实现对供应链各环节的智能监控和优化，以提高效率、降低成本、减少资源浪费。在实现“双碳”目标的过程中，供应链的高效运作尤为关键，智慧供应链管理可以实现对碳排放的有效监控和管理，从而更好地实现碳中和目标。

其次，“双碳”目标的实现需要全社会的共同努力，而供应链作为连接生产者和消费者的纽带，承担着重要责任。通过开展智慧供应链运作管理研究，我们可以实现对供应链碳排放情况的实时监控和数据分析，及时发现问题并进行优化调整，从而更好地实现碳减排目标。

最后，智慧供应链运作管理研究的意义还在于推动企业转型升级。随着“双碳”目标的提出，企业需要从传统的生产模式转向绿色低碳的发展道路，而智慧供应链管理正是实现这一转型的重要手段。通过智能技术和数据分析的应用，企业能够全面优化供应链，提升生产效率，同时减少碳排放，实现可持续发展。

总之，开展“双碳”目标驱动的智慧供应链运作管理研究具有重要的意义，不仅可以帮助企业实现碳减排目标，提升企业的环保形象和竞争力，推动全球供应链绿色转型和产业转型升级，还可以推动整个社会共同应对气候变化和挑战，朝着更加可持续的方向发展，为建设低碳经济和新发展格局贡献力量。因此，我们应该重视这一研究领域，不断探索创新，共同推动智慧供应链运作管理向着更加绿色、高效的方向发展。

三、研究框架及内容

（一）研究框架

在当前全球气候变化日益严峻的情况下，降低碳排放已经成为全球共同的责任。作为一个重要的领域，供应链管理也需要积极应对碳排放和环境问题。我们需要明确本书中的“双碳”目标的概念。“双碳”目标，是指在供应链管理中同时考虑碳减排和碳中和的目标；智慧供应链运作管理则是指利用先进的技术和数据分析手段，不断优化供应链运作，实现高效、低碳的物流流程。因此，我们的研究框架如下：

1. 碳排放规制下智慧供应链车辆路径规划研究

本研究主要分析解决碳排放规制下生鲜供应链异构车队路径规划、油电混合车队路径规划、考虑低碳的多目标冷链混合车队路径规划、考虑客户有限理性的生鲜供应链“最后一公里”问题、校园无人车两阶段多行程供应链路径规划、考虑客户满意度的供应链纯电动车路径规划等智慧供应链车辆路径规划问题。综合运用混合整数规划、多目标规划等模型，采用禁忌搜索、遗传算法、可变邻域搜索、混合启发式算法等启发式方法，并进行包括敏感性和对比分析的计算和实例分析，为碳排放规制下智慧供应链车辆路径规划提供依据。

2. 碳排放规制下智慧供应链库存路径规划研究

本研究以新冠疫情为背景，构建了一个通用的应急物资供应商管理库存路径规划模型。该模型中，补货时依据预测需求函数，而不是单独使用最大限度补货政策，这样则使补货更为灵活，也更贴近实际。该模型设计改进的蚁群优化算法，结合了遗传算法中的交叉、变异以及局部改进操作，避免蚁群优化算法过早地陷入局部最优，扩大了其搜索域，从而提高了算法的性能。本研究对算法参数和模型参数分别进行了敏感性和对比分析，为计算和实例分析提供依据。

3. 碳排放规制下智慧供应链生产路径规划研究

本研究以电子商务、送货上门服务和城市化的快速增长为背景，考察了防止大型卡车堵塞城市道路，并由环保和小型车辆完成“最后一公里”配送活动的有效多层网络结构，构建了包含换装配送中心的双层生产路径模型。本研究通过一种基于数学规划的启发式算法快速找到了可行解，设计了分支－割平面算法，并引入有效不等式来加强数学模型，提出对配送中心处理成本、库存成本和路径成本之间动态平衡的管理见解，为碳排放规制下智慧供应链生产路径规划提供依据。

4. 碳排放规制下智慧供应链协调决策研究

首先，在包括制造商、零售商/再制造商以及回收中心的多层次闭环供应链中，本研究提出了一种新的优选博弈结构，即基于两阶段博弈论，考虑制造、再制造和交付过程中的减排。在此基础上，构建斯塔克尔伯格、纳什博弈以及讨价还价结构，通过比较，说明分散决策模型的优势；

通过数值分析，发现减排率与相应的利润之间的相关关系。其次，分析激励制造商进行研发投资和根据产品的绿色化水平直接激励消费者这两种激励政策的利与弊，在制造商和零售商之间的斯塔克尔伯格博弈框架下，推导出最优决策，并进行比较分析，探讨制造商在两种策略下的最优决策、消费者剩余和环境改善的特征。最后，针对制造商主导的垂直整合、分散、部分整合零售、部分整合直销和水平整合等五种网络结构，分析评估了供应链成员的碳排放配额和碳排放水平对最优批发价格、销售价格、需求和减排率的影响，再通过敏感性分析衡量消费者的渠道偏好对价格和减排率的影响，以最大限度地减少碳足迹。

5. 碳排放规制下智慧供应链运作仿真研究

本研究研发了一种基于仿真的优化方法，旨在联合设计和规划全球供应链，以最小化成本和二氧化碳排放；本研究分析和优化了全球供应链所需的假设，包括确定交货时间、中央配送设施的无延误交货以及补充供应链节点库存的二次方案；探讨了当这些假设被放宽时，分析优化过程中的决策是否会发生变化，以及如何变化。本研究将优化方法应用于实际供应链结构，并揭示供应链节点的最佳交货周期、中央配送设施可以选择的服务水平运作、在最佳条件下网络的成本和二氧化碳排放量降低的水平、战略网络设计决策的解决方案。

通过以上研究框架的建立和实施，可以实现智慧供应链运作管理在“双碳”目标驱动下的有效实施，为企业在全球碳减排的大背景下提供可持续发展的解决方案，为相关领域的研究者和从业者提供一定的参考和启发。

（二）研究内容

智慧供应链运作管理是当今企业发展中至关重要的一环。随着全球环境日益恶劣，碳排放问题已经成为各国政府和企业关注的焦点。为了应对气候变化，许多企业开始转向“双碳”目标，即减少碳排放和提高碳吸收能力。开展“双碳”目标驱动的智慧供应链运作管理研究，旨在通过智能技术和创新管理方法，优化供应链运作，实现碳排放的减少和环境友好型生产。本书的研究内容包括：

第 1 章 考虑客户满意度的供应链纯电动车路径规划研究

第 2 章 碳排放规制下供应链油电混合车队路径规划研究

第 3 章 考虑低碳的多目标冷链混合车队路径规划研究

第 4 章 考虑客户有限理性的生鲜供应链智能路径规划研究

第 5 章 碳排放规制下生鲜供应链异构车队路径规划研究

第 6 章 校园无人车两阶段多行程供应链路径规划研究

第 7 章 疫情扩散模型驱动下供应链两阶段应急库存路径问题研究

第 8 章 考虑绿色包装及保质期的易腐品供应链生产路径问题研究

第 9 章 考虑换装设施的智慧供应链双层生产路径问题研究

第 10 章 可持续闭环供应链中的博弈优化与环保策略：基于制造商、零售商/再制造商和回收中心的多层次分析

第 11 章 供应链绿色产品消费激励政策比较研究：基于制造商研发投资与消费者直接激励的视角

第 12 章 碳限额与交易政策下的双渠道供应链：减排决策与碳足迹管理

第 13 章 基于仿真的全球化供应链设计与规划优化

总之，本书研究了优化物流运输路径、降低能源消耗和碳排放、监测供应链各环节的碳排放情况，为企业制定减排策略提供数据支持。同时，本书通过研究碳交易市场为企业提供了碳排放权交易的机会，推动企业采取更多的碳中和措施，实现供应链数字化转型；通过研究供应链伙伴间的合作与共赢机制，推动企业与供应链伙伴共同参与碳减排，建立共享碳减排目标和机制，实现供应链的碳减排协同发展。

四、研究方法

在当今社会，随着全球气候变化问题的日益严重，低碳环保已成为全球共识。在这种背景下，开展“双碳”目标驱动的智慧供应链运作管理研究显得尤为重要。本书采用了以下研究方法。

首先，通过实地调研和案例分析的方法，深入了解智慧供应链运作管理在实际应用中的情况。通过与企业合作，收集大量数据和信息，从而揭示智慧供应链运作管理的实际问题和挑战。

其次，运用数学建模和仿真技术对智慧供应链运作管理进行定量分析。通过建立数学模型和仿真实验，评估不同策略对“双碳”目标的影响，优化供应链运作管理的决策。

最后，通过问卷调查和专家访谈的方法，获取行业内专业人士对“双碳”目标驱动的智慧供应链运作管理的看法和建议。这些定性研究可以为我们提供更深入的理解和方向，为研究结论的得出提供支持。

总体来说，开展“双碳”目标驱动的智慧供应链运作管理研究需要综合运用文献综述、实地调研、数学建模、仿真实验、问卷调查和专家访谈等方法。通过多方面的研究手段，本书全面深入地探讨了智慧供应链运作管理在实现“双碳”目标方面的作用和意义，为低碳环保事业的发展作出贡献。

五、创新点

本书涉及供应链运作管理中的多个重要方面，并且在碳排放规制、客户需求、应急管理等方面进行了深入探讨。

（一）创新程度

（1）多维路径规划研究：针对不同类型的供应链车队（异构、油电混合、纯电动等）提出了相应的路径规划方案，这是供应链领域中的一项重要创新。

（2）考虑了多个因素的供应链运作管理：除了碳排放限制，还考虑了客户满意度、疫情扩散等因素，使研究更加全面，贴近实际应用场景。

（3）绿色产品消费激励政策比较研究：这方面的研究在当前环保意识日益增强的背景下尤为重要，可为政府和企业提供重要参考。

（二）突出特色

（1）可持续性与环保关注：本书着重关注了碳排放限制、绿色产品消费激励等环保议题，体现了对可持续发展的关注。

（2）客户需求与应急管理：考虑了客户满意度和疫情扩散等因素，使研究更具实用性和针对性。

（3）全球化视角：基于仿真的全球化供应链设计与规划优化，体现了对全球供应链的关注和研究。

（三）主要建树

（1）路径规划方法的创新：提出了针对不同情境的路径规划方法，为供应链运作管理提供了实用性的解决方案。

（2）政策比较研究：对不同绿色产品消费激励政策进行了比较研究，为政府决策提供了参考依据。

（3）应急管理方案：研究了疫情扩散下的应急库存路径问题，对提高供应链应对突发事件的能力具有重要意义。

总体来说，本书对供应链运作管理领域进行了全面而深入的探讨，涉及多个创新点和重要议题，对推动供应链运作管理实践和理论的发展具有重要的意义。

绪论参考文献

［1］丁澍，邱玉琢．考虑低碳的多目标冷链混合车队路径规划研究［J/OL］．计算机工程与应用，1－13［2024－04－19］．http：//kns. cnki. net/kcms/detail/11. 2127. TP. 20230517. 1459. 013. html.

［2］单杰．考虑配送及时性的纯电动物流车辆路径问题［D］．南京财经大学，2022.

［3］汤雪暖．校园无人车两阶段多行程车辆路径优化问题研究［D］．南京财经大学，2023.

［4］徐正义．考虑产品包装及保质期的易腐品生产路径（PRP）问题研究［D］．南京财经大学，2022.

［5］张磊．碳排放规制下生鲜配送中心异构车队路径优化问题研究［D］．南京财经大学，2021.

［6］宗梦环．考虑顾客有限理性的生鲜电商物流“最后一公里”配送成本问题研究［D］．南京财经大学，2021.

［7］周丹．疫情扩散模型驱动下的两阶段应急库存路径问题［D］．南京财经大学，2022.

［8］周丹，邱玉琢．基于改进蚁群优化算法求解应急物资库存路径问题［J］．粮食科技与经济，2021，46（06）：76－79.

第一篇

“双碳”目标驱动的智慧供应链运作优化

首先，本篇针对“双碳”目标驱动的智慧供应链车辆路径规划展开研究。从考虑客户满意度的供应链纯电动车路径规划出发，进而分析解决碳排放规制下油电混合车队路径规划问题。在此基础上，聚焦冷链和生鲜供应链，从考虑低碳的多目标冷链混合车队路径规划、考虑客户有限理性的生鲜供应链智能路径规划、异构车队路径规划等方面展开相关研究。然后，转向无人车路径规划，研究校园无人车两阶段多行程供应链路径规划等智慧供应链车辆路径规划问题。运用混合整数规划、多目标规划等模型，采用禁忌搜索、遗传算法、可变邻域搜索、混合启发式算法等启发式方法，并进行包括敏感性和对比分析的计算和实例分析，为“双碳”目标驱动的智慧供应链车辆路径规划提供依据。

其次，在上述基础上，将库存管理与车辆路径规划集成起来考虑，研究“双碳”目标驱动的智慧供应链库存路径规划。以新冠疫情为背景，构建一个通用的应急物资供应商管理库存路径规划模型；补货时依据预测需求函数，而不是单独使用最大限度补货政策，使补货更为灵活、更贴近实际；设计改进的蚁群优化算法，结合遗传算法中的交叉、变异以及局部改进操作，避免蚁群优化算法过早陷入局部最优，扩大其搜索域，从而提高算法的性能；对算法参数和模型参数分别进行敏感性和对比分析，为计算和实例分析提供依据。

最后，进一步在库存路径规划基础上将生产决策集成起来考虑，研究碳排放规制下智慧供应链生产路径规划。以电子商务、送货上门服务和城市化的快速增长为背景，首先研究绿色包装及产品保质期的易腐品供应链生产路径规划，其次考察防止大型卡车堵塞城市道路，并由环保和小型车辆完成“最后一公里”配送活动的有效多层网络结构，构建包含换装配送中心的双层生产路径模型，通过一种基于数学规划的启发式算法来快速找到可行解，设计分支—割平面算法，并引入有效不等式来加强数学模型，提供对配送中心处理成本、库存成本和路径成本之间动态平衡的管理见解，为“双碳”目标驱动的智慧供应链生产路径规划提供依据。

第 1 章　考虑客户满意度的供应链纯电动车路径规划研究

根据公安部统计，截至 2023 年底，我国新能源汽车保有量达 2041 万辆，占汽车总量的 6.07%。其中，纯电动汽车保有量 1552 万辆，占新能源汽车保有量的 76.04%。2023 年新注册登记新能源汽车 743 万辆，占新注册登记汽车数量的 30.25%，比 2022 年增加 207 万辆，增长 38.76%，从 2019 年的 120 万辆到 2023 年的 743 万辆，新能源汽车呈高速增长态势。因此，开展考虑客户满意度的供应链纯电动车路径规划研究具有重要的背景和意义，主要体现在以下几个方面。

（1）环境保护和可持续发展。纯电动车的使用可以有效减少尾气排放，降低空气污染，有利于改善城市环境质量。通过研究优化电动车供应链路径规划，可以进一步推动电动车的普及和使用，从而促进环境保护和可持续发展。

（2）满足消费者需求。随着人们环保意识的提升和对高品质生活的追求，越来越多的消费者选择购买纯电动车。因此，供应链的路径规划需要考虑消费者的需求和偏好，以提高服务水平和满意度，增强消费者对电动车的认可和接受程度。

（3）提升供应链效率。供应链路径规划的优化可以有效降低配送成本、缩短配送时间，提高物流效率。考虑客户满意度因素，可以更好地调配资源，合理安排配送路径，提升供应链的整体效率和竞争力。

（4）增强企业竞争力。客户满意度是衡量企业绩效和竞争力的重要指标之一。通过开展考虑客户满意度的供应链纯电动车路径规划研究，企业可以更好地理解客户需求，提供个性化的服务，增强客户黏性，提升品牌声誉，从而在市场竞争中占据更有利的位置。

（5）政府政策支持。许多国家和地区都出台了支持电动车发展的政策和措施，例如补贴政策、限制传统燃油车销售等。优化电动车供应链路径规划符合政府的政策导向，有利于企业获得政府的支持和奖励，推动电动车产业的健康发展。

综上所述，开展考虑客户满意度的供应链纯电动车路径规划研究，不仅有助于推动环境保护和可持续发展，满足消费者需求，提升供应链效率和企业竞争力，还能得到政府政策的支持，促进电动车产业的发展和壮大。

在学术研究中，考虑客户满意度的供应链纯电动车路径规划具有多重理论意义。首先，这一研究方向的拓展不仅丰富了传统的供应链管理理论框架，而且深化了对客户需求的理解。传统路径规划模型通常仅关注成本和效率，而将客户满意度纳入考量则需要综合多方面因素，这对路径规划模型的优化提出了更高要求，推动了路径规划理论的发展。此外，考虑客户满意度还有助于提高决策的精准度和效率，促进不同学科领域的交流与合作。因此，考虑客户满意度的供应链纯电动车路径规划研究不仅在学术上有着重要意义，也为实践中的供应链管理提供了重要的理论支撑。

1.1　相关理论与文献综述

目前，国内外学者已经在电动车辆路径问题领域进行了大量研究，取得了丰硕的成果。本节将就电动车辆路径问题的研究现状进行概述，并探讨了在模型求解中所采用的算法的研究进展。

1.1.1　相关理论

1.1.1.1　纯电动物流车的概念

电动物流车，是指使用电力作为动力源的专用于物流运输的车辆。它们通常被设计用于城市环境下的货物配送、快递服务、仓储物流等任务。这些车辆通常配备电动驱动系统，可以通过电池、超级电容器或燃料电池等储能设备提供动力，从而实现零排放、低噪音的运输模式。电动物流车的设计和功能旨在提高物流运输效率，降低运营成本，减少对环境的影响，符合可持续发展的物流运输趋势。电动物流车可分为纯电动车、燃料电池车和混合动力车三种类型。其中，纯电动物流车是指完全依靠电力驱动的物流运输工具，通常采用电动驱动系统，无须使用传统燃油发动机。纯电动物流车是可持续发展和环保物流的重要组成部分。根据国家标准GB/T 15089－2001，纯电动物流车可根据车辆总质量分为三类。具体的划分标准和车型如表1－1所示。

表 1-1　　　N 型电动物流车分类

分类	划分标准	车型
N1 类	车辆总质量≤3500 千克	电动微面、电动微卡等
N2 类	3500 千克 < 车辆总质量 < 12000 千克	电动轻卡、电动仓栅式运输车、电动封闭式货车和电动厢式货车等
N3 类	车辆总质量≥12000 千克	电动重卡、电动牵引车等

随着环保和可持续发展意识的增强，纯电动物流车在城市物流配送领域的应用正逐步成为主流趋势。第三方物流企业、搬家服务提供商，还有互联网电商平台企业都在积极探索和采用这一环保高效的运输工具。市场上，纯电动物流车种类繁多，其中以 N2 类车型为主要代表，包括封闭式和厢式两种主要形式。这些车辆具备较大的车厢容积和可靠的载重能力，完美满足了城市物流配送的需求。一般而言，纯电动封闭式物流车和纯电动厢式物流车的车厢容积介于 12 至 32 立方米之间，而载重量在 1 到 1.5 吨之间存在一定差异。这些新型车辆的出现和广泛应用，不仅提高了城市物流配送的效率，还为环境保护作出了积极贡献。其低排放特性和零碳排放的优势使其成为现代城市运输的理想选择。具体的车型如图 1-1 和图 1-2 所示。

图 1-1　纯电动封闭式物流车

图 1-2　纯电动厢式物流车

1.1.1.2 纯电动物流车的特点

纯电动物流车相较于传统的燃油车，在多个方面展现出显著的特点。首先，相比传统燃油车来说，新能源物流车能够减少约85%的尾气排放，减少67.5%的空气污染物排放，其零排放、低污染、低噪声的特性不仅对城市环境有显著的改善作用，也对人们的健康和生活质量产生了积极影响。由于纯电动物流车用充电电池作为动力源，其行驶过程中不会产生尾气排放，有效减少了二氧化碳和颗粒污染物的释放，有助于应对气候变化和改善空气质量。

其次，纯电动物流车的结构相对简单，主要由电池、电控和电机等核心部件组成，与传统燃油车相比，减少了机械结构的复杂性，从而降低了维修保养成本。这种简单的结构设计也为电动车的制造和维护提供了更大的便利性和灵活性，有利于推动电动车的普及和发展。

此外，纯电动物流车具有较高的能源转换效率。相比于传统燃油车通过内燃机转化燃料能源的过程，电动车将电能直接转化为动能，能源利用效率更高，同时通过动能回收等技术进一步提高能源利用效率，减少能源的浪费，符合可持续发展的能源利用理念。

然而，纯电动物流车也面临一些挑战，特别是在极端气候条件下。在低温环境下，动力电池的性能可能会受到影响，导致续航里程减少，充电时间延长。虽然市场上已经出现了快充设施，但对于大部分电动车用户来说，仍然需要使用慢充设施，这给一些用户造成了一定的不便。

综上所述，纯电动物流车在环保、维护成本和能源利用效率等方面具有诸多优势，但也需要进一步解决其在极端气候条件下的适应性和充电基础设施建设等挑战。随着科技的不断进步和政策的支持，相信纯电动物流车将在未来发展中发挥越来越重要的作用。

1.1.1.3 纯电动物流车充电模式

我们可以将纯电动物流车的充电方式分为三种主要类型：常规充电、快速充电和机械换电。常规充电是一种相对较慢的充电方式，通常需要3到5小时。这种方式适合物流企业夜间在场站进行充电，既能节省成本，又有利于延长电池的使用寿命。

相比之下，快速充电则是一种更为便捷的充电方式，通过直流充电桩在短时间内以较大的电流完成充电，充电时间通常在40分钟到1小时之间。然而，快速充电可能会对电池的寿命造成一定损害，并且可能引发电网的谐波污染，因此只适用于专用充电站，需要谨慎使用。

最后，机械换电是一种通过更换电池组来迅速补充能量的充电方式，充电时间通常在5到10分钟。这种方式需要专业人员操作，并且对电池规格的统一性和标准性有较高要求。然而，目前，机械换电的推广面临一定的难度，需要克服技术和标准化方面的挑战。

综上所述，不同的充电方式各有优劣，物流企业应根据实际需求和条件选择合适的充电方式，以确保充电效率和电池寿命的平衡。

1.1.1.4 纯电动物流车发展现状

目前，全球新能源汽车市场呈现指数级增长，2022年销量突破了1000万辆，渗透率达到14%（2021年约9%、2020年不到5%）。

（1）国外发展现状。当前，随着全球石油危机和环境污染问题的日益严重，欧盟采取了一系列有力措施以解决这些挑战。这些举措主要包括：严格控制二氧化碳排放；成立清洁能源汽车投资基金以加强技术端的优势；提高对新能源汽车的购置补贴。这些政策的实施旨在推动汽车产业朝着电气化转型并促进其普及应用。欧盟发布的交通运输政策白皮书更进一步明确了目标：到2030年，主要大中城市的交通物流运输活动应基本实现二氧化碳零排放；到2050年，必须完全淘汰传统燃油配送车辆。在这一政策指导下，欧盟各成员国正在积极推动货运车辆的电动化进程。与此同时，美国也在加快纯电动汽车技术和基础设施建设方面的投入，以积极响应应对气候变化的行动计划。值得一提的是，2020年10月，零售业巨头亚马逊向电动卡车制造公司Rivian购买了10万辆纯电动物流车，这一举措有望逐步替代现有的燃油物流车队。同时，日本作为汽车工业发达但能源匮乏的国家，也非常注重电动汽车的研发和推广。自2008年起，日本政府陆续推出了《创建低碳社会的行动计划》《汽车产业战略（2014）》等政策支持汽车产业的电动化转型。

（2）国内发展现状。据统计，2022年，我国新能源物流车产销量分别为25.8万辆和23.59万辆，较上年同期分别增长95.6%和79.8%。进入2023年，由于购置补贴的取消，新能源汽车销量受到一定程度的影响。在汽车销量整体下滑的背景下，我国新能源物流车表现依然向好，2023年1月至7月，我国新能源物流车销量为11.6万辆，较上年同期增长27%。主要是新能源物流车市场推广应用较早，各地接受度越来越高，同时，新能源物流车对补贴取消的敏感度不高，叠加新能源物流车主流车企依靠产品和营销模式创新来带动市场规模扩张，进而带动新能源物流车销量增长。

2012年至2020年，中国纯电动物流车经历了快速发展的阶段。2017年中国新能源物流车产量达到了峰值，当年新能源物流车产量为15.2万辆。这一时期，新能源汽车，尤其是纯电动物流车，因其在城市配送中的环保优势和政策支持，得到了广泛的应用和快速的增长。然而，2018 年新能源物流车产量出现下滑，产量为 10.6 万辆，同比下降 15.2%。这一变化主要受到了新能源汽车补贴政策调整和市场饱和度提高的影响。进入 2019 年，由于新能源汽车补贴的大幅减少，以及市场对新能源汽车接受度和基础设施建设的挑战，纯电动物流车的产量继续下降，降至 6.22 万辆。尽管市场在 2019 年遭遇了挑战，但随着技术的进步、成本的降低和政策环境的改善，纯电动物流车继续在中国市场扮演重要角色，并迎来新的增长机遇（见图 1－3）。

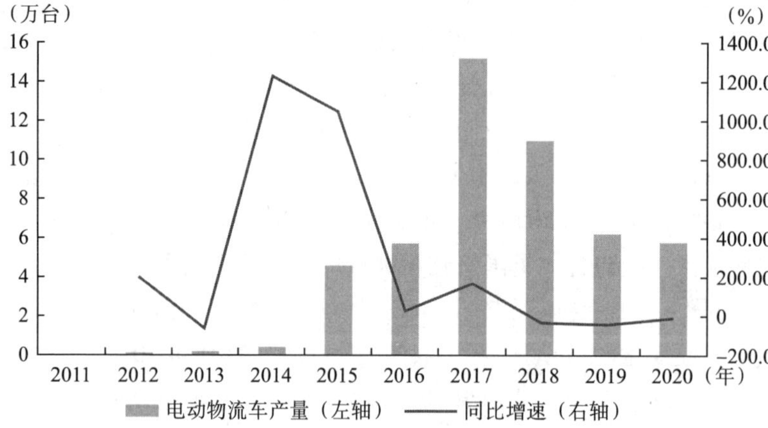

图 1－3　中国纯电动物流车产量及增速

锂电池因其高效率、高能量密度和高电压等优点，为新能源物流车的高性能提供了强有力的支持，在新能源物流车等新能源领域应用广泛。新能源物流车与普通电动车相比，所需要的电池性能表现更好，确保电池支撑更大的负载需求，如更大的载重量和更长的行驶里程等。近年来，政府对新能源汽车和可再生能源的推广给予了广泛的支持和鼓励。通过制定购置补贴、免税政策、建设充电网络等措施，政府鼓励消费者购买和使用新能源汽车，提高了新能源动力锂电池的需求。2023 年上半年，我国锂电池市场需求持续增长，相关数据显示，2023 年上半年，我国锂电池出货量为 380 吉瓦时，较上年同期增长 36%，其中，动力锂电池出货量为 270 吉瓦时，较上年同期增长 33%；储能锂电池出货量为 87 吉瓦时，较上年同期增长 67%。锂电池出货量的持续增加，有望带动新能源物流车销量增加。

近年来，国家不断出台相关政策支持新能源物流车发展。2022 年 1

月，国务院印发《“十四五”节能减排综合工作方案》，提出要提高城市公交、出租、物流、环卫清扫车等车辆使用新能源汽车的比例。2023年2月，工信部等八部门印发《关于组织开展公共领域车辆全面电动化先行区试点工作的通知》，明确指出，在今后2年内要推广各类新能源汽车数量达到204万辆。2023年5月，国家发展改革委和国家能源局印发《关于加快推进充电基础设施建设 更好支持新能源汽车下乡和乡村振兴的实施意见》，提出要适度超前建设充电基础设施，支持农村地区购买使用各类新能源汽车，强化农村地区新能源汽车服务管理。新能源汽车下乡政策的宣传和实施，不仅扩大了新能源汽车在广大乡村的影响力，也进一步促进了上半年价格较低的电动轻卡、电动微卡等在乡村市场销量的增加。2023年6月，财政部、工业和信息化部和税务总局印发《关于延续和优化新能源汽车车辆购置税减免政策的公告》，提出新能源汽车购置税再延续4年减免政策，但对以新能源物流车为主体的新能源商用车不设限额。政策的陆续出台，对新能源物流车的销售形成进一步利好局面。

2017年，是新能源物流车运营元年，各大生产厂家不断与快递、电商、物流等企业密切合作，京东、菜鸟等电商企业大量应用新能源物流车，使2017年新能源物流车产量较上年同期增长163.43%，至15.2万辆。随着2017年市场逐渐饱和，新能源物流车产量呈现逐年下降的趋势。2022年，国家不断出台新能源物流车相关政策，不断放宽新能源物流车路权。在此背景下，广东、北京、河南、江苏、山东等地相继出台利好政策，加快实施新能源物流配送车辆优先通行政策，进一步加速燃油物流车的淘汰更新，使新能源物流车产销量实现双增长。

近年来，国家不断出台政策鼓励新能源物流车发展。2023年9月，工业和信息化部等七部门印发《汽车行业稳增长工作方案（2023—2024年）》，持续推动和促进汽车消费工作。在政策措施的大力支持下，商用车行业尤其新能源物流车、皮卡产品都将迎来快速增长，更利于物流运输市场用户积极创富，前景值得期待。与此同时，电商和物流行业的迅猛发展进一步推动新能源物流车发展。新能源物流车的应用场景正呈现出多样化的变化趋势，从单一的运输到差异化配送场景。其中，零售行业的转型升级为新能源物流车行业的发展带来了新的契机。

总体来看，市场对纯电动物流车的需求呈现出持续稳定向好的态势。在“双碳”目标的引领下，各地区陆续出台的财税补贴和道路权限政策，以及充电设施布局的不断完善，将为纯电动物流车市场带来新的发展机遇（见表1－2至表1－4）。纯电动物流车作为一种环保、高效的运输工具，将在未来的城市物流配送中扮演越来越重要的角色，其市场前景将受到政策环境、技术创新、市场需求等多方面因素的影响。因此，企业在制定发展战略时，需要综合考虑各种因素，并及时调整策略，以应对市场的变化和挑战。

表 1－2　　2021 年度新能源货车补贴方案

车辆类型	中央财政补贴标准（元/千瓦时）	中央财政单车补贴上限（万元）		
		N1 类	N2 类	N3 类
纯电动货车	非公共：252	非公共：1.44	非公共：2.8	非公共：4
	公共：315	公共：1.8	公共：4.95	公共：4.95
插电式混合动力（含增程式）货车	非公共：360	—	非公共：1.6	非公共：2.52
	公共：450	—	公共：1.8	公共：3.15

表 1－3　　新能源物流车路权政策

时间	文件名称	主要内容
2017 年	促进道路货运行业健康稳定发展行动计划（2017—2020 年）	加强城市配送车辆技术管理，符合标准的新能源配送车辆享受通行便利
2017 年	启用新能源专用号牌	配套出台优惠措施，完善相关政策体系，落实新能源汽车“不限行”等差异化便利政策
2018 年	关于印发完善促进消费体制机制实施方案（2018—2020 年）的通知	提升城市配送车辆通行管理水平
2018 年	关于进一步规范和优化城市配送车辆通行管理的通知	提供通行便利，扩大通行范围，少限行甚至不限行纯电动轻型货车的城市配送
2019 年	关于加快道路货运行业转型升级促进高质量发展的意见	为符合标准的新能源城市配送车辆提供通行便利，对纯电动轻型货车原则上不得限行（特殊区域除外）
2019 年	推动重点消费品更新升级畅通资源循环利用实施方案（2019—2020 年）	推动新能源汽车消费使用，各地方不得对新能源汽车实行限购、限行，已实施的应当取消

表 1－4　2021 年 8 月以来各地出台的给予纯电动物流车倾斜的政策

地区	文件名称	主要内容
黑龙江	《关于推动物流降本提质增效的实施意见》	鼓励有条件的地方创建国家和省级绿色货运配送示范城市。省级财政每年安排专项资金，奖励国家和省级货运配送示范城市，市（地）政府（行署）给予新增的新能源配送车辆一定补助

续表

地区	文件名称	主要内容
郑州	《城市绿色货运配送示范工程实施方案》	力争到2021年底新能源货车达到3万辆，全市各类充电终端达到2.5万个。自2021年9月1日起，郑州市新增和更新的城市货运配送轻型、微型货车原则上均为新能源货车
宁德	《关于宁德市鼓励新能源汽车消费七条措施的通知》	推广换电模式、完善充电设施、发展绿色物流以及市中心城区范围内指定时段限行燃油货车的通行政策将促进货运物流车电动化进程
重庆	《关于印发重庆市2021年新能源汽车推广应用工作方案的通知》	针对城市物流领域，构建绿色物流配送体系，中心城区新增和更新的城市物流配送车辆优先使用纯电动汽车。市内企业于本年购买（包括融资租赁）并运营纯电动物流车的，给予一定比例的奖补

1.1.1.5 纯电动物流车城市配送影响因素分析

在现代城市物流配送中，纯电动物流车的广泛应用受到越来越多的关注。与传统的燃油车相比，纯电动物流车在日常配送过程中需要考虑更多的影响因素，以确保整个配送过程的顺利进行。这些影响因素包括续航里程、时间窗口、配送成本以及其他因素。

首先，续航里程是纯电动物流车在配送过程中的一个关键因素。续航里程的大小直接影响车辆能够行驶的最远距离，从而决定了配送范围以及是否需要进行充电补能。当前市场上纯电动物流车的续航里程符合城市物流配送的特点，即配送范围相对较小且客户集中。

其次，时间窗口是另一个需要考虑的因素。时间窗口指的是客户要求货物送达的时间范围。随着生产和销售节奏的加快，客户对物流配送的准时性要求也越来越高。然而，城市道路交通复杂和拥堵，以及纯电动物流车充电时间较长，很难保证每次配送都能在客户要求的时间窗口内到达，这可能影响客户对物流配送服务的满意程度。

此外，配送成本也是一个重要的考虑因素。配送成本包括车辆固定成本和变动成本。对物流配送企业来说，使用纯电动物流车是否可行取决于运输成本是否低于传统燃油车。除此之外，纯电动物流车的动力性能较差，对于需要制冷的生鲜货物配送可能存在一定的缺陷。同时，基础充电设施的完善程度也会影响物流企业使用纯电动物流车的意愿。

综上所述，纯电动物流车在城市物流配送中的应用受到诸多因素的影响。为了确保其顺利运作，物流企业需要综合考虑以上各个方面的因素，并制定相应的配送策略和规划。

1.1.1.6 纯电动物流车城市配送可行性分析

在城市物流配送领域，纯电动物流车的应用受到了充电设施完善和配送距离短的影响，使其在车辆性能、经济效益和社会效益方面备受关注。

首先，就车辆性能而言，纯电动物流车在城市配送任务中具备良好的行驶速度和续航里程。根据相关法规，城市货运车辆的最高车速限制为50千米/小时，而纯电动物流车目前的平均行驶速度可达40～60千米/小时，足以满足配送时效性的要求。此外，根据对100家物流公司的调查统计数据显示，大多数企业的单车日配送累计运距在400千米以内，而纯电动物流车的续航里程已能够覆盖这一范围，因此在城市配送需求方面表现良好。同时，城市内充电设施的布局也为纯电动物流车提供了便利，有助于解决充电问题，延长配送路径并缓解里程焦虑。

其次，从经济效益角度看，纯电动物流车相较于传统燃油车具有明显的优势。在购置成本方面，纯电动物流车免征车辆购置税，并享受国家的购置补贴，而在使用成本方面，其百公里能耗成本仅相当于燃油车的25%至30%，且维修保养费用相对更低，这使其在资本支出和营运成本方面更具竞争力，为物流企业节约了可观的费用。

最后，纯电动物流车的应用也对社会产生积极影响。其无尾气排放的特性有助于应对环境污染问题，符合国家提出的“双碳”目标。在全国机动车保有量持续增长的背景下，推动新能源汽车的发展对于调整交通工具结构、应对能源危机具有重要意义。纯电动物流车作为新能源车型的主要代表，在城市配送领域中展现出了强大的示范引领作用，尽管其实际应用仍面临挑战，但在国家政策引导、技术进步和“双碳”目标的推动下，其应用前景仍将不断扩大。

1.1.2 文献综述

1.1.2.1 车辆路径问题模型研究现状

考虑到纯电动车辆路径问题是由传统的车辆路径问题衍生而来，本节将从传统VRP、EVRP以及结合客户满意度的VRP三个方面阐述研究现状。

（1）传统 VRP 研究现状。针对电动车辆路径问题的研究，借鉴传统车辆路径问题的理论基础和方法，我们从多个角度进行深入探讨。传统车辆路径问题的研究主要集中在多车型 VRP、带多个时间窗的 VRP、同时取送货的 VRP、动态 VRP、多目标 VRP 和绿色 VRP 等方面。

多车型 VRP 方面，研究者着眼于确定最佳配送车辆的数量和类型，以满足客户需求，降低运营成本。在新能源车辆的逐渐应用下，多车型 VRP 也需要考虑电动车等新型车辆的特点。例如，研究者通过引入时间窗口限制（参见 Deng 等，2018）、异构车队布局（参见 Liu 等，2016）等方式，来解决带时间窗的多车型 VRP 问题，从而提高配送效率和服务质量。

同时，研究者也将注意力转向了带多个时间窗的 VRP（参见李珍萍等，2015），这种情况下每个客户点存在多个时间窗口，车辆可在其中任意选择，再进行配送。这种情况下，需要考虑到不同时间段客户需求的变化和路况的影响，以便合理规划车辆路径，减少配送时间和成本。

除此之外，同时取送货的 VRP 也是一个备受关注的研究方向。在这种情况下，配送车辆不仅需要派送货物，还需要在途中取货。研究者通过建立数学模型、设计优化算法等手段，来解决配送车辆的装载问题，从而提高车辆的利用率和配送效率（参见 Kalayci 等，2016；Montero 等，2017；Majidi 等，2017；Wang 等）。

随着社会经济的发展和技术的进步，动态 VRP 也逐渐引起了研究者的关注。动态 VRP 考虑到客户需求的动态性和未知需求的接受能力，需要实时更新路线规划，以适应不断变化的环境。研究者通过引入实时交通信息、智能算法等方法，来解决动态 VRP 问题，提高配送效率和客户满意度（参见 Sarasola 等，2016；Gao 等，2016；李桃迎等，2019）。

此外，多目标 VRP 和绿色 VRP 也是当前研究的热点之一。多目标 VRP 考虑到物流企业在优化车辆路径时需要考虑多个目标，如最短路径、最低成本、最大客户满意度等（参见郭森等，2016；Wang 等，2018）。绿色 VRP 着眼于降低碳排放、减少能源消耗等环保目标，通过引入新能源车辆、优化充电设施布局等方式，来降低物流配送对环境的影响（参见 Li 等，2018；Shen 等，2018；Qin 等，2019）。

综上所述，电动车辆路径问题的研究不仅需要借鉴传统车辆路径问题的理论基础和方法，还需要结合新能源车辆的特点和环境保护的需求，从多个角度进行深入探讨，以促进物流配送的可持续发展。

（2）EVRP 研究现状。在绿色 VRP 领域的发展中，EVRP 作为一项重要的分支，随着电动车应用场景的不断拓展，备受国内外学者的关注。Gonçalves 等（2011）首次将电动车与路径优化相结合，然而，他们的模型未考虑充电站的实际位置，导致车辆可以在任意位置充电，与实际情况存在较大差异。Conrad 和 Figliozzi（2011）解决了纯电动车的“里程焦虑问题”，但其充电地点与实际布局存在差距，缺乏现实意义。Erdogan 和 Miller – Hooks（2012）为解决绿色车辆路径问题提出了方案，帮助企业克服了车辆行驶里程和加油基础设施有限的困难，为真正解决纯电动车辆路径问题奠定了基础。Schneider 与 Stenger（2014）提出了带时间窗和充电站的纯电动汽车路径问题（EVRPTW），其中考虑了充电方案的灵活性，但硬时间窗口的引入会增加配送车辆的数量。Goeke 和 Schneider（2015）考虑了混合配送车队，并提出了包含时间窗口的充电方案，使纯电动车辆可以在现有充电站充电，但未充分讨论路线内充电时间的利用策略。Keskin 和 Çatay（2016）通过放松充电时必须充满的策略假定，并采用自适应大邻域搜索算法取得了有效成果，证明了部分充电策略可以显著改善路径决策。Schiffer 和 Walther（2017）扩展了带时间窗和部分充电策略的纯电动车辆路径问题，并新增了充电站选址，引入了充电站选址路径问题。马云鹤（2018）提出了基于纯电动物流车的多物流中心协同配送路径问题，设计了改进的遗传算法进行求解，证明了纯电动车辆可以替代传统燃油车进行单独配送活动。宋稚雅（2019）构建了时变网络下考虑多方面约束的纯电动物流车辆路径问题模型，并设计了蚁群算法进行求解，分析得出，忽视真实交通环境会增加总配送成本，激进的驾驶员会导致企业配送的成本增加，部分充电方案更优。Giusy Macrina 等（2019）研究了一种新的绿色车辆路径问题，考虑了混合车队以及部分充电策略，并使用考虑了速度、加速度、减速、载货等因素综合的能源消耗模型进行分析。

（3）结合客户满意度 VRP 研究现状。目前，对将客户满意度与电动车路径规划（EVRP）相结合的研究尚未广泛展开。过去的研究大多聚焦于传统燃油车辆路径问题，而对客户满意度的考量较为有限。Cheng 等（1995）首次提出了在车辆路径和调度环境中考虑模糊到达时间的概念，以模糊数表示客户满意度，但此后的研究较少。张建勇等（2003）从客户满意度的角度出发，研究了模糊预约时间下的多目标车辆路径问题，为企业的运营决策提供了数据支持。贾永基等（2009）提出了基于客户满意度的多目标车辆调度模型，平衡了运输成本和客户满意度之间的关系，有助于提升物流企业的竞争力。然而，以往的研究大多仅考虑了单一目标优化，忽略了客户满意度对企业惩罚成本的影响，也未考虑纯电动车在物流运输中的应用。

赵锐等（2015）通过引入客户满意度指标，更全面地反映网购物流配送服务。他们的研究结果显示，优化后的数学模型能够在保证较低的配送成本和较短的配送时间的同时，最大化提升客户满意度水平。相比之下，郭文娟（2017）以电动出租车为研究对象，构建了基于客户满意度的独占性多目标带时间窗口的电动车路径规划问题。然而，在求解过程中，他们将多目标优化问题简化为单目标优化问题，而且权重系数的设置过于主观。在杜琛等（2019）的研究中，他们将客户满意度与冷链配送路径问题相结合，并设计了改进的模拟退火算法进行求解。结果表明，在总的损耗成本影响有限的情况下，考虑客户满意度的模型有效地提升了客户满意度。张惠珍等（2019）提出了一种考虑客户满意度且具有运输时间限制的多目标车辆路径问题，以平衡运输服务时间和食物新鲜度之间的关系。他们建立了相应的数学模型，并运用多种单亲遗传混合蚁群算法进行求解。结果显示，与传统遗传算法相比，单亲遗传混合蚁群算法能够获得更优的各项指标平均值。Xu（2019）研究了具有时变车速和软时间窗的容量受限绿色车辆路径问题（GVRP），他提出了一种改进的非支配排序遗传算法，具有自适应策略和贪婪策略。数值实验结果表明，配送路径中的燃料消耗可以大幅降低，而不会对客户满意度造成明显损害。

总体而言，大多数文献在以往车辆路径问题的研究中，仅考虑了单一的目标优化，即从物流企业角度出发的总成本最小化，所考虑的成本通常包括出车成本、行驶成本、充电成本、惩罚成本。虽然有不少文献考虑了客户满意度，但多局限于传统的燃油车，未涉及纯电动车在物流运输场景中的应用。此外，当前 EVRP 的研究主要集中在单目标优化，且多数文献仅考虑完全充电策略（见表 1 – 5），与实际情况不相符。因此，本章建立了充分考虑了客户满意度和电动车运输总成本之间的关系的多目标数学模型，设计了改进的 NGSA – Ⅱ算法，并得出帕累托前沿解集。结果显示，在帕累托前沿解集中，运输成本减少能显著提升客户满意度。

表 1 – 5　　　　电动车辆路径问题综述

作者（年份）	目标函数	决策变量	多目标	客户满意度	时间窗口	充电策略	算法
Gonçalves 等（2011）	运营成本（运输距离）	路径选择	否	否	硬时间	完全充电	启发式算法

续表

作者（年份）	目标函数	决策变量	多目标	客户满意度	时间窗口	充电策略	算法
Conrad 等（2011）	运营成本（车辆数量、运输距离）	路径选择、充电决策	否	否	硬时间	完全充电	启发式算法
Erdogan 等（2012）	运营成本（运输距离）	路径选择	否	否	硬时间	完全充电	两种构造启发式算法
Schneider 等（2014）	运营成本（运输距离、车辆）	路径选择	否	否	硬时间	完全充电	混合启发式算法
Goeke 等（2015）	运营成本（运输距离、车辆动力、人工、换电成本）	路径选择	否	否	硬时间	完全充电	混合启发式算法
Keskin 等（2016）	运营成本（运输距离）	路径选择	否	否	硬时间	部分充电	混合启发式算法
Schiffer 等（2017）	运营成本（运输距离、车辆数量、充电站数量）	路径选择	否	否	硬时间	部分充电	启发式算法
本章	运营成本（运输距离、充电成本、客户满意度）	路径选择、充电决策	是	是	软时间	部分充电	混合启发式算法

1.1.2.2　纯电动车辆路径问题算法研究现状

EVRP 问题是 NP 难题，解决方法主要分为传统启发式算法、元启发式算法、混合启发式算法和精确算法。

（1）传统启发式算法。传统启发式算法主要包括构造启发和局部改进启发两种。其基本思想是从当前解出发，在邻域中寻找较优解作为当前解，然后继续寻找，直到达到某个停止条件为止。最典型的构造启发方法是 Clarke – Wright 节约算法。Lebeau 等（2015）运用改进的 Clarke – Wright 节约算法求解了 EVRP – FMTW。最常见的局部改进启发法是局部搜索算法。该算法常与其他方法相结合进行求解 EVRP。传统启发式算法通常用于解决组合优化问题，其中，每个解都对应问题的一个可行解。对于较大规模的 EVRP，可以在较短的时间范围内找到局部最优解。

（2）元启发式算法。与传统启发算法不同，元启发算法允许非优化解甚至不可行解来扩大算法搜索范围，增加了解的多样性。元启发方法最早由 Glover（1986）提出，分为单点元启发方法和多点元启发方法两种，单点元启发方法主要包括自适应大规模邻域搜索模拟、变邻域搜索、禁忌搜索算法、退火算法等，多点元启发方法主要包括蚁群算法和遗传算法。

（3）混合启发式算法。混合启发式算法是算法的两两组合，其目的是缩短大规模数据求解的时间，提高解的质量。针对电动车辆路径问题，Schneider 等提出了可变邻域搜索与禁忌搜索相结合的算法，考虑了与车辆载重、时间窗口和电池容量约束相关的不可行解，并采用一个动态惩罚机制引导搜索可行解；Angel 等运用模拟退火方法结合局部搜索来解决部分充电的绿色车辆路径问题。

（4）精确算法。精确算法是一种利用数学法则或数据结构搜寻方式获得问题最优解的方法，只有当问题规模较小时，它才能够在可接受的时间范围内求得最优解。目前，针对 EVRP 的精确算法最具有代表性的是 Desaulniers 等（2016）提出的分支定价切割算法以及 Andelmin 等（2017）提出的集合划分方法，但也必须通过增加切割数量来提高计算性能。

综上所述，目前已有大量文献对车辆路径问题的算法进行了研究，但多数算法针对的是单目标优化，对多目标车辆路径问题的算法研究得较少，且大多数文献使用遗传算法中经典的 NSGA－Ⅱ算法。针对 NSGA－Ⅱ算法容易陷入局部最优的情况，本章借鉴了变邻域和模拟退火算法的思路，设计了改进的 NSGA－Ⅱ算法来提升非支配解集的质量。

1.2 问题描述与模型建立

1.2.1 问题描述

本章讨论的问题是某企业利用电动车从配送中心出发，为 N 个客户提供配送服务，这些客户具有时间窗口和需求。问题的目标是尽量满足客户的时间要求，并使配送车队的总运输成本最低。具体情况如图 1－4 所示。

很明显，图 1－4 中，（a）相对于（b）的运输成本更高，但客户的满意度更高。因此，在权衡运输成本和客户满意度时，需要合理利用充电站，以更好地符合管理层的决策目标。下面对问题进行假设：配送中心有固定数量的车辆，且车型完全相同；每辆车可以满足多个客户的需求，但

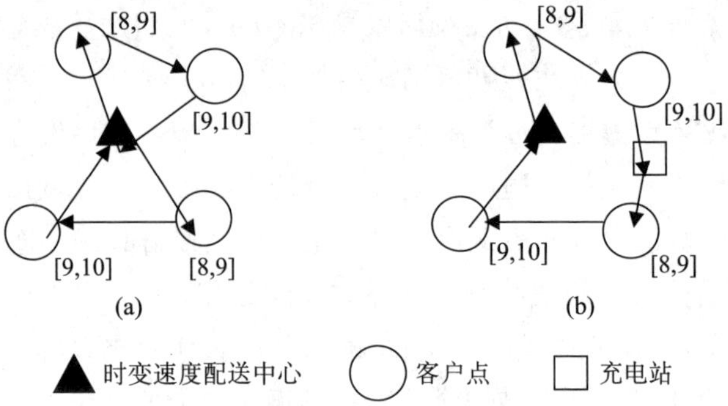

图 1－4　问题示意图

每个客户只能由一辆电动车服务，配送完成后返回中心；可以通过信息平台获取每个客户的地理位置、需求量、时间窗和期望送达时间；每辆车的载重有限，总需求量不得超过车队的总装载量；车辆配送的成本与路径长度成正比，每辆车的使用成本是固定的；每辆车最多可以访问一次充电站；充电时间与充电量呈线性关系；电量消耗与行驶里程相关，且成正比，不考虑载重、温度、速度等因素对电量消耗的影响。

1.2.2　目标函数分析

1.2.2.1　平均客户满意度

本章采用了 Tóth 等[11]引入的模糊预约时间函数表示客户满意度，具体如图 1－5 所示。$[e_i, l_i]$表示客户要求服务的时间窗口，$[E_i, L_i]$表示客户渴望接受服务的时间范围。

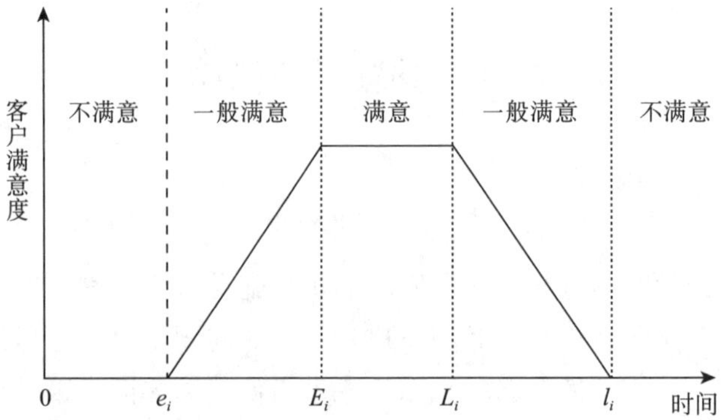

图 1－5　客户满意度函数

$$S_i(t_i)=\begin{cases}0 & t_i\leqslant e_i\\ \dfrac{t_i-e_i}{E_i-e_i} & e_i\leqslant t_i\leqslant E_i\\ 1 & E_i\leqslant t_i\leqslant L_i\\ \dfrac{l_i-t_i}{l_i-L_i} & L_i\leqslant t_i\leqslant l_i\\ 0 & t_i\geqslant l_i\end{cases}$$

$S_i(t_i)$表示客户 i 的满意度，t_i 表示电动配送车辆到达客户 i 的时刻。

1.2.2.2　运输总成本

（1）充电成本。鉴于配送中心和充电站的成本差异，本章将充电成本划分为两部分：充电站的充电成本和场站的充电成本。具体表述如下所示。

$$\sum_{k\in K}\sum_{i\in R}\sum_{j\in V}w_i g_{ijk}+\sum_{k\in K}\sum_{i\in V\setminus\{0'\}}w_0(0.9B-z_{i0'k})$$

其中，一部分为配送中心充电成本，一部分为充电站充电成本。w_i 和 w_0 分别为充电站和配送中心单位充电成本。

（2）行驶成本。行驶成本与车辆行驶的距离成正比，如下列公式所示：

$$\sum_{k\in K}\sum_{(i,j)\in A}cd_{ij}x_{ijk}$$

其中，c 为单位行驶成本。

1.2.3　多目标车辆路径规划数学模型

由此，双目标优化模型构建如下：

$$\text{minimize} f_1=1-\frac{\sum_{i\in N}S_i(t_i)}{N}$$

$$\text{minimize} f_2=\sum_{k\in K}\sum_{i\in R}\sum_{j\in V}w_i g_{ijk}+\sum_{k\in K}\sum_{i\in V\setminus\{0'\}}w_0(0.9B-z_{i0'k})+\sum_{k\in K}\sum_{(i,j)\in A}cd_{ij}x_{ijk} \tag{1.1}$$

s. t.

$$\sum_{k\in K}\sum_{j\in V}x_{ijk}=1,\quad \forall i\in N \tag{1.2}$$

$$\sum_{k\in K}\sum_{j\in V\setminus\{0\}}x_{ijk}-\sum_{k\in K}\sum_{j\in V\setminus\{0'\}}x_{jik}=0\quad \forall i\in V \tag{1.3}$$

$$\sum_{j\in V}x_{0j}\leqslant n \tag{1.4}$$

$$t_j\geqslant t_i+t_{ij}x_{ijk}+\frac{1}{\rho_i}g_{i0'}-M(1-x_{ijk})\qquad \forall i\in R,j\in V,k\in K \tag{1.5}$$

$$t_j \geqslant t_i + (t_{ij} + s_i)x_{ijk} - M(1 - x_{ijk}) \quad \forall i \in N, j \in V, k \in K \tag{1.6}$$

$$t_i^1 = t_i + s_i \quad t_j^1 = t_j + \frac{1}{\rho_j} g_{j0'} \quad \forall i \in N, \forall j \in R \tag{1.7}$$

$$u_{jk} \geqslant u_{ik} + q_j x_{ijk} - Q_{max}(1 - x_{ijk}) \quad \forall i \in V \backslash \{0,0'\}, j \in V \backslash \{0\}, k \in K \tag{1.8}$$

$$u_{0'k} \leqslant Q_{max} \ \forall k \in K \tag{1.9}$$

$$u_{0k} = 0 \quad \forall k \in K \tag{1.10}$$

$$z_{jk} \leqslant z_{ik} - \alpha d_{ij} x_{ijk} + B(1 - x_{ijk}) \quad \forall i, j \in V \backslash \{0,0'\}, k \in K \tag{1.11}$$

$$z_{jk} \leqslant z_{ik} + g_{ijk} - \alpha d_{ij} x_{ijk} + B(1 - x_{ijk}) \quad \forall i \in R, j \in V \backslash \{0,0'\}, k \in K \tag{1.12}$$

$$z_{0k} = 0.9B \quad \forall k \in K \tag{1.13}$$

$$z_{i0'k} \leqslant z_{ik} - \alpha d_{i0'} x_{ijk} + B(1 - x_{i0'k}) \quad \forall i \in V \backslash \{0,0'\}, k \in K \tag{1.14}$$

$$z_{i0'k} \leqslant z_{ik} + g_{i0'k} - \alpha d_{i0'} x_{ijk} + B(1 - x_{i0'k}) \quad \forall i \in R, k \in K \tag{1.15}$$

$$0.1B \leqslant z_{i0'k} \leqslant 0.9B x_{i0'k} \quad \forall i \in V \backslash \{0'\}, k \in K \tag{1.16}$$

$$0.1B \leqslant z_{jk} \leqslant 0.9B \quad \forall j \in V \backslash \{0\}, k \in K \tag{1.17}$$

$$0 \leqslant g_{ijk} \leqslant 0.9B - z_{ik} + B(1 - x_{ijk}) \quad \forall i \in R, j \in V, k \in K \tag{1.18}$$

$$x_{ijk} \in \{0,1\}, \quad \forall i \in V, j \in V, k \in K \tag{1.19}$$

$$u_{ik} \geqslant 0, t_{ik} \geqslant 0 \quad \forall i \in V, k \in K \tag{1.20}$$

$$t_{ij} = \frac{d_{ij}}{v} \cdot \beta_h \tag{1.21}$$

$$\sum_{k \in K} \sum_{j \in V} x_{ijk} \leqslant 1 \quad \forall i \in R \tag{1.22}$$

目标函数包括两个方面：f_1 代表平均客户不满意度，f_2 表示总运输成本，其中，包括充电费用和行驶费用。约束式（1.2）确保每辆车只访问每个客户一次，式（1.3）表示各点进出的流量守恒，式（1.4）确保所用车辆数不超过场站总车辆数，式（1.5）至式（1.7）是时间限制，式（1.8）至式（1.10）分别是车载容量和电池容量的约束。式（1.11）和式（1.12）表示拜访客户和充电站后，路径中各节点的剩余电量约束，式（1.13）考虑到充电时间长且损耗电池，场站车辆电量为满电量的 90%。式（1.14）和式（1.15）表示到达场站时剩余电量，式（1.16）和式（1.17）描述各节点电池状态，式（1.18）允许部分充电，式（1.19）和式（1.20）是 0－1 变量的约束，式（1.21）考虑了堵车情况下节点间行驶时间，式（1.22）规定车辆在配送路线上最多只能充电一次。

多目标优化模型中的符号说明如表 1－6 所示。

表 1-6　　模型中的符号说明

符号	符号说明
u_i	访问客户 i 已卸载量
q_i	客户 i 的需求量
z_j	到达客户 j 时可用的电量
$z_{i0'}$	从客户 i 到达场站时可用的电量
g_{ij}	电动车辆在节点 i 为前往 j 而充的电量
t_i	车辆到达节点 i 的时间
t_i^1	车辆离开节点 i 的时间
s_i	客户点 i 的服务时间
ρ_i	充电站充电速率
β_h	不同时段交通拥堵延时系数
α	单位行驶距离耗电量
R	所有充电站点
V	充电站、客户点和场站的并集
Q_{max}	电动车最大的车载容量
B	电动车最大的电池容量

1.3　算法设计

处理多目标优化问题的一种基本方法是非支配排序遗传算法，其实质仍然是遗传算法。本节将重点介绍非支配排序算法的工作原理。

1.3.1　遗传算法

遗传算法被归类为一种进化算法，其模拟了生物进化的过程。它从一个初始种群开始，通过不断选择合适的个体，将其基因传递给下一代。在这个遗传过程中，个体之间会发生基因交换和突变，适应度较高的个体有更大的机会被传递下去。算法的运行过程通常包括初始化种群、选择适应度高的个体进行交叉和变异生成新的种群，然后在更新的种群中寻找最优解。最后，当达到收敛条件或预设的迭代次数时，算法结束。

遗传算法通常包括六个主要步骤：染色体编码、计算适应度值、生成初始种群、选择、交叉和变异。在这些步骤中，染色体编码将问题的解表示为遗传算法能够处理的形式，适应度值的计算可评估个体的优劣，初始种群的生成建立了算法的起始点，选择操作筛选出适应度高的个体用于后续操作，而交叉和变异操作则引入新的基因组合，以增加种群的多样性和搜索空间的覆盖度。

1.3.2 非支配排序遗传算法

1995 年，Srinivas 和 Deb 提出了一种非支配排序的遗传算法，即 NSGA 算法，用于解决多目标优化问题。该算法基于 Pareto 最优概念，采用两个主要策略：非支配分层和适应度共享。非支配分层将个体分为不同层级，以增加优秀个体的遗传机会；适应度共享旨在维持种群多样性，使非支配解集中的个体分布均匀，防止过早收敛。与传统遗传算法相比，NSGA 算法可根据个体之间的支配关系确定其优劣，而非单纯依赖适应度值。

NSGA 算法在选择操作中首先识别所有非支配个体，并为它们赋予共享的虚拟适应度值，形成第一个非支配层级。然后，忽略已分层的个体，对剩余个体进行非支配分层，并为其分配比上一层级更低的虚拟适应度值，直到所有个体都被分层。通过设置虚拟适应度值，NSGA 算法既提高了优秀个体的遗传机会，又保持了种群的多样性。

然而，NSGA 算法也存在一些缺陷：计算复杂度高；缺乏种群精英策略；需要指定共享的虚拟适应度值。

1.3.3 第二代非支配排序遗传算法

相较于 NSGA 算法，NSGA－Ⅱ算法具有更大的优越性：它引入了快速非支配排序，从而大幅降低了计算复杂度；采用了拥挤度和拥挤度比较算子，替代了原算法中需要指定的共享半径，这样可在同级对比中胜出，以确保准 Pareto 域中的个体能够扩展到整个 Pareto 域并实现均匀分布，从而保障种群的多样性。此外，引入了精英策略，扩大了采样空间，防止最优个体的丢失，提升了算法的运行速度和性能。以下将详细介绍 NSGA－Ⅱ算法的改进之处。

1.3.3.1 快速非支配排序

假设种群大小为 N，计算每个个体 p 的被支配个数 n_p 和该个体支配的解的集合 S_p。一般而言，NSGA 算法在进行非支配排序时，针对 M 个目标函数，每个个体都必须与种群中其他 $N-1$ 个个体进行比较，其时间复杂度为 $O(MN)$。因此，种群中 N 个个体都完成比较所需的总时间复杂度，可表述为 $O(MN^2)$。换言之，每进行一次 Pareto 分级的时间复杂度可表述

为 $O(MN^2)$。如果每个 Pareto 级别仅包含一个个体，那么进行 N 次分级的时间复杂度将上升至 $O(MN^3)$。考虑到这一情况，NSGA－Ⅱ所提出的快速非支配排序具有如下的时间复杂度 $O(MN^2)$。

1.3.3.2　拥挤度

为了在目标空间中获得更均匀的解分布，NSGA－Ⅱ算法引入了拥挤度 n_d，对于每个目标函数 f_m，循环计算 $n_d = n_d + [f_m(i+1) - f_m(i-1)] / (f_m^{max} - f_m^{min})$，其中，$f_m(i+1)$是该个体排序后下一个目标函数值。

1.3.3.3　精英保留策略

首先，将父代种群 A_i 和子代种群 B_i 合成种群 C_i，此时种群的数量为 $2N$；然后，根据以下规则从种群 C_i 生成新的父代种群 A_{i+1}：（1）根据 Pareto 等级从低到高的顺序，将整层种群 C_i 放入父代种群 A_{i+1}，直到某一层个体无法完全容纳于父代种群；（2）将该层个体根据拥挤度从大到小排列，依次放入父代种群 A_{i+1} 中，直到填满父代种群。通过引入精英策略，确保了优秀个体在进化过程中不会被遗忘，从而提高了优化结果的准确性。

鉴于 NSGA－Ⅱ算法已被广泛应用于多个领域，且在解决 VRP 多目标优化问题方面具有运行时间和精度上的优势，本章在已构建的考虑客户满意度的纯电动物流车辆路径问题模型基础上，设计了改进的 NSGA－Ⅱ算法来构建该模型。

1.3.4　编码

根据本章模型特点，采用如下编码方式：染色体长度为 $n+k-1$，其中，n 为客户点数量，k 为配送中心车辆数。省略染色体末位中的车辆编号。假设服务 5 个客户，配送中心配备 1 辆燃油车和 1 辆电动车，在路网中有 1 个充电站。配送中心编号为 0，客户编号为 1,2,…,5，充电站编号为 6，燃油车编号为 7，电动车编号为 8。假设染色体如图 1－6 所示，经解码，燃油车路径为：0—1—2—0，电动车路径为：0—3—4—5—0。如果电动车的电量无法支持到达节点 5，则需前往充电站 6 进行充电。此时电动车的路径可能为：0—3—4—6—5—0。

1	2	7	3	4	5

图 1－6　染色体示意图

1.3.5 生成初始解

初始种群的质量和大小对遗传算法的求解效率有重要影响。随机生成初始种群可以带来种群的多样性，但同时也容易产生大量无效解，无法保证其优越性。CW 节约算法将配送中心与客户点相连形成 n 条路径，再比较连接任意两点 i 和 j 的节约值：$s(i,j) = C_{0i} + C_{0j} - C_{ij}$，从而实现高效率的配送。根据本章的模型特点，将节约算法的节约值由传统的距离节约值改为成本节约值。

首先，根据客户点个数，生成相应的配送路径；其次，计算合并路径后成本节约值，由于解码时才涉及车辆分配与充电站的插入，因而在初始解生成时仅考虑固定成本、可变成本、时间窗成本的节约值，且取电动车与燃油车成本参数的平均值，并检查车辆到达的时间是否满足时间窗约束。在合并路径的过程中，先按照节约值的大小由高到低进行排序，选择节约值最大的路径进行插入客户。在插入客户时，需要确保车辆所服务的总需求不超出当前车辆的最大载重限制。如果超出，则需要更新使用的服务车辆。对于使用电动车进行配送的情况，除了考虑车辆载重和客户时间窗约束外，还需要额外考虑电池容量的限制。具体来说，当电动车的行驶路径在插入客户 i 后，没有足够的电量行驶到下一个节点时，就需要在路径上插入充电站节点，以满足电动车的电量要求。

1.3.6 适应度函数

在遗传算法中，个体的适应度是用来度量个体在种群中生存优势的重要指标。适应度函数可以用来区分个体的“好坏”，个体的适应度越大，表示该个体在种群中的优势越大，被遗传到下一代的概率也就越大。本章中，我们采用传统适应度函数，个体的适应度 $f = \frac{1}{F}$，其中，F 为目标函数的值。

1.3.7 选择操作

为了提高轮盘赌选择操作的效率，本章选择随机遍历抽样（Stochastic Universal Selection，SUS）作为选择操作。具体做法如下：

在每次选择操作时，我们不需要实际转动转盘，而是随机生成 N 个等间距的标记指针位置。这些标记指针位置对应着种群中的 N 个个体。通过这种方式，我们就可以一次性选择出 N 个个体，而不需要进行 N 次轮盘赌选择操作。这样不仅提高了效率，而且还可以避免每次转动转盘所带来的计算费用。这种随机遍历抽样的方法，充分利用了计算机的随机数生成能力，大大简化了轮盘赌选择的实现过程。同时，也保留了轮盘赌选择的基本思想，即选择适应度较高的个体的概率更大。因此，这种改进方法不仅提高了算法的效率，而且保证了算法的正确性和收敛性。在实际应用中，这种方法可以大幅提升遗传算法的性能。

随机遍历抽样可分步表示如下：（1）计算指针间距 $p=\frac{F}{N}$，F 为总适应度值；（2）随机生成指针起始位置 $r\in[0,p]$；（3）计算各指针位置 $r+i\cdot p, i=[0,1,2,\cdots,N-1]$；（4）根据指针位置，选择 N 个个体。

1.3.8 进化操作

早期的自适应遗传算法中，交叉概率和变异概率通常是根据经验进行设定的。若概率设定较小，容易陷入局部最优；若概率设定较大，则不利于保留优秀个体。改进的自适应遗传算法（Improved Adaptive Genetic Algorithm，IAGA）的交叉概率和变异概率，会随着进化过程进行调整，具体计算如式（1.23）和式（1.24）所示。

$$P_c=\begin{cases}\dfrac{P_{c1}(f_{avg}-f')+P_{c2}(f'-f_{min})}{f_{avg}-f_{min}} & f'<f_{avg}\\[2ex] \dfrac{P_{c2}(f_{max}-f')+P_{c3}(f'-f_{avg})}{f_{max}-f_{avg}} & f'\geqslant f_{avg}\end{cases} \tag{1.23}$$

$$P_m=\begin{cases}\dfrac{P_{m1}(f_{avg}-f)+P_{m2}(f-f_{min})}{f_{avg}-f_{min}} & f<f_{avg}\\[2ex] \dfrac{P_{m2}(f_{max}-f)+P_{m3}(f-f_{avg})}{f_{max}-f_{avg}} & f\geqslant f_{avg}\end{cases} \tag{1.24}$$

式中，f_{max}、f_{min}、f'、f_{avg}分别为种群中的适应度最大值、最小值、交叉个体中的适应度较大值、变异个体的适应度值，且 $P_{c1}>P_{c2}>P_{c3}, P_{m1}>P_{m2}>P_{m3}$，取（0，1）值。参数分别取值为 $P_{c1}=0.9, P_{c2}=0.8, P_{c3}=0.6, P_{m1}=0.1, P_{m2}=0.08, P_{m3}=0.05$。

交叉操作采用 OX 方式进行。假设父代染色体 A1 为 5—3—6—2—4—8—1—7，A2 为 7—4—2—3—5—6—8—1。随机选择两个交叉位置 $a=2$ 和 $b=6$，标记后 A1 为 5—3—| 6—2—4—8 | —1—7，A2 为 7—4—| 2—3—5—6 | —8—1。将 A1、A2 的交叉片段分别移动到 A2、A1 的前面，得到 A1′：2—3—5—6—| 5—3—6—2—4—8—1—7，A2′：6—2—4—8—|

7—4—2—3—5—6—8—1。然后，删除第二个重复基因位，形成两个子代个体 B1：2—3—5—6—4—8—1—7，B2：6—2—4—8—7—3—5—1，如交叉操作如图 1－7 所示。

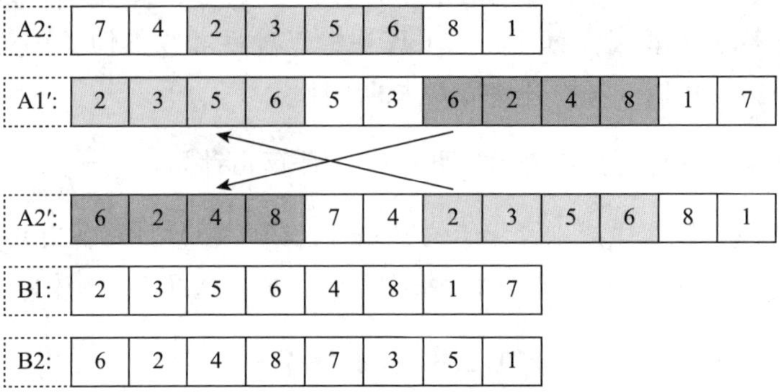

图 1－7　交叉操作示意图

变异操作采用 2－Opt 算子，即染色体中随机选择两个变异点，然后交换这两个基因点的位置，得到变异后的子代染色体。例如，假设变异前的染色体为 5—3—6—2—4—8—1—7，随机生成变异位点，假设 $a=2$，$b=7$，则变异后的染色体为 5—1—6—2—4—8—3—7。具体操作如图 1－8 所示。

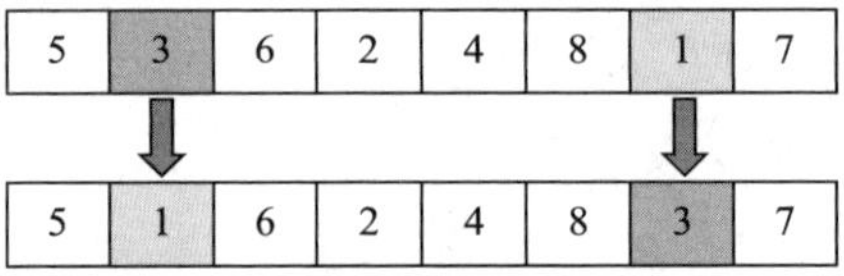

图 1－8　变异操作示意图

1.3.9　迭代终止条件

设置一个预定的最大迭代次数 MAXGEN。当算法的迭代次数达到这个上限时，即停止迭代并输出最终结果。

1.4　案例分析

为验证客户满意度在电动车辆路径问题优化模型中的合理性和可行性，我们选取某新能源物流企业 A 的日常运营数据进行了仿真实验，并对改进后的 NGSA - Ⅱ算法的有效性进行了详细分析。

1.4.1 案例数据

本研究聚焦于城市配送领域的纯电动物流车，选取某新能源物流企业A作为研究对象。该企业已完成由传统燃油车向纯电动车的转型。我们随机挑选了该企业在城区内的25个客户作为案例分析的样本数据。为了便于问题求解，我们利用电子地图获取了各客户点之间的最短导航距离，并整理了客户的坐标数据。同时，我们假设有10辆纯电动车可供配送任务使用，并随机选取了2个经常使用的充电站作为充电设施。具体的实验参数如表1-7和表1-8所示，客户信息细节见表1-9。

表1-7　算例参数

变量名称	参数值	单位
单位行驶距离耗电量	0.5	千瓦时/公里
充电速率	40	千瓦/小时
充电站单位充电成本	1.2	元/千瓦
场站单位充电成本	0.7	元/千瓦
车辆行驶速度	60	公里/小时
单位运费	10	元/公里
车辆最大装载	50	件
车辆电池容量	80	千瓦时

表1-8　不同时间段拥堵系数

序号	时间段	拥堵系数
1	0:00—7:00	1.07
2	7:00—10:00	1.75
3	10:00—13:00	1.47
4	13:00—17:00	1.15
5	17:00—21:00	1.61
6	21:00—0:00	1.31

表1-9　客户信息

编号	坐标	需求量	时间窗	渴望时间窗	服务时间
1	[104,32]	9	[14:30—15:00]	[14:40—14:50]	0.4
2	[104,56]	10	[14:00—15:00]	[14:10—14:50]	0.5

续表

编号	坐标	需求量	时间窗	渴望时间窗	服务时间
3	[88,8]	10	[10:30—15:00]	[11:00—14:30]	0.83
4	[72,16]	5	[9:00—13:00]	[9:30—12:30]	0.25
5	[72,32]	4	[8:00—17:00]	[8:30—16:30]	0.33
6	[72,104]	5	[9:00—10:00]	[9:10—9:50]	0.23
7	[24,96]	10	[13:00—15:00]	[13:20—14:50]	0.5
8	[32,64]	12	[9:30—15:00]	[10:00—14:30]	0.67
9	[8,48]	10	[14:00—17:00]	[14:20—16:40]	0.67
10	[16,32]	5	[10:00—12:00]	[10:20—11:50]	0.16
11	[48,8]	5	[8:00—11:30]	[8:30—11:00]	0.25
12	[24,16]	5	[8:00—12:00]	[8:30—11:30]	0.16
13	[48,40]	4	[8:30—11:00]	[8:40—10:50]	0.16
14	[80,56]	10	[10:00—11:30]	[10:10—11:20]	0.33
15	[32,104]	8	[9:30—11:00]	[9:40—10:50]	0.33
16	[48,96]	11	[8:00—14:30]	[8:30—14:00]	0.67
17	[88,96]	12	[9:00—11:00]	[9:10—10:50]	0.5
18	[16,69]	5	[9:00—11:00]	[9:10—10:50]	0.83
19	[32,80]	5	[8:30—17:00]	[9:00—16:30]	0.5
20	[40,48]	6	[15:30—17:00]	[15:40—16:50]	0.5
21	[24,48]	10	[8:00—12:00]	[9:00—11:30]	0.75
22	[88,32]	10	[8:00—12:00]	[8:30—11:30]	0.33
23	[88,72]	7	[10:00—14:00]	[10:30—13:30]	0.67
24	[56,27]	6	[13:00—16:00]	[13:20—15:40]	0.33
25	[66,78]	11	[8:00—10:00]	[8:20—9:40]	0.75
配送中心	[56,56]	0	[7:00—20:00]		0
充电站 1	[83,54]	0	[7:00—20:00]		1
充电站 2	[32,40]	0	[7:00—20:00]		1

在实验过程中，我们采用了 Matlab R2020a 作为实验环境，并进行了相关参数的设置：种群数量为 100，最大迭代次数为 300 次。单点交叉概率设置为 0.3，双点交叉概率为 0.9。单点交叉变异概率为 0.2，双点交叉变异概率为 0.3。初始温度设定为 500，降温速度为 0.98。

1.4.2 求解结果及分析

利用改进后的 NGSA－Ⅱ算法对问题进行求解，我们得到了一个包含

23 个非支配解的解集团。具体的数据细节可参见表 1 – 10。

表 1 – 10　　　　Pareto 最优解

序号	f_1	f_2
1	0. 5048183	8212. 4716
2	0. 48	8229. 3636
3	0. 44	8333. 8345
4	0. 4227283	8383. 9619
5	0. 4148011	8741. 2545
6	0. 4069301	8887. 5825
7	0. 4064551	8936. 9875
8	0. 400475	8943. 4228
9	0. 3891599	9269. 889
10	0. 3804192	9276. 4797
11	0. 3669301	9287. 4627
12	0. 3664551	9478. 4043
13	0. 360475	9484. 8396
14	0. 3535968	9615. 0718
15	0. 3531218	9615. 0718
16	0. 3471417	9699. 902
17	0. 3264551	9745. 452
18	0. 320475	9751. 8873
19	0. 3135968	10644. 536
20	0. 3131218	10722. 931
21	0. 3071417	10729. 366
22	0. 2864551	10774. 916
23	0. 280475	10781. 351

通过实验结果可以看出，本章提出的算法在处理多目标函数时表现出一致的收敛性，并在降低运输成本、提高客户满意度方面取得了显著效果。为了追踪收敛速度，我们记录了四代的结果，并将其呈现如图 1 – 9 至图 1 – 12 所示。可以清晰观察到，在改进的 NGSA – Ⅱ算法中，个体的移动方向与帕累托前沿一致。最佳已知解出现在 280 代和 300 代之间，连续 20 代中的解之间的差异小于 0. 1%。帕累托前沿解的结果显示，最低的运输成本为 8212. 47，而最大客户满意度达到了 72%。

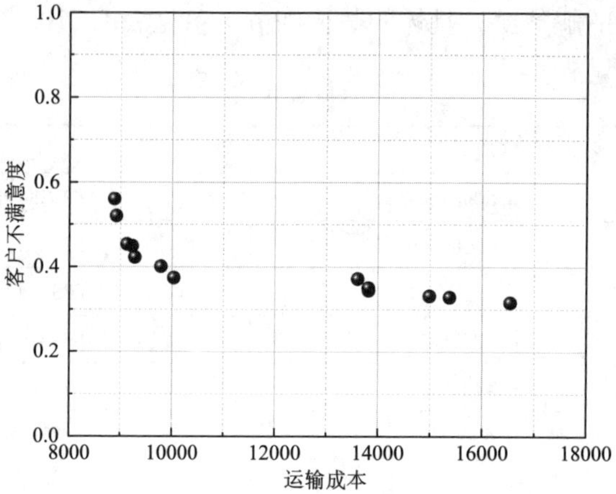

图 1-9　第 70 代帕累托前沿解

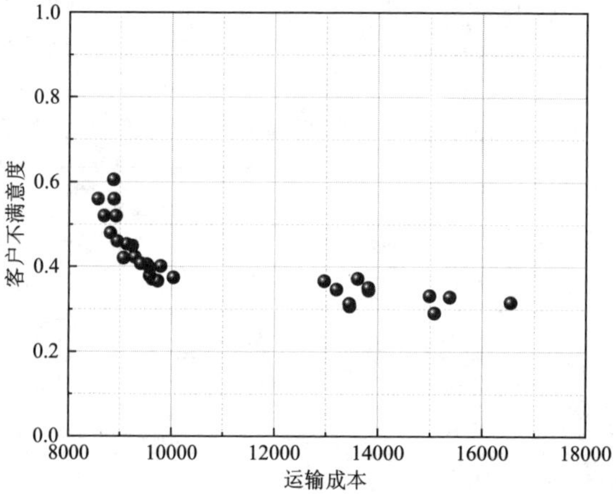

图 1-10　第 140 代帕累托前沿解

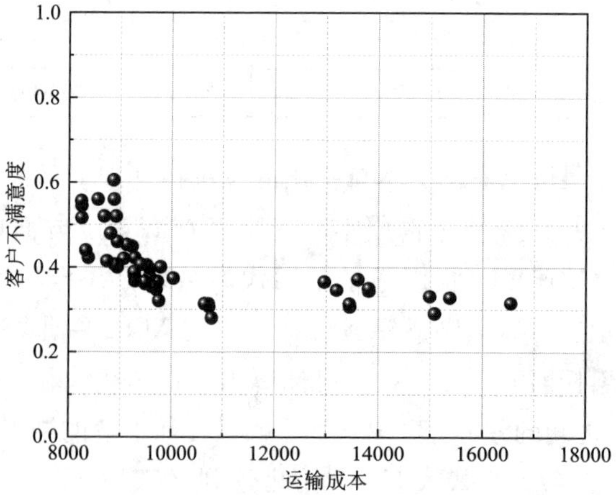

图 1-11　第 210 代帕累托前沿解

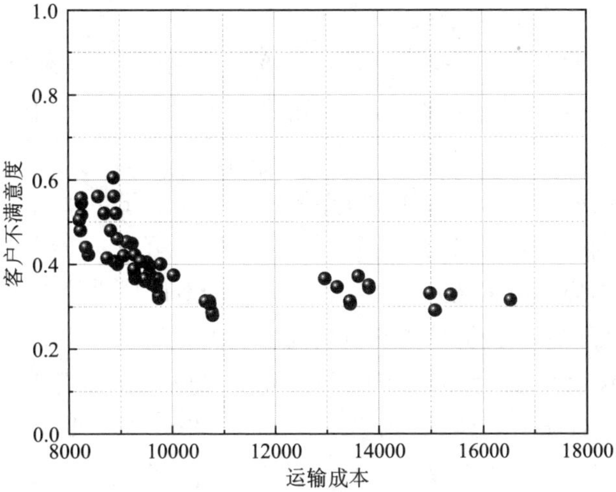

图 1-12 第 300 代帕累托前沿解

生成的一组非支配解集为决策者提供了更多选择的机会，可以根据其偏好来制定具体的配送路线。帕累托前沿解的精确表现可以通过每一代平均的运输成本和平均客户不满意度来描述。从图 1-13 可以看出，平均运输成本降低了 40%，平均客户满意度提升了 52.43%。这表明该算法能够有效地将多目标问题收敛至最优解。

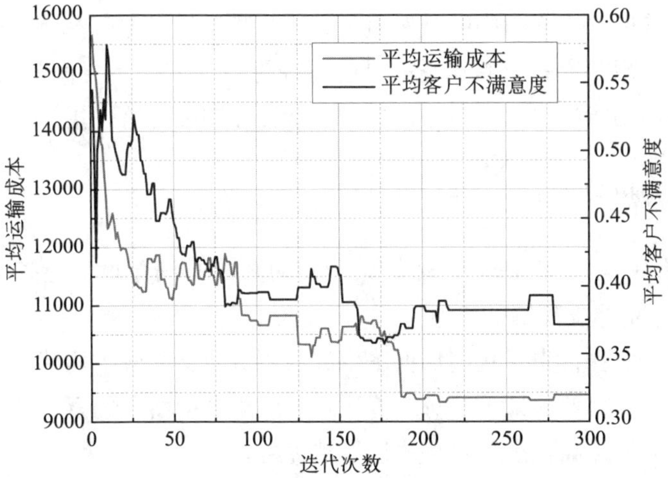

图 1-13 历代平均运输成本与平均客户不满意度趋势

1.4.3 算法比较

在本章中，我们提出了改进的 NSGA-Ⅱ算法，并与传统算法进行了比较，改进之处主要体现在以下两个方面。

首先，我们引入了模拟退火算法，该算法通过在非支配解集中随机选择个体，并根据选定的目标进行优化更新，以提高下一代种群个体的质量。

其次，我们还引入了变邻域搜索算法，该算法在非支配解集中随机选择个体，并利用遗传算法的变异算子设定的邻域结构进行深度搜索，从而增强了算法的局部搜索能力。随后，我们利用遗传算法的交叉算子对生成的邻域解进行扰动，使算法能够跳出局部最优解。

多目标优化算法的目标在于找到一组非支配前沿解。因此，评价算法性能的指标与单目标优化不同。为了比较改进的 NSGA－Ⅱ算法与原 NSGA－Ⅱ算法的性能，我们需要采用一种新的方法进行衡量。本章采用了 Rabie 等学者开发的度量方法，具体包括帕累托前沿解的数量和多样化度量。前者是对算法获得的非支配解总数进行计数，而后者决定了算法实现的非支配解的多样性。

$$多样性=\sqrt{[(maxf_{1i}-minf_{1i})/maxf_{1i}]^2+[(maxf_{2i}-minf_{2i})/maxf_{2i}]^2}$$

其中，$maxf_{1i}$和 $minf_{1i}$分别是帕累托前沿解集中，平均客户不满意度最大值和最小值，而 $maxf_{2i}$和 $minf_{2i}$分别是帕累托前沿解集中，运输成本最大值和最小值。鉴于运输成本和平均客户不满意度之间的数值差异，本章进行了一些修改，将文献中的绝对值平方改为相对值平方。

平均理想距离，即帕累托前沿解与理想点（0，0）之间的接近程度，是我们关注的指标之一。通过以下等式计算能够确定这一指标的数值。

$$平均理想距离=\frac{\sum_{i=1}^{n}c_i}{n}$$

其中，$c_i=\sqrt{{z_{1i}}^2+{z_{2i}}^2}$，$z_{1i}$和 z_{2i}分别为客户不满意度和运输成本目标函数值，n 是非支配解的数量。

质量评估：首先，我们从算法生成的所有非支配解中构建了一个帕累托前沿解集合，然后计算了每个算法解在该集合中所占的百分比。这一度量指标的数值越高，意味着算法性能越优越。

为了评估上述度量指标，我们对每种算法进行了 10 次独立运行，并将详细结果列于表 1－11 中。

根据表 1－11 的数据显示，改进后的 NGSA－Ⅱ算法明显优于传统算法，其帕累托前沿解数量较多。解的数量多意味着决策者有更多的选择，因此可以更灵活地进行管理层决策。解的数量是评判算法优劣的一个直观

表1－11　　改进的NGSA Ⅱ和NGSA Ⅱ算法性能比较

性能指标	帕累托前沿解个数		多样性		质量度量		平均理想距离	
	改进NGSA－Ⅱ	NGSA－Ⅱ	改进NGSA－Ⅱ	NGSA－Ⅱ	改进NGSA－Ⅱ	NGSA－Ⅱ	改进NGSA－Ⅱ	NGSA－Ⅱ
标准差	4.7621	2.974	0.0782	0.0485	0.2184	0.2184	6.1273	5.895
中位数	24.5	13	0.573	0.5088	0.8368	0.1632	99.7604	107.3717
平均值	22.3	12.8	0.5877	0.5272	0.7492	0.2508	99.752	106.7808
最大值	31	17	0.7232	0.6105	0.92	0.7619	112.4165	117.7274
最小值	15	8	0.4964	0.4651	0.2381	0.08	90.1561	96.1515

指标。多样性数值的增加表示算法搜索范围广，陷入局部最优的可能性较低，解集的质量更高。高比例的质量度量表明，算法在整个迭代过程中寻找非支配解的能力更强。而低于传统算法的平均理想距离表明，改进后的NGSA－Ⅱ算法在目标优化方面的表现更加突出。

综上所述，尽管改进后的算法平均求解时间较长，但无论从解的数量、多样性还是质量来看，都明显优于传统的NGSA－Ⅱ算法。

1.4.4　敏感性分析

为了评估充电速率对纯电动物流车补能以及是否能及时完成配送服务的重要性，本章对充电速率对非支配解集的影响进行了测试。我们分别在不同的充电速率下进行了10次算例运行，并将所得解进行了总结，具体结果见表1－12。

表1－12　　不同充电速率下的极端解

充电速率	运输总成本			平均客户满意度			$\frac{\alpha}{\beta}$
	最小值	最大值	β/%	最小值	最大值	α/%	
1.67	8158.77	12272.86	50.43	0.4712	0.7264	54.16	1.07
1.33	8038.41	12955.34	61.17	0.4292	0.748	74.28	1.21
1	8128.11	11479.91	41.24	0.4492	0.7347	63.56	1.54
0.67	8065.57	13928.65	72.69	0.4753	0.7531	58.44	0.8

经过表1－12的数据分析，当充电速率为0.67时，运输成本增加了72.69%，而平均客户满意度提升了58.44%。然而，满意度的提升幅度远低于成本的增加幅度，主要因为充电时间延长会影响路线中位于充电站后方的客户的满意度，这就需要更多的成本来提升整体的客户满意度。

当充电速率为1时，随着运输成本增加了41.24%，平均客户满意度却提升了63.56%。值得注意的是，平均客户满意度的提升率高于成本提升率，其比值为1.54。随着充电速率的加快，这一比值逐渐降低，表明充电速率的快慢对提升客户满意度的影响逐渐减小。这意味着物流企业愿意多付出成本，总能获得更好的回报。因此，在可承受成本范围内，物流企业应尽可能提升客户满意度。

1.5 本章小结

通过对企业实际运营数据的深入分析，我们确认了客户满意度与运营成本之间存在负相关关系的事实。在控制运输成本的前提下，我们提出了提升客户服务感知水平的建议，并为管理层提供了一组可供参考的非支配解决方案。在企业初期阶段，运营成本是一个重要的考虑因素。企业可以通过降低物流配送的及时性，加强成本管控来提升效益。而当企业发展至成熟阶段并占据一定市场份额时，则可以考虑增加运营成本以满足客户对及时配送的需求。

在选择充电站时，我们的实验结果表明，充电速率是一个重要的影响因素。然而，随着充电速率的增加，即使投入更多成本，也不能有效地提高客户满意度。因此，在选择快充站或慢充站时，企业可以考虑采取部分充电的策略，以优化成本提升率与客户满意度提升率的比值，从而提高成本的转化效率。

未来的研究可以着重考虑以下几个方面。

（1）客户满意度与成本之间的动态平衡。进一步探索客户满意度与成本之间的平衡点，尤其是在不同市场环境下的变化。通过更多的案例研究和数据分析，深入理解客户对服务质量和价格的权衡，以制定更有效的运营策略。

（2）新技术应用的影响。研究新技术在物流配送中的应用，如自动驾驶车辆、无人机配送等，以及这些技术对客户满意度和运营成本的影响。分析新技术引入后的变化趋势，为企业提供更具前瞻性的发展建议。

（3）可持续发展与社会责任。考虑到环境保护和社会责任的重要性，未来的研究可以关注可持续发展对物流行业的影响。探索可持续发展与客户满意度、运营成本之间的关系，为企业提供可持续发展战略和实践建议。

（4）市场细分与个性化服务。随着消费者需求的多样化和个性化趋势，研究如何通过市场细分和个性化服务提升客户满意度，同时控制运营成本。深入了解不同客户群体的需求特点，开发相应的服务方案，提高客户满意度和市场竞争力。

本章参考文献

[1] 国务院办公厅. 关于印发新能源汽车产业发展规划（2021—2035 年）的通知［EB/OL］. https://www.miit.gov.cn/xwdt/szyw/art/2020/art_4390362916324365a260ed97d7558f18.html, 2020.

[2] Gonçalves F, Cardoso S R, Relvas S, et al. Optimization of a distribution network using electric vehicles: A VRP problem［C］//Proceedings of the IO2011 - 15 Congresso da associação Portuguesa de Investigação Operacional, Coimbra, Portugal. 2011, 2011: 18 - 20.

[3] Conrad R G, Figliozzi M A. The recharging vehicle routing problem［C］//Proceedings of the 2011 industrial engineering research conference. IISE Norcross, GA, 2011, 8.

[4] Erdogan S, Miller - Hooks E. A green vehicle routing problem［J］. Transportation Res. Part E, 2012, 48（1）: 100 - 114.

[5] Schneider M, Stenger A, Goeke D. The electric vehicle - routing problem with time windows and recharging stations［J］. Transportation Science, 2014, 48（4）: 500 - 520.

[6] Goeke D, Schneider M. Routing a mixed fleet of electric and conventional vehicles［J］. European Journal of Operational Research, 2015, 245（1）: 81 - 99.

[7] Keskin M, Çatay B. Partial recharge strategies for the electric vehicle routing problem with time windows［J］. Transportation Research Part C, 2016, 65: 111 - 127.

[8] Schiffer M, Walther G. The electric location routing problem with time windows and partial recharging［J］. European Journal of Operational Research, 2017, 260: 995 - 1013.

[9] 杜琛，李怡靖. 基于客户满意度和最小损耗的冷链配送路径问题研究［J］. 工业工程与管理, 2020, 25（6）: 163 - 171.

[10] Zhitao Xu, Adel Elomri. A model for capacitated green vehicle routing problem with the time - varying vehicle speed and soft time windows［J］. Computers & Industrial Engineering 2019, 137（10）: 1016 - 1030.

[11] Tóth Z, Thiesbrummel C, Henneberg SC. Naudé P. Understanding configurations of relational attractiveness of the customer firm using fuzzy set QCA [J]. Journal of Business Research, 2015, 68 (3): 723 –734.

[12] Deb K, Pratap A, Agarwal S, Meyarivan T. A fast and elitist multi – objective genetic algorithm: NSGA – II [J]. IEEE Transactions on Evolutionary Computation, 2002, 6 (2): 182 –197.

[13] Rabiee M, Zandieh M, Ramezani P. Bi – objective partial flexible job shop scheduling problem: NSGA – II, NRGA, MOGA and PAES approaches [J]. International Journal of Production Research, 2012, 50 (24): 7327 –7342.

[14] 卢佐安，贾叶子，李博威，等. 考虑客户满意度的车辆路径优化研究 [J]. 工业工程，2019，22 (1): 100 –107.

[15] 张惠珍，刘云. 基于客户满意度的 MOVROFTW 的单亲遗传混合蚁群算法 [J]. 系统管理学报，2019，28 (5): 927 –933.

[16] 李嫚嫚，陆建，安颖. 考虑客户偏好的双目标时间窗指派车辆路径问题 [J]. 东南大学学报，2018，48 (3): 568 –575.

[17] 孙奇，马良. 基于客户满意度的车辆路径问题的混合蝙蝠算法 [J]. 上海理工大学学报，2019，41 (2): 160 –166.

第 2 章　碳排放规制下供应链油电混合车队路径规划研究

为缓解温室气体排放对气候变暖的影响，自《京都议定书》签署以来，各大经济体纷纷提出了“减少碳排放”和“碳中和”的目标，并制定了相应的碳交易、碳税、碳限额、碳补偿等碳排放规制。欧盟碳市场于 2005 年初步运行，实施限额设定，要求各成员国制订其国家分配方案（National Allocation Plan，NAP），并于 2012 年开始征收航空碳税。中国碳市场于 2017 年底正式启动，并于 2021 年开始进行交易。随着交通运输业的发展，交通运输部门的温室气体排放占总排放量的 14%，其中，约四分之三来自道路交通[1]。因此，推进物流配送领域的节能减排刻不容缓。电动汽车的出现大大推动了交通运输业节能减排的发展，由于使用了更清洁高效的发电机，其可以看作一种“零碳排”的运输工具[2]。然而，向电动车的过渡是一种技术转型，以高效和及时地进行转变是一个具有挑战性的问题[3]。另外，大规模的财政补贴政策难以为继，我国 2023 年取消了电动汽车补贴。为此，我国将进一步完善碳排放权交易机制，以促进电动汽车在“后补贴时代”的快速发展。企业的购买意愿受到电动车续航里程、充电时间、电池寿命、安全性等因素的影响[4]。充电设施体系的不健全是限制电动车普及的主要障碍[5]，缺乏灵活性和便利性，会显著减弱电动车的吸引力。因而，在实际运营中，纯电动车队并不符合现阶段企业的实情，电动车与燃油车的混合车队更符合企业车队管理的现实情况。

综上所述，本章分别建立了碳限额、碳税、碳交易和碳补偿四种不同碳排放规制下的混合车队车辆路径模型，设计了贴合模型的 IAGA，以便对问题进行求解，并结合案例对提出的算法进行了检验与分析。此外，本章还解决了以下问题：如何建立考虑不同碳排放规制的油电混合车队模型；不同碳规制下，碳价格和碳配额的变化会使企业运输总成本和碳排放量发生什么变化。

2.1 相关理论与文献综述

本章构建了碳限额、碳税、碳交易和碳补偿下的油电混合车队路径优化模型，还考虑了碳配额、碳价格对不同碳规制下的油电混合车队配置的影响。首先，本章讨论了相关的绿色车辆路径问题；其次，回顾了异构车辆路径问题。

随着环保意识和节能减排政策的联合推动，越来越多的学者逐渐认识到降低能耗和碳排放的重要性，并在 Dantzig 和 Ramser[6]（1959）提出的 VRP 模型的基础上，提出了既考虑经济成本又考虑节能减排的绿色车辆路径问题（Green Vehicle Routing Problem，GVRP）。1985 年，Cermak 等[7]最先开始研究由城市运输造成的空气污染问题。Demir 等[8]对绿色车辆路径问题的相关研究进行了综述，指出考虑低碳的 VRP 可以有效降低运输车队的温室气体排放。

2.1.1 绿色车辆路径问题

近年来，引起广泛关注的绿色车辆路径问题研究，多是将碳排放量作为约束条件或将其转化为成本函数以兼顾经济效益和社会效益[9~12]。Chen 等[9]研究了考虑交通拥堵和碳税的时间依赖性绿色车辆路径问题。结果表明，交通状况的恶化会增加碳排放，而碳税的增加会在一定范围内减少碳排放。Wang 等[13]为了降低碳税给冷链物流带来的成本压力，研究了基于碳税的冷链物流车辆路径问题。结果表明，碳税在临界范围内的变化会影响碳排放成本。针对碳交易下多车型车辆路径问题，Kwon 等[14]对购买或出售碳排放权的价值进行了成本效益评估，实际上，企业可以通过碳交易规制获得收益而非付出成本。Shen 等[15]研究了考虑碳交易的时间窗的多仓库开放式车辆路径问题，对比了不同碳交易价格和碳配额下总成本、碳排放交易成本和碳排放量的变化。除了分别基于不同碳排放规制的研究，也有学者比较研究了不同碳规制对车辆路径问题的影响。Li 等[16]构建了包括车辆使用成本、运输成本、碳税成本、碳配额成本和原材料补贴成本的车辆路径优化模型，并设计了遗传算法 - 禁忌搜索（GA - TS）求解该问题。结果表明，碳配额 - 补贴模型效果最佳，而碳税模型效果欠佳。Micheli 等[17]针对不同车容量的异构车队，建立了考虑客户需求不确定性与综合排放的模型，探讨了不同碳规制下车辆路径问题对经济与环境的影响。

2.1.2 电动车车辆路径问题

随着 GVRP 的发展，越来越多的学者将研究重点转移到电动车路径规划问题上（EVRP）。Schneider 等[18]对带有时间窗的电动车路径规划问题（E－VRPTW）进行了研究，并采用混合启发式算法（将变邻域搜索算法与禁忌搜索启发式算法相结合）解决该问题，以求得最短的配送路线。在实际应用中，电池的充电行为通常是非线性的，Montoya 等[19]针对此问题建立了分段函数来拟合非线性充电行为。在此基础上，Keskin 等[21]利用排队论进一步探讨了电动车的非线性充电问题。Keskin 等[20]不再局限于一次充满假设，而是根据电动车到达充电站时的具体电量来确定充电时长，并设计了自适应大邻域搜索（ALNS）求解模型。Mao 等[22]比较了部分充电、换电等多种充电策略，并利用改进的蚁群算法（Ant Colony Optimization，ACO）进行求解。研究结果表明，灵活地应用充电策略有助于降低运输成本。Zhang 等[23]考虑了客户随机需求下的电动车路径问题，以最优化运输成本及换电站建设成本为目标，提出了一种混合变量邻域搜索（Hybrid Variable Neighborhood Search，HVNS）算法。综上所述，国内外学者从非线性充电、充电策略以及充换电选址等电动车特性着手研究，但缺乏对电动车电量消耗特性的考虑，所以，将电量消耗因素考虑进 CVRP 问题中，能使模型更加贴近现实生活。

2.1.3 异构车辆路径问题

正如前文所提到的，电动车的有限续航里程、过长的充电时间和不完善的充电设施布局，是阻碍企业购入的主要因素。国内外学者从车队规模、载重量、成本差异等方面对异构车辆路径问题（Heterogeneous Vehicle Routing Problem，HVRP）进行拓展[24]。混合动力电动汽车（Hybrid Electric Vehicles，HEVs）具有电动车和燃油车的双重特性，可以减小对充电设施的依赖性[25]。由于混合车队需要整合不同类型的运载工具进入配送系统，这类问题所考虑的限制因素也更为复杂。Juan 等[26]首次考虑了含有燃油车和电动车混合车队的多种续航里程车辆的车辆路径问题。Goeke 等[27]在电动车和燃油车的能源消耗模型中考虑了载重、车速以及道路坡度等因素，并利用自适应大规模邻域搜索算法来求解电动车混合车队带时间窗的路径规划问题（E－VRPTWMF）。Yu 等[28]在 E－VRPTWMF 的基础上提出了考虑现实能源消耗、部分充电以及碳排放特征的绿色混合车队车辆路径问题。相关文献总结如表 2－1 所示。

表 2-1　　　　相关文献总结

类型	作者	算法	碳排放类型	充电类型	时间窗	载重	能源消耗模型	车队类型
GVRP	Chen 等（2021）	HSATA	CT		√	√	LFCM	ICEVs
	Wang 等（2017）	CEGA	CT		√	√	LFCM	ICEVs
	Kwon 等（2013）	TS	CTD			√	FM	ICEVs
	Shen 等（2018）	PSO－TS	CTD		√	√	LFCM	ICEVs
	Li 等（2020）	GA－TS	MCP			√	LFCM	ICEVs
	Micheli 和 Mantella（2018）	ILOG CPLEX	MCP			√	CMEM	
EVRP	Schneider 等（2014）	HVNS－TS		MSG	√	√		EVs
	Montoya 等（2017）	ILS－HC		NC				EVs
	Keskin 和 Çatay（2016）	ALNS		PR	√	√		EVs
	Keskin 等（2019）	ALNS		NC	√	√		EVs
	Mao 等（2020）	ACO		PR	√	√		EVs
	Zhang 等（2019）	HVNS			√			EVs
HVRP	Juan 等（2014）	MHA				√		MF
	Goeke 和 Schneider（2015）	ALNS		MSG	√	√		MF
	Yu 等（2021）	ALNS		MSG－PC	√	√		MF
本章			MCP	MSG	√	√	LFCM	MF

注：优化算法：HSATA 混合模拟退火回火算法（Hybrid Simulated Annealing and Tempering Algorithm）；CEGA 周期进化遗传算法（Cycle Evolutionary Genetic Algorithm）；ALNS 自适应大邻域搜索（Adaptive Large Neighborhood Search）；TS 禁忌搜索（Tabu Search）；PSO－TS 粒子群－禁忌搜索（Particle Swarm optimization－Tabu Search）；GA－TS 遗传禁忌搜索（Genetic Algorithm－Tabu Search）；HVNS－TS 混合变量邻域－禁忌搜索（Hybrid Variable Neighborhood Search－Tabu Search）；ILS－HC 局部迭代搜索和集中启发式（Iterated Local Search and a Heuristic Concentration）；ACO 蚁群算法（Ant Colony Optimization）；HVNS 混合变量邻域搜索（Hybrid Variable Neighborhood Search）；MHA 多轮启发式（Multi－round Heuristic Algorithm）。

碳排放类型：CT 碳税（Carbon Tax）；CTD 碳交易（Carbon Trading）；MCP 混合碳政策（Mixed Carbon Policy）。

充电类型：NR 非线性充电（Nonlinear Recharging）；PR 部分充电（Partial Recharging）。

能源消耗模型：LFCM 基于载重的油耗模型（Load Based Fuel Consumption Model）；FM 燃料法（Fuel Based Method）；CMEM 综合排放模型（Comprehensive Modal Mission Model）；MSG 依赖载重、速度和坡度（Mass Speed and Gradient）的能源消耗模型。

车队类型：ICEVs 内燃机（Internal Combustion Engine Vehicles）；EVs 电动车（Electric Vehicles）；MF 混合车队（Mixed Fleet）。

综上所述，相关学者就混合车队的有限续航里程能力、能源消耗、成本差异展开讨论，但较少涉及环境因素，且在 GVRP 研究中仅考虑了碳税或碳交易，较少涉及碳限额和碳补偿，同时也未就不同类型的碳规制对物流配送的影响做更为深入的对比分析。基于上述情况，首先，本章建立了包含车辆固定使用成本、可变使用成本、时间窗惩罚成本、燃油成本、耗电成本的基础混合车队模型；其次，本章考虑碳限额、碳税、碳交易和碳补偿四种碳排放规制对混合车队的影响，并在基础模型上纳入碳排放成本；最后，设计贴合模型的 IAGA 对问题进行求解，并结合案例进行了检验与分析。

2.2 问题描述与模型构建

2.2.1 问题描述

给定完全图 $G=(V,E)$，其中，V 为图上的点集，$V=0,1,2,\cdots,n,n+1,\cdots,n+r,0'$，$1,2,\cdots,n$ 代表客户点，0 和 $0'$ 代表配送中心，$n+1,n+2,\cdots,n+r$ 代表充电站，$E=(i,j|i,j\in V,i\neq j)$ 为连接节点的弧的集合。假设存在一个配送中心，其任务是将同类产品分配给多个客户，这些客户的产品需求是已知的。配送中心配备了不同容量的燃油车和电动车，其中，电动车受到电量容量的限制。如果电动车的电量不足以前往下一个节点，就需要进行充电操作。配送车辆必须在客户指定的时间窗（表示为$[ET_i,EL_i]$）内到达，否则将面临相应的惩罚成本。为了最小化车队的总成本，配送中心需要根据客户的需求和分布情况来选择合适的车辆，并制定最佳的车队配置和调度方案。

此外，模型还需要满足以下假设条件。

（1）本章研究的是一对多的路网结构，因此，配送车辆从单个配送中心出发，可以为多个客户提供服务，并在完成配送任务后返回配送中心。每个客户只由一辆车进行配送。

（2）每辆车的负载能力已知，因而车辆负责的客户总需求不能超过车辆的负载。

（3）为确保电动车的行驶距离及节省充电开支，电动汽车从配送中心出发时处于满电状态。由于电动车在卸货时处于熄火状态，充电车在客户点时不消耗电量。

（4）目前，充电站的供电能力具备可靠性，供电系统具有持续供电的能力。因而，充电站的储备电量无限。

模型中参数及变量含义见表2-2。

表2-2　　参数及变量含义

符号	含义
$0,0'$	配送中心，其中，0是配送起点，$0'$是配送终点
N	客户集合，$N=1,2,\cdots,n$
R	充电站集合，$R=n+1,n+2,\cdots,n+r$
$N_0/N_{0'}$	配送中心与客户集合，$N_0=0\cup N,N_{0'}=N\cup 0'$
V_1	配送起点、客户与充电站集合，$V_1=0\cup N\cup R$
V_2	客户、充电站与配送终点集合，$V_2=N\cup R\cup 0'$
V	所有节点的集合，$V=0\cup N\cup R\cup 0'$
K	车辆集合，$K=1,2,\cdots,l_F+l_E$
K_F	燃油车集合，$K_F=1,2,\cdots,l_F$
K_E	电动车集合，$K_E=l_F+1,l_F+2,\cdots,l_F+l_E$
Q_F	燃油车最大载重（千克）
Q_E	电动车最大承载重量（千克）
C_F	燃油车固定成本（元）
C_E	电动车固定成本（元）
γ_F	燃油车单位可变成本（元/千米）
γ_E	电动车的单位可变成本（元/千米）
u_1	燃油价格（元/升）
D_E	电动车单位耗电成本（元/千瓦时）
v	车辆的行驶速度（千米/小时）
d_{ij}	客户节点i与j之间的距离（千米）
s_i	在客户节点i的服务时间（分钟）
P	电动车的额定电量（千瓦时）
g_1	充电速度（千瓦时/小时）
ET_i	节点i的左时间窗
EL_i	节点i的右时间窗
q_i	客户节点i的需求量（千克）
L_{ik}	决策变量，车辆k到达节点i时的载货量（千克）
p_{ik}	决策变量，电动车k到达节点i时所剩的电量（千瓦时）
P_{ik}	决策变量，电动车k在充电站i的充电量（千瓦时）
t_i	决策变量，车辆到达节点i的时间
x_{ijk}	0-1变量，如果路径安排中存在车辆k从节点i到节点j的路线则为1；否则为0
y_k	0-1变量，如果路径安排中车辆k被使用则为1；否则为0

2.2.2 成本分析

2.2.2.1 车辆固定使用成本

车辆的固定使用成本主要涵盖车辆维修、折旧、保养等与车辆使用相关的费用，以及配送人员的报酬等劳动成本。这些成本与行驶里程和货物量无关，但与车辆类型息息相关。固定成本 C_1 表示为：

$$C_1 = \sum_{k \in K_F} C_F y_k + \sum_{k \in K_E} C_E y_k$$

2.2.2.2 车辆可变成本

可变成本与行驶距离有关，行驶距离越远，可变成本越大，车辆可变成本 C_2 表示为：

$$C_2 = \sum_{i \in N_0} \sum_{j \in N_0'} \sum_{k \in K_F} \gamma_F d_{ij} x_{ijk} + \sum_{i \in V_1} \sum_{j \in V_2} \sum_{k \in K_E} \gamma_E d_{ij} x_{ijk}$$

2.2.2.3 时间窗惩罚成本

$[ET_i, EL_i]$表示客户 i 的时间窗，车辆如果早于 ET_i 到达，则需要等待并支付相应的惩罚成本 p_e，如果晚于 EL_i 到达，则需支付相应的惩罚成本 p_l。时间窗惩罚函数定义如下：

$$W(t_i) = \begin{cases} p_e(ET_i - t_i), & t_i < ET_i \\ 0, & ET_i < t_i < EL_i \\ p_l(t_i - EL_i), & t_i > EL_i \end{cases}$$

时间窗惩罚成本 C_3为：

$$C_3 = \sum_{i \in V} W(t_i)$$

2.2.2.4 油耗成本

基于日本政府网发布的报告中油耗与车辆负载之间的线性关系，Xiao 等[29]提出了基于载重的燃油消耗模型（Load Based Fuel Consumption Model，LFCM）。该模型在绿色车辆路径问题（GVRP）领域得到了广泛的应用。本章采用 LFCM 模型来计算燃油车在配送过程中的燃料消耗。LFCM 模型考虑了载重对燃油消耗的影响，并假定燃油消耗率 ρ 与车辆载重 Q_1 之间是线性关系，即 $\rho(Q_1) = a(Q_0 + Q_1) + b$。其中 a、b 为常量系数。令 Q_0 为燃油车空载时的质量，Q_F 为燃油车的最大载重，ρ_0 为车辆空载时的油耗率，ρ^* 为车辆满载时的油耗率，因此有：

$$\begin{cases} \rho_0 = aQ_0 + b \\ \rho^* = a(Q_0 + Q_F) + b \end{cases} \quad a = \frac{\rho^* - \rho_0}{Q_F}$$

由此，油耗函数 $f(L_{jk})$ 与油耗成本 C_4 可以表示如下：

$f(L_{jk}) = \rho_0 + \frac{\rho - \rho_0}{Q_F} L_{jk}$

$C_4 = \sum_{i \in N_0} \sum_{j \in N_0'} \sum_{k \in K_F} x_{ijk} f(L_{jk}) d_{ij} u_1$

2.2.2.5　耗电成本

Goeke 等[27]考虑了包含速度、坡度和车辆载重的电动车能源消耗模型，先根据电动车在配送过程中所需的机械功率来求得电机功率，再从电动车的机械功率需求出发，最终得到所需的电池功率。其中，车辆本身及所载货物的总质量 $m = m_v + m_L$，a_0 是加速度，c_r 是滚轮阻力系数，g 是重力常数，α 是道路坡度，c_d 是空气阻力系数，ρ 是空气密度，A 是车辆迎风面积。总功耗为 P_M

$P_M = [ma_0 + c_r mg\cos(\alpha) + \mathrm{mg}\sin(\alpha) + 0.5 c_d \rho A v^2]v$

假设节点间的距离是欧氏距离，不考虑道路坡度，且车辆始终处于匀速行驶状态。意味着 α 和 a_0 均为 0。因此，总功耗简化为：

$P_M(L_{jk}) = [c_r m(L_{jk}) g + 0.5 c_d \rho A v^2]v$

因为所有参数都大于0，所以不考虑 $P_M(L_{jk})$ 小于0 的情况。通过回归参数 $\emptyset$ 将机械功率转化为电机功率，再用回归参数 σ 将电机功率转化为电池功率。因而，电量消耗 $E_{ij}(L_{jk})$ 和耗电成本 C_5 如下：

$E_{ij}(L_{jk}) = \emptyset \sigma P_M(L_{jk}) d_{ij}/3600v$

$C_5 = \sum_{i \in V_1} \sum_{j \in V_2} \sum_{k \in K_E} x_{ijk} D_E E_{ij}(L_{jk})$

2.2.2.6　碳排放量

通过系数 CER[30]将燃料消耗转换为碳排放量，可得如下碳排放量：

$Q = CER \sum_{i \in N_0} \sum_{j \in N_0'} \sum_{k \in K_F} x_{ijk} f(L_{jk}) d_{ij}$

2.2.3　混合车队基本模型

$$\min F = C_1 + C_2 + C_3 + C_4 + C_5 \tag{2.1}$$

s. t.

$$\sum_{i \in N_0} \sum_{k \in K_F} x_{ijk} + \sum_{i \in V_1} \sum_{k \in K_E} x_{ijk} = 1, \forall j \in V \tag{2.2}$$

$$\sum_{j \in V_2} x_{0jk} \leqslant 1, \forall k \in K \tag{2.3}$$

$$\sum_{i \in V_1} \sum_{k \in K} x_{ijk} = \sum_{i \in V_1} \sum_{k \in K} x_{jik}, \forall j \in V_2 \tag{2.4}$$

$$\sum_{i \in V_1} \sum_{j \in V_2} q_j x_{ijk} \leqslant Q_F, \forall k \in K_F \tag{2.5}$$

$$\sum_{i \in V_1} \sum_{j \in V_2} q_j x_{ijk} \leqslant Q_E, \forall k \in K_E \tag{2.6}$$

$$\sum_{k\in K}x_{ijk} = \sum_{k\in K}y_k, \forall i \in V_1, \forall j \in V_2, i \neq j \tag{2.7}$$

$$t_i + \left(s_i + \frac{d_{ij}}{v}\right)x_{ijk} - l_0(1 - x_{ijk}) \leqslant t_j, \forall i \in N_0, \forall j \in V_2, i \neq j, \forall k \in K \tag{2.8}$$

$$t_i + \left(\frac{P_{ik}}{g_1} + \frac{d_{ij}}{v}\right)x_{ijk} - \left(l_0 + \frac{P}{g_1}\right)(1 - x_{ijk}) \leqslant t_j, \forall i \in R, \forall j \in V_2, i \neq j, \forall k \in K_E \tag{2.9}$$

$$0 \leqslant L_{jk} \leqslant L_{ik} - q_i x_{ijk} + Q_F(1 - x_{ijk}), \forall i \in V, \forall i \in V, i \neq j, k \in K_F \tag{2.10}$$

$$0 \leqslant L_{jk} \leqslant L_{ik} - q_i x_{ijk} + Q_E(1 - x_{ijk}), \forall i \in V, \forall i \in V, i \neq j, k \in K_E \tag{2.11}$$

$$0 \leqslant L_{0k} \leqslant Q_F, k \in K_F \tag{2.12}$$

$$0 \leqslant L_{0k} \leqslant Q_E, k \in K_E \tag{2.13}$$

$$p_{ik} - E_{ij}(L_j)x_{ijk} + P(1 - x_{ijk}) \geqslant p_{jk}, \forall i \in V_1, \forall j \in V_2, i \neq j, \forall k \in K_E \tag{2.14}$$

$$P - p_{ik} = P_{ik}, \forall i \in R, \forall k \in K_E \tag{2.15}$$

$$0 \leqslant p_{ik} \leqslant P, \forall i \in V, k \in K_E \tag{2.16}$$

$$ET_0 \leqslant t_i \leqslant EL_0, \forall i \in V \tag{2.17}$$

$$x_{ijk} \in 0,1, \forall i \in V, \forall j \in V, k \in K \tag{2.18}$$

$$y_k \in 0,1, k \in K \tag{2.19}$$

目标函数式（2.1）包含了固定成本、可变成本、时间窗成本、油耗成本和耗电成本等多个组成部分，全面反映了混合车队配送问题的成本特征。客户访问约束式（2.2）要求每位客户仅被访问一次。车辆使用约束式（2.3）表示每辆车在规划期内只能使用一次。流平衡约束式（2.4）确保车辆的进出流量平衡。载重约束式（2.10）至式（2.13）限制了车辆在客户节点间的载重变化，并约束了车辆从配送中心出发时的载重。时间约束式（2.8）和式（2.9）描述了车辆在不充电和充电情况下到达客户的时间关系。电量约束式（2.14）和式（2.15）表示电动车从节点 i 到节点 j 的电量消耗关系，以及电动车充电量的计算方式。此外，式（2.7）明确了运输车辆是否被使用的决策变量，式（2.16）至式（2.19）定义了各决策变量的取值范围。

2.2.4 碳限额规制下混合车队路径优化模型

碳限额规制（Carbon Cap Regulation）是指企业需要严格遵守相关机构制定的碳排放额度，如果碳排放量超出标准将面临处罚和停产的风险，企业需要根据规制要求进行生产活动，以减少碳排放总量[31]。因此，碳限额规制下混合车队路径优化模型在基础模型上加入碳配额约束。其中，

cap 为碳排放上限。

$$\min F = C_1 + C_2 + C_3 + C_4 + C_5 \tag{2.20}$$

s. t.

$$CER\sum_{i \in N_0}\sum_{j \in N_{0'}}\sum_{k \in K_F} x_{ijk} f(L_{jk}) d_{ij} \leqslant cap \tag{2.21}$$

式（2.20）为目标函数，表示碳限额规制下企业总成本，包括固定成本、可变成本、时间窗成本、油耗成本和耗电成本。同时，在约束式（2.2）至式（2.19）的基础上增加约束式（2.21），表示企业的碳限额约束，其中，系数 CER 将燃料消耗转换为碳排放量。

2.2.5 碳税规制下混合车队路径优化模型

碳税规制（Carbon Tax Regulation）通过价格控制对企业的碳排放按税率β征收排放税，减排主体需平衡预期的减排成本与运营成本，以使总成本最优。由于碳税发挥重要的价格信号作用，会给温室气体排放高的企业带来重大挑战。其中，碳税成本为 $C_6 = \beta \cdot Q$。

$$\min F = C_1 + C_2 + C_3 + C_4 + C_5 + C_6 \tag{2.22}$$

式（2.22）为目标函数，表示碳税下企业总成本，包括固定成本、可变成本、时间窗成本、油耗成本、耗电成本和碳税成本。同时，约束式（2.2）至式（2.19）不变。

2.2.6 碳交易规制下混合车队路径优化模型

碳交易规制（Cap – and – Trade Regulation）将二氧化碳排放权作为一种商品，赋予其经济价值，是促进温室气体减排的市场机制。每个减排主体根据其企业性质获得相应的碳排放额度，当企业的碳排放量超出被分配的额度时，就须向外购买排放差额，否则可以向外出售多余的排放额度以获得实际收益。其中，e_1^+ 为向外购买的排放额；e_1^- 为向外出售的排放额，C_p 为碳交易价格，碳交易成本 $C_7 = C_p(Q - \mathrm{cap})$。

$$\min F = C_1 + C_2 + C_3 + C_4 + C_5 + C_7 \tag{2.23}$$

s. t.

$$CER\sum_{i \in N_0}\sum_{j \in N_{0'}}\sum_{k \in K_F} x_{ijk} f(L_j) d_{ij} \leqslant cap + (e_1^+ - e_1^-) \tag{2.24}$$

式（2.23）为目标函数，表示碳交易机制下企业总成本，包括固定成本、可变成本、时间窗成本、油耗成本、耗电成本和碳交易成本。同时，在约束式（2.2）至式（2.19）的基础上加入约束式（2.24），企业的碳排放量低于碳上限时，即可出售多余排放量，否则需要购入相应的碳排放量。

2.2.7 碳补偿规制下混合车队路径优化模型

碳补偿规制（Cap – and – Offset Regulation）是指当企业的碳排放量超出被分配的碳限额时，企业需要从碳市场购买碳补偿。与碳交易不同的是，碳补偿下的企业在排放量低于碳排放上限时无法出售剩余碳排放量，当排放量超过碳上限时，则需要进行补偿。其中，e_2^+ 为向外购买的排放额，C'_p 为碳补偿价格，碳补偿成本 $C_8 = C'_p \cdot e_2^+$。

$$\min F = C_1 + C_2 + C_3 + C_4 + C_5 + C_8 \tag{2.25}$$

s. t.

$$CER \sum_{i \in N_0} \sum_{j \in N_{0'}} \sum_{k \in K_F} x_{ijk} f(L_{jk}) d_{ij} \leqslant cap + e_2^+ \tag{2.26}$$

式（2.25）为目标函数，表示碳补偿规制下企业总成本，包括固定成本、可变成本、时间窗成本、油耗成本、耗电成本和碳补偿成本等。同时，在约束式（2.2）至式（2.19）的基础上增加约束式（2.26），表示企业的碳排放量不能超出政府分配的碳限额和购买的额度。

2.3 算法设计

本章所提出的不同碳排放规制下电动车混合车队带时间窗的路径规划问题属于 NP – hard 问题，用精确算法求解 NP – hard 问题较为困难，本章采用启发式算法进行求解。根据所提模型的特点，本章设计了贴合模型的 IAGA。该算法具有以下几个突出特点：（1）据模型和决策变量的特点，设计了编码方式；（2）CW 节约算法生成初始解，并根据充电站的远近插入路径；（3）采用自适应交叉概率和变异概率，改变传统根据主观判断设定的固定交叉率和变异率，以保留优秀个体。下面我们详细描述 IAGA 算法的各项细节。

2.3.1 编码

根据本章模型特点，采用如下编码方式：染色体长度为 $n+k-1$，其中，n 为客户点数量，k 为配送中心车辆数。省略染色体末位中的车辆编号。假设为服务 5 个客户，配送中心配备 1 辆燃油车和 1 辆电动车，在路网中有 1 个充电站。配送中心编号为 0，客户编号为 1,2,…,5，充电站编号为 6，燃油车编号为 7，电动车编号为 8。假设染色体如图 2 – 1 所示，经解码，燃油车路径为：0—1—2—0，电动车路径为：0—3—4—5—0。如果电动车的电量无法支持到达节点 5，则需前往充电站 6 进行充电。此时电动车的路径可能为：0—3—4—6—5—0。

1	2	7	3	4	5

图 2-1　染色体示意图

2.3.2　生成初始解

初始种群的质量和大小对遗传算法的求解效率有着重要影响。随机生成初始种群，可以带来种群的多样性，但也容易产生大量无效解，无法保证其优越性。CW 节约算法将配送中心与客户点相连形成 n 条路径，再比较连接任意两点 i 和 j 的节约值：$s(i,j) = C_{0i} + C_{0j} - C_{ij}$，从而实现高效率的配送。根据本章的模型特点，将节约算法的节约值由传统的距离节约值改为成本节约值。

首先，根据客户点个数，生成相应的配送路径；其次，计算合并路径后成本节约值，由于解码时才涉及车辆分配与充电站的插入，故在初始解生成时仅考虑固定成本、可变成本、时间窗成本的节约值，且取电动车与燃油车成本参数的平均值，并检查车辆到达的时间是否满足时间窗约束。在合并路径的过程中，先按照节约值的大小由高到低进行排序，选择节约值最大的路径进行插入客户。在插入客户时，需要确保车辆所服务的总需求不超出当前车辆的最大载重限制。如果超出，则需要更新使用的服务车辆。对于使用电动车进行配送的情况，除了考虑车辆载重和客户时间窗约束外，还需要额外考虑电池容量的限制。具体来说，当电动车的行驶路径在插入客户 i 后，没有足够的电量行驶到下一个节点时，就需要在路径上插入充电站节点，以满足电动车的电量要求。

2.3.3　适应度函数

在遗传算法中，个体的适应度是用来度量个体在种群中生存优势的重要指标。适应度函数可以用来区分个体的“好坏”，个体的适应度越大，表示该个体在种群中的优势越大，被遗传到下一代的概率也就越大。本章中，我们采用传统适应度函数，个体的适应度 $f = \frac{1}{F}$，其中，F 为目标函数的值。

2.3.4 选择操作

为了提高轮盘赌选择操作的效率，本章选择随机遍历抽样（Stochastic Universal Selection，SUS）作为选择操作。具体做法如下：

在每次选择操作时，我们不需要实际转动转盘，而是随机生成 N 个等间距的标记指针位置。这些标记指针位置对应种群中的 N 个个体。通过这种方式，我们就可以一次性选择出 N 个个体，而不需要进行 N 次轮盘赌选择操作。这样不仅提高了效率，而且可以避免每次转动转盘所带来的计算费用。这种随机遍历抽样的方法，充分利用了计算机的随机数生成能力，大大简化了轮盘赌选择的实现过程。同时，也保留了轮盘赌选择的基本思想，即选择适应度较大的个体的概率更大。因此，这种改进方法不仅提高了算法的效率，而且保证了算法的正确性和收敛性。在实际应用中，这种方法可以大大提升遗传算法的性能。

随机遍历抽样可分步表示如下：（1）计算指针间距 $p=\frac{F}{N}$，F 为总适应度值；（2）随机生成指针起始位置 $r\in[0,p]$；（3）计算各指针位置 $r+i\cdot p,i=[0,1,2,\cdots,N-1]$；（4）根据指针位置，选择 N 个个体。

3.4.5 进化操作

早期的自适应遗传算法中，交叉概率和变异概率通常是根据经验进行设定的。若概率设定较小，容易陷入局部最优；若概率设定较大，则不利于保留优秀个体。改进的自适应遗传算法[32,33]（Improved Adaptive Genetic Algorithm，IAGA）的交叉概率和变异概率会随着进化过程进行调整，具体计算如式（2.27）和式（2.28）所示。

$$P_c=\begin{cases}\dfrac{P_{c1}(f_{avg}-f')+P_{c2}(f'-f_{min})}{f_{avg}-f_{min}} & f'<f_{avg}\\ \dfrac{P_{c2}(f_{max}-f')+P_{c3}(f'-f_{avg})}{f_{max}-f_{avg}} & f'\geqslant f_{avg}\end{cases} \tag{2.27}$$

$$P_m=\begin{cases}\dfrac{P_{m1}(f_{avg}-f)+P_{m2}(f-f_{min})}{f_{avg}-f_{min}} & f<f_{avg}\\ \dfrac{P_{m2}(f_{max}-f)+P_{m3}(f-f_{avg})}{f_{max}-f_{avg}} & f\geqslant f_{avg}\end{cases} \tag{2.28}$$

式中，f_{max}、f_{min}、f'、f_{avg} 分别为种群中的适应度最大值、最小值、交叉个体中的适应度较大值、变异个体的适应度值，且 $P_{c1}>P_{c2}>P_{c3}$，$P_{m1}>$

$P_{m2} > P_{m3}$，取(0,1)值。参数分别取值为 $P_{c1}=0.9$，$P_{c2}=0.8$，$P_{c3}=0.6$，$P_{m1}=0.1$，$P_{m2}=0.08$，$P_{m3}=0.05$。

交叉操作采用 OX 方式进行。假设父代染色体 A1 为 5—3—6—2—4—8—1—7，A2 为 7—4—2—3—5—6—8—1。随机选择两个交叉位置 $a=2$ 和 $b=6$，标记后 A1 为 5—3—| 6—2—4—8 | —1—7，A2 为 7—4—| 2—3—5—6 | —8—1。将 A1、A2 的交叉片段分别移动到 A2、A1 的前面，得到 A1′：2—3—5—6—| 5—3—6—2—4—8—1—7，A2′：6—2—4—8—| 7—4—2—3—5—6—8—1。然后，删除第二个重复基因位，形成两个子代个体 B1：2—3—5—6—4—8—1—7，B2：6—2—4—8—7—3—5—1，具体操作见图 2-2。

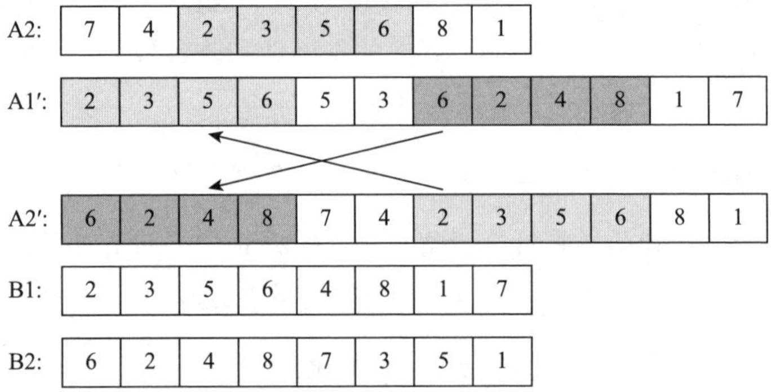

图 2-2　交叉操作示意图

变异操作采用 2-Opt 算子，即染色体中随机选择两个变异点，然后交换这两个基因点的位置，得到变异后的子代染色体。例如，假设变异前的染色体为 5—3—6—2—4—8—1—7，随机生成变异位点，假设 $a=2$，$b=7$，则变异后的染色体为 5—1—6—2—4—8—3—7。具体操作如图 2-3 所示。

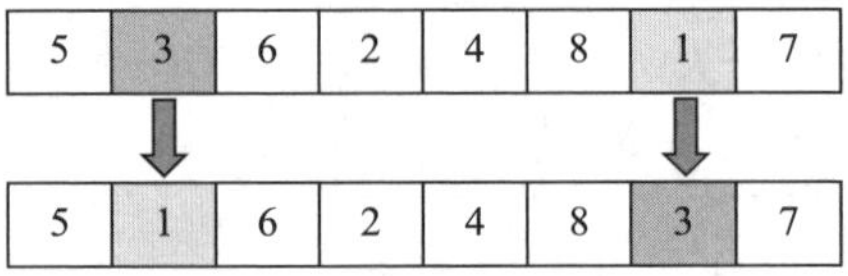

图 2-3　变异操作示意图

2.3.6　迭代终止条件

设置一个预定的最大迭代次数 MAXGEN。当算法的迭代次数达到这个上限时，即停止迭代并输出最终结果。

2.4 算例分析

2.4.1 算法对比

为了研究模型和算法的有效性，采用 IAGA 和 GA[34] 计算结果比较，GA 的交叉率和变异率分别为 $P_c = 0.75$，$P_m = 0.02$。本章的数据来源于 Schneider 等[18]，他们根据 Solomon 的标准算例进行了修改，构建了一系列测试实例。这些实例涵盖了客户点位置服从不同分布的情况，包括聚类分布（C）、随机分布（R）和两者混合分布（RC）。在算法性能测试中，我们使用了这些修改后的算例。需要特别说明的是，所有算例中的充电站均为公共充电站，去除了配送中心充电站的数据。求解过程中，我们使用了 MATLAB R2021a 软件进行编程和计算。

能耗计算相关参数见表 2－3，数据来自 Goeke 等[27]。燃料转换因子 $CER = 2.61$，数据来自 Zhang 等[30]。在本章的研究中，我们采用了重庆市 2022 年 5 月的柴油价格作为燃油价格，即 8.28 元/升。此外，我们假设车辆的行驶速度为 60 公里/小时。对于客户服务时间方面，我们设置了早到和晚到的惩罚成本。具体而言，提早到达客户点的惩罚成本为 20 元/小时，而迟到到达客户点的惩罚成本为 30 元/小时。车辆碳排放量根据 Xiao 等[29] 的方法进行计算，即 $Y = 0.0000793X - 0.026$，其中，Y 和 X 分别为燃料消耗率（升/千克）和车辆重量（千克），$\rho_0 = 0.1255$，$\rho^* = 0.2278$。燃油车与电动车各 8 辆，参数见表 2－4、表 2－5。遗传算法参数设置如下：最大迭代次数 MaxGen 为 300，种群大小为 100，代沟为 0.9。

表 2－3　能耗计算相关参数

参数	含义	值
c_r	滚动阻力系数	0.01
g	重力加速度	9.81 米/秒^2
c_d	空气阻力系数	0.7
ρ	空气密度	1.2041 千克/米^3
A	迎风面积	3.912 米^2
$\emptyset$	电能转化为机械能的效率参数	1.184692
σ	电池功率转化为电能的效率参数	1.112434

注：c_r、g、c_d、ρ、A 均来自 Demir 等[35]，$\emptyset$、σ 均来自 Goeke 和 Schneider[27]。

表 2－4　　电动车相关参数

参数	电动车	值
m_{vE}	车辆自重	2425 千克
Q_E	最大载重	1335 千克
P	电池额定容量	60 千瓦时
C_E	单位固定成本	82.5 元
γ_E	运输单价	1.5 元/千米
D_E	耗电成本	0.82 元/千瓦时
g_1	充电速度	33 千瓦时/小时

表 2－5　　燃油车相关参数

参数	含义	值
Q_0	车辆自重	1910 千克
Q_F	最大载重	1290 千克
ρ_0	空载时燃油消耗率	0.1255 千米/升
ρ^*	满载时燃油消耗率	0.2278 千米/升
CER	燃料转换因子	2.61 千克/升
u_1	燃油价格	8.28 元/升
C_F	单位固定成本	57.5 元
γ_F	运输单价	0.33 元/千米

根据算法特点，对 C 类、R 类、RC 类不同规模的算例进行测试，每组算例测试 5 次，比较了 IAGA 与 GA 的平均目标值与时间。算例命名方式为“算例名—客户数—充电站数”。结果显示在表 2－6、表 2－7 和表 2－8 中。通过对比结果可以得知，IAGA 能够有效求解三类不同类型、不同规模的算例。在小规模算例上，IAGA 的时间比 GA 的时间多 5～10 秒。在大规模算例上，IAGA 的时间约为 GA 的 1.5 倍。虽然 IAGA 的时间要长于 GA，但其求解大部分实例效果都要好于 GA，尤其是在求解大规模算例部分。因此，本章所提出的 IAGA 集成了 CW 算法的局部搜索能力和 GA 的全局搜索能力，结果表明，IAGA 提升了对解空间的搜索和优化能力，并成功解决了不同场景和规模的实例。这为实际应用提供了有益的参考。

表 2－6　　C 类求解结果

算例	IAGA		GA		目标值优化率
	平均目标值	时间	平均目标值	时间	
c101－5－2	541.12	18.38	541.12	12.65	0.00
c103－5－1	454.87	20.44	454.87	12.65	0.00
c206－5－3	850.36	17.98	850.36	13.18	0.00
c208－5－2	668.30	22.73	668.30	13.75	0.00
c101－10－4	1128.36	17.68	984.02	13.54	－14.67
c104－10－3	418.21	24.51	491.76	14.35	14.96
c202－10－4	1080.77	19.26	1145.77	13.06	5.67
c205－10－2	953.74	24.86	965.27	14.03	1.19
c103－15－4	789.74	20.97	871.34	14.67	9.37
c106－15－2	752.18	24.03	785.08	17.15	4.19
c202－15－4	1197.06	23.56	1377.65	18.15	13.11
c208－15－3	938.04	14.47	1064.23	18.18	11.86
c101－100－20	3020.61	80.00	4334.56	44.25	30.31
c102－100－20	2791.58	80.98	4651.71	51.12	39.99
c103－100－20	2802.39	82.05	3766.53	55.94	25.60
c104－100－20	2751.42	84.82	2878.26	55.10	4.41
c105－100－20	2673.15	78.59	3960.30	55.81	32.50
c106－100－20	2898.33	77.94	4008.08	45.46	27.69
c107－100－20	2471.36	83.08	3637.64	46.41	32.06
c108－100－20	2325.44	75.91	3597.01	53.46	35.35
c109－100－20	2329.59	75.89	3099.78	45.96	24.85
c201－100－20	1508.57	70.95	3609.16	43.12	58.20
c202－100－20	2544.72	73.86	3226.15	47.31	21.12
c203－100－20	2544.72	72.86	3061.23	52.97	16.87
c204－100－20	1387.46	73.31	4022.34	48.08	65.51
c205－100－20	1370.60	72.80	3848.40	50.85	64.39
c206－100－20	1625.53	73.64	3787.22	50.74	57.08
c207－100－20	1995.40	75.28	3854.05	40.50	48.23
c208－100－20	1337.46	69.62	3208.99	45.14	58.32

表 2-7 **R 类求解结果**

算例	IAGA		GA		目标值优化率
	平均目标值	时间	平均目标值	时间	
r104-5-2	250.97	22.78	250.97	19.93	0.00
r105-5-2	286.40	17.77	286.40	23.57	0.00
r202-5-2	317.16	23.04	317.16	20.59	0.00
r203-5-3	419.09	18.88	419.09	13.35	0.00
r102-10-3	481.17	19.56	495.50	18.43	2.89
r103-10-2	343.03	18.92	367.61	23.03	6.69
r201-10-3	491.94	22.27	557.71	13.69	11.79
r203-10-4	490.56	18.80	500.13	18.84	1.91
r102-15-7	726.08	22.23	809.77	24.27	10.34
r105-15-5	658.21	21.60	690.38	14.80	4.66
r202-15-5	768.30	25.05	873.33	21.95	12.03
r209-15-4	606.98	25.49	635.66	26.10	4.51
r101-100-20	4686.20	82.04	5652.88	57.85	17.10
r102-100-20	3639.83	81.86	4241.37	57.61	14.18
r103-100-20	3250.00	85.06	3414.67	60.43	4.82
r104-100-20	2559.00	82.58	2711.38	65.32	5.62
r105-100-20	3502.16	85.45	3903.14	64.73	10.27
r106-100-20	3027.36	80.78	3596.56	66.18	15.83
r107-100-20	2748.09	83.16	3009.76	64.95	8.69
r108-100-20	2534.66	89.28	2496.81	45.96	-1.52
r109-100-20	2690.09	81.42	3063.09	50.30	12.18
r110-100-20	2618.13	84.45	2761.18	55.55	5.18
r111-100-20	2653.35	89.64	2772.31	61.59	4.29
r112-100-20	2461.02	82.03	2611.96	64.09	5.78
r201-100-20	3163.49	74.85	5961.43	54.51	46.93
r202-100-20	2569.58	78.33	5079.11	56.76	49.41
r203-100-20	2404.42	83.48	3951.99	53.11	39.16
r204-100-20	1802.87	86.55	2780.25	56.50	35.15
r205-100-20	3091.43	78.65	4282.55	45.61	27.81
r206-100-20	2552.10	82.95	3897.89	48.32	34.53
r207-100-20	2235.77	83.90	3182.28	50.10	29.74
r208-100-20	1861.55	86.80	2390.44	55.08	22.12
r209-100-20	2660.08	83.86	3715.90	62.85	28.41
r210-100-20	2526.23	74.46	3585.01	56.91	29.53
r211-100-20	2242.68	80.57	2958.09	55.33	24.18

表 2－8　　RC 类求解结果

算例	IAGA		GA		目标值优化率
	平均目标值	时间	平均目标值	时间	
rc105－5－3	414.11	18.79	414.11	12.60	0.00
rc108－5－3	397.38	16.71	457.20	15.52	13.08
rc204－5－3	478.95	17.60	479.06	16.42	0.02
rc208－5－2	347.97	17.99	347.97	12.91	0.00
rc102－10－3	831.55	18.00	709.85	18.19	－17.15
rc108－10－3	592.03	20.46	595.64	13.70	0.61
rc201－10－3	682.90	22.83	716.58	20.10	4.70
rc205－10－3	855.64	16.17	773.10	14.51	－10.68
rc103－15－4	765.41	23.29	796.86	20.69	3.95
rc108－15－4	632.75	24.19	668.46	14.57	5.34
rc202－15－4	870.22	19.86	967.22	21.56	10.03
rc204－15－6	602.77	18.21	663.63	22.80	9.17
rc101－100－20	4069.14	85.13	5376.10	40.49	24.31
rc102－100－20	4010.00	88.31	4479.24	51.69	10.48
rc103－100－20	3133.31	81.19	3493.62	50.60	10.31
rc104－100－20	2715.25	82.43	2883.49	53.77	5.83
rc105－100－20	3311.20	88.17	3710.59	55.23	10.76
rc106－100－20	3422.29	81.21	3566.16	56.14	4.03
rc107－100－20	2851.78	85.24	3166.63	53.68	9.94
rc108－100－20	2732.13	79.76	2824.12	55.51	3.26
rc201－100－20	4116.38	83.67	7561.00	56.04	45.56
rc202－100－20	3535.16	79.91	5825.21	51.85	39.31
rc203－100－20	2906.39	72.34	4096.68	46.70	29.05
rc204－100－20	1891.05	74.11	3045.37	49.19	37.90
rc205－100－20	3196.71	82.47	5728.29	50.18	44.19
rc206－100－20	3503.13	76.83	5097.24	52.46	31.27
rc207－100－20	2525.53	77.90	3790.94	46.06	33.38
rc208－100－20	2438.26	83.02	3042.67	54.02	19.86

2.4.2　算例分析

本节探讨不同碳排放规制下电动车混合车队带时间窗的路径规划问题，对比分析总成本和碳排放量的变化趋势，以期得出具有现实意义的结论，具体实验数据来自 https：//data. mendeley. com/datasets/rfwyhxfnfj。

本章采用欧氏距离，因此可根据节点间的经纬度计算出两点间的直线距离。用(x_i, y_i)，(x_j, y_j)表示两点的地理经纬度，地球的平均半径 $R=6371.004$ 公里，可以使用以下公式表示两点之间的距离。

$$d_{ij}=R\arccos\left\{\sin\left(\frac{y_i p_i}{180}\right)\sin\left(\frac{y_j p_i}{180}\right)+\cos\left(\frac{y_i p_i}{180}\right)\cos\left(\frac{y_j p_i}{180}\right)\cos\left[\frac{(x_i-x_j)p_i}{180}\right]\right\}$$

考虑到实际生活中，节点之间通常通过多条道路相连，因此，我们在计算空间直线距离时，乘以一个道路迂回系数 $\xi=2$。此外，为了与城市道路的速度匹配，我们设定车速为每小时 46 公里。

2.4.2.1　基础模型

根据上述实例，设置碳排放上限为 160 千克，碳价格为 0.05 元/千克，运用 MATLAB 对模型进行求解可得到运行结果。其中，F 是总成本，K_F:K_E 是燃油车与电动车的车辆比，C_1、C_2、C_3、C_4、C_5 依次为固定成本、可变成本、时间窗成本、油耗成本和耗电成本，$C_6/C_7/C_8$ 为不同碳规制下的碳排放成本，Q 是碳排放量。

由表 2－9 可知，与基本模型相比，4 种碳排放规制下总成本依次增加了 2.71%、3.66%、－0.8% 和 0.95%，碳排放量依次减少了 43.22%、67.47%、100%、40.79%。从中可以发现，4 种碳规制均可有效降低碳排放，这表明本章构建的模型是有效的，也表明碳规制对排放有控制效果。其中，碳交易规制实现了经济效益与环境效益的双赢，碳税规制减排效果其次，但成本代价最高，碳限额和碳补偿规制的效果相当。这说明碳排放规制下可以在一定程度上促使物流运输企业节能减排，但由于将燃油车改换成电动车会增加相应的电池保养、车辆维护成本，使总成本要高于基础模型。因此，为了进一步研究碳规制对物流路径问题减排效果以及总成本影响的差异，本章接下来的几节会继续进行具体分析。

表 2－9　　基本模型与碳排放规制模型比较

模型	F	K_F:K_E	C_1	C_2	C_3	C_4	C_5	$C_6/C_7/C_8$	Q
基本模型	1574.24	5:0	287.50	235.65	15.98	1035.11	0.00	0.00	326.29
碳限额	1616.89	4:2	395.00	563.90	5.80	587.74	64.44	0.00	185.27
碳税	1631.89	2:3	362.50	763.44	13.87	336.68	102.33	53.06	106.13
碳交易	1561.65	0:5	412.50	1086.41	0.12	0.00	162.62	－100.00	0.00
碳补偿	1589.14	3:2	337.50	570.15	3.95	612.94	64.60	0.00	193.21

2.4.2.2　碳限额规制

碳限额是一种市场化的环境政策工具，是指政府或者其他管理机构为某一区域或者行业设定一个总量上限，并将其分配给各个排放主体。

图2-4是碳限额规制对运输总成本、碳排放量和车队配置的影响。随着碳限额紧缩，运输系统的总成本呈上升趋势，碳排放量逐渐下降至零（始终低于碳排放限额），车队结构也由全油车转化为全电车。当 *cap* 低于20千克时，为应对碳限额紧缩局面，企业不再使用燃油车配送货物，此时车队为全电车。在车队配置方面，物流公司为了控制碳排放量在限额内，需要增加其电动车车队的比例，以减少碳排放量，从而符合政策要求。在运输成本方面，碳限额规制会增加物流公司的运营成本，这是因为电动车辆的固定成本和可变成本相对更高。

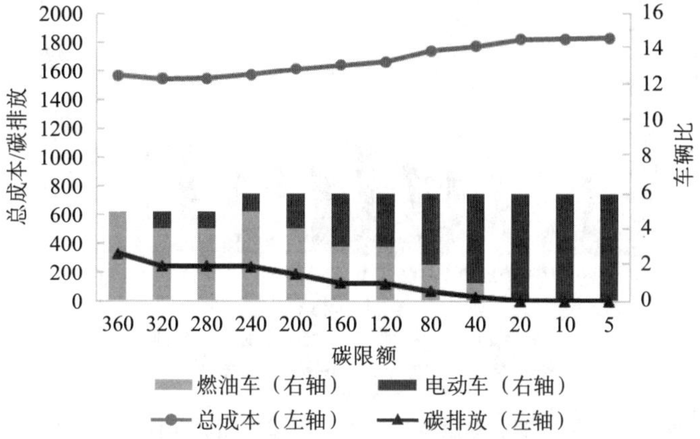

图2-4　碳限额规制对运输总成本、碳排放量和车队配置的影响

从以上分析可得出以下结论：（1）碳限额规制具有强制作用，运输系统的碳排放量始终低于碳配额。（2）碳限额规制对碳排放量产生的影响更显著，碳限额规制下，若企业未遵守规制约束，将面临停业整改的风险。因此，物流公司需要权衡购买和运营成本之间的差异，以确定合适的车队配置。

2.4.2.3　碳税规制

碳税是一种环境税，是指对单位碳排放量征收的税收，目的是通过提高化石燃料等能源消费成本，促进节能减排和低碳发展，是一种基于价格的经济手段。

图2-5是碳税规制对运输总成本、碳排放量和车队配置的影响。随着碳税率的持续增加，以1元/千克为转折点，车队结构由纯油车转化为

纯电车，碳排放量逐渐下降至零，运输系统的总成本呈上升趋势。当碳税率低于0.05元/千克时，碳排放无显著变化；当碳税率处于0.05～1元/千克时，碳排放显著降低，减少了15.68%，且成本显著上升，增加了15.93%；当碳税率处于1～6元/千克时，碳排放下降至0，成本也逐渐趋于平缓。这说明较低的碳税率无法带来减排效果，虽然低碳税率会带来高排放量，但碳排放成本占总成本的比例非常小，此时的企业宁愿支付由碳税产生的排放成本也不会调整决策进行减排。随着税率的提高，碳排放成本占总成本的比例不断增加，逐渐超过更换电动车所带来的成本，此时企业就必须权衡如何配备两种车型以寻求新的最优决策。由于企业配备的电动车辆数有限，进一步增加税收将不会出现任何额外的环境改善情况。

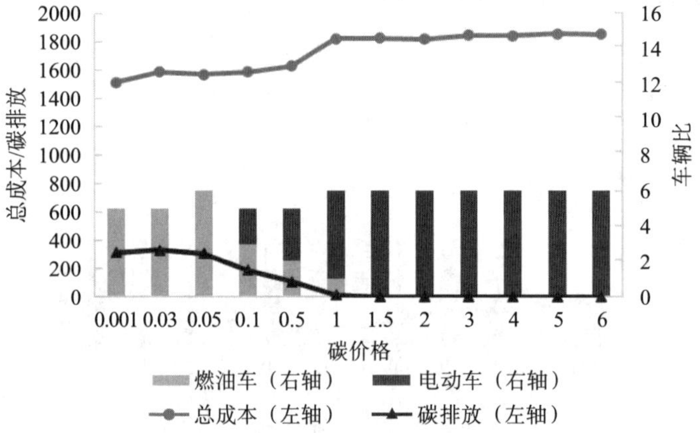

图2-5　碳税规制对运输总成本、碳排放量和车队配置的影响

从以上分析可得出以下两个结论：（1）碳税对燃油车的影响取决于税率的高低，电动车“零碳排”的优势使其在碳税政策下更具有价格优势。（2）与碳限额规制不同的是，征收碳税会极大提升企业的减排成本，这和Wang等[13]探讨碳税对冷链物流碳排放的影响结果一致。因此，选择合适的碳税率使企业成本和排放达到均衡是一个关键的措施，物流公司需要根据碳税规制的具体要求和自身情况，调整车队结构，增加新能源车辆比例，优化运营管理，以满足环保要求和减少碳税对运营成本的影响。

2.4.2.4　碳交易规制

碳交易是一种通过将碳排放权出售给需要额外排放的企业来实现减少温室气体排放的市场机制，是一种基于数量的经济手段。由于碳交易下的$C_7 = C_p(Q - \text{cap})$既可能是正值，也可能是负值，当企业的碳排放量低于额定碳排量时，可以出售相应的碳排放量，此时企业不再处于被动地位，而是可以从减排中获得实际收益[14]。在碳交易规制下，碳交易价格 C_p 和碳排放上限 *cap* 影响企业决策。因而，本节分别讨论了碳交易价格和碳配额对碳交易下混合车队的决策影响。研究碳配额时，固定碳交易价格为 0.05 元/千克，碳配额与碳限额规制一致。当研究碳交易价格时，固定碳配额为 200 千克，碳交易价格与碳税规制一致。

图 2-6（a）是在固定碳排放上限为 200 千克下，不同碳交易价格对运输总成本、碳排放量和车队配置的影响。随着碳交易价格的增长，以 0.5 元/千克为转折点，车队由油电混合车队转向全电车配送，碳排放量逐渐下降至 0，总成本下降了 68%。当碳交易价格小于等于 0.1 元/千克，当碳交易价格大于 0.1 元/千克，$C_7 = C_p(Q - \text{cap}) \leqslant 0$，碳交易成本小于 0 时，企业成本不再是非减趋势，而会因减排得到额外收益，企业会作出优先使用电动车的决策[36]。

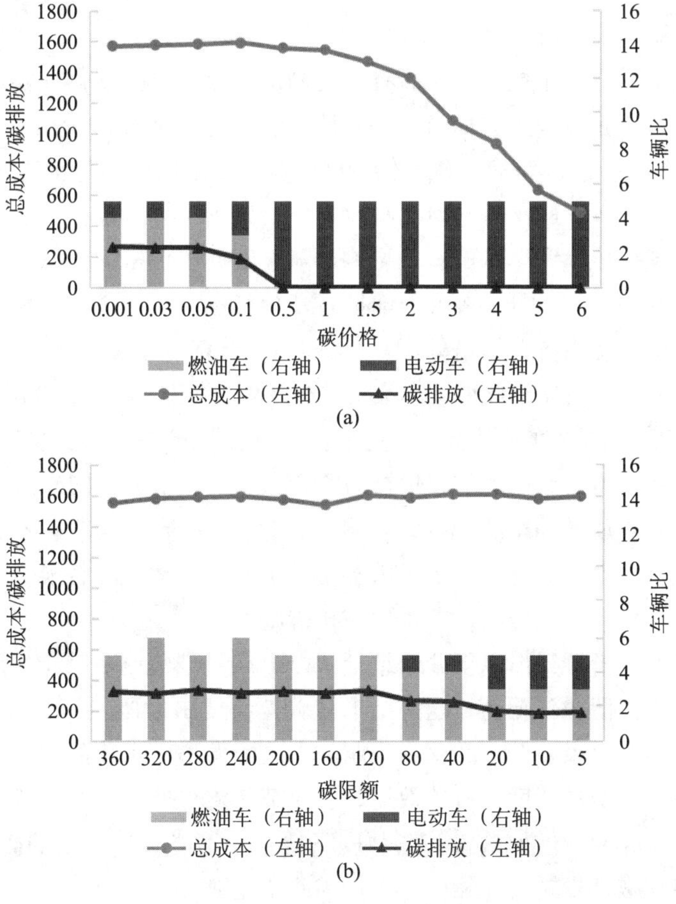

图 2-6　碳交易规制对运输总成本、碳排放量和车队配置的影响

图 2-6（b）是在固定碳交易价格为 0.05 元/千克下，不同碳配额对运输总成本、碳排放量和车队配置的影响。随着碳配额紧缩，以 80 千克为转折点，车队逐步由纯燃油车向以油电混合车为主的低碳车型转变，碳排放量逐渐降低，而总成本基本保持不变。由于本节设计的碳价格为 0.05 元/千克（与中国碳交易市场的实际碳价格相当），单位价格相对较低，无论$(Q-cap)$多大，所获得的$C_p(Q-cap)$都很小，通过碳交易获得的收益有限，不足以抵消改变决策而形成的成本增加，企业更倾向于选择运输成本更低的燃油车。

从以上分析可得出以下两个结论：（1）碳价格是碳交易规制影响减排效果的主要因素，而非碳配额[17]。（2）过低的碳交易价格无法带来有效的减排效果。

可能的原因是，虽然碳交易体系中由政府设定碳排放总量，然而，碳价格随着一定时期内可交易的配额数量以及社会经济情况的变动而波动。

2.4.2.5 碳补偿规制

与碳交易规制不同的是，碳补偿规制下企业多出的碳排放额度无法向外出售，对于企业决策者而言，碳补偿规制同样受碳补偿价格 C'_p 与排放上限 cap 的影响。本节有关碳补偿价格和排放上限的设定与碳交易一致。

图 2-7（a）是在固定碳配额为 200 千克下，不同碳补偿价格对运输总成本、碳排放量和车队配置的影响。随着碳补偿价格的上涨，物流公司的总成本和碳排放量开始变化，车队逐步由纯燃油车向以油电混合车为主的低碳车型转变。当碳价格处于 0.05～1 元/千克，总成本上升了 0.24%，碳排放量下降了 48%。此后，车队配置不再发生变化。由于碳补偿规制下物流公司无法出售节省的碳排放额，企业宁愿支付碳补偿费而非更改车队配置。

图 2-7（b）是在固定碳价格为 0.05 元/千克下，不同碳配额对运输总成本、碳排放量和车队配置的影响。该情形下的碳配额变化不会对物流系统产生重大影响。此背景下，碳补偿成本低于电动车的替换成本，企业更倾向于支付碳补偿费用而非采取减排措施。

从以上分析可得出以下两个结论：（1）碳补偿规制对减排的效果主要取决于碳价格而非碳配额，这一结论与碳交易规制相似。（2）整体而言，碳补偿规制的效果要低于碳交易规制。当碳配额小于企业的碳排放量，碳补偿制度与碳交易制度具有等效性，企业都需要从外部购买碳排放额。然而，随着碳配额的增加，碳补偿制度下的企业不能出售多余的碳排放额，即不能将碳减排量转化为相应收入，因此企业缺乏控制成本的动力，不再关注如何通过调整运输车队中燃油车与电动车的比例来优化碳减排效果，此时，运输过程中产生的碳排放量不再受碳补偿价格变动的影响。

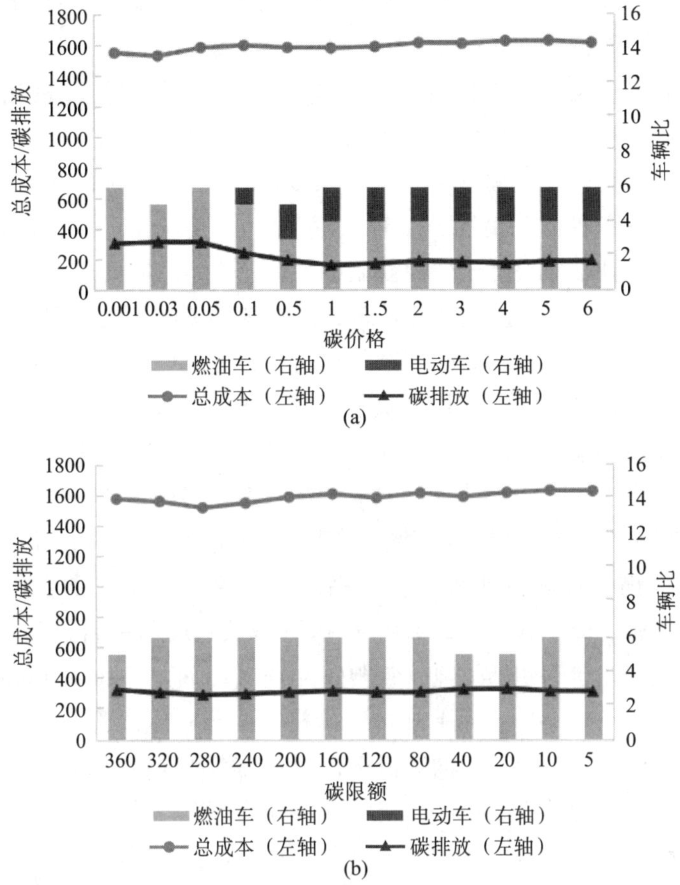

图 2-7　碳补偿规制对运输总成本、碳排放量和车队配置的影响

2.4.2.6　不同碳排放规制比较分析

通过前几节的分析，4 种碳排放规制均可以有效降低物流运输中的碳排放量。其中，碳限额规制是完全的政策性手段，决策者需要基于特定的上限值提出可行方案。征收碳税、实行碳交易和碳补偿通过给二氧化碳赋予价格，为经济系统向高能效和低能耗转型提供一个信号，从经济角度激励企业采取减排措施，将排放的外部成本纳入决策过程。那么这三种规制哪一个更能刺激企业降低排放，而且更容易被企业接受呢？对此，我们将从排放量和总成本的角度来比较这三种规制。

如图 2-8 所示，当碳价格低于 0.5 元/千克时，三种碳规制的总成本差异不大。当碳价超出 0.5 元/千克时，碳税总成本上升了 18%，碳交易总成本下降了 69%，碳补偿总成本无显著变化。在碳排放方面，当碳价格低于0.05元/千克时，三种碳规制的效果相似。当碳价格在0.05~0.5元/千克时，三种碳规制下的碳排放量都逐渐减少，碳税碳排放下降了65%，碳交易碳排放下降了100%，碳补偿碳排放下降了38%。当碳价格继续上升时，碳税和碳交易的碳排放量降为0，而碳补偿的碳排放量趋于稳定。可以看出，碳交易规制对价格的变化最灵敏，碳补偿规制对价格的变化则最不灵敏。对比碳税和碳交易可知，当 $\beta = C_p, cap = 0$ 时，碳税规制成为碳交易规制的一种特殊情况，此时二者等价。当 $\beta = C_p, cap > 0$ 时，碳交易规制下的企业成本要低于碳税规制下的企业成本。对比碳补偿和碳交易规制，若碳配额小于企业的碳排放量，企业都必须向外购入碳排放额，此时两种机制效果一致。随着碳配额的提高，碳补偿规制下的企业无法出售多余碳排放额，只会造成碳排放量的不断上升，从图2-8可以看出碳补偿规制下总成本总是高于碳交易规制下的总成本，因此，这三种规制在相同条件下，碳交易规制会使企业成本更低，因此相对其他几种规制，碳交易规制较易于推广。另外，碳价格对三种碳规制有重要影响，但碳价格过低，则将挫伤企业减排积极性；过高，则将使一些高碳企业负担过重。《2021年中国碳价》显示，2021年中国碳排放权交易平台进行了首批交易，碳排放开盘价为48元/吨。欧盟碳配额（EUA）2021年12月期货于4月29日收盘价为48欧元1吨，碳价格相当于中国碳价格的10倍。因此，中国仍要探索设定适当的碳价格，既展现实现碳达峰和碳中和目标的决心和力度，也为减少碳排放的企业提供有效的价格激励信号。

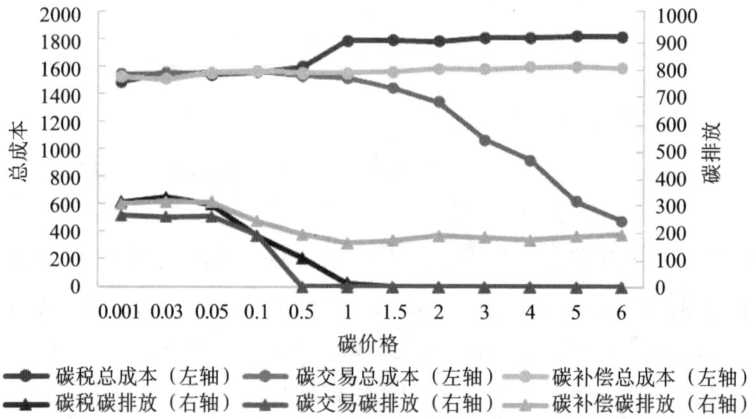

图2-8　碳税、碳交易、碳补偿规制对总成本和碳排放的影响

2.5 本章小结

本章建立了电动车混合车队带时间窗的路径规划问题的优化模型，包括碳限额、碳税、碳交易和碳补偿4种碳排放规制，旨在实现综合成本最小化。该模型考虑了车辆固定使用成本、可变使用成本、时间窗惩罚成本、燃油消耗成本、耗电成本和碳排放成本，并设计了适用于该模型的IAGA求解配送方案，以提供更切实的解决方案，实现经济效益和环境效益。

研究发现了如下结论。

（1）碳限额：企业在碳排放超出限额时需采取措施，例如使用电动车替代燃油车。碳配额的增加可节约运输成本，而减少碳配额，则会增加成本。

（2）碳税：碳税作为财政手段，缺乏对企业的激励作用。当税率低于临界点时，不会减少排放，反而增加了企业的经济负担。

（3）碳交易：作为市场化手段，碳交易可奖励减排企业。随着交易价格上升，企业可转化成本为收益，但价格过低时无法有效约束碳排放。因此，制定者应结合经济发展水平设置碳价格。

（4）碳补偿：企业无法通过碳补偿获得收益，因此对决策影响较小。

为实现全球生态环境治理与可持续发展，研究电动车混合车队带时间窗的路径规划问题对减少路径中的碳排放具有积极意义。各种碳排放规制能减少物流运输中的碳排放，减缓气候变暖。然而，企业在决策时除了要考虑环境因素外，更要考虑经济因素。因此，政府应根据调研分析找到适合行业的碳排放规制，通过价格信号引导资源优化配置，降低企业减排成本。同时，企业应顺应绿色低碳转型趋势，将碳排放纳入优化考量，实施节能减排措施，以最小化经营成本。未来研究可探讨不同碳规制的组合效应，引入更多现实因素完善模型，并扩展到多个配送中心的路径优化问题。

本章参考文献

［1］Piecyk M I, Mckinnon A C. Forecasting the carbon footprint of road freight transport in 2020［J］. International Journal of Production Economics, 2010, 128（1）: 31－42.

[2] Jung J, Jayakrishnan R. High - Coverage Point - to - Point Transit: Electric Vehicle Operations [J]. Transportation Research Record: Journal of the Transportation Research Board, 2012, 2287 (1): 44 -53.

[3] Maybury L, Corcoran P, Cipcigan L. Mathematical modelling of electric vehicle adoption: A systematic literature review [J]. Transportation research, Part D. Transport and environment, 2022, 107: 103278.

[4] Stockkamp C, Schäfer J, Millemann J A, et al. Identifying Factors Associated with Consumers' Adoption of e - Mobility—A Systematic Literature Review [J]. Sustainability, 2021, 13 (19): 10975.

[5] Shim D, Shin J, Kwak S Y. Modelling the consumer decision - making process to identify key drivers and bottlenecks in the adoption of environmentally friendly products [J]. Business Strategy and the Environment, 2018, 27 (8): 1409 -1421.

[6] Dantzig G B, Ramser J H. The Truck Dispatching Problem [J]. Management Science, 1959, 6 (1): 80 -91.

[7] Cermak J E, Takeda K. Physical modeling of urban air - pollutant transport [J]. Journal of Wind Engineering and Industrial Aerodynamics, 1985, 21 (1): 51 -67.

[8] Demir E, Bektaş T, Laporte G. A review of recent research on green road freight transportation [J]. European Journal of Operational Research, 2014, 237 (3): 775 -793.

[9] Chen J, Liao W, Yu C. Route optimization for cold chain logistics of front warehouses based on traffic congestion and carbon emission [J]. Computers & Industrial Engineering, 2021, 161 (1): 107663.

[10] Chai Q, Xiao Z, Lai K - H, et al. Can carbon cap and trade mechanism be beneficial for remanufacturing? [J]. International Journal of Production Economics, 2018, 203: 311 -321.

[11] Ma X, Ho W, Ji P, et al. Coordinated Pricing Analysis with the Carbon Tax Scheme in a Supply Chain [J]. Decision Sciences, 2018, 49 (05): 863 -900.

[12] Jabir E, Panicker V V, Sridharan R. Environmental friendly route design for a milk collection problem: the case of an Indian dairy [J]. International Journal of Production Research, 2022, 60 (3): 912 -941.

[13] Wang S, Tao F, Shi Y, et al. Optimization of Vehicle Routing Prob-

lem with Time Windows for Cold Chain Logistics Based on Carbon Tax [J]. Sustainability, 2017, 9 (5): 694.

[14] Kwon Y-J, Choi Y-J, Lee D-H. Heterogeneous fixed fleet vehicle routing considering carbon emission [J]. Transportation Research Part D, 2013, 23.

[15] Shen L, Tao F, Wang S. Multi – Depot Open Vehicle Routing Problem with Time Windows Based on Carbon Trading [J]. Int J Environ Res Public Health, 2018, 15 (9): 2025.

[16] Li Y, Lim M K, Hu J, et al. Investigating the effect of carbon tax and carbon quota policy to achieve low carbon logistics operations [J]. Resources, Conservation and Recycling, 2020, 154: 104535.

[17] Micheli G J L, Mantella F. Modelling an environmentally – extended inventory routing problem with demand uncertainty and a heterogeneous fleet under carbon control policies [J]. International Journal of Production Economics, 2018, 204: 316 – 327.

[18] Schneider M, Stenger A, Goeke D. The Electric Vehicle – Routing Problem with Time Windows and Recharging Stations [J]. Transportation Science, 2014, 48 (4): 500 – 520.

[19] Montoya A, Guéret C, Mendoza J E, et al. The electric vehicle routing problem with nonlinear charging function [J]. Transportation Research Part B: Methodological, 2017, 103: 87 – 110.

[20] Keskin M, Çatay B. Partial recharge strategies for the electric vehicle routing problem with time windows [J]. Transportation Research Part C: Emerging Technologies, 2016, 65 (4): 111 – 127.

[21] Keskin M, Laporte G, Çatay B. Electric Vehicle Routing Problem with Time – Dependent Waiting Times at Recharging Stations [J]. Computers and Operations Research, 2019, 107 (4): 77 – 94.

[22] Mao H, Shi J, Zhou Y, et al. The Electric Vehicle Routing Problem with Time Windows and Multiple Recharging Options [J]. Ieee Access, 2020, 8: 114864 – 114875.

[23] Zhang S, Chen M, Zhang W. A novel location – routing problem in electric vehicle transportation with stochastic demands [J]. Journal of Cleaner Production, 2019, 221: 567 – 581.

[24] Qin W, Zhuang Z, Huang Z, et al. A novel reinforcement learning –

based hyper－heuristic for heterogeneous vehicle routing problem [J]. Computers & Industrial Engineering, 2021, 156: 107252.

[25] Asghari M, Al-E-Hashem S M J M. Green vehicle routing problem: A state－of－the－art review [J]. International Journal of Production Economics, 2021, 231: 107899.

[26] Juan A A, Goentzel J, Bektaş T. Routing fleets with multiple driving ranges: Is it possible to use greener fleet configurations? [J]. Applied Soft Computing, 2014, 21: 84－94.

[27] Goeke D, Schneider M. Routing a mixed fleet of electric and conventional vehicles [J]. European Journal of Operational Research, 2015, 245 (1): 81－99.

[28] Yu V F, Jodiawan P, Gunawan A. An Adaptive Large Neighborhood Search for the green mixed fleet vehicle routing problem with realistic energy consumption and partial recharges [J]. Applied Soft Computing, 2021, 105 (5): 107251.

[29] Xiao Y, Zhao Q, Kaku I, et al. Development of a fuel consumption optimization model for the capacitated vehicle routing problem [J]. Computers & Operations Research, 2012, 39 (7): 1419－1431.

[30] Zhang S, Lee C K M, Choy K L, et al. Design and development of a hybrid artificial bee colony algorithm for the environmental vehicle routing problem [J]. Transportation Research Part D: Transport and Environment, 2014, 31: 85－99.

[31] Li L, Yang Y, Qin G. Optimization of Integrated Inventory Routing Problem for Cold Chain Logistics Considering Carbon Footprint and Carbon Regulations [J]. Sustainability, 2019, 11 (17): 4628.

[32] Srinivas M, Patnaik L M. Adaptive probabilities of crossover and mutation in genetic algorithms [J]. IEEE Transactions on Systems Man & Cybernetics, 1994, 24 (4): 656－667.

[33] Jiang F. Study on Adaptive Genetic Simulated Annealing Algorithm in Association Rules Mining [J]. Applied Mechanics and Materials, 2014, 701－702: 77 － 82.

[34] Ho W, Ho G T S, Ji P, et al. A hybrid genetic algorithm for the multi－depot vehicle routing problem [J]. Engineering Applications of Artificial Intelligence, 2008, 21 (4): 548－557.

[35] Demir E, Bektas T, Laporte G. An adaptive large neighborhood search heuristic for the Pollution – Routing Problem [J]. European Journal of Operational Research, 2012, 223 (2): 346 – 359.

[36] Shen L, Tao F M, Wang S Y. Multi – Depot Open Vehicle Routing Problem with Time Windows Based on Carbon Trading [J]. International Journal of Environmental Research and Public Health, 2018, 15 (9): 2025.

[37] Hardman S, Shiu E, Steinberger – Wilckens R. Comparing high – end and low – end early adopters of battery electric vehicles [J]. Transportation Research Part a – Policy and Practice, 2016, 88: 40 – 57.

[38] Liu G K, Hu J Y, Yang Y, et al. Vehicle routing problem in cold Chain logistics: A joint distribution model with carbon trading mechanisms [J]. Resources Conservation and Recycling, 2020, 156: 104715.

第 3 章　考虑低碳的多目标冷链混合车队路径规划研究

自《京都议定书》签署以来，各大经济体都致力于削减温室气体排放，提出了碳减排和碳中和的目标。欧盟于 2005 年开始逐步实施碳排放限额，而中国则于 2017 年正式启动碳市场，并于 2021 年开始交易。在总体温室气体排放中，物流行业的碳排放占比达到 14%，其中约有四分之三来自道路运输[1]。当前，全球都在致力于绿色低碳发展，绿色物流必将成为未来的新趋势。实现绿色节能的冷链物流将有助于实现“双碳”目标。随着人们生活水平的提高，冷链物流配送需求大幅增加[2]。然而，由于冷链运输的特殊性，为确保产品的时效性和新鲜度，配送过程需要提供低温条件，这将进一步增加能源消耗。这种“高碳排”的现实与“低碳经济”的要求相悖，因此，推进冷链物流配送领域的节能减排势在必行。

电动汽车作为一种“零碳排”的交通工具，推动了交通运输业的节能减排发展[3]。然而，物流运输企业在考虑电动车的环境效益时必须兼顾其经济效益。电动汽车的购买成本、维护成本和技术升级成本均远高于燃油车，企业需权衡二者的投资与运营成本[4]。此外，企业的购买意愿还受到电动车续航里程、充电时间、电池寿命和安全性等因素的限制[5]。充电设施体系的不完善是制约电动车普及的主要障碍[6]，低灵活性和低便利性也会降低电动车的吸引力。然而，燃油车由于尾气排放问题不利于推行“低碳出行”。因此，在实际运营中，企业管理车队往往采用电动车与燃油车混合的车队。

3.1　相关理论与文献综述

冷链物流领域的车辆路径问题（VRPCLD）是车辆路径问题（VRP）的一个重要分支[7]，近年来备受学界瞩目。目前，学者们就 VRPCLD 的不同变形展开了深入研究，包括动态需求和时变路网等实际因素的考虑，并从运输成本、行驶距离、客户满意度以及碳排放等多个角度进行了目标优化[2,8~10]。例如，Qi 等[11]提出了一种考虑实际交通状况的数学模型，并运用蚁群算法进行解决；而 Song 等[12]则以最小化总成本为优化目标，采用启发式算法对车辆路径进行了改进。另外，随着绿色物流理念的兴起，学者们开始深入探讨低碳冷链的研究。Jabir 等[13]将环境因素纳入车辆路径规划，设计了相应的求解算法；Alkaabneh 等[14]则利用元启发式算法解决易腐产品库存车辆路径问题，提出了加速策略以提高求解效率。此外，一些研究还考虑了多个优化目标的联合优化，如平衡成本最小化与产品新鲜度最大化，或者考虑了客户满意度和配送总成本等[15~22]。这些研究为冷链物流领域的发展提供了重要参考，推动了该领域的进一步探索和实践。

Schneider 等[23]研究了具有时间窗限制的电动车车辆路径问题，并采用结合了变邻域搜索算法与禁忌搜索的混合启发式算法来解决，以寻求最短的配送路线。在实际操作中，电池充电并不总是遵循线性模式，Montoya 等[24]针对此问题提出了采用分段函数来模拟非线性充电过程的方法。Keskin 等[25]将充电时长确定为取决于电动车到达充电站时的具体电量，而非仅仅考虑充电状态是否满足。在 Montoya 的基础上，Keskin 等[26]运用排队论对电动车的非线性充电问题进行了进一步研究。Mao 等[27]对比了多种充电策略，包括部分充电和换电策略，并利用改进后的蚁群算法进行了求解，研究结果显示，灵活运用充电策略能够有效节省运输成本。相较于传统的电动车路径问题，带有时间窗的电动车混合车队需要同时考虑两种不同的运载工具，同时，限制因素更加复杂。李英等[4]着重分析了燃油车和电动车对车队配置的固定成本和可变成本的影响，研究结果表明，电动车更适合用于远距离的配送任务。另外，李得成等[28]综合考虑了混合车队的载重、时间窗口和电池容量等因素，提出了一种分支定价算法来验证模型和算法的有效性。在 E－VRPTWMF 模型基础上，Yu 等[29]提出了考虑实际能源消耗、部分充电和碳排放等特征的绿色混合车队车辆路径问题。

综上所述，当前学者对冷链运输车型问题的研究相对较为有限，现有文献主要关注于从单一角度分析冷链运输问题，大多数集中在燃油车或电动车方面，而较少考虑到燃油车与电动车混合车队的情况。由于混合车队需要同时纳入两种不同类型的运载工具，相关问题的考虑因素更为复杂[28]。另外，现有文献主要着眼于联合优化运输成本、客户满意度以及产品新鲜度等方面，而环境因素的影响较少被考虑。在这些研究中，碳排放往往被作为约束条件或者直接转化为成本函数的一部分[30,31]，因此，有必要对 MOLCVRPCLD 中的电动车与燃油车混合车队问题进行深入研究，以期优化配送总成本并最小化碳排放。本章首先采用产品新鲜度衰减函数来评估货损情况，并综合考虑混合车队的载重、有限续航里程能力、能源消耗以及车辆特征参数对油耗、充电行为和碳排放的影响。在此基础上，构建了考虑时间窗、车辆容量等约束条件下的双目标优化模型，并运用第二代非支配排序遗传算法（NSGA－II）进行求解。最后，通过实际案例对模型和算法进行了验证与分析。相较于现有研究，本章对多种因素进行了全面、细致的考量，为实际冷链物流运营提供了有益的参考和借鉴。

3.2　问题描述与模型构建

3.2.1　问题描述

给定完全图 $G=(V,E)$，其中，V 表示图上的节点集，$V=0,1,2,\cdots,n,n+1,\cdots,n+r,0'$，$1,2,\cdots,n$ 代表客户点，0 和 $0'$ 代表配送中心，$n+1,n+2,\cdots,n+r$ 代表充电站，$E=(i,j|i,j\in V,i\neq j)$ 为连接节点的弧的集合。假设给定对相同产品的客户需求。配送中心提供多种不同容量的燃油车和电动车。电动汽车的使用受到电能容量的限制，当其电量不足以到达下一个节点时，必须前往充电站进行充电。若车辆未能在规定时间窗内到达目的地，则会带来相应的惩罚费用。为确保产品的新鲜度，配送车辆需依赖制冷系统，以保证在特定状态下保持车内温度。运输车辆需从配送中心出发，并在任务完成后回归。每辆车所负责的客户总需求不得超出其承载量。每辆车可以为多个客户提供服务，但每位客户只能由一辆车进行服务。电动车出发时需保持电量充足，并且在客户处卸货时不耗费电量。电动车只能在充电站充电，而充电站的电量储备是无限的。要解决的问题是配送中心如何根据客户需求和地理分布情况选择最合适的车辆进行配送。以最小化碳排放量和总配送成本。总配送成本包括车辆使用成本 C_1、时间窗惩罚成本 C_2、货损成本 C_3、油耗成本 C_4、电动车充电成本 C_5之和。碳排量包括燃油车运输时的碳排放 E_1 和制冷时产生的碳排放 E_2 的总和。

表 3－1 为模型参数及变量含义。

表 3-1　参数及变量含义

类别	符号	含义
集合	N	客户集合，$N=1,2,\cdots,n$
	K	车辆集合，$K=1,2,\cdots,l_F+l_E$
	K_E	电动车集合，$K_E=l_F+1,l_F+2,\cdots,l_F+l_E$
	R	充电站集合，$R=n+1,n+2,\cdots,n+r$
	K_F	燃油车集合，$K_F=1,2,\cdots,l_F$
	$N_0/N_{0'}$	配送中心与客户集合，$N_0=0\cup N,N_{0'}=N\cup 0'$
	V_1	配送起点、客户与充电站集合，$V_1=0\cup N\cup R$
	V_2	客户、充电站与配送终点集合，$V_2=N\cup R\cup 0'$
	V	所有节点的集合，$V=0\cup N\cup R\cup 0'$
	C_F	燃油车的固定成本
	C_E	电动车的固定成本
	α_e	碳税单价
参数	Q_F	燃油车最大载重
	Q_E	电动车最大载重
	u_1	燃油价格
	D_E	电动车单位耗电成本
	γ_F	燃油车的单位可变成本
	γ_E	电动车的单位可变成本
	g_1	充电速度
	P	电动车的额定电量
	v	车辆的行驶速度
	e_i	节点 i 的左时间窗
	l_i	节点 i 的右时间窗
	d_{ij}	客户节点 i 与 j 之间的距离
	s_i	在客户点 i 的服务时间
	q_i	客户点 i 的需求量
决策变量	PP_{ik}	电动车 k 在充电站 i 的充电量
	p_{ik}	电动车 k 到达节点 i 时所剩的电量
	t_i	车辆到达节点 i 的时间
	L_{ik}	车辆 k 到达节点 i 时的载货量
0-1 变量	y_k	如果车辆 k 被使用，则为 1；否则为 0
	x_{ijk}	如果车辆 k 从节点 i 到节点 j，则为 1；否则为 0

3.2.2 目标函数分析

3.2.2.1 配送成本

（1）固定成本。车辆的固定使用成本主要涵盖车辆维修、折旧、保养等与车辆使用相关的费用，以及配送人员的报酬等劳动成本。这些成本与行驶里程和货物量无关，但与车辆类型息息相关。固定成本 C_1 表示为：

$$C_1 = \sum_{k \in K_F} C_F y_k + \sum_{k \in K_E} C_E y_k$$

（2）时间窗惩罚成本。$[ET_i, EL_i]$ 表示客户 i 的时间窗，车辆如果早于 ET_i 到达，则需要等待并支付相应的惩罚成本 p_e，如果晚于 EL_i 到达，则需支付相应的惩罚成本 p_l。时间窗惩罚函数定义如下：

$$W(t_i) = \begin{cases} p_e(e_i - t_i), & t_i < e_i \\ 0, & e_i < t_i < l_i \\ p_l(t_i - l_i), & t_i > l_i \end{cases}$$

时间窗惩罚成本 C_2 为：

$$C_2 = \sum_{i \in V} W(t_i)$$

（3）货损成本。冷链运输通常涉及生鲜农产品、医药等易受温度影响的货物，在运输途中需要严格维持适宜的温度。这些商品的特殊性导致若温度波动或冷链中断发生，就会引起货物质量下滑、腐败乃至损失。货损成本取决于商品价格、数量、运输时长和衰减系数等多方面因素。此外，在卸货过程中需开启车门，此举可能使温差加剧，进而加剧货物被损害的程度[33]。电动车在充电站充电时的货物损失程度与其在运输途中相当。货损成本 C_3 为：

$$C_3 = \sum_{i \in V_1} \sum_{j \in V_2} \sum_{k \in K} \xi L_{jk} x_{ijk} \left\{ \left[1 - e^{-\vartheta_1\left(\frac{d_{ij}}{v} + \frac{P_{ik}}{g_1}\right)} \right] + \left(1 - e^{-\vartheta_2 s_i}\right) \right\}$$

其中，ξ 为单位重量产品价格，ϑ_1 是运输与补电时产品新鲜度衰减系数，ϑ_2 是卸货时产品新鲜度衰减系数[34]。

（4）油耗成本。基于日本政府网发布的报告中油耗与车辆负载之间的线性关系，Xiao 等[35]提出了基于载重的燃油消耗模型（Load Based Fuel Consumption Model，LFCM）。该模型在绿色车辆路径问题（GVRP）领域得到了广泛的应用。本章采用 LFCM 模型来计算燃油车在配送过程中的燃料消耗。LFCM 模型考虑了载重对燃油消耗的影响，并假定燃油消耗率 ρ 与车辆载重 Q_1 之间是线性关系，即 $\rho(Q_1) = a(Q_0 + Q_1) + b$，其中，$a$、$b$ 为常量系数。令 Q_0 为燃油车空载时的质量，Q_F 为燃油车的最大载重，ρ_0

为车辆空载时的油耗率，ρ^* 为车辆满载时的油耗率，则有：

$$\begin{cases}\rho_0 = aQ_0 + b \\ \rho^* = a(Q_0 + Q_F) + b\end{cases}, a = \frac{\rho^* - \rho_0}{Q_F}$$

油耗函数 $f(L_{jk})$ 与油耗成本 C_4 如下：

$$f(L_{jk}) = \rho_0 + \frac{\rho^* - \rho_0}{Q_F} L_{jk}$$

$$C_4 = \sum_{i \in N_0} \sum_{j \in N_0'} \sum_{k \in K_F} x_{ijk} f(L_{jk}) d_{ij} u_1$$

（5）耗电成本。Goeke 等[36]考虑了包含速度、坡度和车辆载重的电动车能源消耗模型，先根据电动车在配送过程中所需的机械功率来求得电机功率，再从电动车的机械功率需求出发，最终得到所需的电池功率。其中，车辆本身及所载货物的总质量 $m = m_v + m_L$，a_0 是加速度，c_r 是滚轮阻力系数，g 是重力常数，α 是道路坡度，c_d 是空气阻力系数，ρ 是空气密度，A 是车辆迎风面积。总功耗为 P_M。

$$P_M = [ma_0 + c_r mg\cos(\alpha) + \mathrm{mg}\sin(\alpha) + 0.5c_d\rho Av^2]v$$

假设节点间的距离是欧氏距离，不考虑道路坡度，且车辆始终处于匀速行驶状态。这意味着 α 和 a_0 均为0。因此，总功耗可简化为：

$$P_M(L_{jk}) = [c_r m(L_{jk})g + 0.5c_d\rho Av^2]v$$

因为所有参数都大于0，所以不考虑 $P_M(L_{jk})$ 小于0的情况。通过回归参数 $\emptyset$ 将机械功率转化为电机功率，再用回归参数 σ 将电机功率转化为电池功率。因而，电量消耗 $E_{ij}(L_{jk})$ 和耗电成本 C_5 如下：

$$E_{ij}(L_{jk}) = \emptyset\sigma P_M(L_{jk}) d_{ij}/3600v$$

$$C_5 = \sum_{i \in V_1} \sum_{j \in V_2} \sum_{k \in K_E} x_{ijk} D_E E_{ij}(L_{jk})$$

3.2.2.2 碳排放

（1）燃油车碳排放。通过系数 CER 将燃料消耗转换为碳排放量，可得如下碳排放量：

$$E_1 = CER \sum_{i \in N_0} \sum_{j \in N_0'} \sum_{k \in K_F} x_{ijk} f(L_{jk}) d_{ij}$$

（2）制冷碳排放。在冷链配送期间需要全程保持产品的新鲜度，运输车辆需要安装依靠发电机发电的制冷设备，所以制冷过程中的碳排放量与车辆行驶距离以及载货量息息相关[37]。设备制冷的碳排放量 E_2 可表示为：

$$E_2 = \sum_{i \in V_1} \sum_{j \in V_2} \sum_{k \in K} \omega L_{jk} d_{ij} x_{ijk}$$

其中，ω 是单位制冷产生的碳排放量。

综上所述，我们构建如下基本模型：

$$minF_1 = C_1 + C_2 + C_3 + C_4 + C_5 \tag{3.1}$$

$$minF_2 = E_1 + E_2 \tag{3.2}$$

s. t.

$$\sum_{i \in N_0} \sum_{k \in K_F} x_{ijk} + \sum_{i \in V_1} \sum_{k \in K_E} x_{ijk} = 1, \forall j \in V \tag{3.3}$$

$$\sum_{j \in V_2} x_{0jk} \leqslant 1, \forall k \in K \tag{3.4}$$

$$\sum_{i \in V_1} \sum_{k \in K} x_{ijk} = \sum_{i \in V_1} \sum_{k \in K} x_{jik}, \forall j \in V_2 \tag{3.5}$$

$$\sum_{i \in V_1} \sum_{j \in V_2} q_j x_{ijk} \leqslant Q_F, \forall k \in K_F \tag{3.6}$$

$$\sum_{i \in V_1} \sum_{j \in V_2} q_j x_{ijk} \leqslant Q_E, \forall k \in K_E \tag{3.7}$$

$$\sum_{k \in K} x_{ijk} = \sum_{k \in K} y_k, \forall i \in V_1, \forall j \in V_2, i \neq j \tag{3.8}$$

$$t_i + \left(s_i + \frac{d_{ij}}{v}\right) x_{ijk} - l_0 (1 - x_{ijk}) \leqslant t_j, \forall i \in N_0, \forall j \in V_2, i \neq j, \forall k \in K \tag{3.9}$$

$$t_i + \left(\frac{PP_{ik}}{g_1} + \frac{d_{ij}}{v}\right) x_{ijk} - \left(l_0 + \frac{P}{g_1}\right)(1 - x_{ijk}) \leqslant t_j, \forall i \in R, \forall j \in V_2, i \neq j, \forall k \in K_E \tag{3.10}$$

$$0 \leqslant L_{jk} \leqslant L_{ik} - q_i x_{ijk} + Q_F (1 - x_{ijk}), \forall i \in V, \forall j \in V, i \neq j, k \in K_F \tag{3.11}$$

$$0 \leqslant L_{jk} \leqslant L_{ik} - q_i x_{ijk} + Q_E (1 - x_{ijk}), \forall i \in V, \forall j \in V, i \neq j, k \in K_E \tag{3.12}$$

$$0 \leqslant L_{0k} \leqslant Q_F, k \in K_F \tag{3.13}$$

$$0 \leqslant L_{0k} \leqslant Q_E, k \in K_E \tag{3.14}$$

$$p_{ik} - E_{ij}(L_j) x_{ijk} + P(1 - x_{ijk}) \geqslant p_{jk}, \forall i \in V_1, \forall j \in V_2, i \neq j, \forall k \in K_E \tag{3.15}$$

$$P - p_{ik} = PP_{ik}, \forall i \in R, \forall k \in K_E \tag{3.16}$$

$$0 \leqslant p_{ik} \leqslant P, \forall i \in V, k \in K_E \tag{3.17}$$

$$e_0 \leqslant t_i \leqslant l_0, \forall i \in V \tag{3.18}$$

$$x_{ijk} \in 0,1, \forall i \in V, \forall j \in V, k \in K \tag{3.19}$$

$$y_k \in 0,1, k \in K \tag{3.20}$$

目标函数式（3.1）是包括固定支出、时间窗惩罚成本、货损费用、燃油支出以及电能消耗的混合车队运输总成本，目标函数式（3.2）是涵盖了燃油车辆碳排放和制冷车碳排放的混合车队碳排放总额。式（3.3）至式（3.7）是关于 VRP 模型的经典约束条件。具体而言，式（3.3）确保每位客户只能被服务一次；式（3.4）规定了运输车辆在配送期内只能进行一次调度；式（3.5）则保证了流量平衡；而式（3.6）至式（3.7）

则是有关车辆负载的限制。对于式（3.8），它明确了运输车辆的使用情况。在式（3.9）和式（3.10）中，时间约束得到了详细说明。具体而言，式（3.9）描述了在车辆未充电的情况下，到达客户 j 的时间与到达客户 i 的时间、服务时间及行驶时间之间的关系；而式（3.10）则说明了在车辆充电时，到达客户 j 的时间与到达充电站 i 的时间、充电时间及行驶时间之间的相关性。式（3.11）至式（3.14）涉及车辆负载的限制。在此部分中，式（3.11）和式（3.12）解释了车辆在节点间的负载变化；而式（3.13）和式（3.14）则说明了车辆离开配送中心时的负载限制。接下来，式（3.15）和式（3.16）阐述了电动车电量的约束条件。具体而言，式（3.15）说明了电动车从节点 i 到节点 j 的电量消耗规则；式（3.16）定义了电动车充电量为电容量与车辆到达充电站时剩余电量之差。最后，式（3.17）至式（3.20）定义了模型决策变量的取值范围。

3.2.3 碳限额规制下多目标冷链混合车队路径优化模型

碳限额规制（Carbon Cap Regulation）是指企业需要严格遵守相关机构制定的碳排放额度，如果碳排放量超出标准，将面临处罚和停产的风险，企业需要根据规制要求进行生产活动，以减少碳排放总量[31]。因此，碳限额规制下多目标冷链混合车队路径优化模型需要在基础模型上加入碳配额约束。模型如下：

$$minF_1 = C_1 + C_2 + C_3 + C_4 + C_5 \tag{3.21}$$

$$minF_2 = E_1 + E_2$$

$$s.t.$$

式（3.3）~式（3.20）

$$CER\sum_{i\in N_0}\sum_{j\in N_{0'}}\sum_{k\in K_F} x_{ijk} f(L_{jk}) d_{ij} \leqslant cap \tag{3.22}$$

式（3.20）表示企业的碳限额约束，其中，系数 CER 将燃料消耗转换为碳排放量。其中，cap 为碳排放上限。

3.2.4 碳税规制下多目标冷链混合车队路径优化模型

碳税规制（Carbon Tax Regulation）通过价格控制对企业的碳排放按税率 α_e 征收排放税，减排主体需平衡预期的减排成本与运营成本，以使总成本最优。因为碳税发挥重要的价格信号作用，所以会给温室气体排放量大的企业带来重大挑战。模型如下：

$$minF_1 = C_1 + C_2 + C_3 + C_4 + C_5 + C_6 \tag{3.23}$$

$minF_2 = E_1 + E_2$

s. t.

式(3.3)~式(3.20)

其中,碳税成本为 $C_6 = \alpha_e(E_1 + E_2)$。

3.2.5 碳交易规制下多目标冷链混合车队路径优化模型

碳交易规制（Cap - and - Trade Regulation）将二氧化碳排放权作为一种商品，赋予其经济价值，是促进温室气体减排的市场机制。每个减排主体根据其企业性质获得相应的碳排放额度，当企业的碳排放量超出被分配的额度时，就须向外购买排放差额，否则可以向外出售多余的排放额度以获得实际收益。模型如下：

$$minF_1 = C_1 + C_2 + C_3 + C_4 + C_5 + C_7 \tag{3.24}$$

$minF_2 = E_1 + E_2$

s. t.

式（3.3）~式（3.20）

$$CER\sum_{i \in N_0}\sum_{j \in N_{0'}}\sum_{k \in K_F} x_{ijk} f(L_j) d_{ij} \leqslant cap + (e_1^+ - e_1^-) \tag{3.25}$$

其中，e_1^+ 为向外购买的排放额，e_1^- 为向外出售的排放额，C_p 为碳交易价格，碳交易成本 $C_7 = C_p(E_1 + E_2 - cap)$。

3.2.6 碳补偿规制下多目标冷链混合车队路径优化模型

碳补偿规制（Cap - and - Offset Regulation）是指当企业的碳排放量超出被分配的碳限额时，企业需要从碳市场购买碳补偿。与碳交易不同的是，碳补偿下的企业在排放量低于碳排放上限时无法出售剩余碳排放量，当排放量超过碳上限时，则需要进行补偿。

$$minF_1 = C_1 + C_2 + C_3 + C_4 + C_5 + C_8 \tag{3.26}$$

$minF_2 = E_1 + E_2$

s. t.

式（3.3）~式（3.20）

$$CER\sum_{i \in N_0}\sum_{j \in N_{0'}}\sum_{k \in K_F} x_{ijk} f(L_{jk}) d_{ij} \leqslant cap + e_2^+ \tag{3.27}$$

其中，e_2^+ 为向外购买的排放额，C'_p 为碳补偿价格，碳补偿成本 $C_8 = C'_p e_2^+$。

由于本章的重点是揭示多目标与单目标优化的差异，而且单目标优化中各种规制下的差异已在第2章进行了充分讨论，因此，下面的计算分析将围绕基本模型展开。

3.3 算法设计

这里探讨的低碳冷链混合车辆路径规划问题是 NP - hard，这类问题通常难以通过精确算法解决，因此考虑使用启发式方法来解决。尽管 NSGA 被广泛使用，但存在计算复杂度高和不支持精英策略等缺陷，因此，Deb 等[38]提出了一个计算复杂度更低、执行时间更短的改进算法 NSGA - Ⅱ。

3.3.1 编码

根据本章模型特点，采用如下编码方式：染色体长度为 $n+k-1$，其中，n 为客户点数量，k 为配送中心车辆数。省略染色体末位中的车辆编号。假设为服务 5 个客户，配送中心配备 1 辆燃油车和 1 辆电动车，在路网中有 1 个充电站。配送中心编号为 0，客户编号为 1,2,…,5，充电站编号为 6，燃油车编号为 7，电动车编号为 8。假设染色体如图 3 - 1 所示，经解码，燃油车路径为：0—1—2—0，电动车路径为：0—3—4—5—0。如果电动车的电量无法支持到达节点 5，则需前往充电站 6 进行充电。此时电动车的可能路径为：0—3—4—6—5—0。

1	2	7	3	4	5

图 3 - 1　染色体示意图

3.3.2 生成初始种群

尽管初始种群的随机生成有助于增加种群的多样性，但往往会引发大量无效解的涌现，无法确保解的优越性。为了解决这一问题，我们可以采取以下策略：先随机挑选一个客户，然后根据该客户的时间窗将剩余客户插入路径，同时计算车辆的负载，直至所服务的客户需求超过车辆的最大负载，此时需要更新服务车辆。最后，当派送车辆为电动车时，除了考虑车辆的负载和客户的时间窗外，还需考虑电容量的限制。如果在插入客户后，电动车的行驶路径无法到达下一个节点，则需在路径上插入充电站节点，以满足电动车的电量需求。

3.3.3 快速非支配排序

在群体中，每个个体 i 具备两个特征，分别是 $n(i)$ 和 $S(i)$。其中，$n(i)$ 代表着优于个体 i 的解的数量，而 $S(i)$ 则是劣于个体 i 的解所组成的集合。与传统遗传算法相同，个体的优劣是根据各自目标函数值的比较而定的。快速非支配排序的关键在于根据目标值对群体中的个体对进行分层。当个体 i 被支配的次数较少时，即 $n(i)$ 较小，说明其他个体对其影响较小。我们首先保留 $n(i)=0$ 的个体，将其归类为 irank1。然后，我们遍历 irank1 中的个体，并逐个检查其支配解集 $S(i)$ 中的其他个体。对于每个被检查的个体 i'，我们计算 $nl'=n(i')-1$，直至 $nl'=0$ 为止（这里 i' 代表 i 支配解集中的个体）。当 nl' 首次达到 0 时，我们将该个体划分到 irank2 中。随后，我们重复这个过程，直到群体中的所有个体都被划分到相应的层级中。

3.3.4 确定拥挤度

经过快速非支配排序后，还需要评估同一层级内个体之间的优劣情况，拥挤度被用作衡量最佳目标值的标准。在同一层级内，个体 i 的拥挤度 $k(i)$ 定义为相邻两个个体的拥挤度 $k(i-1)$ 和 $k(i+1)$ 所构成的四边形的周长，具体示意见图 3－2。

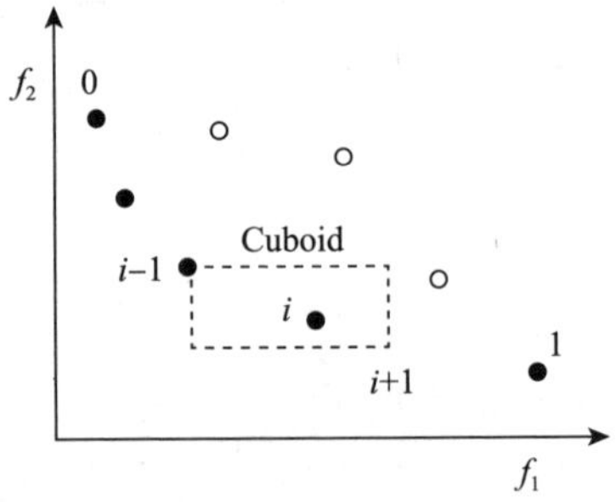

图 3－2 个体拥挤度

3.3.5 遗传操作

在本章中，我们采用了二元锦标赛选择算法作为选择算子。该算法通过逐一比较个体的适应度来进行选择。而在 NSGA－Ⅱ算法中，则是通过被支配层和个体的拥挤度来进行选择。在进行非支配排序和拥挤度计算后，每个个体 i 在群体中都被赋予了 $irank$ 和 $k(i)$ 属性。具体的选择步骤如下：在步骤 1 中，我们随机选择种群中的两个个体，并比较它们的 $irank$ 值。在步骤 2 中，我们选择支配层级较低的个体，即 $irank$ 更小的个体被认为更优。如果两个个体的 $irank$ 相等，则继续比较它们的 $k(i)$ 值。在步骤 3 中，我们选择拥有更大 $k(i)$ 值的个体。在步骤 4 中，我们重复以上操作，以生成父代染色体。

利用 OX 交叉方式进行交叉操作是一种常用的方法。举例来说，我们以两个父代染色体 A1（5—3—6—2—4—8—1—7）和 A2（7—4—2—3—5—6—8—1）为例。在随机选择的交叉位置 $a=2$ 和 $b=6$ 后，我们将 A1 和 A2 中对应位置之间的基因片段互换。这样得到的 A1′（2—3—5—6—|5—3—6—2—4—8—1—7）和 A2′（6—2—4—8—| 7—4—2—3—5—6—8—1），即为新的父代个体。接下来，我们删除两个子代中的重复基因位，形成 B1（2—3—5—6—4—8—1—7）和 B2（6—2—4—8—7—3—5—1）。具体的交叉操作可参见图 3－3。

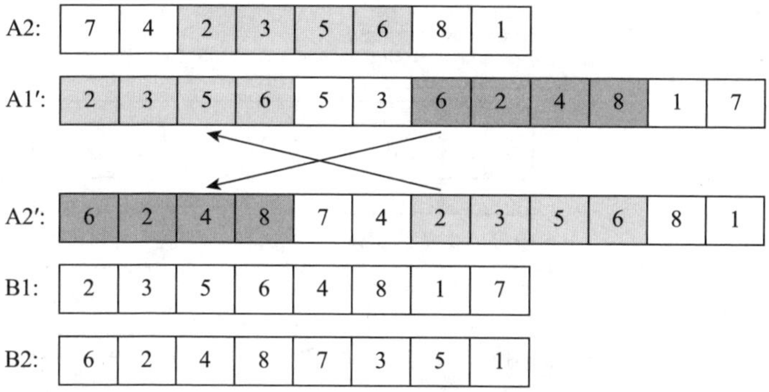

图 3－3　交叉操作示意图

我们采用了 2－Opt 算子来执行变异操作，即在染色体中随机选取两个变异点，然后交换这两个基因位，以获得变异后的子代染色体。举个例子，如果我们有一个染色体在变异前是 5—3—6—2—4—8—1—7，我们随机选择两个变异点，比如说 $a=2$ 和 $b=7$。然后我们交换这两个变异点上的基因，从而得到变异后的染色体为 5—1—6—2—4—8—3—7。具体的变异操作见图 3－4。

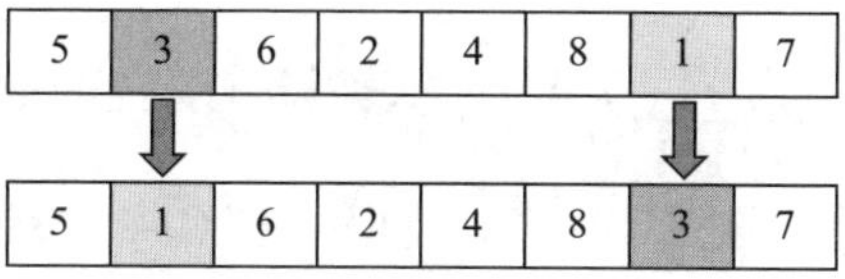

图 3－4　变异操作示意图

3.3.6　迭代终止条件

设置一个预定的最大迭代次数 MAXGEN。当算法的迭代次数达到这个上限时，即停止迭代并输出最终结果。

算法流程如图 3－5 所示。

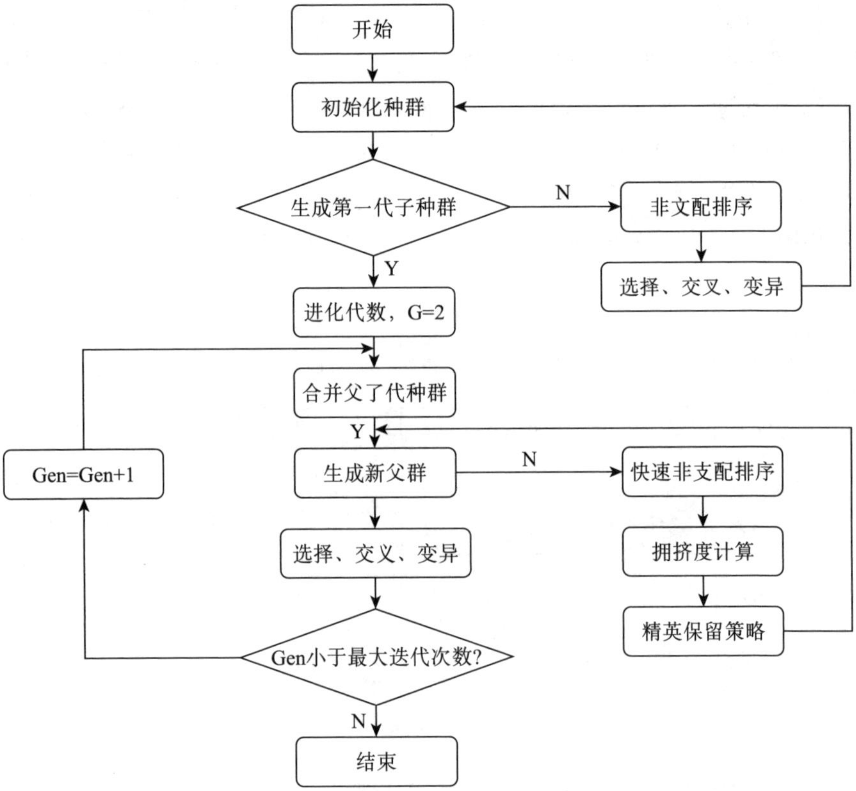

图 3－5　NSGA－Ⅱ流程图

3.4　案例仿真

3.4.1　实验设置

能耗计算相关参数见表 3－2，数据来自 Goeke 等[36]。燃料转换因子 $CER=2.61$，数据来自 Zhang 等[39]。提取自 2022 年 5 月重庆市的柴油价格为 8.28 元/升，而车辆行驶速度为 46 公里/小时，提前到达和延误到达客户所带来的惩罚成本分别为每小时 20 元和 30 元。单位重量产品价格 $\xi=5$ 元/千克，新鲜度衰减系数 $\theta_1=0.002$，$\theta_2=0.003$。单位制冷碳排放量 $w=0.0066kg/t \cdot km$。车辆碳排放量根据 Xiao 等的方法进行计算，即 $Y=0.0000793X-0.026$，其中，Y 和 X 分别为燃料消耗率（升/千克）和车辆重量（千克），$\rho_0=0.1255$，$\rho^*=0.2278$。电动车和燃油车参数分别见表 3-3、表 3-4。NSGA-Ⅱ的交叉率 $P_c=0.6$，变异率 $P_m=0.04$。使用 MATLAB R2021a 软件，在一台内置 Intel 处理器，主频为 2.90GHz，内存容量为 16GB 的计算机上进行求解。其中，参数的最大迭代次数设置为 400 次，种群大小为 200。

表 3-2　　能耗计算相关参数

参数	含义	值
c_r	滚动阻力系数	0.01
$\emptyset$	输出效率参数	1.184692
σ	输出效率参数	1.112434
A	迎风面积	3.81 米^2
c_d	空气阻力系数	0.7
ρ	空气密度	1.2041 千克/米^3
g	重力加速度	9.81 米/秒^2

表 3-3　　电动车相关参数

参数	电动车	值
P	电池额定容量	60 千瓦时
D_E	耗电成本	0.82 元/千瓦时
g_1	充电速度	33 千瓦时/小时
C_E	单位固定成本	320 元
m_{vE}	车辆自重	2425 千克
Q_E	最大载重	1335 千克

表 3-4　　燃油车相关参数

参数	含义	值
u_1	燃油价格	8.28 元/升
ρ_0	空载时燃油消耗率	0.1255 千米/升
ρ^*	满载时燃油消耗率	0.2278 千米/升
CER	燃料转换因子	2.61 千克/升
Q_0	车辆自重	1910 千克
Q_F	最大载重	1290 千克
C_F	单位固定成本	150 元

本章采用欧氏距离，因此可根据节点间的经纬度计算出两点间的直线距离。用(x_i, y_i)，(x_j, y_j)表示两点的地理经纬度，地球的平均半径 $R=6371.004$ 公里，则可以使用以下公式表示两点之间的距离。

$$d_{ij} = R\arccos\left[\sin\frac{y_i p_i}{180}\sin\frac{y_j p_i}{180} + \cos\frac{y_i p_i}{180}\cos\frac{y_j p_i}{180}\cos\frac{(x_i - x_j)p_i}{180}\right]$$

考虑到实际生活中，节点之间通常通过多条道路相连。因此，我们在计算空间直线距离时，乘以一个道路迂回系数 $\xi=2$[38]。此外，为了与城市道路的速度匹配，我们设定车速为每小时 46 公里。

Pareto 解集在表 3-5 中呈现，指示了 30 个解的存在。这也就是说，运输公司有 30 种不同的配送方案可供选择。通过观察表 3-5，我们可以得知前沿点 1 的配送成本最低，但碳排放最高，而前沿点 30 的情况则相反。这表明配送中心在物流成本和碳排放之间需要做出权衡，因为配送总成本与碳排放之间存在负相关关系。换句话说，若要减少碳排放，就必须接受更高的物流成本。图 3-6（a）展示了 Pareto 最优解集，而图 3-6（b）和（c）则分别显示了以配送成本和碳排放为优先考虑因素的路径图。考虑到配送企业可以选择电动车或燃油车进行配送，当企业需要平衡经济效益和环境效益时，就会面临抉择。在追求经济效益时，由于电动车的固定成本较高，企业更倾向于选择燃油车进行配送。但在考虑环境效益时，电动车的零排放特性将成为优势所在，因此，企业可能会选择电动车来减少碳排放。

表3－5　　双目标模型的 Pareto 最优解集

前沿点	F_1	F_2	C_1	C_2	C_3	C_4	C_5	E_1	E_2
1	3925.4	24.6	2560	16.71	1199.78	0	148.91	0	24.6
2	3921.16	24.63	2560	16.71	1193.93	0	150.53	0	24.63
3	3921.16	24.63	2560	16.71	1193.93	0	150.53	0	24.63
4	3719.25	25.19	2240	20.67	1325.7	0	132.89	0	25.19
5	3678.11	26.34	2240	15.75	1284.91	0	137.45	0	26.34
6	3508.32	26.95	1920	14.89	1448.1	0	125.32	0	26.95
7	3496.74	27.26	1920	14.89	1434.05	0	127.79	0	27.26
8	3496.74	27.26	1920	14.89	1434.05	0	127.79	0	27.26
9	3495.27	27.33	1920	14.89	1432.75	0	127.62	0	27.33
10	3495.27	27.33	1920	14.89	1432.75	0	127.62	0	27.33
11	3481.38	54.77	1750	41.83	1492.96	86.31	110.28	27.21	27.57
12	3478.53	55.27	1750	41.83	1486.87	86.31	113.53	27.21	28.07
13	3477.42	55.39	1750	41.83	1485.7	86.31	113.58	27.21	28.19
14	3437.4	55.45	1750	25.3	1463.26	89.23	109.62	28.13	27.32
15	3434.55	55.94	1750	25.3	1457.16	89.23	112.87	28.13	27.82
16	3434.55	55.94	1750	25.3	1457.16	89.23	112.87	28.13	27.82
17	3434.55	55.94	1750	25.3	1457.16	89.23	112.87	28.13	27.82
18	3433.44	56.07	1750	25.3	1456	89.23	112.91	28.13	27.94
19	3433.44	56.07	1750	25.3	1456	89.23	112.91	28.13	27.94
20	3433.44	56.07	1750	25.3	1456	89.23	112.91	28.13	27.94
21	3430.07	64.39	1750	14.89	1434.05	117.8	113.33	37.13	27.26
22	3430.07	64.39	1750	14.89	1434.05	117.8	113.33	37.13	27.26
23	3428.6	64.46	1750	14.89	1432.75	117.8	113.16	37.13	27.33
24	3428.6	64.46	1750	14.89	1432.75	117.8	113.16	37.13	27.33
25	3428.6	64.46	1750	14.89	1432.75	117.8	113.16	37.13	27.33
26	3428.6	64.46	1750	14.89	1432.75	117.8	113.16	37.13	27.33
27	3378.34	87.75	1580	26.62	1485.32	184.2	102.2	58.06	29.69
28	3378.34	87.75	1580	26.62	1485.32	184.2	102.2	58.06	29.69
29	3377.52	87.93	1580	26.62	1483.57	184.2	103.13	58.06	29.87
30	3377.52	87.93	1580	26.62	1483.57	184.2	103.13	58.06	29.87

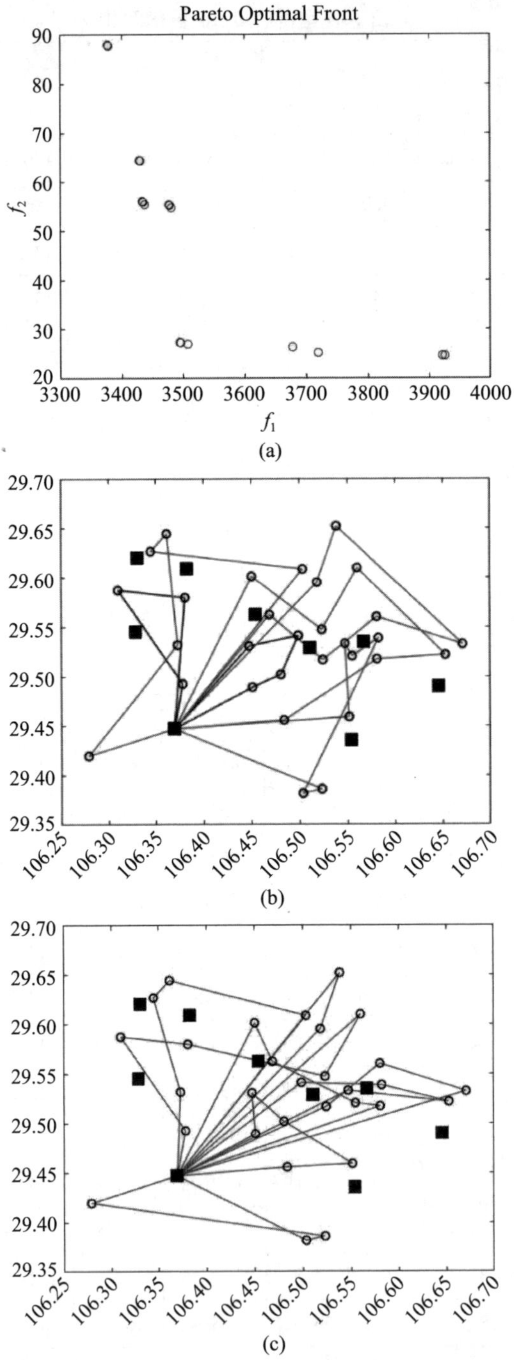

图 3-6　双目标优化模型的 Pareto 最优解集（a）和路径图（b）、（c）

3.4.2 单目标对比分析

为了验证本章所构建的模型及 NSGA - Ⅱ算法的效力，我们设立了两个单目标模型，分别以最小化 F_1 和 F_2 为目标，并与 GA 算法的结果进行了对比，其参数设置与 NSGA - Ⅱ保持一致。当以 F_1 最小化为目标时，适应度函数和配送路线如图 3 - 7（a）和图 3 - 7（b）所示。当以 F_2 最小化为目标时，其对应的适应度函数和配送路线图分别展示在图 3 - 8（a）和图 3 - 8（b）中。表 3 - 6 列出了 NSGA - Ⅱ和 GA 算法的运算结果，对比表明，当以 F_1 最小化为目标时，配送总成本优于 Pareto 解集中的任何一点，但碳排放则稍逊一筹；而当以 F_2 最小化为目标时，配送总成本则高于 Pareto 解集中的任何一点，但碳排放却优于任何一点。由此可见，本章提出的 NSGA - Ⅱ算法及双目标模型具备可行性和有效性。

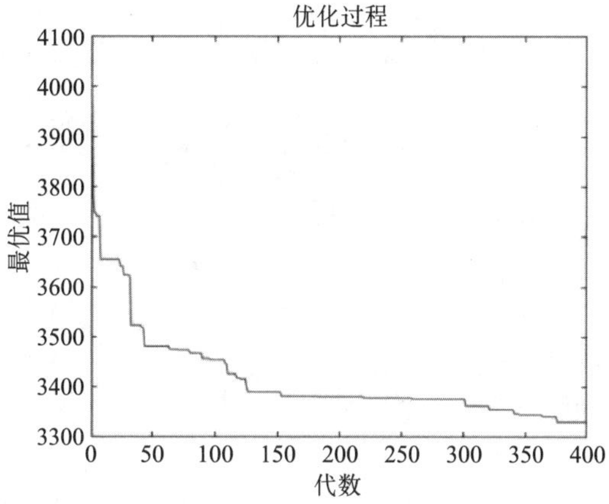

(a)

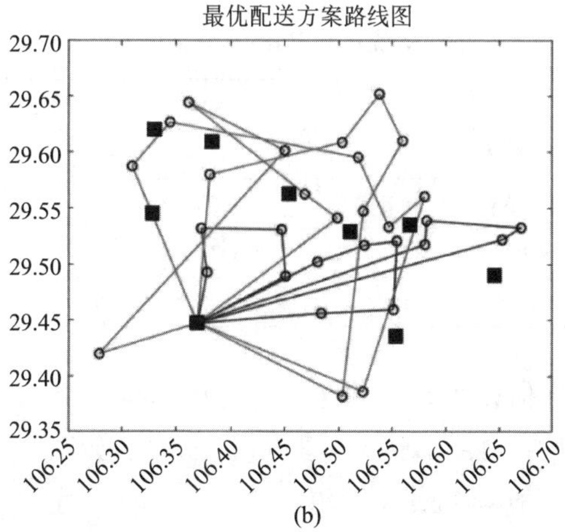

(b)

图 3 - 7　以配送成本最优为目标值的迭代图（a）和路径图（b）

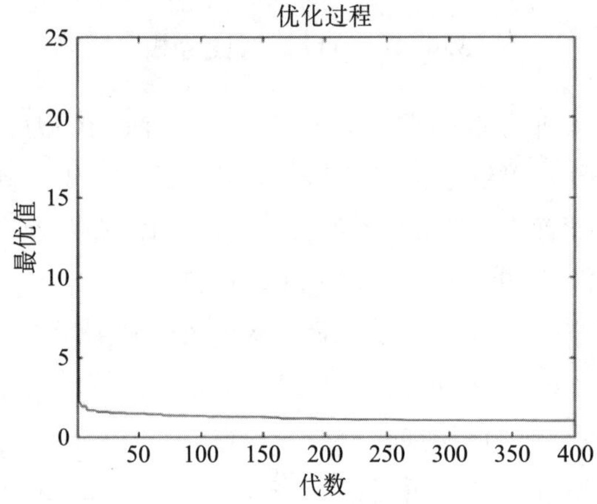

(a)

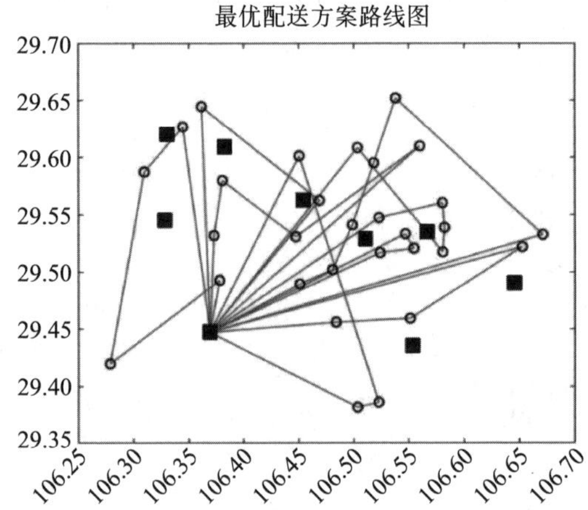

(b)

图 3－8　以碳排放最优为目标值的迭代图（a）和路径图（b）

表 3－6　　　　　　单目标优化和 Pareto 解集的比较

情形	F_1	F_2
以 F_1 为目标的优化结果	3330. 29	145. 78
以 F_2 为目标的优化结果	3966. 22	22. 89
非支配解中 F_1 最小值	3377. 52	88. 00
非支配解中 F_2 最小值	3925. 40	24. 67

为了进一步评估算法的有效性，我们将本章提出的 NSGA－Ⅱ与一种使用随机生成初始种群的 NSGA－Ⅱ′进行比较。如图 3－9 所示，我们展示了这两种算法生成的 Pareto 解集。NSGA－Ⅱ′生成了 30 个 Pareto 最优解，与本章设计的 NSGA－Ⅱ相比，个数一致。然而，有趣的是，本章所

设计的 NSGA - Ⅱ在相同碳排放水平下，能够获得更低的运输总成本；而在相同运输总成本的情况下，其对应的碳排放量也更低。这一发现表明，本章所提出的 NSGA - Ⅱ算法是有效的，具有优于 NSGA - Ⅱ′的性能。

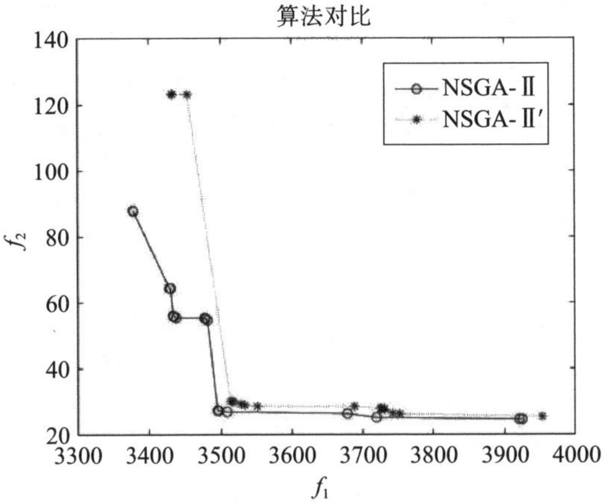

图 3 -9　算法对比图

为了研究模型与算法的适用范围，本章采用了 Schneider 等提供的数据，并根据 Solomon 的标准案例进行了修改。在考虑到三种不同类型的客户位置分布情况（C 聚类分布、R 随机分布和 RC 混合分布）的基础上，我们进行了测试。值得注意的是，所有案例中的充电站均为公共充电站，并排除了配送中心充电站的数据。案例的命名格式为“案例名—客户数—充电站数”，具体结果如表 3 -7 所示。通过对比求解结果发现，NSGA - Ⅱ能够有效地解决三类不同类型和规模的案例。当以 F_1 为作为优化目标时，多目标优化的总成本均低于单目标模型的总成本，而碳排放情况则相反。同样，当以 F_2 作为优化目标时，多目标优化的碳排放均低于单目标模型，而总成本则相反。这表明本章提出的 NSGA - Ⅱ对不同场景和规模的实例确实有效应，在实际应用中具有一定的参考价值。

表 3 -7　　多目标与单目标优化模型结果对比

算例样式	多目标优化模型		F_1 优化模型		F_2 优化模型	
	总成本	碳排放	总成本	碳排放	总成本	碳排放
rc102 - 100 - 20	11353.61	303.33	9240.71	466.67	12651.34	11.33
r102 - 100 - 20	10133.57	231.56	8753.25	406	12314.81	8.22
c101 - 100 - 20	23417.67	282.44	18000.99	558.44	43553	12.22
rc103 - 15 - 4	1681.42	34.22	1095.56	142.89	2906.14	0.44

续表

算例样式	多目标优化模型		F_1 优化模型		F_2 优化模型	
	总成本	碳排放	总成本	碳排放	总成本	碳排放
rc102 - 10 - 3	1470.81	2.89	925.73	46.89	2949.94	0.44
rc208 - 5 - 2	765.51	3.78	404.63	54.67	1834.32	0.22
r102 - 15 - 7	1715.72	3.56	1067.99	126.67	3035.98	0.44
r102 - 10 - 3	1392.77	8.22	680.78	81.56	2850.99	0.22
r104 - 5 - 2	754.99	14.22	359.04	46.67	1699.34	0.22
rc103 - 15 - 4	2820.83	2.22	2004.67	29.33	4908.95	0.67
c101 - 10 - 4	2928.38	1.56	1719.59	59.11	4579.6	0.67
c206 - 5 - 3	2110.65	0.44	1024.62	0.67	3813.5	0.22

3.5 本章小结

为应对全球生态环境治理和可持续发展挑战，我们专注于研究低碳冷链物流中电动车与燃油车混合车队的路径优化问题。我们构建了一个考虑客户时间窗、车辆承载能力、燃油消耗率、电动车充电属性以及冷链物流易腐性等多个因素的双目标优化模型，其目标是最大限度降低运输总成本，同时最小化碳排放量。为解决此问题，我们提出了一种将时间窗和承载能力约束作为染色体检查标准的全新编码方式，采用 NSGA - II 算法进行求解。通过逐步优化两个目标函数，我们验证了 NSGA - II 的可行性，并通过随机生成初始种群进行了进一步验证，证明了模型和算法的有效性。与单一目标模型相比，NSGA - II 求解的 Pareto 解集可以更好地平衡运输总成本与碳排放。我们发现，构建的两个目标函数存在负相关关系，这表明企业决策者在选择配送方案时需要综合考虑经济效益和环境效益。随着电动汽车补贴政策的取消，“后补贴时代”需要进一步完善碳排放权交易机制，以推动电动汽车的快速发展。我们提出的低碳多目标冷链混合车队路径规划方案通过减少碳排放和其他污染物排放，充分考虑了环境保护因素，减轻了对环境的不利影响。因此，我们所提出的解决方案在一定程度上有助于优化城市配送成本和环境效益。这项研究有助于企业更合理地优化配送路线，进一步丰富了冷链物流和低碳物流的混合车队运输场景。未来的研究可考虑时变路网和动态需求等更多贴近现实运输场景的影响因素。

本章参考文献

[1] Piecyk M I, McKinnon A C. Forecasting the carbon footprint of road freight transport in 2020 [J]. International Journal of Production Economics, 2010, 128 (1): 31 -42.

[2] Meneghetti A, Ceschia S. Energy - efficient frozen food transports: The refrigerated routing problem [J]. International Journal of Production Research, 2020, 58 (14): 4164 -4181.

[3] Ho W, Ho G T S, Ji P, et al. A hybrid genetic algorithm for the multi - depot vehicle routing problem [J]. Engineering Applications of Artificial Intelligence, 2008, 21 (4): 548 -557.

[4] 李英，张鹏威，吴一帆．电动汽车/传统汽车混合车队车辆配置及路径优化模型 [J]. 系统管理学报, 2020, 29 (3): 522 -531.

[5] Stockkamp C, Schäfer J, Millemann J A, et al. Identifying factors associated with consumers' adoption of e - mobility—a systematic literature review [J]. Sustainability, 2021, 13 (19): 10975.

[6] Shim D, Shin J, Kwak S Y. Modelling the consumer decision - making process to identify key drivers and bottlenecks in the adoption of environmentally friendly products [J]. Business Strategy and the Environment, 2018, 27 (8): 1409 -1421.

[7] Dantzig G B, Ramser J H. The truck dispatching problem [J]. Management Science, 1959, 6 (1): 80 -91.

[8] Zhang L Y, Tseng M L, Wang C H, et al. Low - carbon cold chain logistics using ribonucleic acid - ant colony optimization algorithm [J]. Journal of Cleaner Production, 2019, 233: 169 -180.

[9] Al Theeb N, Smadi H J, Al - Hawari T H, et al. Optimization of vehicle routing with inventory allocation problems in cold supply chain logistics [J]. Computers & Industrial Engineering, 2020, 142: 106341.

[10] Wei C, Gao W W, Hu Z H, et al. Assigning customer - dependent travel time limits to routes in a cold - chain inventory routing problem [J]. Computers & Industrial Engineering, 2019, 133: 275 -291.

[11] Qi C M, Hu L S. Optimization of vehicle routing problem for emergency cold chain logistics based on minimum loss [J]. Physical Communication, 2020, 40: 101085.

[12] Song M X, Li J Q, Han Y Q, et al. Metaheuristics for solving the vehicle routing problem with the time windows and energy consumption in cold chain logistics [J]. Applied Soft Computing, 2020, 95: 106561.

[13] Jabir E, Panicker V V, Sridharan R. Design and development of a hybrid ant colony – variable neighbourhood search algorithm for a multi – depot green vehicle routing problem [J]. Transportation Research Part D: Transport and Environment, 2017, 57: 422 – 457.

[14] Alkaabneh F, Diabat A, Gao H O. Benders decomposition for the inventory vehicle routing problem with perishable products and environmental costs [J]. Computers & Operations Research, 2020, 113: 104751.

[15] Stellingwerf H M, Kanellopoulos A, van der Vorst J, et al. Reducing CO_2 emissions in temperature – controlled road transportation using the ldvrp model [J]. Transportation Research Part D: Transport and Environment, 2018, 58 (SI): 80 – 93.

[16] Guo X L, Zhang W, Liu B B. Low – carbon routing for cold – chain logistics considering the time – dependent effects of traffic congestion [J]. Transportation Research Part D: Transport and Environment, 2022, 113: 103502.

[17] Amorim P, Almada – Lobo B. The impact of food perishability issues in the vehicle routing problem [J]. Computers & Industrial Engineering, 2014, 67: 223 – 233.

[18] Abdi A, Abdi A, Akbarpour N, et al. Innovative approaches to design and address green supply chain network with simultaneous pick – up and split delivery [J]. Journal of Cleaner Production, 2020, 250: 119431 – 119419, 119437.

[19] Leng L L, Zhang C M, Zhao Y W, et al. Biobjective low – carbon location – routing problem for cold chain logistics: Formulation and heuristic approaches [J]. Journal of Cleaner Production, 2020, 273: 122801.

[20] Zulvia F E, Kuo R J, Nugroho D Y. A many – objective gradient evolution algorithm for solving a green vehicle routing problem with time windows and time dependency for perishable products [J]. Journal of Cleaner Production, 2020, 242: 118428.

[21] 李倩，蒋丽，梁昌勇．基于模糊时间窗的多目标冷链配送优化[J]．计算机工程与应用，2021，57（23）：255 – 262.

[22] 杜琛，李怡靖．基于客户满意度和最小损耗的冷链配送路径问题研究 [J]．工业工程与管理，2020，25 (6)：163 – 171.

[23] Schneider M, Stenger A, Goeke D. The electric vehicle – routing problem with time windows and recharging stations [J]. Transportation Science, 2014, 48 (4): 500 – 520.

[24] Montoya A, Guéret C, Mendoza J E, et al. The electric vehicle routing problem with nonlinear charging function [J]. Transportation Research Part B: Methodological, 2017, 103: 87 – 110.

[25] Keskin M, Çatay B. Partial recharge strategies for the electric vehicle routing problem with time windows [J]. Transportation Research Part C: Emerging Technologies, 2016, 65 (4): 111 – 127.

[26] Keskin M, Laporte G, Çatay B. Electric vehicle routing problem with time – dependent waiting times at recharging stations [J]. Computers and Operations Research, 2019, 107 (4): 77 – 94.

[27] Mao H, Shi J, Zhou Y, et al. The electric vehicle routing problem with time windows and multiple recharging options [J]. Ieee Access, 2020, 8: 114864 – 114875.

[28] 李得成，陈彦如，张宗成．基于分支定价算法的电动车与燃油车混合车辆路径问题研究 [J]．系统工程理论与实践，2021，41 (4)：995 – 1009.

[29] Yu V F, Jodiawan P, Gunawan A. An adaptive large neighborhood search for the green mixed fleet vehicle routing problem with realistic energy consumption and partial recharges [J]. Applied Soft Computing, 2021, 105 (5): 107251.

[30] Chen J, Liao W, Yu C. Route optimization for cold chain logistics of front warehouses based on traffic congestion and carbon emission [J]. Computers & Industrial Engineering, 2021, 161 (1): 107663.

[31] 周鲜成，周开军，王莉，等．物流配送中的绿色车辆路径模型与求解算法研究综述 [J]．系统工程理论与实践，2021，41 (1)：213 – 230.

[32] Liao W, Liu L, Fu J. A comparative study on the routing problem of electric and fuel vehicles considering carbon trading [J]. International Journal of Environmental Research and Public Health, 2019, 16 (17): 3120.

[33] 周鲜成，蒋涛营，贺彩虹，等．冷链物流配送的绿色车辆路径模型及其求解算法 [J]．中国管理科学，2023：1 – 11.

[34] Lakshmisha I P, Ravishankar C N, Ninan G, et al. Effect of freezing time on the quality of indian mackerel (rastrelliger kanagurta) during frozen storage [J]. Journal of Food Science, 2010, 73 (7): 345 –353.

[35] Xiao Y, Zhao Q, Kaku I, et al. Development of a fuel consumption optimization model for the capacitated vehicle routing problem [J]. Computers & Operations Research, 2012, 39 (7): 1419 –1431.

[36] Goeke D, Schneider M. Routing a mixed fleet of electric and conventional vehicles [J]. European Journal of Operational Research, 2015, 245 (1): 81 –99.

[37] Wang S, Tao F, Shi Y, et al. Optimization of vehicle routing problem with time windows for cold chain logistics based on carbon tax [J]. Sustainability, 2017, 9 (5): 694.

[38] Deb K, Pratap A, Agarwal S, et al. A fast and elitist multiobjective genetic algorithm: Nsga – ii [J]. IEEE Transactions on Evolutionary Computation, 2002, 6 (2): 182 –197.

[39] Zhang S, Lee C K M, Choy K L, et al. Design and development of a hybrid artificial bee colony algorithm for the environmental vehicle routing problem [J]. Transportation Research Part D: Transport and Environment, 2014, 31: 85 –99.

第 4 章　考虑客户有限理性的生鲜供应链智能路径规划研究

在当今竞争激烈的市场环境中，生鲜供应链的智能路径规划变得至关重要。随着消费者对生鲜产品需求的不断增长，供应链管理面临越来越大的挑战。在这种情况下，考虑客户有限理性的因素成为供应链规划中必须要考虑的重要因素之一。

客户有限理性，是指消费者在作出决策时受到信息的限制、认知能力有限以及情绪等因素的影响。这些因素会影响消费者的购买行为和偏好，进而影响生鲜供应链的路径规划和管理。因此，开展考虑客户有限理性的生鲜供应链智能路径规划研究具有重要意义。

首先，考虑客户有限理性可以更好地理解消费者的购买行为。通过分析消费者的认知限制和信息获取方式，可以更准确地预测他们的需求，从而优化供应链的路径规划，减少库存积压和运输成本。

其次，考虑客户有限理性可以提高供应链的灵活性和适应性。在面对市场需求波动时，传统的路径规划方法往往难以及时调整，而考虑消费者的有限理性，可以更快速地做出反应，调整供应链路径，确保产品能够及时送达消费者手中。

总体来说，开展考虑客户有限理性的生鲜供应链智能路径规划研究，不仅可以提高供应链的效率和适应性，还可以更好地满足消费者的需求，提升企业竞争力。因此，这一研究具有重要的背景和意义，值得进一步深入探讨和应用。

客户在购买生鲜产品时通常会受多种因素的影响，包括价格、品质、距离等。然而，客户的决策过程并不是理性的，他们可能会根据自身的偏好、心理因素和信息不完全等因素作出决策。考虑客户有限理性的生鲜供应链智能路径规划问题，旨在解决以下挑战。

一是客户行为建模。传统的路径规划模型通常假设客户决策是理性的，但实际情况中，客户的决策往往受情绪、习惯和认知偏差的影响。因此，研究人员需要开发合适的数学模型来捕捉客户有限理性行为，以更准确地预测其购买决策对供应链路径规划的影响。

二是信息不对称处理。客户在购买生鲜产品时会面临信息的不完全性和不对称性，而供应链路径规划需要获得客户的需求和偏好信息以改善供应链效率。因此，研究人员需要探索如何通过数据分析和机器学习等方法准确获取和处理客户的信息，以支持智能路径规划决策。

三是基于客户体验的路径优化。客户体验在生鲜供应链中至关重要，包括产品品质及送货时间等。研究人员需要设计智能路径规划算法，考虑客户满意度和体验，以最大化客户价值和忠诚度，同时降低供应链的成本和碳排放。

综上所述，考虑客户有限理性的生鲜供应链智能路径规划问题体现了对客户决策和行为的关注。深入研究客户有限理性和信息不对称问题，可以为供应链路径规划提供更准确和实用的决策支持，同时提高客户体验和满意度。

4.1 相关理论与文献综述

4.1.1 相关理论

考虑客户有限理性的生鲜供应链智能路径规划研究涉及多个相关理论和方法，以下是其中一些重要的理论。

有限理性理论。有限理性理论认为人类决策受到认知有限性和信息不完全性的限制。在生鲜供应链智能路径规划中，客户的购买决策往往基于有限的信息和有限的认知处理能力。有限理性理论提供了解释客户决策行为的框架，可以用于构建客户行为模型。

行为经济学。行为经济学研究的是人类决策行为背后的心理和行为因素。在生鲜供应链中，客户的购买决策可能受情感、偏好、习惯等因素的影响，而不仅仅考虑理性计算成本和效益。行为经济学的理论可以解释客户非理性行为，并提供在路径规划中集成这些非理性行为的方法。

信息不对称理论。信息不对称理论指出，市场参与者在决策过程中拥有不同的信息水平，可能导致不公平的结果。在生鲜供应链中，客户和供应链管理者之间存在信息不对称，客户对产品质量、供应链网络的细节等信息了解得比较有限。考虑信息不对称，可以帮助设计合适的机制和算法，以解决供应链路径规划中的不对等问题。

数据分析和机器学习。数据分析和机器学习技术可以帮助处理大规模的供应链数据，并从中提取有用的信息。通过对客户购买行为数据的分析，企业可以找到客户的偏好、需求等信息，并应用于路径规划模型的建立和优化。

多目标优化。生鲜供应链智能路径规划往往涉及多个目标的优化，如减少运输时间、降低成本、提高客户满意度等。多目标优化理论和方法可以帮助寻找最优的路径规划方案，以平衡各种目标的权衡和冲突。

综上所述，考虑客户有限理性的生鲜供应链智能路径规划研究涉及多个理论和方法，包括有限理性理论、行为经济学、信息不对称理论、数据分析和机器学习以及多目标优化等。这些理论和方法可以为我们的研究提供指导和支持，以解决生鲜供应链路径规划中面临的挑战。

4.1.2 文献综述

4.1.2.1 行为运营管理

近年来，行为运营管理研究取得了一些重要进展。Bendoly 等（2006）指出，行为因素在运营管理中的作用日益受到关注，需要重新审视一些原有的假设。他们强调，运营管理研究应该更多地关注人的行为特征，如有限理性、偏好、情绪等，以更好地解释和预测实际运营中的现象。

在有限理性行为方面，多项研究探讨了其在不同运营背景下的影响。Su（2008）研究了有限理性在报童模型中的作用。Chen 等（2012，2015）研究了有限理性在产能分配博弈中的影响。这些研究表明，考虑人的有限理性行为对于更好地理解和预测实际运营管理问题至关重要。牟博佼等（2012）综述了基于有限理性假设的运营管理研究现状。Huang 等（2013）分析了有限理性在服务系统中的表现。Zhao 和 Huang（2014）则将有限理性引入拥挤博弈中，并采用量化响应均衡模型进行分析。周建亨和蒋碧云（2014）以及王旭坪和杨相英（2015）通过实证研究和仿真实验证明了客户是有限理性的。

在供应链管理领域，Bogataj 等（2005）研究了易腐品在冷链物流中的稳定性问题。Etemadnia 等（2015）和 Ge 等（2018）则探讨了果蔬供应链中配送设施的最优选址问题。Devari 等（2017）提出了利用零售客户社交网络实现“最后一公里”配送的方法。这些研究涉及供应链各环节的实际问题，为提高供应链效率提供了有益的启示。

此外，一些研究还关注了运营管理中的其他行为因素。Gino 和 Pisano（2008）提出了行为运营管理理论框架，强调心理学在运营管理中的应用。Ray 等（2021）从博弈论角度分析了制造商和再制造商之间的回收策略。这些研究拓展了运营管理的研究视角，为该领域的发展提供了新的思路。

总体来说，行为因素在运营管理研究中的地位日益重要。未来的研究应进一步深入探讨人的行为特征对运营实践的影响，并将其应用于实际问题的解决，以期为运营管理理论和实践作出更多贡献。

4.1.2.2 生鲜电商配送

生鲜电商物流配送问题一直是学术界和实践界关注的热点问题，相关研究从不同角度探讨了生鲜电商物流配送的优化策略。

Jane（2011）从成本和可靠性两个角度对物流系统的性能进行了评估，提出了一种基于风险－收益权衡的物流系统优化方法。周冬娥（2015）认为“最后一公里”配送是供应链中成本最高的部分之一。任庆琳和王明宇（2016）分析了我国生鲜电商物流模式问题，为实践提供了启示。唐跃武等（2018）和王淑云等（2018）分别研究了考虑消费者行为的生鲜产品定价和库存决策问题。马艳芳等（2020）建立了生鲜选址—路径多主体优化模型。Jiang 等（2021）研究了区域低碳物流网络设计中投资协调机制的影响，提出了一种基于多主体博弈的优化模型。陈义友等（2020）探讨了“最后一公里”配送服务系统中客户有限理性的影响。李鸿冠等（2021）提出了“客鲜共载”的共享物流模式，以提高农村生鲜电商的配送效率。

综上所述，现有研究从成本、可靠性、环境影响、消费者行为等多个角度探讨了生鲜电商物流配送优化问题，取得了丰硕的成果。未来可进一步结合实际应用场景，深入研究生鲜电商物流配送的多主体协同优化策略。

在生鲜电商持续壮大的进程中，客户需求不断增长且不断变化。由于生鲜商品易腐且难以保存，冷链物流在运输中显得尤为关键，直接影响客户的满意度和体验。生鲜电商的物流配送要求高时效性和优质服务，同时要求处理大量小体积的订单。因此，生鲜电商面临如何完善冷链物流系统、提升客户体验、降低配送成本等重大挑战。随着消费者逐渐接受线上购物的习惯，改变传统的实体消费方式已经不再是生鲜电商的首要任务。

对易腐食品进行冷链运输是保证食品质量和安全性的关键步骤。然而，这种运输方式在保持低温条件方面需要大量能源消耗，导致碳排放增加，与低碳经济理念背道而驰。随着公众对环保意识的加强，如何在低碳经济背景下有效减少碳排放成为电子商务物流企业亟须解决的问题。Brantley 和 Koepenick（1995）指出，随着环保意识的增强，减少配送过程中的碳排放已成为电子商务物流企业需要应对的挑战。在当前全球推崇低碳经济的大背景下，电子商务企业需要采取有效措施减少冷链运输过程中的能源消耗和碳排放。

为了实现低碳目标，电子商务物流企业可以考虑采用更为高效的运输方式，如优化线路规划和提高装载率。此外，还可以引入新技术和设备，如节能冷藏箱和智能监控系统，能有效降低能源消耗，减少碳排放。同时，加强供应链管理，优化库存和订单管理，减少运输距离和次数，也是降低碳排放的重要途径。

总之，在低碳经济的大环境下，电子商务物流企业需要积极采取措施减少碳排放，特别是在易腐食品冷链运输中。通过提高运输效率和引入新技术，企业可以实现可持续发展，保证食品质量和安全性，为环境保护贡献自己的力量。

综上所述，本章主要研究的问题包括：生鲜电商平台在考虑碳排放因素的情况下如何确定不同配送模式的最低成本；在有限理性条件下，消费者如何在自提和送货上门服务中权衡取舍，并深入探讨它们之间的关系，包括消费者的预期效益、选择自提服务的可能性以及整体平均效益等方面；通过将消费者的平均效益与生鲜电商平台的平均配送成本进行对比和深入分析，研究有限理性如何影响消费者效益和企业最低配送成本。

4.2 问题描述与模型构建

4.2.1 问题描述

本章主要研究的问题是，在“最后一公里”配送场景中，生鲜电商考虑碳税和客户在配送方式及能接受的时间范围的有限理性选择行为，在成本和客户效用评估基础上，作出的提供自提服务、布局自提点的决策，并探讨优化不同配送方式的路径，以最小化“最后一公里”配送的总成本最大化客户期望效用。

4.2.2 模型假设

本章所研究的问题包括如下假设：

（1）只有一个配送中心；

（2）配送中心的货量充足，配送网络共享实时数据；

（3）每个客户点的订单整体配送，不分割；

（4）送货上门的电动车配备足够的冷藏箱；

（5）同一种配送方式选择相同型号的车辆；

（6）所有生鲜产品的寿命和新鲜度在出发时都是相同的；

（7）不考虑退货和换货；

（8）配送员完成每单的服务成本相同；

（9）客户在配送选择中的理性程度有限；

（10）客户根据配送服务的期望效用选择送货上门或自提；

（11）客户需求服从泊松分布。

物流配送的各个环节中都会产生二氧化碳排放，这与能源消耗息息相关。在自提模式下，轻型冷藏车消耗燃油、电量以及车载冷藏设备的能源。电动三轮车送货上门要消耗电量，从而增加了碳排放的量。而本研究假设配送车辆的单位距离油耗与货物重量成正比，专注于探究货物负载对油耗的影响。同时，我们假设电动车辆始终保持在负载状态，要特别关注电量消耗较高的情况。

4.2.3 参数及变量定义

$M=\{m|m=1,2,\cdots,m\}$——客户点总数；

$N=\{n|n=1,2,\cdots,n\}$——自提点个数；

$K=\{k|k=1,2,\cdots,k\}$——带冷藏箱的电动车辆数；

$R=\{r|r=1,2,\cdots,r\}$——车辆路径集合；

f_k——第 k 辆车产生的设备维护和配送人员固定成本；

H——轻型冷藏车的车辆维护费和人员工资固定成本；

d_{ij}——从消费者 i 到 j 的距离，$i,j\in M$；

D_{ij}——自提点 i 到 j 的距离，$i,j\in N$；

q_i——客户 i 的需求量；

Q——电动车的载重上限；

s_i^k——车辆 k 在客户 i 服务开始的时间；

η_1、η_2——冷藏车提早或晚于客户约定时间的惩罚系数；

$[E_i,L_i]$——客户 i 允许车辆服务的时间窗；

t_i——服务客户 i 需要的时间；

β_1、β_2——电能、燃油消耗的碳排放系数；

G——车辆运输过程中制冷的能耗系数；

σ——电价；

∂——制冷剂有效时间；

α——碳税价格；

ζ——冷链运送单位质量货物行驶单位长度(千克·公里)的碳排放量；

Γ——轻型冷藏车单位距离运输成本；

τ——额定工作时间；

δ——电动车每百公里耗电量；

l——配送员每单提成；

F——客户每单支付费用；

$f_{ij}(t)$——车辆 t 时刻从配送中心出发开始配送，从客户点 i 经过路线 (i,j) 到达客户点 j 的运输时间；

X_{ij}—— 客户 i 与客户 j 之间的配送总载重量；

W——冷藏车更换制冷剂成本（元/次）；

v——电动车平均行驶速度（公里/小时）；

p——选择自提服务的概率；

D_{max}——自提点最大覆盖距离；

D_{min}——自提点最小覆盖距离；

A_s——自提点吸引力；

T_i——企业配送一个包裹到客户 i 手中所花费的时间；

F_{max}——需要支付的最大运费；

F_{min}——需要支付的最小运费；

F——送货上门客户需要支付的费用；

B——客户的理性程度。

决策变量如下：

$$z_{ij}^{k}=\begin{cases}1,\text{车辆 } k \text{ 经过客户 } i \text{ 和客户 } j \text{ 之间的路段}\\0,\text{车辆 } k \text{ 不经过客户 } i \text{ 和客户 } j \text{ 之间的路段}\end{cases}$$

$$x_{ijr}=\begin{cases}1,\text{边}(i,j)\text{包含在路线 } r \text{ 里}\\0,\text{边}(i,j)\text{不包含在路线 } r \text{ 里}\end{cases}$$

$$y_{ir}=\begin{cases}1,\text{派送点 } i \text{ 包含在路线 } r \text{ 里}\\0,\text{派送点 } i \text{ 不包含在路线 } r \text{ 里}\end{cases}$$

4.2.4 成本分析

4.2.4.1 送货上门模式成本

为了降低成本和减少资源浪费，选择使用质量较小的电动车进行送货上门配送，而不是使用货车配送，因为货车配送效率低下，且会增加额外成本。这也是实际操作中的做法。

（1）冷藏箱成本。鉴于冷藏箱可循环利用，因此不考虑其购置费用。本章主要聚焦冷藏箱的运营或制冷成本，主要受到制冷剂的影响。制冷剂随着配送时间的延长会逐渐失效，因此，制冷成本主要源于制冷剂的更换。我们可以用以下公式来表示制冷成本。

$$C_1 = W\left(\sum_{i\in M}\sum_{j\in M}\sum_{k\in K} z_{ij}^k d_{ij}/v\right)/\partial \tag{4.1}$$

（2）车辆运输成本。电动车的运输成本主要由两部分组成：碳排放和电能消耗。运输成本用以下公式表示。

$$C_2 = \sum_{k\in K}\sum_{i\in M}\sum_{j\in M}\frac{(\alpha\beta_1+\sigma)z_{ij}^k d_{ij}\delta}{100} \tag{4.2}$$

（3）惩罚成本。配送员需要在客户规定的时间窗内完成配送任务以增进客户满意度。因此，本章将客户满意度转化为偏离时间窗的惩罚成本，并设计了相应的惩罚成本函数来处理时间窗问题。惩罚成本函数具体表述如下：

$$C_3 = \eta_1\sum_{k\in K}\sum_{i\in M} max(E_i - s_i^k,0) + \eta_2\sum_{k\in K}\sum_{i\in M} max(s_i^k - L_i,0) \tag{4.3}$$

（4）车辆购置、维护及员工成本。固定成本包括每辆车配备的员工固定工资、车辆的购置以及维护费用；配送员的工资是计件制，假设每单配送成本为固定值 l，在送货上门时客户需要额外支付费用 F。因此，车辆购置、维护和员工成本如下：

$$C_4 = \sum_{k\in K} f_k + ml - mF \tag{4.4}$$

综上所述，送货上门模式总成本如下：

$$C_h = C_1 + C_2 + C_3 + C_4 \tag{4.5}$$

s. t.

$$\sum_{i\in M} q_i \leqslant Q \tag{4.6}$$

$$\sum_{r\in R} y_{ir} = 1, i \in M \tag{4.7}$$

$$\sum_{i\in M} x_{ijr} = y_{jr}, j \in M, r \in R \tag{4.8}$$

$$\sum_{j \in M} x_{ijr} = y_{ir}, i \in M, r \in R \tag{4.9}$$

$$\sum_{j \in M} x_{0jr} = 1, r \in R \tag{4.10}$$

$$\sum_{i \in M} x_{i(m+1)r} = 1, r \in R \tag{4.11}$$

$$\sum_{j \in M, j \neq i} X_{ji} - \sum_{j \in M, j \neq i} X_{ij} = q_i, i \in M \tag{4.12}$$

$$s_i + t_i + f_{ij}(s_i + t_i) - M\left(1 - \sum_{r=1}^{R} x_{ijr}\right) \leqslant s_j, i \in M; j \in M \tag{4.13}$$

$$E_i \leqslant s_i^k \leqslant L_i, i \in M, k \in K \tag{4.14}$$

式（4.6）限定了车辆的货物负载不得超过额定载重量；式（4.7）至式（4.9）确保每个客户点都能被访问一次；式（4.10）和式（4.11）明确了车辆从配送中心出发并最终返回的过程；式（4.12）说明了车辆在完成派送点服务后货物量会减少；式（4.13）和式（4.14）保证了服务将在客户规定的时间窗内进行。

4.2.4.2 自提模式成本

客户自提模式是一种统一配送方式，比送货上门服务配送效率更高。自提模式下，配送需要采用载重量大的车辆，使用像电动三轮车这样常见于送货上门服务的车辆类型是不适合的。因此，假定自提配送采用的是耗油的轻型冷藏车。

（1）运输成本。冷藏车的运输成本来自行驶过程和制冷过程中的燃料耗用。制冷设备工作的时间越长，车辆行驶的距离越长，燃料消耗也就越多。一般而言，运输成本与冷藏车的行驶里程呈正相关关系。

$$C_5 = \sum_{i \in N} \sum_{j \in N} (\Gamma + G) S_{ij} D_{ij} \tag{4.15}$$

（2）碳排放成本。配送过程中涉及的碳排放主要有两个来源。首先，在运输途中冷藏车燃烧燃料会产生碳排放。其次，冷藏车制冷设备运行时同样会产生碳排放。配送过程中所产生的燃油消耗与货物负载、运输距离等因素息息相关。碳排放的成本如下：

$$C_6 = \sum_{i \in N} \sum_{j \in N} \alpha d_{ij} [\beta_2 \rho(X_{ij}) + \zeta X_{ij}] \tag{4.16}$$

式中：

$$\rho(X) = \rho_0 + [(\rho^* - \rho_0)/Q_v] X \tag{4.17}$$

ρ_0 为空载时单位距离耗油量；ρ^* 为满载时单位距离耗油量。

（3）车辆固定费用。车辆固定费用包括人员固定工资和车辆维护费用，用 H 表示。

综上所述，自提模式总成本如下：

$$C_m = C_5 + C_6 + H \tag{4.18}$$

此外，自提模式中，订单配送完全不受时间窗约束，即：

$$s_i + t_i + f_{ij}(s_i + t_i) - M\left(1 - \sum_{r=1}^{R} x_{ijr}\right) \leqslant \tau$$

$$i = 0, 1, \cdots, n; j = 1, 2, \cdots, n+1 \tag{4.19}$$

4.2.5 效用分析

4.2.5.1 自提模式的效用

客户对自提模式的偏好受多个因素共同影响，其中最常见的因素是取货距离，由于去自提点取货时大多数客户选择步行前往，当客户的出发地与自提点的最小距离超过一定距离时，取货距离将对客户的满意度产生负面影响。本章将采用如下线性递减函数来描述距离引力函数。

$$\theta(d_i) = \begin{cases} 1 & d_i \leqslant D_{min} \\ \dfrac{D_{max} - d_i}{D_{max} - D_{min}} & D_{min} < d_i < D_{max} \\ 0 & d_i \geqslant D_{max} \end{cases} \tag{4.20}$$

d_i——客户取货距离；

D_{max}——自提点最大覆盖距离；

D_{min}——自提点最小覆盖距离。

自提点的吸引力代表了客户对其服务品质、取货时效、商品安全等多种因素的全面评估。本章研究着眼于考察客户理性程度，对于吸引力为 A_s 的自提点，客户选择自提服务的效用函数可表述为：

$$V_s = A_s \theta(d_i) \tag{4.21}$$

4.2.5.2 送货上门模式的效用

(1) 生鲜产品的新鲜度效用。在客户心目中，生鲜产品与普通产品的最大区别在于新鲜度所带来的体验价值。根据前人研究的结论，本章假设生鲜产品的损耗率在运输过程中呈现指数函数的变化趋势。我们将与生鲜产品损耗率成反比关系的新鲜度因子视为其提供给客户的体验价值。文献资料显示，客户所订购的生鲜产品的新鲜度因子可以由式（4.22）表示：

$$\omega_i = 2 - e^{(\ln 2/\varepsilon) \times T_i} \tag{4.22}$$

ω_i——生鲜产品的新鲜度因子；

ε——生鲜产品的生命周期；

T_i——客户 i 订单的配送时间。

考虑到产品损耗与订单需求量成正比，因此客户的效用与其需求量在总需求量中所占比例直接相关。客户的效用函数可用式（4.23）表述。

$$W_i = \omega_i \times q_i / \sum_{i \in M} q_i \tag{4.23}$$

q_i——客户 i 的生鲜产品需求量；

M——客户点集合。

（2）生鲜产品的运费效用。运费对客户效用的影响采用线性递减函数描述如下：

$$\theta(F) = \begin{cases} 1 & F \leqslant F_{min} \\ \dfrac{F_{max} - F}{F_{max} - F_{min}} & F_{min} < F < F_{max} \\ 0 & F \geqslant F_{max} \end{cases} \tag{4.24}$$

F_{min}——需要支付的运费下限；

F_{max}——需要支付的运费上限。

（3）送货上门的客户效用。在生鲜电商领域的"最后一公里"配送服务中，客户选择送货上门方式的决策主要受三个服务需求方面的影响：生鲜产品的新鲜度所带来的体验价值、准时配送所带来的服务质感以及送货上门所需支付费用的感知价值。这些因素共同塑造了客户对服务的期望体验。在生鲜电商的"最后一公里"配送环节，不合理的路线规划可能导致配送延误，从而影响商品的新鲜程度，直接影响客户的期望体验。本章旨在通过评估客户的期望体验，综合考虑生鲜产品的新鲜度体验、配送准时性体验以及支付费用体验三个方面的影响因素。

$$V_h = \alpha N \theta(F) + \beta \sum_{i=1}^{N} \omega_i q_i / \sum_{i=1}^{N} q_i \tag{4.25}$$

其中，$\alpha + \beta = 1$。

4.2.5.3 有限理性下客户选择行为决策

Mckelvey 等（1995）指出，尽管个体追求完全理性，但由于个体之间的差异、复杂的选择环境以及有限的专业知识水平等因素，个体在作出选择决策时是有限理性的。他们首次提出了有限理性均衡（QRE）的概念。将这一概念应用到客户选择"最后一公里"配送方式的过程时，客户对配送服务效用的评估可能与实际情况存在偏差，客户在作出选择时并不总是确定性地选择某种配送服务。在这一均衡概念的基础上，本章研究了客户对配送服务的期望效用。假设每位客户以概率 p 选择自提服务，则：

$$p = e^{BV_s} / (e^{BV_s} + e^{BV_h}) \tag{4.26}$$

在这里，B 代表客户在评估可能获得效用时的能力水平。我们可以将其视为客户在作出选择时的理性水平。当 B 趋近于零时，客户的理性程度相对较低，他们无法有效地分析和评估不同服务带来的效用，甚至无法辨别它们之间的差异，因此，客户对各种服务的选择概率相近。而当 B 趋近于正无穷时，客户是完全理性的，能够准确地理解所面临的情况并进行正确的计算，因此能够以理性的方式选择最符合自身利益的方案。

4.2.6 模型构建

根据以上观察，我们推导出了客户选择全程送货或全程自提服务时的最低成本。然而，在实际场景中，客户很少会完全偏向其中一种服务，因此，企业在评估成本时需要考虑客户选择特定配送服务的概率。在本章的假设中，我们认为客户是有限理性的，他们在选择不同配送服务时会追求期望效用的最大化，在评估效用时也存在一定程度的理性局限性。我们通过寻找最大化平均期望效用的方法来确定客户选择自提服务的概率，并将其表达为有限理性的形式。最后，我们将成本最小化和选择概率结合起来，以探究有限理性与期望最低成本之间的关系。下面是我们构建的模型：

$$minC = pC_h + (1-p)C_m \tag{4.27}$$

4.3 算法设计

本章采用启发式算法进行求解。根据所确定模型的特点，设计了贴合模型的 IAGA。该算法具有以下几个突出特点：(1) 依据模型和决策变量的特点，设计了编码方式；(2) 用 CW 节约算法生成初始解，并根据充电站的远近插入路径；(3) 采用自适应交叉概率和变异概率，改变传统根据主观判断设定的固定交叉率和变异率，以保留优秀个体。

4.3.1 编码

根据本章模型特点，采用如下编码方式：染色体长度为 $n+k-1$，其中，n 为客户点数量，k 为配送中心车辆数。省略染色体末位中的车辆编号。假设服务 5 个客户，配送中心配备 1 辆燃油车和 1 辆电动车，在路网中有 1 个充电站。配送中心编号为 0，客户编号为 1，2，…，5，充电站编号为 6，燃油车编号为 7，电动车编号为 8。假设染色体如图 4-1 所示，经解码，燃油车路径为：0—1—2—0，电动车路径为：0—3—4—5—0。如果电动车的电量无法支持到达节点 5，则需前往充电站 6 进行充电，此时电动车的路径为：0—3—4—6—5—0。

1	2	7	3	4	5

图 4－1　染色体示意图

4.3.2　构造初始解

初始种群的质量和大小对遗传算法的求解效率有较大影响。随机生成初始种群可以形成种群的多样性，但也容易产生大量无效解，无法保证其优越性。CW 节约算法将配送中心与客户点相连形成 n 条路径，再比较连接任意两点 i 和 j 的节约值：$s(i,j)=C_{0i}+C_{0j}-C_{ij}$，从而实现高效率的配送。根据本章的模型特点，将节约算法的节约值由传统的距离节约值改为成本节约值。

首先，根据客户点个数，生成相应的配送路径；其次，计算合并路径后成本节约值，由于解码时才涉及车辆分配与充电站的插入，在初始解生成时仅考虑固定成本、可变成本、时间窗成本的节约值，且取电动车与燃油车成本参数的平均值，并检查车辆到达的时间是否满足时间窗约束。在合并路径的过程中，先按照节约值的大小由高到低进行排序，选择节约值最大的路径进行插入客户。在插入客户时，需要确保车辆所服务的总需求不超出当前车辆的最大载重限制。如果超出，则需要更新使用的服务车辆。对于使用电动车进行配送的情况，除了考虑车辆载重和客户时间窗约束外，还需要额外考虑电池容量的限制。具体来说，当电动车的行驶路径在插入客户 i 后，没有足够的电量行驶到下一个节点时，就需要在路径上插入充电站节点，以满足电动车的电量要求。

4.3.3　适应度

在遗传算法中，个体的适应度是用来度量个体在种群中生存优势的重要指标。适应度函数可以用来区分个体的“好坏”，个体的适应度越大，表示该个体在种群中的优势程度越高，被遗传到下一代的概率也就越大。本章中，我们采用传统适应度函数，个体的适应度 $f=\frac{1}{F}$，其中，F 为目标函数的值。

4.3.4　选择操作

为了提高轮盘赌选择操作的效率，本章选择随机遍历抽样（Stochastic

Universal Selection，SUS）作为选择操作。具体做法如下：

在每次选择操作时，我们不需要实际转动轮盘，而是随机生成 N 个等间距的标记指针位置。这些标记指针位置对应着种群中的 N 个个体。通过这种方式，我们就可以一次性选择出 N 个个体，而不需要进行 N 次轮盘赌选择操作。这样不仅提高了效率，还可以避免每次转动轮盘所带来的计算开销。这种随机遍历抽样的方法，充分利用了计算机的随机数生成能力，大大简化了轮盘赌选择的实现过程，还保留了轮盘赌选择的基本思想，即选择适应度较高的个体的概率更大。因此，这种改进方法不仅提高了算法的效率，而且保证了算法的正确性和收敛性。在实际应用中，这种方法可以大大提升遗传算法的性能。

随机遍历抽样可分步表示如下：（1）计算指针间距 $p=\frac{F}{N}$，F 为总适应度值；（2）随机生成指针起始位置 $r\in[0,p]$；（3）计算各指针位置 $r+i\cdot p, i=[0,1,2,\cdots,N-1]$；（4）根据指针位置，选择 N 个个体。

4.3.5 进化操作

早期的自适应遗传算法中，交叉概率和变异概率通常根据经验进行设定。若概率设定较小，容易陷入局部最优；若概率设定较大，则不利于保留优秀个体。改进的自适应遗传算法（Improved Adaptive Genetic Algorithm，IAGA）的交叉概率和变异概率会随着进化过程进行调整，具体计算公式为：

$$P_c=\begin{cases}\dfrac{P_{c1}(f_{avg}-f')+P_{c2}(f'-f_{min})}{f_{avg}-f_{min}} & f'<f_{avg}\\[2ex] \dfrac{P_{c2}(f_{max}-f')+P_{c3}(f'-f_{avg})}{f_{max}-f_{avg}} & f'\geqslant f_{avg}\end{cases} \tag{4.28}$$

$$P_m=\begin{cases}\dfrac{P_{m1}(f_{avg}-f)+P_{m2}(f-f_{min})}{f_{avg}-f_{min}} & f<f_{avg}\\[2ex] \dfrac{P_{m2}(f_{max}-f)+P_{m3}(f-f_{avg})}{f_{max}-f_{avg}} & f\geqslant f_{avg}\end{cases} \tag{4.29}$$

式中：f_{max}、f_{min}、f'、f_{avg} 分别为种群中的适应度最大值、最小值，交叉个体中的适应度较大值，变异个体的适应度值。$P_{c1}>P_{c2}>P_{c3}, P_{m1}>P_{m2}>P_{m3}$，取（0，1）值。参数分别取值为 $P_{c1}=0.9, P_{c2}=0.8, P_{c3}=0.6, P_{m1}=0.1, P_{m2}=0.08, P_{m3}=0.05$。

交叉操作采用 OX 方式进行。假设父代染色体 A1 为 5—3—6—2—4—

8—1—7，A2 为 7—4—2—3—5—6—8—1。随机选择两个交叉位置 $a=2$ 和 $b=6$，标记后 A1 为 5—3—| 6—2—4—8 | —1—7，A2 为 7—4—| 2—3—5—6 | —8—1。将 A1、A2 的交叉片段分别移动到 A2、A1 的前面，得到 A1′：2—3—5—6—| 5—3—6—2—4—8—1—7，A2′：6—2—4—8—| 7—4—2—3—5—6—8—1。然后，删除第二个重复基因位，形成两个子代个体 B1：2—3—5—6—4—8—1—7，B2：6—2—4—8—7—3—5—1，具体操作见图 4 - 2。

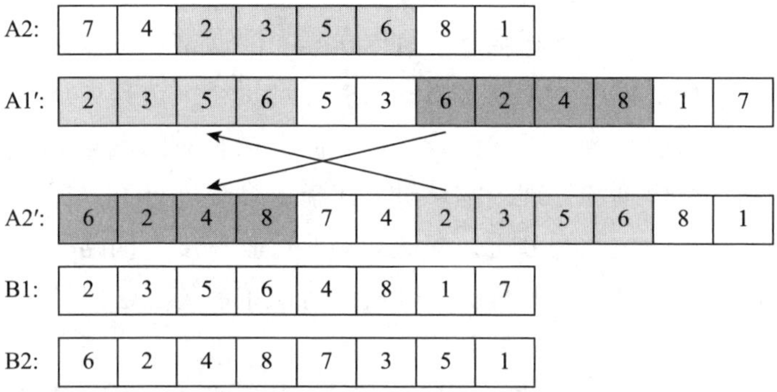

图 4 - 2　交叉操作示意图

变异操作采用 2 - Opt 算子，即染色体中随机选择两个变异点，然后交换这两个基因点的位置，得到变异后的子代染色体。例如，假设变异前的染色体为 5—3—6—2—4—8—1—7，随机生成变异位点，假设 $a=2$，$b=7$，则变异后的染色体为 5—1—6—2—4—8—3—7。具体操作如图 4 - 3 所示。

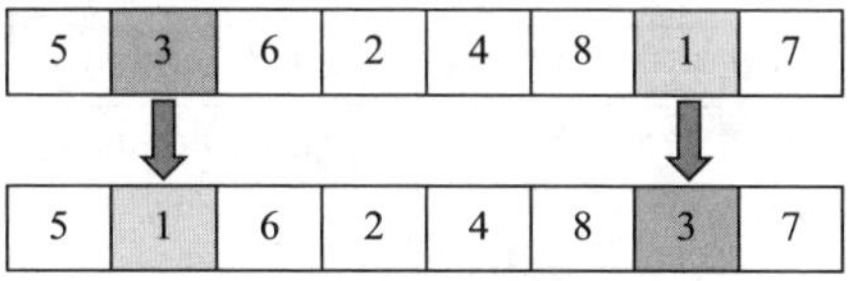

图 4 - 3　变异操作示意图

4.3.6　迭代终止条件

设置一个预定的最大迭代次数 MAXGEN。当算法的迭代次数达到这个上限时，即停止迭代并输出最终结果。

4.4　案例分析

4.4.1　案例设计

4.4.1.1　案例数据

本节以甲公司在市区内的一个配送中心、50 家客户点和 5 个自提点为研究对象。送货上门受容量限制，所以送货上门通常采用保温箱并利用制冷剂维持生鲜商品温度，无须采用专门的冷藏货车。选择客户点时，以配送中心为原点，统计客户点的位置坐标、需求量和时间窗等信息。通过对收集的数据进行整理和处理，本章对上述配送系统进行了分析。

此外，根据历史数据分析，配送车辆的行驶速度会因路段和时间段的不同而有所差异。基于这些数据，本研究将采用遗传算法对所构建的数学模型进行求解。

本章统计了 50 个配送客户点的生鲜产品需求量、配送时间窗和位置坐标等数据，具体信息见表 4－1。

表 4－1　　　　试验数据

编号	坐标[x,y]	时间窗[E_i,L_i]	需求q_i
1	[5.1,3.1]	13:15—13:45	1.9
2	[－1.9,－5.4]	12:45—13:15	5.9
3	[4.1,－0.9]	13:30—14:15	3.9
4	[2.6,－3.4]	21:00—21:40	2.9
5	[13.6,－2.4]	17:30—18:20	2.9
6	[9.6,2.6]	20:00—21:00	8.9
7	[10.1,4.6]	12:00—12:45	0.9
8	[－11.9,－4.4]	12:30—13:10	1.9
9	[4.1,－2.9]	12:00—12:30	2.4
10	[－10.4,3.6]	11:30—12:30	7.9
11	[－0.9,－2.9]	18:15—18:45	2.9
12	[－3.4,4.1]	12:45—16:00	2.4
13	[2.6,4.6]	20:00—20:40	2.9
14	[5.6,－6.4]	17:45—18:15	4.9
15	[9.6,－1.4]	19:15—20:15	6.9

续表

编号	坐标[x,y]	时间窗[E_i,L_i]	需求q_i
16	[0.1, -5.4]	20:15—21:15	2.4
17	[4.6, -4.9]	13:00—13:30	1.9
18	[-0.9, -5.9]	14:00—14:40	1.9
19	[-0.9, -3.4]	12:45—13:15	0.9
20	[3.6,1.6]	13:00—13:30	0.4
21	[8.6, -5.4]	18:45—19:15	3.4
22	[2.1, -5.4]	19:00—19:40	4.9
23	[6.1, -4.4]	12:45—13:15	0.9
24	[1.6,2.6]	15:00—16:00	4.4
25	[-4.4,5.1]	16:15—17:15	3.9
26	[-2.9,2.1]	13:45—14:15	2.4
27	[-5.9, -3.4]	19:15—19:55	2.9
28	[-3.4,3.1]	14:00—14:40	5.9
29	[13.6,3.1]	11:00—12:00	2.9
30	[9.6, -5.9]	14:00—14:40	3.4
31	[7.6,2.6]	14:30—15:10	1.9
32	[5.6, -3.9]	18:45—19:25	0.9
33	[2.6, -1.4]	13:30—14:00	2.9
34	[11.1, -0.9]	20:30—21:30	0.9
35	[13.1,6.6]	18:00—18:50	1.9
36	[-5.9,6.6]	20:45—21:15	3.9
37	[-1.4,4.6]	13:15—13:45	0.4
38	[7.6, -3.9]	16:45—17:15	2.9
39	[5.6,6.1]	21:15—21:45	4.9
40	[7.6,1.6]	18:45—19:45	0.4
41	[6.6, -1.9]	12:45—13:20	6.9
42	[-0.4,2.6]	14:45—15:20	0.9
43	[-2.9, -3.4]	13:15—13:50	2.9
44	[-1.4, -1.4]	21:30—22:10	3.4
45	[0.1,4.1]	15:30 - 16:20	4.9
46	[-1.4,1.6]	18:45—19:25	4.9
47	[-2.4,1.6]	18:30—19:10	2.9
48	[-3.9,1.6]	17:00—17:35	7.9
49	[-6.4,2.1]	12:15—12:55	2.9
50	[-7.9,3.1]	19:15—19:45	4.9

表4－1中的客户位置坐标以1:250的比例表示（单位为“米”）。城市复杂道路和建筑物会对客户点之间的实际距离产生影响。这里采用欧式距离来表示客户点间的距离，但实际路况受障碍物影响时，可增加两点间的距离或设为无穷大，以更准确地反映实际道路状况。

自提模式只要在当日完成配送即可，没有设定明确的时间限制。因此，可以一次性配送多个订单，因此本研究选择使用轻型冷藏车进行自提点配送。自提点信息见表4－2。

表4－2　　自提点的信息

自提点编号	坐标位置
1	[8，3.5]
2	[5.5，－4]
3	[1，－1.5]
4	[－2.5，－4]
5	[－5，3.5]

4.4.1.2　模型参数

（1）配送成本参数。效用和成本模型中的相关参数见表4－3、表4－4：

表4－3　　送货上门模式下的模型参数值

参数	取值	单位	参数	取值	单位
l	2	元	W	3	元/次
σ	0.5	元/度	β_1	0.977	千克/千瓦时
∂	5	小时	δ	13	元
f_k	100	元	α	50	元/吨
t_i	5	分钟	Q	40	千克

表4－4　　自提模式下的模型参数值

参数	取值	单位	参数	取值	单位
H	250	元	β_2	2.63	千克/升
Γ	5	元/千米	G	0.5	元/千米

车辆行驶速度在6：00—20：00时为20千米/小时，但在12:00—14:00时为25千米/小时，在其他时间段为30千米/小时。

（2）客户选择行为相关的参数（见表4－5）。

表 4-5　　客户选择行为相关的参数

参数	取值	单位	参数	取值	单位
F	6	元/单	ε	8	小时
F_{max}	10	元/单	A_s	0.8	
D_{min}	200	米	B	$(0, \infty)$	
D_{max}	1000	米	F_{min}	5	元/单

4.4.2　结果分析

4.4.2.1　成本分析

（1）选择送货上门。在考虑碳税因素的情况下，结果如下：由于冷藏车容量有限，需要6辆冷藏车完成50家客户点的配送任务。最优配送路径如图4-4所示。

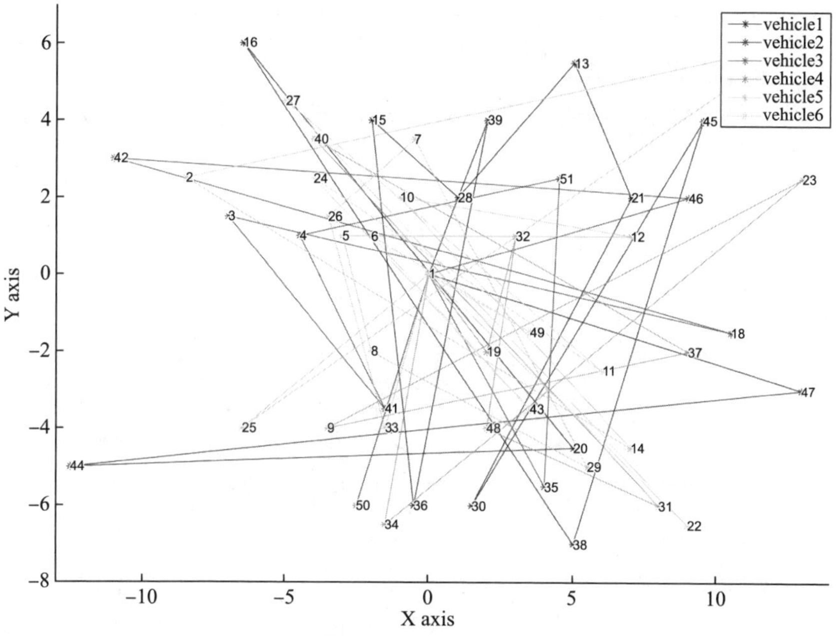

图 4-4　送货上门最小成本路径

路径具体信息见表4-6，而路径总成本和各分项成本见表4-7。

表 4-6　　送货上门模型的最优路径

车辆编号	冷藏车路径	行驶距离（千米）	货物重量（千克）
1	1—22—27—11—24—43—6—49—1	79.6855	33

续表

车辆编号	冷藏车路径	行驶距离（千米）	货物重量（千克）
2	1—25—17—2—14—10—12—5—8—29—7—26—33—1	131.1444	32
3	1—34—23—9—37—40—31—48—32—19—1	100.9651	29
4	1—50—1	13	6
5	1—46—42—18—3—41—4—51—35—1	105.7475	36
6	1—47—44—20—16—38—45—30—21—13—28—15—36—39—1	161.599	40

表 4－7　　考虑碳排放的送货上门模型的各项成本　　单位：元

总成本	固定成本	冷藏箱成本	惩罚成本	碳排放成本
2440.3615	600	47.8113	1750.3661	42.1842

（2）选择自提模式。

优化结果如下：需要调用 6 辆冷藏车从确定门店出发，完成 50 家客户点的配送任务（见图 4－5）。

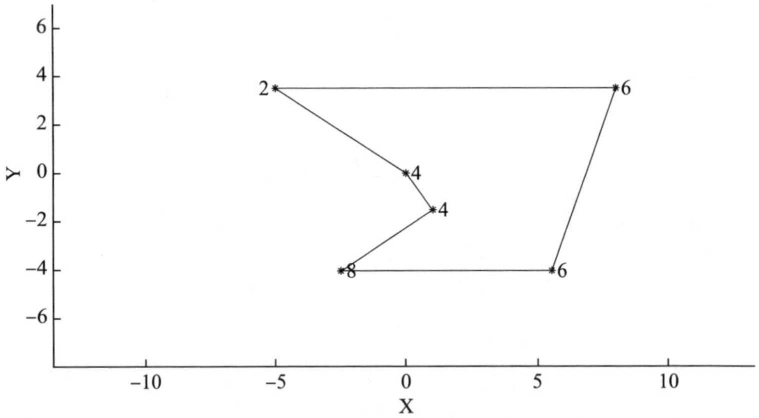

图 4－5　自提模型最小成本路径分析

具体路径信息见表 4－8，而路径总成本和各分项成本见表 4－9。

表 4－8　　自提模型的优化路径

冷藏车路径	行驶距离（千米）
1—4—3—5—6—2—1	45

表 4-9　考虑碳排放的自提模型的各项成本　单位：元

总成本	固定成本	运输成本	碳排放成本
849. 6191	200. 000	261. 669	387. 950

4. 4. 2. 2　效用分析

客户到自提点的最小距离、距离引力函数值和自提效用可见表 4-10。自提的总效用为 15. 94。

表 4-10　客户选择自提服务的效用

客户编号	与自提点的最小距离	距离引力函数值	自提效用
1	3. 6401	0. 1124688	0. 089975
2	2	0. 625	0. 5
3	2. 5	0. 46875	0. 375
4	2. 6926	0. 4085625	0. 32685
5	7. 5664	0	0
6	1. 8028	0. 686625	0. 5493
7	1. 5811	0. 7559063	0. 604725
8	10. 0499	0	0
9	2. 0616	0. 60575	0. 4846
10	6. 0208	0	0
11	1. 118	0. 900625	0. 7205
12	1	0. 9375	0. 75
13	5. 5902	0	0
14	3. 0414	0. 2995625	0. 23965
15	4. 0311	0	0
16	2. 8284	0. 366125	0. 2929
17	2. 1213	0. 5870938	0. 469675
18	2. 6926	0. 4085625	0. 32685
19	1	0. 9375	0. 75
20	3. 2016	0. 2495	0. 1996
21	3. 2016	0. 2495	0. 1996
22	4. 4721	0	0
23	1	0. 9375	0. 75
24	3. 5	0. 15625	0. 125
25	1	0. 9375	0. 75
26	2. 5	0. 46875	0. 375

续表

客户编号	与自提点的最小距离	距离引力函数值	自提效用
27	4	0	0
28	1.4142	0.8080625	0.64645
29	5.099	0	0
30	4.3012	0	0
31	1.8028	0.686625	0.5493
32	0.7071	1	0.8
33	1.118	0.900625	0.7205
34	5.5902	0	0
35	5.1478	0	0
36	2.9155	0.3389063	0.271125
37	3.0414	0.2995625	0.23965
38	1.5811	0.7559063	0.604725
39	3.6056	0.12325	0.0986
40	2.6926	0.4085625	0.32685
41	1.5811	0.7559063	0.604725
42	4.0311	0	0
43	1	0.9375	0.75
44	2.0616	0.60575	0.4846
45	4.5	0	0
46	3.9051	0.0296563	0.023725
47	3.2016	0.2495	0.1996
48	2.5495	0.4532813	0.362625
49	2.8284	0.366125	0.2929
50	3.6401	0.1124688	0.089975

4.2.2 节介绍了获取客户订单配送时间 T_i 的方法。通过计算总距离、平均速度和服务时间，根据送货上门模式的 6 条最优路径，可以计算出每位客户的实际配送时间。每位客户的平均服务时间为 0.2 小时。

客户选择送货上门服务的效用，可由新鲜度因子、客户配送时间和送货上门运费期望效用三个因素（见表 4－11）计算。设定 $\alpha=0.6$，$\beta=0.4$，选择送货上门的总效用为 18.58。

表 4－11　　　　　　　　客户选择送货上门方式的效用

客户编号	新鲜度因子	客户配送时间（小时）	新鲜度效用	运费效用
1	0. 946639	1. 8	0. 0111043	0. 9
2	0. 9647351	1. 2	0. 0339496	0. 9
3	0. 9706978	1	0. 022773	0. 9
4	0. 9282265	2. 4	0. 0163324	0. 9
5	0. 9942071	0. 2	0. 0174934	0. 9
6	0. 9942071	0. 2	0. 0524801	0. 9
7	0. 9706978	1	0. 0056932	0. 9
8	0. 9883806	0. 4	0. 0115939	0. 9
9	0. 9706978	1	0. 0142331	0. 9
10	0. 9883806	0. 4	0. 0463756	0. 9
11	0. 9157731	2. 8	0. 0161133	0. 9
12	0. 9647351	1. 2	0. 0141457	0. 9
13	0. 9343995	2. 2	0. 016441	0. 9
14	0. 9706978	1	0. 0284662	0. 9
15	0. 9942071	0. 2	0. 0408179	0. 9
16	0. 9405369	2	0. 0137909	0. 9
17	0. 9825203	0. 6	0. 0115252	0. 9
18	0. 9527059	1. 6	0. 0111754	0. 9
19	0. 9527059	1. 6	0. 0055877	0. 9
20	0. 9343995	2. 2	0. 0027402	0. 9
21	0. 9825203	0. 6	0. 020169	0. 9
22	0. 9282265	2. 4	0. 0272207	0. 9
23	0. 9587378	1. 4	0. 0056231	0. 9
24	0. 9220178	2. 6	0. 0243348	0. 9
25	0. 9766261	0. 8	0. 022912	0. 9
26	0. 9883806	0. 4	0. 0144924	0. 9
27	0. 9766261	0. 8	0. 017184	0. 9
28	0. 9527059	1. 6	0. 0335263	0. 9
29	0. 9942071	0. 2	0. 0174934	0. 9
30	0. 9942071	0. 2	0. 0204089	0. 9
31	0. 9587378	1. 4	0. 0112462	0. 9
32	0. 9405369	2	0. 0055163	0. 9
33	0. 9942071	0. 2	0. 0174934	0. 9

续表

客户编号	新鲜度因子	客户配送时间（小时）	新鲜度效用	运费效用
34	0.9825203	0.6	0.0057626	0.9
35	0.9825203	0.6	0.0115252	0.9
36	0.9883806	0.4	0.0231878	0.9
37	0.946639	1.8	0.0027761	0.9
38	0.9706978	1	0.0170797	0.9
39	0.9587378	1.4	0.0281155	0.9
40	0.946639	1.8	0.0027761	0.9
41	0.9825203	0.6	0.0403381	0.9
42	0.9220178	2.6	0.0054077	0.9
43	0.9405369	2	0.016549	0.9
44	0.9647351	1.2	0.0198039	0.9
45	0.9766261	0.8	0.0286401	0.9
46	0.9766261	0.8	0.0286401	0.9
47	0.9343995	2.2	0.016441	0.9
48	0.9883806	0.4	0.0463756	0.9
49	0.9647351	1.2	0.0169748	0.9
50	0.9766261	0.8	0.0286401	0.9

4.4.2.3 有限理性与客户最大效用和企业配送成本的关系

客户的理性程度与所面临问题的领域和复杂程度密切相关。根据案例数据分析，当理性程度大于1时，客户选择自提服务的概率对预期总效用和配送成本的影响基本保持不变。因此，我们将理性程度划分为低、中、高三个水平，以更准确地描述实际生活中客户的主要类型。

本研究从两个方面展开探讨：首先，研究生鲜电商在考虑碳税成本的前提下“最后一公里”配送方式的最优成本模型。根据实例数据，客户自提的成本仅为849.6191，送货上门的最小成本为2440.3615。其次，探讨客户有限理性对配送成本的影响。方式的均衡状态与客户理性程度配送存在一一对应关系。因此，在其他参数不变的情况下，通过调整理性程度的取值，可以判断有限理性是否会影响整体配送成本。

从表4－12可以看出，不同程度的有限理性对应着不同的总成本。这表明客户的有限理性会对配送总成本产生影响。客户最大总效用、最小总成本与客户有限理性程度之间的关系分别如图4－6和图4－7所示。

表 4 – 12　　不同有限理性程度对配送成本的影响

有限理性	客户选择自提的概率	总效用	总成本
0. 01	0. 4934	17. 2774	1655. 0007
0. 1	0. 4344	17. 4332	1726. 2456
1	0. 0666	18. 4042	2334. 0394

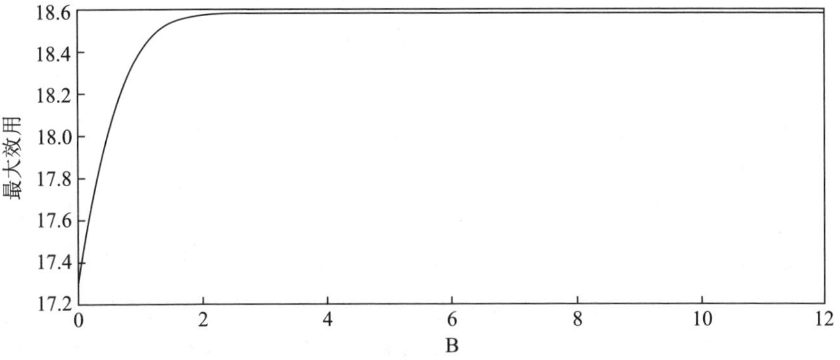

图 4 – 6　有限理性和客户总效用的关系

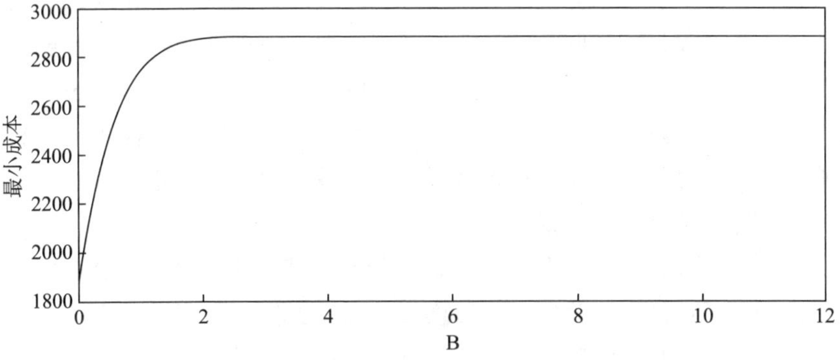

图 4 – 7　有限理性和客户总成本的关系

从图 4 – 6 和图 4 – 7 中可以观察到，客户的有限理性程度对客户的最大总效用和最小成本都产生了一定程度的影响。随着客户有限理性程度的增加，客户的最大效用也相应增加，这表明客户在根据实际情况作出决策时，能够获得更大的效用。然而，当客户的有限理性程度增加到一定程度时，对客户效用的影响趋于稳定；而对于成本而言，随着客户理性程度的增加，企业需要满足客户更为理性的需求，因此成本也会增加。但是，当客户的理性增加到一定程度时，企业在“最后一公里”配送过程中的成本将不再受客户有限理性程度的影响。

从图 4 – 6 和图 4 – 7 中可以观察到，客户的有限理性程度与客户的最大总效用和最小总成本之间存在密切的关联。随着客户有限理性程度的加强，客户的最大总效用和最小总成本也随之提高，这表明客户在根据实际情况作出决策时能够获得更大的效用，但也要承担更高的成本。然而，当客户的有限理性达到一定程度时，客户效用和成本将趋于稳定。

4.5 本章小结

本章从客户视角出发，将客户的期望效用与电商企业的成本相结合，综合考虑配送费用和时间、取货距离、客户期待的新鲜度、安全性等因素构建送货上门和客户自提两种配送服务的效用模型，对不同配送模式的效用和成本进行了优化分析。通过随机最优反应均衡方法获取均衡概率，并分析了客户理性程度对客户最大期待效用和生鲜电商配送成本的影响。在客户有限理性的前提下，分别建立了客户效用最大化模型和企业成本最小化模型。同时，设计了改进基本遗传算法。将实例分析和实际配送情况进行对比，证实了模型和算法的合理性和实际效果，提高了优化效果。结果表明，企业在设计配送服务时，不能忽视客户有限理性的影响，既要考虑经济成本，也要考虑客户效用。生鲜产品的新鲜程度、配送服务态度和质量、运费和自提点的吸引力对客户效用有影响，也会影响理性程度，进而影响客户的选择行为。企业可据此设计推广适宜的配送服务。

本研究的拓展方向包括：

（1）模型中的参数是预先设定的，但实际情况更为复杂，是动态变化的，未来可通过社会计算实验进行模拟仿真，更科学合理地设定客户理性程度、运费、产品新鲜度等参数。

（2）探索其他影响因素。在构建配送服务模型时，除了客户特征外，还需考虑送货距离、配送服务价格、需求量等因素。

本章参考文献

［1］Bendoly E, Donohue K, Schultz K L. Behavior in operations management: Assessing recent findings and revisiting old assumptions［J］. Journal of Operations Management, 2006, 24（6）: 737 – 752.

［2］Bogataj M, Bogataj L, Vodopivec R. Stability of perishable goods in cold logistic chains［J］. International Journal of Production Economics, 2005, 93: 345 – 356.

[3] Brantley S L, Koepenick K W. Measured carbon dioxide emissions from Oldoinyo Lengai and the skewed distribution of passive volcanic fluxes [J]. Geology, 1995, 23 (10): 933 -936.

[4] Chen Y, Su X, Zhao X. Modeling bounded rationality in capacity allocation games with the quantal response equilibrium [J]. Management Science, 2012, 58 (10): 1952 -1962.

[5] Chen Y, Zhao X. Decision bias in capacity allocation games with uncertain demand [J]. Production and Operations Management, 2015, 24 (4): 634 -646.

[6] Devari A, Nikolaev A G, He Q. Crowdsourcing the last mile delivery of online orders by exploiting the social networks of retail store customers [J]. Transportation Research Part E: Logistics and Transportation Review, 2017, 105: 105 -122.

[7] Etemadnia H, Goetz S J, Canning P, et al. Optimal wholesale facilities location within the fruit and vegetables supply chain with bimodal transportation options: An LP - MIP heuristic approach [J]. European Journal of Operational Research, 2015, 244 (2): 648 -661.

[8] Ge H, Goetz S, Canning P, et al. Optimal locations of fresh produce aggregation facilities in the United States with scale economies [J]. International Journal of Production Economics, 2018, 197: 143 -157.

[9] Gino F, Pisano G. Toward a theory of behavioral operations [J]. Manufacturing & Service Operations Management, 2008, 10 (4): 676 -691.

[10] Glover F. Future paths for integer programming and links to artificial intelligence [J]. Computers & Operations Research, 1986, 13 (5): 533 - 549.

[11] Huang T, Allon G, Bassamboo A. Bounded rationality in service systems [J]. Manufacturing & Service Operations Management, 2013, 15 (2): 263 -279.

[12] Jane C C. Performance evaluation of logistics systems under cost and reliability considerations [J]. Transportation Research Part E: Logistics and Transportation Review, 2011, 47 (2): 130 -137.

[13] Jiang J, Zhang D, Meng Q. Impact analysis of investment coordination mechanisms in regional low - carbon logistics network design [J]. Transportation Research Part D: Transport and Environment, 2021, 92: 102735.

[14] Mckelvey R D, Palfrey T R. Quantal Response Equilibria for Normal Form Games [J]. Games & Economic Behavior, 1995, 10 (1): 6 – 38.

[15] Ray A, De A, Mondal S, et al. Selection of best buyback strategy for original equipment manufacturer and independent remanufacturer – game theoretic approach [J]. International Journal of Production Research, 2021, 59 (18): 5495 – 5524.

[16] Su X. Bounded rationality in newsvendor models [J]. Manufacturing & Service Operations Management, 2008, 10 (4): 566 – 589.

[17] Zhao C L, Huang H J. Modeling bounded rationality in congestion games with the quantal response equilibrium [J]. Procedia – Social and Behavioral Sciences, 2014, 138: 641 – 648.

[18] 陈义友，张锦，罗建强，等．客户有限理性对“最后一公里”配送服务系统的影响 [J]．系统管理学报，2020，29 (2)：389.

[19] 李鸿冠，林朝朋，蓝中健．共享物流下农村生鲜电商“客鲜共载”模式构建——以福建省上杭县官庄畲族乡为例 [J]．云南农业大学学报（社会科学），2021，15 (2)：67 – 72.

[20] 马艳芳，应斌，周晓阳，等．基于冲突合作关系的生鲜选址 – 路径多主体优化模型与算法 [J]．系统工程理论与实践，2020，40 (12)：3194 – 3209.

[21] 牟博佼，李岩，朱岩．基于有限理性假设的运营管理研究现状及发展趋势 [J]．清华大学学报：自然科学版，2012，52 (2)：253 – 259.

[22] 任庆琳，王明宇．我国生鲜电商物流模式与配送中存在的问题研究 [J]．电子商务，2016 (1)：28 – 29.

[23] 唐跃武，范体军，刘莎．考虑策略性消费者的生鲜农产品定价和库存决策 [J]．中国管理科学，2018，26 (11)：105 – 113.

[24] 王淑云，姜樱梅，牟进进．基于新鲜度的冷链一体化库存与定价联合决策 [J]．中国管理科学，2018，26 (7)：132 – 141.

[25] 王旭坪，杨相英，杨挺，等．动态路况下考虑决策者风险感知的地震物资调配动力学模型 [J]．系统管理学报，2015，24 (2)：174 – 184.

[26] 周冬娥．生鲜电商“最后一公里”配送风险研究 [D]．广州：广东工业大学，2015.

[27] 周建亨，蒋碧云，徐琪．基于消费者时间偏好的供应链订货策略 [J]．系统管理学报，2014，23 (5)：650 – 657.

第 5 章　碳排放规制下生鲜供应链异构车队路径规划研究

近年来，全球温室气体排放问题日益严峻，各国纷纷采取措施限制碳排放。在这一背景下，生鲜供应链成为了一个关注焦点。生鲜产品供应链要满足其商品特性的敏感性和时效性的要求，所以其物流环节对能源消耗和碳排放造成了较大的负面影响。为了减少生鲜供应链的碳排放，目前，研究人员和企业开始关注异构车队路径规划技术的应用。

异构车队路径规划技术，是指在生鲜供应链中运用不同类型的车辆组成车队，并通过智能化的路径规划，优化运输路线和调度，以降低碳排放和能源消耗。这种技术通过合理的车辆调度和路径选择，能够最大限度地减少里程和行驶时间，从而降低碳排放和运输成本。然而，生鲜供应链存在复杂性和动态性，以及车队中车辆的异构性，如货车、小型车等不同类型的车辆，这使路径规划任务变得更加困难和复杂。因此，为了解决生鲜供应链的碳排放问题，进行异构车队路径规划的研究已成为必要之举。这项研究将借助先进的信息技术和智能算法，对生鲜供应链中的不同类型车辆进行智能调度和路径优化，以最大限度地减少碳排放和能源消耗。通过深入研究和探索，我们可以为生鲜供应链的可持续发展和生态环境保护作出重要贡献。这项研究有望为生鲜供应链管理和运营提供科学的决策依据，同时为全球应对气候变化和碳排放问题提供有益的借鉴和启示。

5.1　相关理论与文献综述

5.1.1　相关理论

碳排放规制下生鲜供应链异构车队路径规划研究涉及多个相关理论和概念，以下是其中一些重要的理论。

（1）碳排放规制。碳排放规制是针对温室气体排放实施的政策和法规。通过设定碳排放目标和减排措施，旨在限制和降低碳排放量，以减小气候变化的影响。

（2）生鲜供应链管理。生鲜供应链管理是指对生鲜产品从生产到消费的整个供应链进行规划、协调和控制的过程，包括采购、生产、物流、仓储和销售等环节，旨在确保产品的时效性、质量和可持续性。

（3）异构车队。异构车队是指由不同类型和尺寸的车辆组成的车队。在生鲜供应链中，异构车队可以包括货车、小型车、冷藏车等。异构车队可以更好地适应不同的运输需求和供应链环境。

（4）路径规划。路径规划是指确定车辆在供应链运输过程中的最佳路径。通过优化路径选择和调度安排，可以最大限度地减少里程、节约时间和资源，同时降低碳排放和成本。

（5）车辆调度和优化。车辆调度和优化是指利用算法和技术，在异构车队中合理安排车辆任务和路线，以实现高效的运输调度和资源利用。智能化的车辆调度和优化可以最大限度地提高供应链的效率，减少碳排放。

（6）智能算法。在生鲜供应链异构车队路径规划研究中，智能算法是非常关键的工具。例如，遗传算法、模拟退火算法、禁忌搜索等优化算法可以应用于车辆路径规划问题，以找到最优或接近最优的解决方案。

综上所述，碳排放规制下生鲜供应链异构车队路径规划研究涉及碳排放规制、生鲜供应链管理、异构车队、路径规划、车辆调度和优化以及智能算法等相关理论和概念。对这些理论和概念的研究与应用将有助于降低碳排放，提高供应链的效率，加强可持续性。

5.1.2 国内外研究现状

碳排放规制下生鲜供应链异构车队路径规划研究的文献涉及多个方面的内容。

5.1.2.1 异构车队路径规划模型研究

在研究针对生鲜供应链中的异构车队路径规划问题时，许多学者提出了不同的数学模型和算法。例如，线性规划模型、混合整数规划模型和启发式算法等。这些模型和算法旨在最小化车辆行驶距离，减少碳排放和成本，并考虑实际的运输需求和约束。异构车队路径规划模型是一种用于优化多个不同类型车辆的行驶路径的技术。在传统的车队路径规划中，通常假设所有车辆的属性和能力相同，但实际上车辆可能具有不同的载货能力、速度、燃料效率等特性。异构车队路径规划模型旨在更准确地考虑这些不同的因素，并找到一种最优的路径分配方案。

在异构车队路径规划模型中，通常需要考虑以下几个方面：

（1）车辆特性和约束条件。不同类型的车辆可能有不同的特性和约束条件，比如载重限制、速度限制、燃油消耗等。路径规划模型需要考虑这些限制条件，以确保生成的路径是可行的。

（2）载货分配。异构车队可能由不同类型的车辆组成，每种车辆可能承载不同类型或不同数量的货物。路径规划模型需要考虑合理地将货物分配给不同类型的车辆，以最大化运输效率。

（3）交通路况和路线选择。异构车队路径规划模型需要根据实时的交通路况信息选择最佳的行驶路线。不同类型的车辆可能对不同类型的道路有不同的适应性，模型需要考虑这些因素以减少行驶时间和燃料消耗。

（4）优化目标。路径规划模型的优化目标可以是多样的，比如最小化总行驶时间、最小化总燃料消耗、最大化车辆利用率等。根据具体情况，选择适当的优化目标可以使路径规划模型更加符合实际需求。

以上只是异构车队路径规划模型的一些基本要素，实际应用中可能还会涉及更多的复杂问题和约束条件。不同的路径规划模型可能采用不同的算法和技术，比如基于启发式算法、遗传算法、模拟退火算法等。异构车队路径规划模型在物流领域中具有广泛的应用价值。该模型能够为物流公司提供更精确、高效的路径规划方案，从而帮助车队降低成本并提高运输效率。

在物流配送、供应链管理等领域广泛应用的车辆路径问题（VRP）是一个经典的运筹优化问题。近年来，随着环境保护意识的不断增强，学者们开始关注在 VRP 中如何兼顾经济效益和环境效益，提出了低碳 VRP 等相关研究。Kara 等（2007）提出了一种能源最小化的 VRP 模型，旨在减少车辆油耗和碳排放。Bektaş 和 Laporte（2011）提出了污染—路径问题（Pollution - Routing Problem，PRP）。该问题考虑了车辆排放对环境的影响，旨在寻找一种能够最小化总碳排放的车辆路径方案。Zhang 等（2015）将碳排放因素纳入 VRP 中，提出了一种基于模拟退火算法的求解方法。针对城市物流配送，Koç 等（2016）揭示了车队组成、路径规划以及车辆调度对碳排放的影响。Song 和 Ko（2016）研究了同时包含冷藏车和普通车的 VRP，考虑了食品产品的易腐性特点，提出了一种优化模型和解决算法。Xu 等（2019）考虑了时变车速和软时间窗约束的绿色 VRP，提出了一种混合启发式算法。近年来，污染—路径问题也引起了国内学者的广泛关注。李进等（2015）研究了低碳环境下的车辆路径问题，并提出了一种基于禁忌搜索算法的求解方法。他们的研究结果表明，该算法在降低总碳排放和总配送成本方面具有较好的性能。唐慧玲等（2021）提出了一种基于改进蚁群算法的低碳车辆路径问题的求解方法。他们通过引入碳排放因子和动态信息素更新机制，设计了一种能够有效降低总碳排放的算法。张金良和李超（2022）研究了碳排放影响下的动态配送车辆路径优化问题。他们提出了一个动态规划模型，并设计了一种基于模拟退火算法的求解方法，以最小化总碳排放和总配送成本。

在 VRP 的车队组成方面，Golden 等（1984）提出了异构车队 VRP 问题，Prins（2009）研究了两种启发式算法求解该问题。Macrina 等（2019）考虑了混合车队、部分充电以及时间窗约束的绿色 VRP。国内学者也开展了相关研究，如潘雯雯等（2016）提出了基于两阶段算法的需求可拆分多车型 VRP，肖建华等（2019）研究了考虑城市道路限行的多能源多车型 VRP。

此外，学者们还关注了 VRP 中的车辆租赁问题。Bolduc 等（2007）研究了车辆路径问题中的承运商选择问题，提出了一种启发式算法来解决该问题。Krajewska 和 Kopfer（2009）研究了考虑自有车队和租赁车辆的 VRP。Gahm 等（2017）提出了一种考虑多种租赁选择的 VRP 模型。国内学者中，刘家利和马祖军（2013）探讨了多配送中心开环 VRP，并考虑了车辆租赁和共享。

在时间窗约束方面，Errico 等（2016，2018）研究了考虑随机服务时间的 VRP。符卓等（2017）提出了一种基于禁忌搜索的求解算法，解决了带软时间窗的需求可拆分 VRP。范厚明等（2020）研究了模糊需求对车辆路径规划的影响，并成功地应用于实际案例中。

对于易腐食品配送，Amorim 等（2012）研究了产销一体化的多目标优化模型，Govindan 等（2014）提出了一种两阶段多车型 VRP 模型。Guo 等（2017）研究了上海生鲜电商的正反向物流网络和路径规划问题。Chen 等（2019）研究了冷链配送中的多隔间 VRP。

总体来说，VRP 研究已经发展到涉及环境因素、车队异构性、车辆租赁以及时间窗等多个方面。未来的研究可能会进一步关注碳排放、能源消耗等环境指标，探索更加高效、环保的配送方案。

以 Krajewska 和 Kopfer（2009）的研究为例，他们在图 5－1 中比较展示了承包商费用按配送距离、按天、根据距离和承包载重计算这三种租赁方式的成本。这些成本比较结果是在综合运输规划问题（ITPP）的背景下得出的，旨在帮助物流公司选择最具成本效益的租赁方式。这些研究发现，不同的租赁方式对成本的影响是不同的，物流公司可以根据自身需求和条件选择最适合的方式，以达到成本最小化的目标。他们指出，在需求波动较大的情况下，结合私有车队和外部承运人的运输规划方法具有巨大的优势。Gahm 等（2017）也在 ITPP 背景下从货主视角分析了按日租赁、按距离租赁和批量折扣这三种外包方式。这些研究表明，异构车队路径规划模型能够有效地优化物流运输方案，为企业节约成本、提高效益。

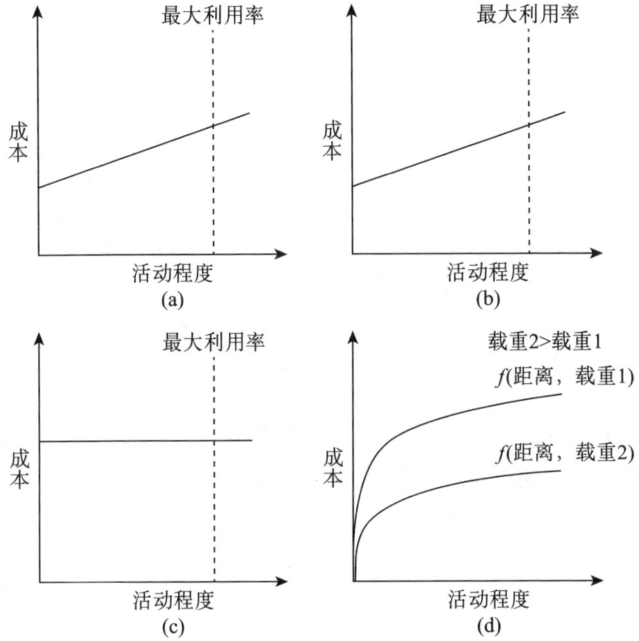

图 5－1　成本函数（a. 自有车辆；b. 承包商费用以配送距离计算；c. 承包商费用按天计算；d. 承包商费用根据距离和承包载重计算）

5.1.2.2　优化路径选择算法

为了在异构车队中实现最佳调度和路径规划，研究人员通过应用遗传算法、模拟退火算法、禁忌搜索和粒子群优化等各种智能优化算法，来解决生鲜供应链异构车队路径规划问题，以便找到高效的路径解决方案。

5.1.2.3　数据驱动路径规划

随着物联网和大数据技术的发展，越来越多的研究采用数据驱动的方法来解决异构车队路径规划问题。通过收集和分析实时数据，例如交通流量、车辆状态和天气情况，研究人员可以基于实时信息对车辆路径进行优化，以实现更准确的路径规划和碳排放减少。

5.1.2.4 可持续性评估与决策支持

在碳排放规制下，可持续性评估和决策支持成为生鲜供应链管理中重要的考虑因素。研究人员通过开展生命周期评估和环境影响评估，评估不同路径规划方案对碳排放、能源消耗和环境的影响。这些评估结果为决策制定者提供了重要依据，帮助他们作出更可持续和低碳的决策。碳排放的影响因素如图 5－2 所示。

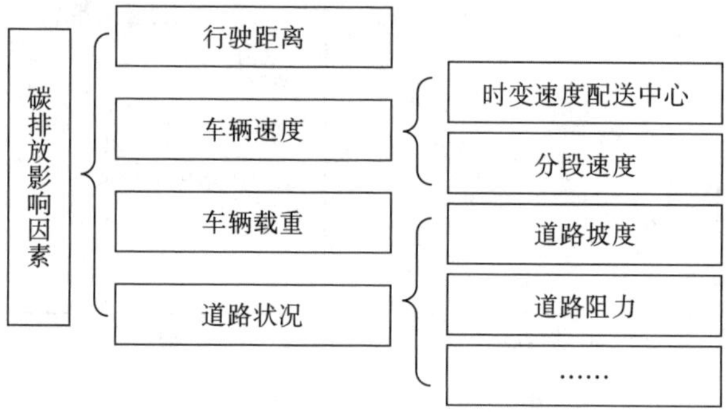

图 5－2 影响碳排放的主要因素

在最短分配路径下，Wang 和 Lim（2018）考虑了油耗和载重因素对碳排放的影响，发现成本与碳排放之间是负相关关系，且油耗受到速度的影响，如图 5－3 所示。

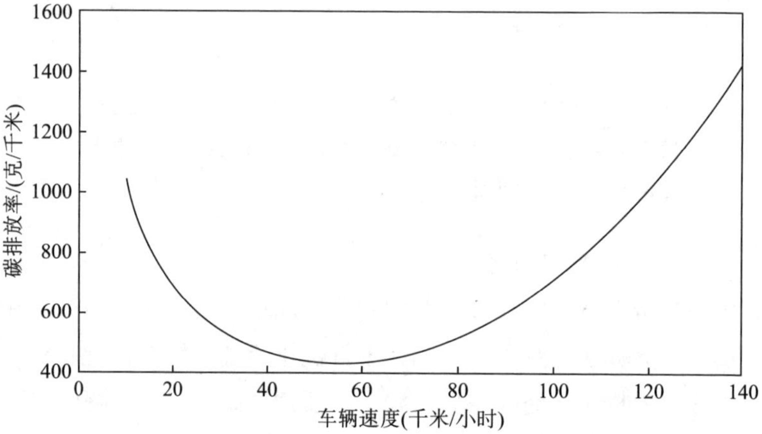

图 5－3 碳排放与车辆速度之间的关系

这项研究的结果表明，通过考虑油耗和载重因素，可以对碳排放进行有效控制。在寻找最短分配路径时，物流公司可以采取措施来减少速度并优化载重，从而降低碳排放并节约成本。这种综合考虑成本和碳排放的路径规划策略，为企业提供了一种可持续发展的解决方案。

5.1.2.5　实际案例分析

一些实地调查和案例分析，研究了具体生鲜供应链中异构车队路径规划的实践应用，提供了解决实际问题的经验和教训，揭示了不同因素对路径规划结果的影响，为实际运营者提供了有益的指导和参考。

综上所述，碳排放规制下生鲜供应链异构车队路径规划研究的文献主要涉及异构车队路径规划模型、优化算法、数据驱动路径规划、可持续性评估与决策支持以及实际案例分析等方面。这些研究为生鲜供应链管理者和决策制定者提供了重要的理论和实践支持，以减少碳排放，提高效率，加强可持续性。

5.2　问题描述与模型构建

5.2.1　租赁成本分析

生鲜电商行业的冷藏车租赁成本是该行业中的重要成本之一，直接影响企业的运营成本和盈利能力。这些租赁成本包括：

（1）车辆租赁费用。冷藏车租赁费用通常以每月或每年为单位计算。租赁费用的高低取决于车辆的类型、规格和租赁期限等因素。一般来说，冷藏车租赁费用会比普通车辆租赁费用高一些，因为冷藏车具有特殊的冷藏和保温设备。

（2）押金和保险费用。为了保障租赁双方的权益，租赁公司通常要求支付一定的押金，并购买保险来覆盖车辆损坏、盗窃等风险。这些费用也会增加冷藏车租赁成本。

（3）运营费用。除了租赁费用，企业还需要承担冷藏车的运营费用，包括车辆的加油费、维修费、保养费等。这些费用与车辆的使用情况和运行里程有关，需要进行合理的预算和管控。

（4）停放和仓储费用。冷藏车在非运营期间需要停放在适当的场所，并可能需要付费使用仓储设施。这些费用也应计入冷藏车租赁成本之中。

（5）人力成本。冷藏车的运营需要专门的司机进行操作和管理，因此还需支付司机的薪资和相关福利待遇费用。人力成本是冷藏车租赁成本的重要组成部分。

（6）资金成本。企业租赁冷藏车需要支付一定的租金，占用了一部分资金。因此，还需考虑资金成本对冷藏车租赁成本的影响。

值得注意的是，冷藏车租赁成本可以通过多种方式进行降低。例如，与租赁公司进行有效的谈判，寻找优惠的租赁合同；合理规划冷藏车的使用时间和路线，减少不必要的成本支出；保持车辆的良好状态，延长其使用寿命，降低维修费用等。

综上所述，冷藏车租赁成本是生鲜电商行业中不可忽视的一项成本（见图5－4），企业在决策过程中应该对其进行全面的分析和评估，并采取相应的措施来降低成本，提高企业的竞争力和盈利能力。

普通箱车租赁费用 每年6万~20万元/辆　　冷藏车租赁费用 每年10万~30万元/辆

图5－4　普通箱车和冷藏车

鉴于上述因素，租赁冷藏车运输涉及成本、碳排放、燃油消耗以及配送时效等方面的考量。生鲜电商行业需要对这些因素进行细致的分析和权衡，以确定最合适的冷藏车运输策略。这包括优化冷藏车的使用方式、加强运输计划与调度，以及采取其他可行的替代方案，以降低成本、减少碳排放，并确保及时配送。

Krajewska 和 Kopfer（2009）探讨了综合考虑以自有车辆配送、按距离收费配送、按时间收费配送以及货物组装四种方式的租赁路径规划问题（Gahm 等，2017）。

以自有车辆配送是指日常配送由配送中心购买一定数量的冷藏车进行。固定成本由所有车辆分摊。不同的运输方式涉及对成本、效率和需求的综合考虑。企业需要根据自身情况和运输需求，选择最合适的运输方式，以最大限度地降低成本并提高配送效率。通过综合运输规划问题（ITPP）的研究和分析，我们可以为企业制定出最优的路径规划策略，从而提高物流运输的效益。

定义第 k 辆车的日固定成本为 c_1^k，涵盖维修成本、驾驶员工资等，载重上限为 Q_k。定义第 k 辆车在单位距离下的运输成本为 c_2^k，该成本包括油耗成本、过路费等。因此，使用自有车辆完成配送的成本可以表示为：

$$C_1 = \sum_{k \in M} c_1^k + \sum_{k \in M} \sum_{i \in V} \sum_{\substack{j \in V \\ i \neq j}} c_2^k \cdot x_{ijk} \cdot d_{ij} \tag{5.1}$$

其中，i 和 j 为客户节点，d_{ij}为客户 i 到客户 j 的距离，M 为自有车辆所构成的集合，V 为所有客户点构成的集合。

下面考虑两种租赁方式，以增加配送的灵活性，提高客户满意度。在第一种方式中，承包商车辆租赁使用费按照车辆 k 行驶距离来计算，单位距离费用为 c_3^k，且 $c_3^k > c_2^k$，这意味着配送中心使用自有车辆更有利，只有无自有车辆可用时才会采用租赁方式。对于所租用车辆 $k \in M'$（M'为第一种方式租赁车辆构成的集合），最小租用距离为D_{min}^k，以弥补承包商固定成本。综上所述，按单位距离计算费用的租赁方式的成本函数可以用图 5 -5 表示。

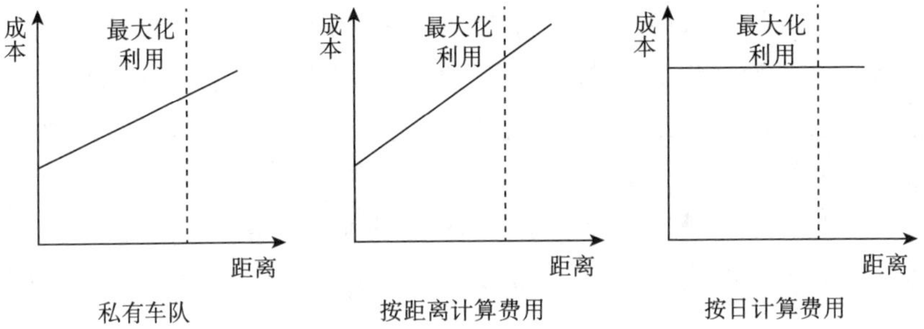

图 5 -5　私有车队和两种租赁方式的成本函数

$$C_2 = \sum_{i \in V} \sum_{\substack{j \in V \\ i \neq j}} \sum_{k \in M'} c_3^k \cdot d_{ij} \cdot x_{ijk} \tag{5.2}$$

且对每一辆车 $k \in M'$

$$\sum_{i \in V} \sum_{\substack{j \in V \\ i \neq j}} d_{ij} \cdot x_{ijk} \geqslant D_{min}^k, \forall k \in M' \tag{5.3}$$

在第二种方式中，承包商车辆租赁使用费采用按时间收费模式。配送中心在一定期限和最大配送距离D_{max}^k内巡回使用车辆需支付的费用为 c_4^k，$k \in M''$，M''为第二种租赁方式的车辆构成的集合。按时间计费的租赁模型的成本函数为：

$$C_3 = \sum_{i \in V} \sum_{\substack{j \in V \\ i \neq j}} \sum_{k \in M''} c_4^k \cdot y_k \tag{5.4}$$

且

$$\sum_{i \in V} \sum_{\substack{j \in V \\ i \neq j}} d_{ij} \cdot x_{ijk} \leqslant D_{max}^k, \forall k \in M'' \tag{5.5}$$

在上述三种方式中，采用第二种租赁方式在租赁合同生效后即会产生费用，另外两种方式只在实际使用车辆时才会产生费用。

5.2.2　时间窗惩罚成本分析

时间窗惩罚成本是指在配送过程中未能准时到达客户时间窗口所产生的成本。时间窗惩罚成本实际上可能对应下列情形：

（1）客户满意度下降。未能按时配送，给客户带来了不便，可能导致客户满意度下降。这会给企业的声誉和品牌形象造成负面影响，可能导致客户流失和口碑损害。

（2）重新配送费用。如果冷藏车未能按时配送到客户，可能需要重新配送，这将增加额外的配送成本，包括人力、燃料和车辆使用等。

（3）产品损失和质量下降。冷藏车未能按时到达客户，可能导致商品在运输过程中受到温度波动和延误的影响，从而导致货物的质量下降甚至货物被完全损坏。这将产生库存损失和售后处理成本。

（4）供应链延误。未能按时到达客户，将引起整个供应链中的延误，可能导致后续配送任务滞后、产能浪费和生产计划紊乱。这将增加额外的调度和协调成本，影响整体运营效率。

（5）客户赔偿费用。面对提供不及时的配送服务，企业可能需要向客户提供补偿，包括退款、赔偿金或其他形式的补偿。这将增加额外的成本负担。

因此，生鲜电商行业的冷藏车时间窗惩罚成本是一项重要的成本，必须重视并采取措施来减少延误和提高配送准时性。这包括优化调度规划、提升运输效率、合理设置时间窗口等，以降低惩罚成本并提升客户满意度。

5.2.2.1　硬时间窗

硬时间窗是指在配送过程中，对冷藏车到达客户地点有严格的时间要求和限制。这意味着冷藏车必须在预定的时间范围内准时到达，否则将面临一定的惩罚和后果。硬时间窗的设置主要出于以下几个原因。

（1）保鲜需求。生鲜商品对温度要求非常严格，因此及时送达是保证商品新鲜度和品质的关键。设置硬时间窗，可以确保冷藏车准时到达，避免商品在运输过程中受温度波动和延误的影响。

（2）客户需求和方便性。客户通常会在特定时间段内希望收到生鲜产品，以便更好地安排自己的生活和食品采购计划。通过设定硬时间窗，可以满足客户的需求，提供更准确的配送服务，增强客户满意度。

（3）配送效率和路线规划。硬时间窗可以作为一个约束条件，对配送任务进行合理的调度和规划。将配送需求与时间窗口相匹配，可以优化路线、提高效率，降低空驶里程和成本。

然而，冷藏车硬时间窗设置也给供应链带来了挑战和压力。由于冷藏车行驶受交通和各种因素的影响，完全确保在硬时间窗内到达并不太容易。因此，生鲜电商企业需要优化调度和配送策略，提高配送准时性，以减少硬时间窗带来的惩罚和成本，提升客户满意度和企业竞争力。

每个客户 i 都有期望的硬时间窗 $[e_i, l_i]$，如果车辆早于最早允许时间 e_i 到达客户点，将会有一个惩罚成本 μ_1；为了避免因延误而导致客户投诉，如果车辆迟于最迟允许时间 l_i 到达客户点，将会有一个较大的惩罚成本 μ_2。车辆在时间 t_i 到达客户点 i 的惩罚成本如下：

$$G(i)=\begin{cases}\mu_1, & t_i<e_i\\ 0, & e_i\leqslant t_i\leqslant l_i\\ \mu_2, & t_i>l_i\end{cases} \tag{5.6}$$

式（5.6）描述了客户点 i 的惩罚成本。如图 5－6 所示，无论提早或迟到的时间是多久，惩罚成本是固定的。

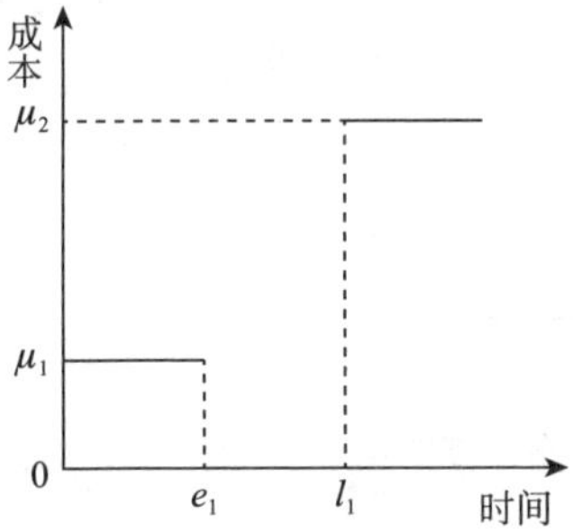

图 5－6　硬时间窗惩罚成本变化

5.2.2.2　软时间窗

软时间窗是指在配送过程中，对冷藏车到达客户地点有一定的时间宽限和灵活性。与硬时间窗相比，软时间窗允许冷藏车在一定的时间范围内到达客户地点，不必严格按照特定的时刻。冷藏车软时间窗的设置主要基于以下几个因素。

（1）供应链灵活性。生鲜电商行业中，供应链中涉及多个环节和配送节点。为了应对交通拥堵、天气等不可预测因素，使用软时间窗可以在一定程度上提供更大的灵活性，使配送更具弹性和可调度性。

（2）配送效率和资源利用。设置软时间窗，可以将配送需求在更宽松的时间范围内进行调度和优化，可以帮助优化运输路线，减少空驶里程和成本，并提高配送效率。

（3）客户服务和满意度。软时间窗考虑到客户的灵活性需求。客户有可能在一个时间段内较为宽泛地指定配送时间，这样可以更好地满足客户需求，提供更灵活的配送服务，提升客户满意度。

软时间窗虽然带来了一定的灵活性和便利性，但也需要注意一些潜在的问题。过度宽松的时间窗可能导致配送调度混乱、效率下降、增加运营成本等。因此，在设置软时间窗时，仍需综合考虑客户需求、供应链能力和效益最大化，以实现平衡和最佳的配送方案。在生鲜配送中，早到会使满意度缓慢下降，而迟到会导致满意度迅速降低，甚至可能使客户拒绝接收物品或服务。根据满意度变化可推断惩罚成本函数，早到时惩罚成本逐渐减少，但初始的惩罚成本较小，迟到则使惩罚成本迅速增加。因此，针对生鲜配送问题，我们将采用软时间窗惩罚成本函数。软时间窗下客户满意度变化及惩罚成本变化见图 5 -7 和图 5 -8。

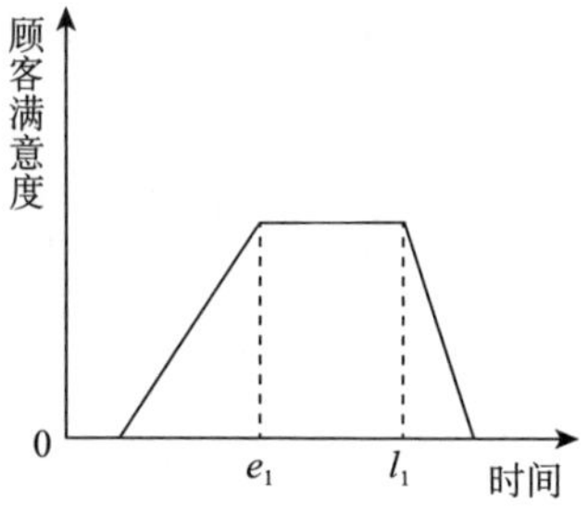

图 5 -7　软时间窗下客户满意度变化

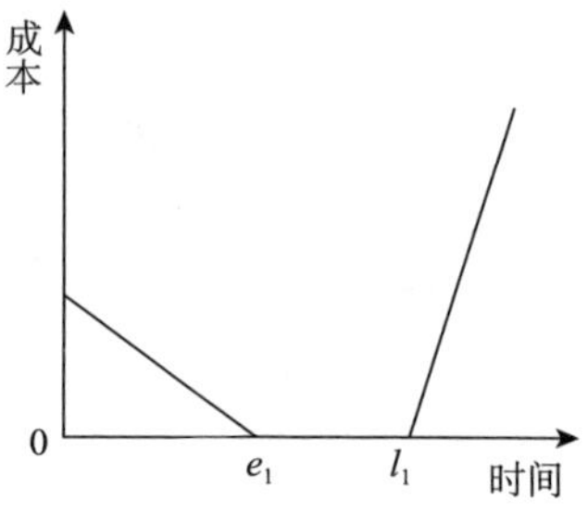

图 5 -8　软时间窗下惩罚成本变化[33]

假设客户 i 期望的硬时间窗为$[e_i,l_i]$，客户 i 的服务时间为s_i。当配送车辆在到达客户 i 时，可能会产生惩罚成本。早到的惩罚成本系数为 δ_1，晚到的惩罚成本系数为δ_2。因此，在客户 i 处的惩罚成本函数可以表示为：

$$P(i)=\delta_1 max(e_i-t_i,0)+\delta_2 max(t_i-l_i,0),\forall i\in V \tag{5.7}$$

由此可推导出如下总惩罚成本函数：

$$C_4=\delta_1\sum_{i\in V}max(e_i-t_i,0)+\delta_2\sum_{i\in V}max(t_i-l_i,0) \tag{5.8}$$

5.2.3　碳排放及其成本分析

根据以上分析，我们知道生鲜配送中使用的冷藏车会产生碳排放，主要来自车辆行驶和制冷设备的油耗。然而，目前碳排放的评估研究更多考虑载重和距离等因素，较少关注车辆行驶油耗与碳排放之间的关系，但可以使用油耗排放系数计算配送路径的碳排放量。因此，在减少碳排放总量方面，我们可以关注油耗和油耗排放系数的线性关系，使用适当的公式进行计算。

$$EM_{ij} = FE \times FC_{ij} \tag{5.9}$$

式（5.9）中，EM_{ij}为碳排放量，FE 为油耗，FC_{ij}为油耗排放系数。欧盟建议用式（5.10）来估算在空载状态下以平均速度 v(不考虑车辆的加减速和道路坡度对速度的影响)行驶时的燃油碳排放率：

$$FC(v) = K + a \cdot v + b \cdot v^2 + c \cdot v^3 + \frac{d}{v} + \frac{e}{v^2} + \frac{f}{v^3} \tag{5.10}$$

式（5.10）中，K 是一个常数，$a \sim f$ 是系数。表 5－1 是欧盟提供的碳排放影响函数系数值。

表 5－1　　碳排放影响函数系数值

气体类型	K	a	b	c	d	e	f
CO_2	871	－16.0	0.143	0	0	32031	0

在城市配送中，特别是在早高峰期，交通拥堵的概率也越来越大。我们需要在生鲜配送过程中考虑时变速度，更准确地描述碳排放情况。图 5－9 中，不同的平均速度反映了各时间段的交通拥堵差异，平均速度越小，交通拥堵程度越大。

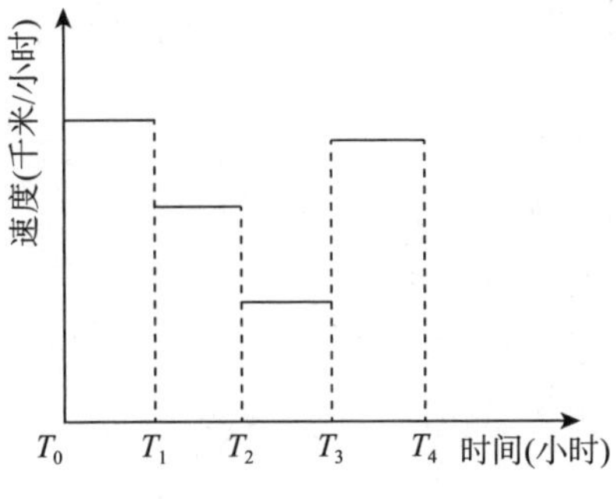

图 5－9　不同时间段的速度变化

除了时变速度之外，为了更准确地描述碳排放情况，还需要考虑距离和载重对油耗的影响。估算距离和载重对油耗的影响比较准确的方法，主要是空载和满载行驶油耗。

车辆 k 从节点 i 到节点 j 的单位油耗 F_{ijk}和负载率α_{ijk}的关系函数如下：

$$F_{ijk} = f_1 + \alpha_{ijk}(f_2 - f_1) \tag{5.11}$$

式（5.11）中，f_1 为车辆空载单位油耗，f_2 为车辆满载单位油耗。因此，总油耗函数可表示为：

$$FE = \sum_{k \in M \cup M' \cup M''} \sum_{i \in V} \sum_{j \in V} [f_1 + \theta_{ijk}(f_2 - f_1)] d_{ij} \tag{5.12}$$

结合式（5.9）、式（5.11）、式（5.12），我们可以得到运输过程中综合考虑了速度、载重和距离因素的碳排放EM_1 的计算公式如下：

$$EM_1 = \left(K + a \cdot v + b \cdot v^2 + c \cdot v^3 + \frac{d}{v} + \frac{e}{v^2} + \frac{f}{v^3}\right) \cdot FE \tag{5.13}$$

王晓宁（2014）将运输、卸货、等待时间窗和空车返程四个阶段进行加总来计算冷藏中的碳排放。尽管时间窗可能会导致等待，但我们已考虑了相应的惩罚成本。返程阶段制冷产生的碳排放也不需要计算，因为空车无须制冷。因此，本章仅考虑冷藏总时长和货物重量两个因素。假设车辆抵达客户点后立即开始卸货，冷藏中的碳排放EM_2 计算公式如下：

$$EM_2 = \sum_{k \in M \cup M' \cup M''} \sum_{i \in V} \sum_{j \in V} FT \cdot (t_{ij} + s_i) \cdot \alpha_{ijk} \cdot Q_k \tag{5.14}$$

在式（5.14）中，s_i 表示在节点 i 的服务时间，t_{ij}表示车辆 k 从节点 i 到节点 j 的时间，FT 为单位时间单位重量货物制冷产生的排放。

随着全球对气候变化的关注不断增加，减少能源消耗和碳排放成为一项至关重要的责任。为了应对这一挑战，碳税成为主要的减排政策之一。假设每排放 1 千克碳征收碳税 σ 元，碳税成本可以表示为以下公式。

$$C_5 = \sigma(EM_1 + EM_2) \tag{5.15}$$

5.2.4　碳排放规制下生鲜供应链异构车队路径优化模型

5.2.4.1　假设和符号

在 VRP 模型假设基础上，我们提出以下假设：

（1）在计算碳排放时，仅考虑二氧化碳。

（2）车辆均使用相同类型的燃料。

（3）配送中心与租赁承包商之间有着紧密的合作关系，忽略租车到达配送中心之前的成本。

（4）配送中心始终有满足服务网点需求的足够库存。

（5）假设外部温度保持恒定，卸货过程不会影响其他产品的温度。

F－HLCRP 模型中符号的含义见表 5－2。

表 5－2　　F－HLCRP 模型中符号的含义

符号	含义
$G=(V,E)$	物流配送网络
V,V'	$V=1,2,\cdots,n$ 为客户节点集合，$V'=0,1,2,\cdots,n$，0 为配送中心

续表

符号	含义
E	节点之间的连接弧集合
M	配送中心私有车队集合
M'	第一种租赁方式车队集合
M''	第二种租赁方式车队集合
e_i	节点 i 的最早服务时间
l_i	节点 i 的最迟服务时间
Q_k	车辆 $k \in M \cup M' \cup M''$的载重限制
EM_1	运输过程产生的碳排放
d_{ij}	节点 i 到节点 j 的距离
FT	单位时间单位重量货物制冷产生的排放
q_i	客户节点 i 的需求量
c_1^k	私有车辆的日固定费用
c_2^k	私有车辆的单位距离运输费用
c_3^k	按距离结算租赁方式的单位距离租赁费用
c_4^k	按时间结算租赁方式的日租赁费用
D_{min}^k	第一种租赁方式的最小租赁距离
D_{max}^k	第二种租赁方式的最大行驶距离
t_i	车辆到达节点 i 的时间
δ_1	车辆早于约定时间窗到达的单位时间惩罚成本
δ_2	车辆迟于约定时间窗到达的单位时间惩罚成本
t_{ij}	节点 i 到节点 j 耗费的时间
s_i	车辆在节点 i 的服务时间
EM_2	制冷过程产生的碳排放
f_1	车辆空载每千米油耗
f_2	车辆满载每千米油耗
α_{ijk}	车辆 k 从 i 到 j 的装载率
σ	单位碳排放政府征收的碳税

决策变量:

$$x_{ijk} = \begin{cases} 1 & \text{当车辆 } k \text{ 从节点 } i \text{ 到节点 } j, i \in V', k \in M \cup M' \cup M'' \\ 0 & \text{否则} \end{cases} \tag{5.16}$$

$$y_k = \begin{cases} 1 & \text{当一辆按日租赁车辆 } k \text{ 被使用时}, k \in M'' \\ 0 & \text{否则} \end{cases} \tag{5.17}$$

$$z_{ik}=\begin{cases}1 & \text{当车辆 } k \text{ 承担节点 } i \text{ 的配送任务 } i\in V',k\in M\cup M'\cup M'' \\ 0 & \text{否则}\end{cases}$$

(5.18)

5.2.4.2 碳税规制下生鲜供应链异构车队配送模型

$$minC_1+C_2+C_3+C_4+C_5 \tag{5.19}$$

$$min\ EM_1+EM_2 \tag{5.20}$$

s. t.

$$\sum_{i\in V}\sum_{j\in V}q_i\cdot x_{ijk}\leqslant Q_k,\forall k\in M\cup M'\cup M'' \tag{5.21}$$

$$\sum_{j\in V}x_{0jk}=y_k,\forall k\in M'' \tag{5.22}$$

$$\sum_{k\in M\cup M'\cup M''}\sum_{j\in V',i\neq j}x_{ijk}=1,\forall i\in V \tag{5.23}$$

$$\sum_{k\in M\cup M'\cup M''}\sum_{i\in V',i\neq j}x_{ijk}=1,\forall j\in V \tag{5.24}$$

$$\sum_{j\in V}x_{ijk}=z_{ik},\forall i\in V,\forall k\in M\cup M'\cup M'' \tag{5.25}$$

$$\sum_{i\in V'}\sum_{j\in V'}x_{ijk}\cdot d_{ij}\geqslant D_{min}^k\cdot z_{0k},\forall k\in M' \tag{5.26}$$

$$\sum_{i\in V'}\sum_{j\in V'}x_{ijk}\cdot d_{ij}\leqslant D_{max}^k,\forall k\in M'' \tag{5.27}$$

$$t_i+t_{ij}+s_i-M(1-x_{ijk})<t_j,\forall i,j\in V,\forall k\in M\cup M'\cup M'' \tag{5.28}$$

$$EM_1=\left(K+a\cdot v+b\cdot v^2+c\cdot v^3+\frac{d}{v}+\frac{e}{v^2}+\frac{f}{v^3}\right)\cdot\sum_{k\in M\cup M'\cup M''}\sum_{i\in V}\sum_{j\in V}[f_1+\alpha_{ijk}\cdot(f_2-f_1)]\cdot d_{ij} \tag{5.29}$$

$$EM_2=\sum_{k\in M\cup M'\cup M''}\sum_{i\in V}\sum_{j\in V}FT\cdot(t_{ij}+s_i)\cdot\alpha_{ijk}\cdot Q_k) \tag{5.30}$$

$$x_{ijk}\in\{0,1\},\forall i,j\in V',\forall k\in M\cup M'\cup M'' \tag{5.31}$$

$$y_k\in\{0,1\},\forall k\in M'' \tag{5.32}$$

$$z_{ik}\in\{0,1\},\forall i\in V',\forall k\in M\cup M'\cup M'' \tag{5.33}$$

式（5.19）和（5.20）分别为总成本和总碳排放目标函数。式（5.21）规定了每辆车的最大载重限制。式（5.22）根据按时间租赁车辆的使用与否确定相应的路径使用情况。式（5.23）至式（5.25）确保车辆从配送中心出发并返回，且每个节点只被访问一次。式（5.26）设定了按距离租赁车辆的最小核算距离，而式（5.27）规定了按时间租赁车辆的最大行驶距离。式（5.28）是软时间窗约束，而式（5.29）和式（5.30）为碳排放计算约束。最后，式（5.31）至式（5.33）定义了决策变量 x_{ijk}、y_k 和 z_{ik}。

5.2.4.3 碳限额规制下生鲜供应链异构车队配送模型

碳限额规制（Carbon Cap Regulation），是指企业需要严格遵守相关机构制定的碳排放额度，如果碳排放量超出标准将面临处罚和停产的风险，企业需要根据规制要求进行生产活动，以减少碳排放总量。因此，碳限额规制下混合车队路径优化模型与碳税规制下模型的区别在于，目标函数中不需要考虑碳税成本，同时应加入碳配额约束。模型形式如下：

$$minC_1 + C_2 + C_3 + C_4 \tag{5.34}$$

$$minEM_1 + EM_2$$

s. t.

式（5.21）~式（5.33）

$$CER\sum_{i\in V'}\sum_{j\in V'}\sum_{k\in M\cup M'\cup M''} x_{ijk} f(L_{jk}) d_{ij} \leqslant cap \tag{5.35}$$

式（5.35）表示企业的碳限额约束，其中，系数 CER 将燃料消耗转换为碳排放量，Cap 为碳排放上限。决策变量 L_{jk} 表示车辆 k 到达节点 j 时的载货量，$f(L_{jk})$ 为油耗函数。

5.2.4.4 碳交易规制下生鲜供应链异构车队配送模型

碳交易规制（Cap - and - Trade Regulation）将二氧化碳排放权作为一种商品，赋予其经济价值，是促进温室气体减排的市场机制。每个减排主体根据其企业性质获得相应的碳排放额度，当企业的碳排放量超出被分配的额度时须向外购买排放差额，否则可以向外出售多余的排放额度以获得实际收益。假定 e_1^+ 为向外购买的排放额；e_1^- 为向外出售的排放额，C_p 为碳交易价格，碳交易成本 $C_6 = C_p \times (Q - cap)$。碳交易规制下生鲜供应链异构车队配送模型为：

$$minC_1 + C_2 + C_3 + C_4 + C_6 \tag{5.36}$$

$$minEM_1 + EM_2$$

s. t.

式（5.21）~式（5.33）

$$CER\sum_{i\in V'}\sum_{j\in V'}\sum_{k\in M\cup M'\cup M''} x_{ijk} f(L_{jk}) d_{ij} \leqslant cap + (e_1^+ - e_1^-) \tag{5.37}$$

5.2.4.5 碳补偿规制下生鲜供应链异构车队配送模型

碳补偿规制（Cap - and - Offset Regulation），是指当企业的碳排放量超出被分配的碳限额时，企业需要从碳市场购买碳补偿。与碳交易不同的是，碳补偿下的企业在排放量低于碳排放上限时无法出售剩余碳排放量，当排放量超过碳上限时，则需要进行补偿。其中，e_2^+ 为向外购买的排放额，C'_p 为碳补偿价格，碳补偿成本 $C_7 = C'_p \cdot e_2^+$。碳补偿规制下生鲜供应链异构车队配送模型为：

$$minC_1 + C_2 + C_3 + C_4 + C_7 + C_8 \tag{5.38}$$

$$minEM_1 + EM_2$$

$$s.t.$$

式(5.21)~式(5.33)

$$CER\sum_{i\in V'}\sum_{j\in V'}\sum_{k\in M\cup M'\cup M''}x_{ijk}f(L_{jk})d_{ij} \leqslant cap + e_2^+ \tag{5.39}$$

本章为生鲜供应链异构车队路径规划问题的较早探索性研究，而且主要关注算法的设计，后面的计算分析部分将聚焦于碳税规制下生鲜供应链异构车队配送模型。

5.3 算法设计

5.3.1 禁忌搜索算法

禁忌搜索算法（Tabu Search）是一种求解组合优化问题的常用启发式搜索算法。它通过维护一个禁忌列表和一个候选解集来进行搜索。禁忌搜索算法可以克服其他局部搜索算法困在局部最优解中的问题，并能够在复杂问题中找到更好的解决方案。

禁忌搜索算法的基本思想是在搜索过程中对不良解进行禁忌，并引入禁忌策略来使搜索过程能够逃离局部最优解。禁忌策略可以限制某些操作在一段时间内不能再次执行，或者限制某些解在一段时间内不能再次出现。这样，算法能够在搜索空间中更全面地探索，并最终找到更好的解。

禁忌搜索算法通常包含以下步骤：

（1）初始解生成：根据问题的特点生成一个初始解。

（2）邻域搜索：通过应用一系列的操作（移动、交换等）来生成邻域解，并选择最优的邻域解。

（3）禁忌判断：判断当前解是否禁忌，即是否存在禁忌列表中的操作或解。

（4）更新禁忌列表：将当前操作或解添加到禁忌列表中，使其在一定时间内不能再次执行或出现。

（5）判断停止条件：根据设定的停止条件（例如达到最大迭代次数或找到满意的解）决定是否终止搜索。

（6）迭代搜索：不断重复前面的步骤，直到满足停止条件为止。

禁忌搜索算法能够在不完全信息下进行搜索，在大规模的组合优化问题中具有较强的鲁棒性和全局搜索能力。同时，通过设计合适的禁忌策略和邻域结构，禁忌搜索算法也可以在短时间内找到高质量的解决方案。因此，禁忌搜索算法在许多领域，如运筹学、排班问题、路由问题等，得到了广泛应用。

5.3.2 算法设计

5.3.2.1 路径的编码和解码

在车辆路径规划的禁忌搜索算法中，路径通常以编码的方式进行表示，以便于搜索和操作。路径的编码可以采用节点序列的形式表示车辆依次经过的节点顺序。例如，假设有 N 个节点，编号为 1 到 N，那么路径的编码可以是一个长度为 N 的整数数组，数组中的每个元素表示对应位置的节点编号。

路径的解码则是将编码还原为实际的节点顺序。一种常见的解码方式是根据编码数组中的节点顺序依次将节点添加到路径中。例如，对于编码数组［2, 4, 1, 3］，解码的结果可以是节点序列［1, 2, 3, 4］，表示车辆按照 1— >2— >3— >4 的顺序经过这些节点。

在禁忌搜索算法中，编码和解码的过程是反复进行的。初始时，通过随机生成一个编码来得到初始路径。在搜索过程中，根据当前的编码，进行路径解码得到实际的路径，然后对路径进行调整和变换，再将变换后的路径编码形成新的编码。通过不断编码和解码操作，禁忌搜索算法可以逐步优化路径，找到更好的解决方案。

需要注意的是，路径的编码和解码方式可能因具体问题而异。在实际应用中，需要根据具体情况设计合适的编码和解码方式，以确保算法能够有效地搜索和优化路径。

5.3.2.2 构建初始解

在车辆路径规划的禁忌搜索算法中，生成初始解是算法的第一步。一个好的初始解可以为后续的搜索过程提供一个良好的起点，从而有助于获得更优的路径规划结果。

生成初始解的方法可以根据具体需求和问题情况选择。以下是一些常见的初始解生成方法。

（1）随机生成。最简单的方法是随机生成一个初始解。该方法可以通过随机地确定每辆车依次经过的节点顺序来生成初始解。这种方法的优点是简单快速，但由于随机性，可能得到较差的初始解。

（2）贪心算法。贪心算法是一种启发式算法，它根据一定的规则选择当前最优的节点加入路径中。可以使用贪心算法生成初始解，选择距离最近的未访问节点作为下一个节点加入路径中。这样生成的初始解可能相对较好，但也有可能陷入局部最优解。

（3）邻域搜索。邻域搜索是根据当前解，通过一定的操作生成相邻的解。可以通过邻域搜索生成一系列初始解，然后从中选择最优的作为初始解。常用的邻域搜索方法包括 2 - opt、3 - opt 等。这种方法可以在一定程度上避免得到较差的初始解。

（4）先进化遗传算法。进化遗传算法可以用于生成初始解。通过模拟生物进化过程，生成一组具有较好质量的初始解。先进化遗传算法的初始解生成过程可能相对复杂，但可以得到较好的初始解。

以上方法可以单独使用，也可以结合使用，根据具体问题的特点选择合适的方法进行初始解的生成。在实际应用中，需要根据问题需求和算法效果进行实验和调整，以得到更优的初始解。本章提出了三种初始解构建的贪心策略。

策略一：优先访问需求量较大的客户；

策略二：优先访问最早允许配送时间较早的客户；

策略三：优先访问距离最近的客户点。

本章的初始解构建方法步骤如下：

首先，车辆优先访问距离最近的客户点，直至达到该车辆的最大载重量。

其次，针对上一步所获得的每条路径，随机选择一种贪心策略：优先访问需求量较大的客户或优先访问最早允许配送时间较早的客户。将优化后的路径作为算法的初始解。

5.3.2.3　邻域搜索规则

邻域搜索规则对于禁忌搜索算法能否快速有效地搜索解空间起着关键作用。本章结合李进等（2015）和 Gahm 等（2017）采用的邻域结构设计了邻域搜索规则。李进等（2015）采用了三种规则：2 - opt 交换、Or - opt 交换和 Exchange 交换。Gahm 等（2017）采用了将点从一条路径中提取出来并插入另一条路径中的插入或提取规则。他们认为复杂的交换方式可以增加解的多样性，但也显著增加了计算时间。

本章采用了单移动规则以及 2 - opt 和 Exchange 两种交换规则，在保证解的多样性的同时，控制计算时间。单移动规则将任一路径中的点 i 从其当前位置移除，然后将该点插入任一其他车辆 $k \in M \cup M' \cup M''$ 的路径中的适当位置。这个过程可以重复进行，直到找到一个满足禁忌条件的更优解。2 - opt 交换规则是颠倒路径中的两个点（$i,i+1$）和（$j,j+1$）之间的路径段，以改变路径的布局。通过这种方式，可以尝试不同的路径排列组合，以找到更优的解。Exchange 交换规则是将一辆车辆路径中的一个点 i 与另一辆车辆路径中的一个点 j 进行交换。通过这种方式，可以尝试不同的点之间的交换方式，以便找到更优的解。

通过应用单移动规则、2 - opt 交换规则和 Exchange 交换规则，禁忌搜索算法可以快速而准确地在邻域内进行搜索，并逐步改进当前解以获得更好的解。这些邻域搜索规则的应用可以显著提升算法的性能，更加高效地搜索解空间，并在解的多样性和计算时间之间取得平衡。

5.3.2.4 构建禁忌表和禁忌对象

禁忌表是禁忌搜索算法的关键组成部分，用于指导算法搜索全局最优解。对当前轮次中找到的改进解进行禁忌化，并记录形成禁忌表，可避免重复搜索已经探索过的解空间，以便更好地搜索未探索的解空间。将禁忌对象设定为禁忌解的分量向量，有助于减少搜索时间并避免重复搜索。

我们针对本章中提出的三种邻域搜索规则构建禁忌表，跟踪禁忌步骤并记录禁忌解的详细信息，见表 5 - 3。禁忌表包含当前禁忌解的分量向量及其他相关参数，指导算法的搜索过程。其中，a、b 表示单移动规则中插入位置前后的连续两个点。

表 5 - 3　　禁忌表

邻域搜索规则	禁忌对象	禁忌表
单移动规则	(i,a,b)	$tabu_1$
2 - opt 交换	$(j,j+1,i,i+1)$	$tabu_2$
Exchange 交换	(j,i)	$tabu_3$

禁忌表是禁忌搜索算法中的重要组成部分，记录已经禁忌化的解以避免重复搜索。禁忌长度是一个固定值，表示禁忌表中禁忌对象的保存期限。在每一轮搜索中，禁忌表根据禁忌长度进行更新，超过禁忌期限的对象将从禁忌表中移除。

通过使用禁忌表，禁忌搜索算法可以避免陷入局部最优解，并能更好地探索未搜索的解空间。通过限制禁忌长度，算法可保持一定的记忆，同时使搜索过程更加灵活。禁忌表的使用可以提高算法的收敛性和搜索效率，从而找到更优解。解的不改进的最大轮数 $\theta=\sqrt{\frac{n(n-1)}{2}}$（$n$ 为总节点数）。如果一个对象的禁忌长度超过了 θ，意味着在连续的 θ 轮搜索中，都没有更好的解，因此，对象的禁忌被认为不再有改进潜力，它将被释放出禁忌表。

通过设置禁忌长度和最大不改进解的轮数，禁忌搜索算法可以平衡地探索解空间，避免陷入局部最优解的循环。禁忌长度的设定能控制禁忌对象在禁忌表中的存储时间，使算法具有一定的记忆性并提高搜索效率。当禁忌对象被释放时，算法有机会在新的搜索轮次中尝试更具潜力的解，以获得更好的结果（见表 5-3）。

如果在禁忌搜索算法中发现某个禁忌解比当前保存的全局最优解更好，就会解除该禁忌解的禁忌状态，并将其作为新的全局最优解。禁忌搜索算法通过禁忌表记录已搜索过的解，可以避免陷入局部最优解。当生成一个新的禁忌解时，如果它的优势超过当前的全局最优解，那么它将被解除禁忌状态，即不再受禁忌限制，并成为新的全局最优解。这种解除禁忌状态的操作有助于禁忌搜索算法更好地探索解空间，找到更优的解。通过不断更新全局最优解，禁忌搜索算法可以逐步收敛到更好的解，从而提高算法的性能和效果。因此，当发现某个禁忌解比全局最优解更好时，禁忌搜索算法会解除该禁忌解的禁忌状态，并将其作为新的全局最优解，以期望找到更优的解决方案。

5.3.2.5 终止准则

算法的终止是通过设置最大迭代次数 λ_1 来控制的。这种终止条件可以确保算法在合理的时间内得出结果。最大迭代次数 λ_1 是一个预先设定的参数，用于限制禁忌搜索算法的运行时长。一旦算法的迭代次数达到了这个限制，算法会立即停止执行，不再进行进一步的搜索，并给出当前的近似解作为输出结果。通过设置最大迭代次数，禁忌搜索算法可以避免无限循环并控制运行时间。这对时间敏感的问题或具有严格时间限制的应用非常重要。一旦算法达到最大迭代次数，我们就可以得到当前的最优解作为问题的近似解，尽管它可能并非全局最优解。

5.3.2.6 算法流程

禁忌搜索算法流程见图 5-10。

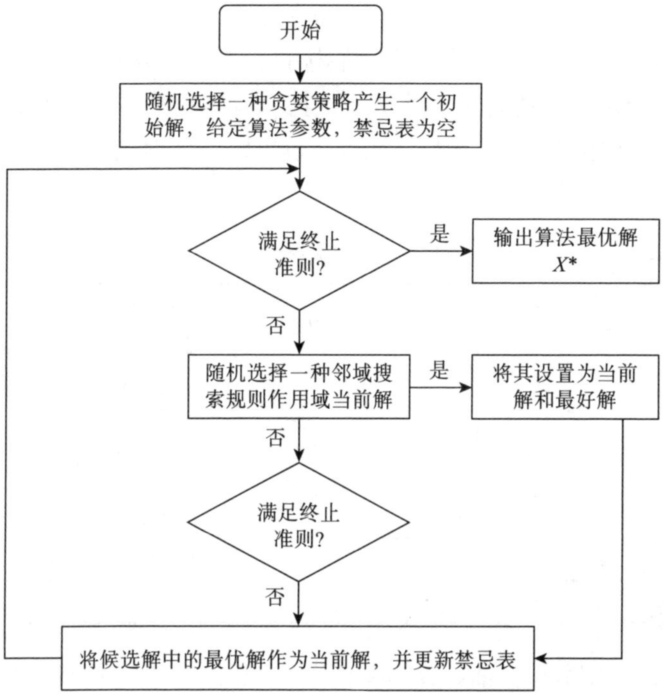

图 5－10　禁忌搜索算法流程

5.4　实例分析

5.4.1　问题案例和参数

为了对本章的模型和算法进行分析，参数和测试案例设置如下。节点之间的距离 $d_{ij}=\sqrt{(x_i-x_j)^2+(y_i-y_j)^2}$。这个距离公式用于衡量节点间的空间距离。为了验证 F－HLCRP 模型，我们设计了 CE 案例和 G 案例（参见 http：//www. mcbolduc. com/VRPPC/tests. htm）作为测试案例。在这两个案例集中，每个独立案例都采用相同类型的车辆，这意味着在同一个案例中，所有车辆都有相同的载重限制、固定成本和单位运输成本。在敏感性分析中，我们采用 CE01 案例中的客户点及其需求设置。根据具体的分析需求，针对特定的分析，我们设定了时间窗口和速度变化等具体参数。通过这些设定，我们可以分析模型涉及的各个因素以及它们对问题的影响。通过以上参数设置和测试案例，我们可以对 F－HLCRP 模型进行验证，并进行敏感性分析，以深入理解模型涉及的各个因素在不同情况下的表现和影响。

为了验证 F－HLCRP 模型，我们选择了 CE 案例中的几种车辆类型。在表 5－4 中定义了这些车辆类型，包括私有车辆类型、最大载重、固定成本和单位运输成本在内的所有数据可在 CE 和 G 案例中获取，可通过上述提供的网址下载。

表 5－4　　私有车辆数据

车辆类型	载重 Q_k	固定成本 C_1^k	单位运输成本 C_2^k	空载单位油耗成本 f_1（元/千米）	满载单位油耗成本 f_2（元/千米）
M1	60	45	1	0. 24	0. 82
M2	80	60	1	0. 33	1. 10
M3	160	120	1	0. 65	2. 19
M4	200	140	1	0. 81	2. 71
M5	550	820	1	2. 23	7. 45

为了设置空载单位油耗成本和满载单位油耗成本，我们参考使用了文献中车辆使用汽油作为燃料时的空载单位油耗成本和满载单位油耗成本。

通过以上的车辆类型定义和单位油耗成本设置，我们可以在 F－HLCRP 模型中考虑不同车辆类型的特性和成本，以便更准确地进行路线规划和资源分配。这些信息和数据对解决实际问题和评估模型的性能至关重要。

为了验证车辆租赁对成本和碳排放的影响，租赁车辆的参数我们参考了文献中的设置，参见表 5－5 和表 5－6。为了确保私有车队的单位运输成本始终低于租赁车辆的成本，租赁车辆的成本和载重是基于私有车辆各项参数的比率设置的。基于模型的假设和之前的研究，我们为按距离计算租赁费用的车辆设定了最小租赁距离 D_{min}^k，并为按时间核算租赁费用的车辆设定了最大租赁距离 D_{max}^k。

表 5－5　　按照距离核算租赁费用的车辆数据

车辆类型	载重 Q_k	单位距离租赁成本 C_3^k	最小租赁距离 D_{min}^k	空载单位油耗成本 f_1（元/千米）	满载单位油耗成本 f_2（元/千米）
M′1	213	2. 5	60	0. 86	2. 88
M′2	160	2. 25	60	0. 65	2. 19
M′3	60	1. 2	40	0. 24	0. 82

表 5-6　　按日核算租赁费用的车辆数据

车辆类型	载重 Q_k	单日租赁成本 C_4^k	最大租赁距离 D_{max}^k	空载单位油耗成本 f_1（元/千米）	满载单位油耗成本 f_2（元/千米）
M″1	160	255	120	0.65	2.19
M″2	60	60	55	0.24	0.82

通过对租赁车辆参数的设定，我们可以考虑租赁车辆对成本、需求变化、时间窗和碳排放的影响。这有助于评估租赁车辆在路线规划和资源分配中的潜在优势和限制。对模型的可靠性和实际应用来说，对这些参数的准确设置具有重要意义。

配送计划从早晨5点开始执行。司机如果提前到达客户点，将立即开始卸货。然而，这可能会导致等待时间增加和客户满意度降低，从而带来惩罚成本。具体来说，提前到达客户点的惩罚成本系数为$\delta_1 = 10$ 元/小时。为了避免冷藏车厢内的气流和温度变化过大导致更大的损失，卸货时间不能超过30分钟。根据之前的研究，我们假设所有客户点的服务时间约为15分钟。如果车辆迟到，超过客户所要求的最晚时间，将需要支付迟到的惩罚成本，其系数为$\delta_2 = 20$ 元/小时。此外，根据每单位重量货物在配送过程中产生的碳排放量，单位时间碳排放系数为 $FT = 0.33$g/kg · h。为了应对这种碳排放，考虑到碳税政策，我们假设国家实施的碳税为0.027元/千克。

经过初步实验，设定全局迭代次数最大值$\lambda_1 = 1000$，允许无改进解次数最大值$\lambda_2 = 50$，候选解集中的候选解个数最大为500。在本章中，算法使用了Matlab 2020a来编写，并在一台CPU为2.40GHz，内存为15.8G的计算机上运行（见表5-7）。

表 5-7　　测试问题的车辆速度

时间段（小时）	0~8	8~9	9~18	18~19	19~24
速度（千米/小时）	55~80	20	55~80	20	55~180

5.4.2　改进禁忌搜索算法的有效性

为了验证改进的禁忌搜索算法（记为TS++）的有效性，我们将其与两个传统禁忌搜索算法（记为TS和TS+）进行对比。对比针对固定成本和运输成本之和，使用CE-01、CE-04、G-01、G-04这共计9组数据。在对比过程中，只使用车型 M3 的私有车辆完成配送任务。该测试不涉及时间窗惩罚成本，因此，在改进的 TS 算法的初始解构造中，只采用优先选择高需求节点的策略。具体对比结果如表 5－8 所示。

表 5－8　TS＋＋、TS＋和 TS 算法 CE 和 G 案例结果对比

案例	最优	TS＋＋	时间（s）	TS＋	时间（s）	TS	时间（s）
CE－01	TS＋＋	1143.0	35.7	1238.9	31.9	1230.1	32.1
CE－02	TS＋＋	1875.2	59.5	1961.3	54.3	1978.8	54.3
CE－03	TS＋＋	2019.9	56.3	2148.9	49.9	2160.3	50.8
CE－04	TS＋＋	2594.3	87.9	2719.3	73.1	2918.7	74.1
CE－05	TS＋＋	3261.6	138.5	3288.5	100.8	3476.0	100.9
G－01	TS＋＋	14127.1	226.3	15069.1	161.2	15806.2	161.6
G－02	TS＋＋	21012.4	1367.7	25046.9	1013.2	25564.6	1009.6
G－03	TS＋＋	26624.1	1759.6	30185.7	1133.4	35220.5	1137.7
G－04	TS＋＋	34987.0	2357.4	37749.6	1337.7	46956.3	1335.6

为了验证本章算法的有效性，我们在表 5－8 中使用三组数据，从成本和算法运行时间两个方面进行了验证。从对比结果来看，本章设计的改进 TS 算法（TS＋＋）得出的结果更贴近模型最优解。特别是在 G－01 案例中，改进 TS 算法的结果表现优于文献中提出的最优值。改进 TS 算法对于节点较少的案例的总体表现更好，例如 CE－01 和 G－01。对于节点较多和节点分布更复杂的案例，例如 G－02 到 G－04，改进 TS 算法的耗时较长。此时由于候选解集更大，改进 TS 算法的邻域搜索规则更加复杂，导致生成邻域解的耗时增加。总体而言，与 TS 和 TS＋相比，TS＋＋算法的结果表现较好。然而，随着案例节点数量增加，算法执行时间也会加大。需要注意的是，TS＋＋算法在节点较少的案例中总能够在较短时间内找到比 TS 和 TS＋算法更好的解。

如图 5－11 所示，从 CE－01 案例的迭代过程，我们可以看出，改进的 TS 算法能够快速找到模型的最优解，并在每次迭代中全面探索解空间。算法在开始阶段快速优化后，继续探索解空间，并快速收敛到最优解。改进的 TS 算法提供了更好的初始解和多样化的邻域，取得了良好效果。

综上所述，本章设计的改进 TS 算法是有效的，能够在较短时间内给出模型的最优解。算法的结果也相对稳定，能为后续研究起到指导作用。

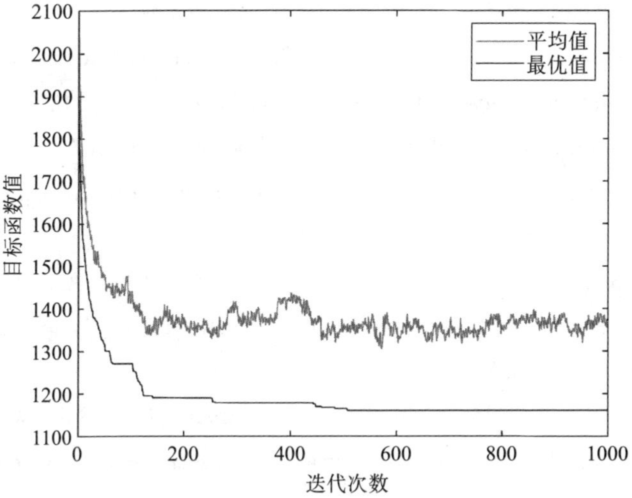

图 5-11　CE-01 案例迭代过程

5.5　本章小结

在碳排放受到规制的背景下，生鲜供应链异构车队路径规划的研究旨在通过优化车队路径来减少整体碳排放量。本章着眼于优化生鲜供应链中不同类型车辆的路径规划，以降低整体碳排放量。考虑到生鲜供应链中使用了多种车辆类型，如卡车、货车和轿车等。本章关注异构车队，即由不同类型车辆组成的车队，采用优化算法和数学模型，综合考虑距离、货物量、交通状况、路段拥堵等因素，确定最优的车队路径，以最小化总行驶距离和碳排放量。同时，使用适当的碳排放模型估计车辆在不同路段和行驶过程中的碳排放量，考虑车辆类型、车速、燃油效率等因素。此外，也考虑了配送时间窗、车辆容量限制、货物新鲜度等各种约束条件。这些条件对路径规划和车辆调度都有重要影响。

总体而言，本章致力于减少生鲜供应链中的碳排放量，通过优化车队路径，综合考虑了不同车辆类型、碳排放模型和约束条件等因素，为生鲜供应链的可持续发展和环境保护提供了重要支持。

本章参考文献

[1] Amorim, P., Günther, H. O., & Almada-Lobo, B. (2012). Multi-objective integrated production and distribution planning of perishable

products. International Journal of Production Economics, 138 (1), 89 - 101.

[2] Bektaş, T., & Laporte, G. (2011). The pollution - routing problem. Transportation Research Part B: Methodological, 45 (8), 1232 - 1250.

[3] Bolduc, M. C., Renaud, J., & Boctor, F. (2007). A heuristic for the routing and carrier selection problem. European Journal of Operational Research, 183 (2), 926 - 932.

[4] Chen, L., Liu, Y., & Langevin, A. (2019). A multi - compartment vehicle routing problem in cold - chain distribution. Computers & Operations Research, 111, 58 - 66.

[5] Errico, F., Desaulniers, G., Gendreau, M., Rei, W., & Rousseau, L. M. (2016). A priori optimization with recourse for the vehicle routing problem with hard time windows and stochastic service times. European Journal of Operational Research, 249 (1), 55 - 66.

[6] Errico, F., Desaulniers, G., Gendreau, M., Rei, W., & Rousseau, L. M. (2018). The vehicle routing problem with hard time windows and stochastic service times. EURO Journal on Transportation and Logistics, 7, 223 - 251.

[7] Gahm, C., Brabänder, C., & Tuma, A. (2017). Vehicle routing with private fleet, multiple common carriers offering volume discounts, and rental options. Transportation Research Part E: Logistics and Transportation Review, 97, 192 - 216.

[8] Golden, B., Assad, A., Levy, L., & Gheysens, F. (1984). The fleet size and mix vehicle routing problem. Computers & Operations Research, 11 (1), 49 - 66.

[9] Govindan, K., Jafarian, A., Khodaverdi, R., & Devika, K. (2014). Two - echelon multiple - vehicle location - routing problem with time windows for optimization of sustainable supply chain network of perishable food. International Journal of Production Economics, 152, 9 - 28.

[10] Guo, J., Wang, X., Fan, S., & Gen, M. (2017). Forward and reverse logistics network and route planning under the environment of low - carbon emissions: A case study of Shanghai fresh food E - commerce enterprises. Computers & Industrial Engineering, 106, 351 - 360.

[11] Kara, I., Kara, B. Y., & Yetis, M. K. (2007). Energy minimizing vehicle routing problem. In Combinatorial Optimization and Applications: First International Conference, COCOA 2007, Xi' an, China, August 14 - 16,

2007. Proceedings 1 (pp. 62 –71). Springer Berlin Heidelberg.

[12] Koç, Ç., Bektaş, T., Jabali, O., & Laporte, G. (2016). The impact of depot location, fleet composition and routing on emissions in city logistics. Transportation Research Part B: Methodological, 84, 81 –102.

[13] Krajewska, M. A., & Kopfer, H. (2009). Transportation planning in freight forwarding companies: Tabu search algorithm for the integrated operational transportation planning problem. European Journal of Operational Research, 197 (2), 741 –751.

[14] Macrina, G., Laporte, G., Guerriero, F., & Pugliese, L. D. P. (2019). An energy – efficient green – vehicle routing problem with mixed vehicle fleet, partial battery recharging and time windows. European Journal of Operational Research, 276 (3), 971 –982.

[15] Prins, C. (2009). Two memetic algorithms for heterogeneous fleet vehicle routing problems. Engineering Applications of Artificial Intelligence, 22 (6), 916 –928.

[16] Song, B. D., & Ko, Y. D. (2016). A vehicle routing problem of both refrigerated – and general – type vehicles for perishable food products delivery. Journal of Food Engineering, 169, 61 –71.

[17] Xu, Z., Elomri, A., Pokharel, S., & Mutlu, F. (2019). A model for capacitated green vehicle routing problem with the time – varying vehicle speed and soft time windows. Computers & Industrial Engineering, 137, 106011.

[18] Zhang, J., Zhao, Y., Xue, W., & Li, J. (2015). Vehicle routing problem with fuel consumption and carbon emission. International Journal of Production Economics, 170, 234 –242.

[19] 刘家利，马祖军．存在车辆租赁及共享且有时间窗的多配送中心开环 VRP [J]．系统工程理论与实践，2013 (3)：666 –675.

[20] 唐慧玲，唐恒书，朱兴亮．基于改进蚁群算法的低碳车辆路径问题研究 [J]．中国管理科学，2021，29 (7)：118 –127.

[21] 张金良，李超．碳排放影响下的动态配送车辆路径优化研究 [J]．中国管理科学，2022，30 (9)：184 –194.

[22] 李进，傅培华，李修琳，等．低碳环境下的车辆路径问题及禁忌搜索算法研究 [J]．中国管理科学，2015，23 (10)：98 –106.

[23] 潘雯雯，郭海湘，周光勇，杜天松．基于两阶段算法的需求可

拆分多车型车辆路径问题［J］. 中国管理科学，2016（11）：55－61.

［24］王旭坪，李新宇，张珺. 考虑时空距离的异车型同时集送车辆路径优化［J］. 管理学报，2018（06）：918－926.

［25］符卓，刘文，邱萌. 带软时间窗的需求依订单拆分车辆路径问题及其禁忌搜索算法［J］. 中国管理科学，2017，25（05）：78－86.

［26］肖建华，王超文，陈萍，牛云云. 基于城市道路限行的多能源多车型车辆路径优化［J］. 系统工程理论与实践，2017（5）：1339－1348.

［27］范厚明，吴嘉鑫，耿静，李阳. 模糊需求与时间窗的车辆路径问题及混合遗传算法求解［J］. 系统管理学报，2020，29（01）：107－118.

第6章　校园无人车两阶段多行程供应链路径规划研究

近年来，电子商务迅猛发展，网购已成为大众日常生活的重要消费方式，大学生的消费方式更以网购为主。各大高校校园内每天都会涌入大量快递包裹，尤其是在大型购物节期间，快递点的快件更是堆积如山。大学生取快递的时间相对集中，且大多选择到快递点自提，很容易导致快递点人满为患，取件耗时较长，效率低下，造成末端配送环节“最后一公里”的用户体验不佳。

为了解决这一问题，近年来，物流行业开始探索新的配送模式，其中，无人机和无人车等无人物流模式逐渐成为研究热点。与传统的人工配送相比，无人车具有以下优势。

(1) 强大的计算和信息交互能力。无人车能够感知周围的环境，避让行人和障碍物，及时与客户沟通、交换信息，从而提高配送效率和安全性。

(2) 较高的安全性。无人车可以按照预设的路线行驶，避免人为操作失误，降低事故发生率。

(3) 更低的运营成本。无人车不需要人工驾驶，可以节省人力成本，降低运营成本。

校园环境相对封闭，人流密集，交通情况较为简单，这为无人车配送提供了良好的应用场景。同时，校园里学生老师具有较高的网络素养，对新技术接受程度较高，也为无人车配送的推广创造了有利条件。

除了上述优势之外，无人车配送还具有以下社会效益。

(1) 减少碳排放。无人车使用电力驱动，可以减少碳排放，有利于环境改善。

(2) 缓解交通拥堵。无人车体积小，可以灵活穿梭于狭窄的道路，缓解交通拥堵。

(3) 创造新的就业机会。无人车配送需要大量的技术人员进行研发、维护和运营，可以创造新的就业机会。

当然，无人车配送也存在一些挑战，例如：

（1）技术成熟度不足。无人车技术尚处于发展阶段，需要进一步提高其可靠性和安全性。

（2）法律法规尚需完善。目前还没有针对无人车配送的完善的法律法规，需要制定相关标准和规范。

（3）社会接受度不够。部分公众对无人车配送存在疑虑，需要加强宣传和教育，提高社会接受度。

总而言之，无人车配送在校园环境中具有广阔的应用前景，可以有效解决校园物流中存在的问题，提高配送效率，改善用户体验。随着技术的不断进步和社会接受度的提高，无人车配送将成为未来校园物流发展的主要趋势。

近年来，无人车配送技术作为智慧物流领域的新兴趋势，受到各大电商平台的关注。美团、阿里菜鸟、京东、苏宁等企业纷纷加入无人车研究的行列。美团早在2016年就成立了无人车配送中心，并于2018年在雄安落地运营。阿里菜鸟也计划投入1000辆无人车“小蛮驴”进入校园和社区，并已与20多所高校达成合作。2020年“双十一”期间，浙江大学利用22台“小蛮驴”在校内配送了5万个包裹，为师生节省了1.7万小时的取件时间。无人车凭借其强大的计算和信息交互能力，配送效率将会得到很大的提升。如何对无人车进行合理的路径规划、优化配送路线、提高客户满意度，是无人车配送研究的重要课题。本章将以校园为背景，探索无人车配送的路径和路径优化问题。

6.1 相关理论与文献综述

车辆路径问题（VRP）最早由Dantzig和Ramser在1959年提出，主要研究运输车队在码头和加油站之间的最佳运输路线。随着无人车技术的兴起，无人车路径规划问题成为VRP研究领域的新方向。国外学者首先对无人配送工具进行了研究。Poikonen（2017）研究了无人机作为配送助手带来的优势，认为使用无人机的最大效益取决于无人机数量和飞行速度。Kottasova（2016）则研究发现无人机配送会受到政府限制和恶劣天气的影响，安全性较低。Hutter（2017）研究发现交付机器人比交付无人机更适合具有挑战性的环境。Michele（2020）研究发现，在拥挤地区，使用机器人辅助配送可以提高“最后一公里”的配送效率。对于无人车“最后一公里”配送，Zhang（2017）提出了一种新的无人车辆路径问题模型，该模型考虑了路径中断和时间窗因素，并设计了一种改进型粒子群优化算法。Chen（2021）研究了带时间窗的配送机器人车辆路径问题，提出了一种改进的自适应大邻域搜索方法，并研究了一种带有时间窗和送货机器人的车辆路径问题，证明自动驾驶机器人在城市地区的配送价值。

国内学者对无人车配送车辆路径规划问题的研究起步较晚，主要集中在近两年。研究方向主要分为以下几类。

（1）宏观研究。陆淼嘉等（2021）研究了无人车在“最后一公里”配送环节的优缺点，并调研了国内外无人车配送的研究现状和应用情况，指出了未来的研究方向和发展趋势。赵国富等（2021）从技术性失业、安全监管和以人为本等方面分析了我国无人化配送存在的问题，并提出了相应的解决方案和发展规划。这类研究将无人车置于宏观环境下进行探索，为其未来发展提供了方向。

（2）路径优化。胡觉亮等（2020）考虑了电池容量、充电时间和客户时间窗等因素，设计了遗传模拟退火算法对电动无人车配送进行优化。王雷等（2020）建立了带有软时间窗约束的无人车配送路径模型，并设计了多种群遗传算法进行求解。张仪夫等（2021）探索了一种双向蚁群算法，并证明其优于传统蚁群算法。这类研究主要将无人车配送作为背景或仅考虑了较少的无人车配送特点，进而关注算法的设计优化。

（3）订单聚类和区域划分。陆淼嘉等（2021）研究了城市社区生鲜的无人车配送，探索了不同订单分配策略和车辆路径规划策略下的优化结果，构建了与生鲜相关的多智能体仿真平台。陈耀斌等（2021）以武汉轻工大学为例，建立了平面坐标和配送区域划分模型，研究发现无人车能提高校园配送效率。这类研究在路径优化之外，还研究了如何聚类订单和划分配送区域，但模型可能与实际情况存在较大差异。

（4）两阶段优化。胡卉等（2020）研究了医用防护物资的无接触配送优化，构建了无人车配送的两阶段优化模型，包括初步规划和根据实际路况进行局部调整。王愚勤等（2021）引入了关键点更新策略，建立了路径预规划和路径适时调整的无人车路径规划模型，并设计了遗传算法，再求解。这类研究关注了无人车配送的最大特点，且采用两阶段优化模型进行优化。

近年来，国内学者开始关注无人车配送车辆路径优化问题。然而，相关研究仍处于起步阶段，目前还存在以下不足。

（1）研究数量较少。目前国内关于无人车配送路径优化的研究数量较少，难以形成系统的理论体系。

（2）研究深度不足。大多数研究仅停留在算法设计和模型构建阶段，缺乏对无人车配送特点的深入分析和应用。

（3）与无人车配送的特点结合得不紧密。许多研究将无人车配送路径优化问题简化为一般的车辆路径优化问题，忽略了无人车配送的特殊性。例如，无人车续航能力有限、配送时间要求严格等。

（4）仿真模型与实际情况存在差距。许多研究采用过于理想化的仿真模型，与实际情况存在较大差距，导致模型的实用性较差。

因此未来研究应重点关注以下方向。

（1）结合无人车配送特点进行路径优化，研究无人车配送的特殊性，例如，无人车续航能力有限、配送时间要求严格等，并将其纳入路径优化模型中，提高模型的准确性。

（2）提高研究深度，将无人车配送路径优化与其他相关领域结合提高研究的深度和广度，例如，交通流预测、多智能体系统等。

（3）加强仿真模型与实际情况的结合，利用真实数据和场景进行仿真，提高模型的实用性和可靠性。

（4）探索无人车在不同应用场景中的配送路径优化，例如，研究无人车在城市社区、工业园区、校园等不同场景下的路径优化问题。

（5）加强无人车配送路径优化技术的应用。将研究成果应用于实际场景，例如，无人车配送平台、无人车运营公司等，以便推动无人车配送技术的落地和应用。

6.2 问题描述与模型构建

6.2.1 问题描述

校园无人车配送的流程如图 6 - 1 所示，其中，椭圆表示客户的操作，矩形表示配送中心的操作，平行四边形表示无人车的操作。在接收到配送订单之后，配送中心完成订单分类和相应的路径规划。根据规划安排，无人车从配送中心出发将快递送达客户目的地。所需要解决的校园无人车路径优化问题是，已知无人车数量、载重、需求量和配送点位置等信息，在校园内，以某个快递站为配送中心，结合无人车能探测到实时交通信息的特点对无人车进行路径规划，达到在满足客户需求的前提下使配送时间最小化的效果。

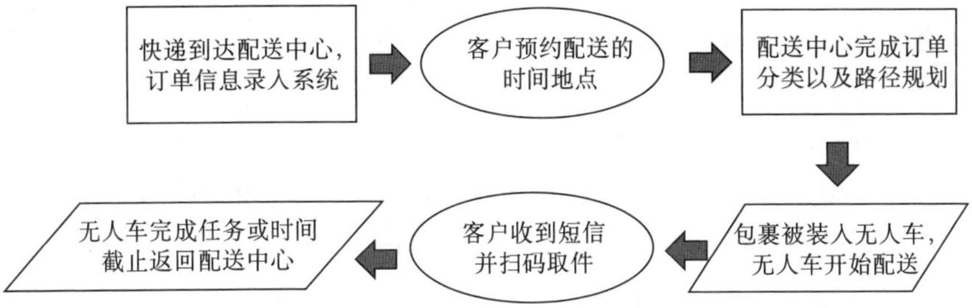

图6-1 预约无人车配送流程

该问题可以分为两个阶段进行求解：

第一阶段：路径预规划。在第一阶段，进行路径的预规划，即静态带时间窗的车辆路径优化问题。综合考虑已有的信息情况，以无人车运行时间最短为目标建立模型，并产生路线。

第二阶段：路径更新。在第二阶段，根据路况的实时情况进行路径更新。例如，可能遇到某些特殊情况：某个路段不能通行；某些客户取消了订单；某些客户的订单地址发生变化；某些客户的订单数量发生变化；出现新的订单需求。在上述情况下，需要在不改变第一阶段中每辆车的服务对象的前提下，对第一阶段的路径规划进行更新。

6.2.2 问题假设

在配送系统中，仅设立一个配送中心，由无人车负责从该中心出发完成配送任务并返回。这一系统的关键特点包括每辆无人车在一次行程中可满足单个客户的所有需求，而每位客户的需求又都可以由一次行程来满足。此外，无人车的车型和最大载重均一致，且每次行程的货物重量不能超出其承载能力。在确定每个客户的需求量后，配送系统还需考虑每个客户处理包裹所需的固定时间。需要强调的是，系统设计中不包含无人车备货所需的时间因素。

6.2.3 无人车配送路径预规划阶段数学模型

6.2.3.1 模型符号说明

（1）参数符号。

i,j——客户编号，$i,j \in L = 0,1,2,\cdots,n$，其中，$i=0$ 表示配送中心，

且 $i \neq j$；k 为配送无人车的序号，$k \in K = 1, 2, \cdots, K_0$；

L——表示配送中心以及所有客户的集合，其中，L_0 表示配送中心；

K——表示配送中心所有无人车编号的集合，其中，K_0 表示该配送中心所拥有的无人车的初始数量；

n——表示客户的数量；

v——表示无人车在配送过程中的平均行驶速度；

s_{ij}——表示无人车在配送过程中从客户点 i 行驶到客户点 j 的距离；

q_i——表示客户点 i 的需求量，当 $i = 0$ 时，$q_0 = 0$；

Q_0——无人车最大载重量；

t——平均每位客户取货所需的时间；

r——无人车的行程编号，$r \in R = 1, 2, \cdots, n$；

R——无人车行程编号的集合；

M——足够大的正数。

（2）中间变量符号。

t_i——无人车抵达客户点 i 的时间；

a_i——无人车从客户点 i 出发的时间；

w_i——无人车在客户点 i 服务完成之后包裹的载重量。

（3）决策变量符号。

$$x_{ijk}^{r} = \begin{cases} 1 & \text{无人车 } k \text{ 在第 } r \text{ 次行程中从客户 } i \text{ 到客户 } j \\ 0 & \text{否则} \end{cases}, \forall i, j \in L, k \in K, r \in R$$

需要注意的是，当 i 或 j 为 0 时，即无人车 k 在第 r 次行程从配送中心出发或者回到配送中心去。

$$y_k = \begin{cases} 1 & \text{选中无人车 } k \text{ 为客户进行服务} \\ 0 & \text{否则} \end{cases}, \forall k \in K$$

$$y_{ik} = \begin{cases} 1 & \text{由无人车 } k \text{ 为客户 } i \text{ 服务} \\ 0 & \text{否则} \end{cases}, \quad \forall i \in L, k \in K$$

$$b_{ij}^{k} = \begin{cases} 1 & \text{当无人车 } k \text{ 在客户点 } i \text{ 服务完成后,在服务客户} \\ & \text{点 } j \text{ 前,需要返回配送中心重新装载包裹一次}, \\ 0 & \text{否则} \end{cases} \forall i, j \in L, k \in K$$

6.2.3.2 目标函数

考虑到无人车的独特性，即虽然购置成本较高（一般为 20 万元至 30 万元一辆），但其运营成本相对较低，例如，菜鸟公司的“小蛮驴”声称只需充电四次即可行驶 100 公里。鉴于此，本章将无人车的配送时间确定为主要优化目标，并以最小化总配送时间为目标函数。然而，鉴于模型需考虑无人车数量的限制，无法简单地将目标函数设置为 $\sum_{i\in L}\sum_{j\in L}\sum_{k\in K}\sum_{r\in R}\frac{s_{ij}\cdot x_{ijk}^{r}}{v}$。通常情况下，我们会优先考虑距离最短的方案。因此，在本章中，我们将目标函数定为使无人车到达每个客户点的时间最短。这种做法不仅考虑到了无人车数量受限的情况，而且确保了无人车能够尽快抵达客户点，以提供及时的服务。这样能够保证客户的需求得到及时满足。预规划阶段，目标函数被设定为：

$$\sum_{i\in L}t_i \tag{6.1}$$

6.2.3.3 约束条件

$$\sum_{i=1}^{n}\sum_{k=1}^{K_0}\sum_{r=1}^{n}x_{ijk}^{r}=\sum_{i=1}^{n}\sum_{k=1}^{K_0}\sum_{r=1}^{n}x_{jik}^{r}=1,\forall j\in L \tag{6.2}$$

$$x_{ijk}^{r}\leqslant y_{jk},\forall i,j\in L,k\in K,r\in R \tag{6.3}$$

$$\sum_{j=1}^{n}\sum_{r=1}^{n}x_{0jk}^{r}\geqslant y_k,\forall k\in K \tag{6.4}$$

$$\sum_{j=1}^{n}x_{0jk}^{r}\leqslant y_k,\forall k\in K,\forall r\in R \tag{6.5}$$

$$\sum_{r=1}^{n}x_{0jk}^{r}\leqslant y_{jk},\forall j\in L,k\in K \tag{6.6}$$

$$\sum_{i=0}^{n}\sum_{r=1}^{n}x_{iik}^{r}=0,\forall k\in K \tag{6.7}$$

$$\sum_{i,j\in S\times S}x_{ijk}^{r}\leqslant |S|-1,S\subset V,S\neq\emptyset,\forall k\in K,r\in R \tag{6.8}$$

$$\sum_{k=1}^{n}\sum_{i=0}^{n}b_{ij}^{k}=1,\forall j\in L,j\neq 0 \tag{6.9}$$

$$a_i-a_j-M(1-b_{ij}^{k})<0,\forall i,j\in L,k\in K,j\neq i\neq 0 \tag{6.10}$$

$$b_0=0 \tag{6.11}$$

$$a_i=t_i+t,\forall i\in L \tag{6.12}$$

$$t_j=a_i+\frac{s_{ij}}{v}+b_{ij}^{k}\left(\frac{s_{i0}}{v}+\frac{s_{0j}}{v}-\frac{s_{ij}}{v}\right),\forall i,j\in L,k\in K,j\neq i\neq 0 \tag{6.13}$$

$$0\leqslant wi\leqslant Q0,\quad \forall i\in L \tag{6.14}$$

$$w_j=w_i-q_j+(1-x_{ijk}^{r})\sum_{m=0}^{n}(q_m b_{im}^{k}),\forall i,j\in L,k\in K,r\in R,$$
$$i\neq j\neq m,j\neq 0 \tag{6.15}$$

式（6.2）说明每个顾客的需求只需要一辆无人车的一次行程服务，保证了每个客户点的进出流量平衡。

式（6.3）表示只有当某辆无人车被选中时，才会生成相应的服务路线及行程。

式（6.4）确保每次选中为某位客户服务的无人车都会产生相应的服

务路线及行程。

式（6.5）保证每辆无人车在每次行程中最多从配送中心出发一次，避免与之前一次行程的定义相矛盾。

式（6.6）确保每辆无人车每次行程所服务的客户不重复。

式（6.7）排除了无人车从一个客户点出发又直接返回到该客户点的情况。

式（6.8）消除了子回路的约束。

式（6.9）保证所有包裹都会被服务完成。

式（6.10）规定了当无人车需要返回配送中心补充包裹时，必须按照客户点的顺序进行服务；如果无人车 k 在服务完客户点 i 之后，在进行客户点 j 的服务之前，需要先返回配送中心去补充包裹时，客户点 i 必在客户点 j 之前被访问，即 $b_{ij}^{k}=1$ 时，必须保证客户点 i 必在客户点 j 之前被访问。

式（6.11）指明了无人车配送工作从时间点 0 开始。

式（6.12）规定了每辆无人车从客户点出发的时间，等于到达客户点的时间与客户取货的时间之和。

式（6.13）描述了无人车到达下一个客户点的时间计算方法，包括需要返回配送中心和不需要返回配送中心两种情况；不需要返回配送中心时，到达时间为两个客户点之间的行驶时间与上一个客户点的出发时间之和；需要返回配送中心时，到达时间为从上一个客户点返回配送中心的行驶时间、上一个客户点的出发时间和从配送中心前往下一个客户点的行驶时间之和。

式（6.14）规定了无人车载重量不得超过最大载重量。

式（6.15）描述了相邻两个服务的客户点之间的重量计算方法，考虑了无人车需要返回配送中心和不需要返回配送中心两种情况。不需要返回配送中心时，服务完下一个客户时的重量为，服务完上一个客户时的重量减去下一个客户的需求量；需要返回配送中心时，服务完下一个客户时的重量为，服务完上一个客户时的重量加上在配送中心所装载的下一个行程所需要的总需求量再减去下一个客户的需求量。

6.2.4 无人车配送路径实时调整阶段数学模型

本阶段为无人车路径的动态调整阶段，主要目标是在不改变第一阶段规划结果（即每辆无人车所服务的客户点）的前提下，根据路况或客户需求的变化进行实时调整。

采用关键点更新策略[18]，将配送网络中的每个节点（客户点和配送中心）视为关键点。当路网发生变化或客户需求改变时，将触发路径更新。

需要注意的是，若无人车当时位于某个客户点，且该客户点为关键更新点，则该客户点视为已完成服务，并将其放入已完成服务的客户集合中。若无人车正在前往下一个节点的路上，则关键更新点为该节点。

实时调整时，基于预规划阶段的结果，对每辆无人车未完成的各次行程进行重新规划，以确保在最新情况下，每个车程都能在最短时间内完成服务任务。

例如，1 号无人车在预规划阶段形成的路线为：第一车程（$r=1$）完成 1 号、2 号、4 号、7 号客户的配送服务，第二车程（$r=2$）完成 3 号、11 号、9 号客户的配送服务。当完成 2 号客户的配送服务后，路况信息发生改变，则第一车程（$r=1$）对 4 号和 7 号进行重新路径规划，第二车程（$r=2$）对 3 号、11 号、9 号进行重新路径规划。调整后的路线确保每个车程在路况或客户信息发生变化后，都能以最短时间完成服务任务。无人车将根据每次车程规划得出的最优顺序，依次完成自己的任务，以实现高效的配送服务。

6.2.4.1　符号说明

i，j——客户编号，$i,j \in L_{ka2}^{r}$，且 $i \neq j$；k 为配送无人车的序号，$k \in K$；

L_{k}^{r}——预规划阶段所形成的无人车 k 第 r 次行程所需要服务的客户点集合；

L_{ka1}^{r}——路径实时调整时无人车 k 第 r 次行程已经完成服务的客户点集合；

L_{n}——路径实时调整时取消订单的客户点集合；

L_{ka2}^{r}——路径实时调整时无人车 k 第 r 次行程中未被服务并仍需要被服务的客户点集合，$L_{ka2}^{r}=L_{k}^{r}-L_{ka1}^{r}-L_{n}$；

s_{ij}^{u}——无人车从客户 i 行驶到客户 j 的距离；

M_{k}^{r}——无人车 k 在第 r 次行程中更新时的关键点，即该客户点序号；

t_{ij}——无人车从客户点 i 到客户点 j 所需要的时间；

$$x_{ijk}^{ur}=\begin{cases}1 & \text{无人车 } k \text{ 在第 } r \text{ 次行程中从客户 } i \text{ 到客户 } j \text{ 进行服务} \\ 0 & \text{否则}\end{cases}$$

。

6.2.4.2　目标函数

在路径预规划阶段的基础上，无人车路径规划实时调整阶段的目标是：当路况信息或客户需求发生变化时，在不改变每辆无人车各行程服务的客户的情况下（除非有客户取消订单，则将其在之前的路线规划中去除），针对每辆无人车每段行程重新求解一个旅行商问题，以使每辆无人车在路径更新时未完成的各个车程的运行时间最短。

本阶段的目标函数为：

$$min\sum_{i\in L_{ka2}^r\cup M_k^r\cup\{0\}}\sum_{j\in L_{ka2}^r\cup M_k^r\cup\{0\}}x_{ijk}^{ur}\cdot t_{ij}\quad \forall k\in K,\forall r\in R \tag{6.16}$$

6.2.4.3 约束条件

$$\sum_{i\in L_{ka2}^r}x_{ipk}^{ur}=\sum_{i\in L_{ka2}^r}x_{pik}^{ur}=1\ ,\ \forall k\in K,\forall p\in L_{ka2}^r,\forall r\in R \tag{6.17}$$

$$\sum_{i\in L_{ka2}^r}x_{iik}^{ur}=0\ ,\ \forall k\in K,\forall r\in R \tag{6.18}$$

$$\sum_{i,j\in S\times S}x_{ijk}^{ur}\leqslant |S|-1\ ,\ \forall S\subset L_{ka2}^r\cup M_k^r\cup\{0\}\text{ 且 }|S|\geqslant 2\ ,\ \forall k\in K,\forall r\in R \tag{6.19}$$

$$\sum_{i\in L_{ka2}^r\cup M_k^r\cup\{0\}}\sum_{j\in M_k^r}x_{ijk}^{ur}=0\ ,\ \forall k\in K,\forall r\in R \tag{6.20}$$

$$t_{ij}=\begin{cases}\infty & i\text{ 到 }j\text{ 道路不通}\\ \dfrac{s_{ij}^u}{v} & \text{否则}\end{cases}\ ,\forall i,j\in L_{ka2}^r\cup M_k^r\cup\{0\} \tag{6.21}$$

本阶段的约束条件包括：

（1）流量平衡约束。每辆无人车在每次行程中服务的每个客户点进出流量都平衡，即进入该客户点的无人车数量等于离开该客户点的无人车数量，如式（6.17）所示。

（2）回路约束。每辆无人车在每次行程中不能从一个客户点出发又直接返回到该客户点，如式（6.18）所示。

（3）子回路约束。消除子回路约束，如式（6.19）所示。

（4）关键点约束。每辆无人车在更新时，在每次行程中只能从该关键点出发，之后都不能再访问该次更新的关键点，以此来避免无人车重复返回它已经完成服务的客户点，如式（6.20）所示。

（5）突发情况约束。当路程发生突发情况时，无人车通过该路段的时间无穷大，则规划时将不选择该路段，因此无人车可以避开不能通行的道路，如式（6.21）所示。

6.3 算法设计

本章设计一种混合启发式算法求解校园无人车两阶段多行程车辆路径

优化模型。该算法结合了改进后的遗传算法和可变邻域下降法的特点[19]，以期获得更优的解。

选择遗传算法的原因包括：

（1）易于确定搜索范围和方向。遗传算法将目标函数转化为适应度函数，使搜索范围和方向更容易确定。

（2）鲁棒性强：遗传算法具有良好的鲁棒性，能够适应各种复杂问题。

（3）并行性：遗传算法可以并行搜索多个解，提高搜索效率。

此外，混合算法还结合了可变邻域下降法的优势，以进一步提升求解效率和解的质量。

可变邻域下降法是一种局部搜索算法，能够有效地从局部最优解跳出，寻找全局最优解。该算法通过不断改变搜索区域来提高搜索效率。混合算法将遗传算法和可变邻域下降法结合起来，利用遗传算法的全局搜索能力和可变邻域下降法的局部搜索能力，以期获得更优的解。该算法首先利用遗传算法进行全局搜索，找到一个较优的解，然后利用可变邻域下降法对该解进行局部搜索，进一步提高解的质量。

实验结果表明，混合算法能够有效地求解校园无人车两阶段多行程车辆路径优化模型，并获得更优的解。与单一的遗传算法和可变邻域下降法相比，混合算法能够获得更高的目标函数值，并且能够减少迭代次数和计算时间。

总而言之，混合启发式算法是一种有效的求解校园无人车两阶段多行程车辆路径优化模型的方法。该算法能够有效地利用遗传算法和可变邻域下降法的优势，以期获得更优的解。

具体的算法流程如图 6 – 2 所示。

6.3.1 编码与参数设定

无人车配送路径优化是一个基于顺序优化的复杂问题，需要考虑多个因素。例如，客户的需求、地点、无人车的容量、配送时间等。选择合适的编码方式对于提高优化算法的效率和准确性至关重要。本章选择实数编码的方式，主要基于以下几个方面的优势：（1）减少无效解的产生；（2）实数编码能够直观地表现出寻找最优解的结果；（3）实数编码能够改善计算复杂性，尤其是在本章模型为两阶段、多行程问题，决策变量和约束条件相对复杂的情况下[20]。总而言之，实数编码是一种非常适合无人车配送路径优化问题的编码方式。它能够有效地减少无效解的产生，直观地表现最

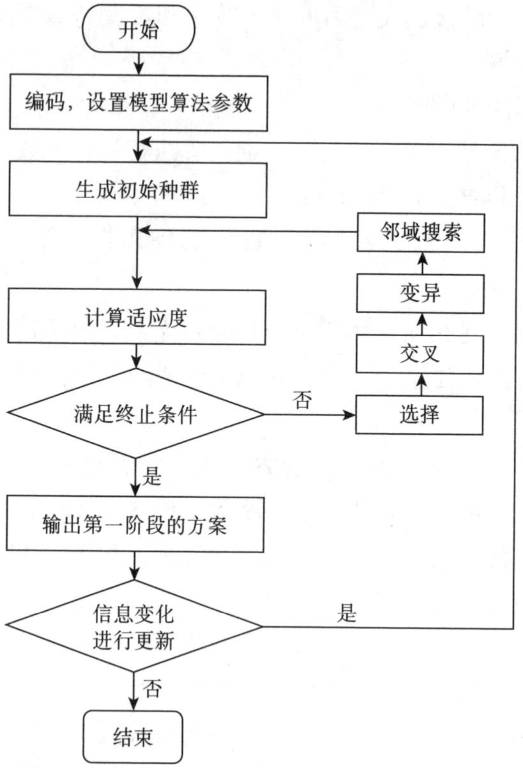

图 6－2　混合启发式算法的算法流程

优解，并改善计算复杂性。在本章的模型中，实数编码的应用取得了良好的效果，为无人车配送路径优化问题的求解提供了有效的解决方案。

例如，在本章的模型中，每条染色体代表一个可行解，包含了每辆车的所有行程。染色体长度为 n，n 表示客户点的数量。第一次编码时，根据无人车的容量，将生成的染色体上每个客户一一按顺序分给每辆无人车。编码之后每条染色的长度为 $n+k$，其中，k 表示无人车的数量。例如，共有 3 辆无人车为 9 个客户服务满足他们的需求，则染色体可以为：1 1986 2 23 3 475，表示 1 号无人车为 1 号、9 号、8 号和 6 号客户服务，2 号无人车为 2 号和 3 号客户服务，3 号无人车为 4 号、5 号和 7 号客户服务。客户分配好服务车辆之后，将根据车的容量约束等约束限制结合每位客户的需求、地点进行车程的分配，在每段车程的前后加入配送中心 0 进行分割，如前面在第一次编码中已经确定 1 号、9 号、8 号、6 号这四位客户由 1 号车服务，但需要分两次车程才能完成，则 1 号车的编码更新为 1 0 19 0 86 0，表明 1 号和 9 号客户点在第一段车程进行服务，8 号和 6 号客户点在第二段车程进行服务。

6.3.2 初始化种群

群体规模是影响算法性能的关键因素之一。初始种群规模的大小应适中，通常实际问题的种群规模为 50 ~ 200。本章针对不同阶段的模型设置不同的种群规模：预规划阶段，种群规模大小设为 100；实时调整阶段，种群规模大小设为 50。

在预规划阶段，需要考虑更多因素，例如客户的需求、地点、无人车的容量、配送时间等，因此需要设置更大的种群规模，以保证算法能够找到更优的解。在实时调整阶段，因为需要快速响应突发事件，例如，客户订单的增加或取消，所以需要设置更小的种群规模，以提高算法的运行效率。

本章的模型通过设置不同的种群规模，有效地平衡了算法的性能和效率。在预规划阶段，更大的种群规模保证了算法能够找到更优的解；在实时调整阶段，更小的种群规模提高了算法的运行效率。

6.3.3 计算适应度

每个个体都有一个与之相对应的适应度函数，其优劣需要通过适应度函数值的大小进行定量评价。个体越优，其适应度函数值越大。适应度函数直接决定搜索群体的进化行为。本章以每阶段的目标函数的倒数作为适应度函数，来评价个体的适应度。本章以到达客户点的时间之和或者配送时间之和最短作为优化目标，越优秀的个体，时间越短，适应度函数值也越大。

适应度函数的设计是遗传算法的关键步骤之一。一个好的适应度函数应该能够准确地反映个体的优劣，并能够引导搜索群体向更优的方向进化。本章的适应度函数设计考虑了无人车配送路径优化的实际需求，能够有效地评价个体的适应度，并引导搜索群体找到最优解。

6.3.4 选择

本章将采用一种结合了锦标赛选择和轮盘赌选择的新方法。首先，通过进行锦标赛选择，我们可以从父代种群中选出那些具有较高适应度函数值的个体，以确保在后续的子代种群中至少保留一定数量的高质量个体。然后，我们将利用轮盘赌方法对剩余的个体进行选择，其被选中的概率与其适应度值在剩余个体中所占比例成正比。这种综合运用不同的选择方法有助于提高算法的搜索广度，增强其在全局范围内寻找最优解的能力。

6.3.5 交叉

在遗传算法中，交叉操作扮演着重要角色，它涉及在父代个体中选取一对进行相互配对，以某种方式交换部分基因，从而产生两个全新的个体。常见的交叉方法有单点、两点、多点和均匀交叉等。本章选择采用两点交叉的策略，首先将种群中的个体两两成对，并随机选取两个交叉点，在这些点上进行基因交换。同时，本章将交叉概率设置为0.6，以保证适当的遗传多样性。

6.3.6 变异

本章采用了高斯变异的方式，即在进行变异操作时，利用符合特定均值为 μ、方差为S^2 的正态分布所生成的随机数来替代原有的基因值。通过这一方法，变异操作着重于搜索原个体附近的局部区域，这样不仅可以提升优化算法的精度，还有助于避免陷入局部最优解。本章将变异概率设定为0.1，以确保合适的遗传多样性。

6.3.7 可变邻域搜索

可变邻域下降法是一种启发式算法，它通过探索不同的邻域结构来寻找最优解。该算法首先从第一个邻域开始搜索，如果在该邻域中找到更好的解，则更新当前解并继续在该邻域中搜索，直到无法找到更好的解为止。然后，算法切换到下一个邻域，重复上述过程，直到所有邻域都被搜索完毕。

本章使用了三种组合优化邻域算子：交换、插入和 2 - opt。交换算子将两段子路的位置进行交换；插入算子随机选择一段子路，并将其插到另一条路径中；2 - opt 算子将一条路径上不相邻的两条弧断开，并添加两条新弧，使路径重新连通。

2 - opt 算子是一种局部优化方法，它通过反转子路来寻找局部最优解。该算子首先选择一条路径，然后找到该路径上不相邻的两条弧，将这两条弧断开并添加两条新弧，使路径重新连通。如果这种操作能够降低总行驶时间，则保留该操作，否则放弃该操作。重复上述过程，直到无法找到更好的解为止。

可变邻域下降法通过探索不同的邻域结构，能够有效地避免陷入局部最优解。本章使用三种不同的组合优化邻域算子，进一步提高了算法的搜索能力。

6.3.8 算法终止条件

在实际求解过程中，遗传算法并不具备自动终止迭代进化的能力。因此，我们在本章的混合启发式算法中需要设定一个明确的终止规则，以便在适当的时候结束求解过程。这一规则被设定为达到预先规定的最大迭代次数时，算法将自动终止运行。在算法的运行过程中，若满足了设定的终止条件，我们将输出第一阶段无人车的最优方案。然而，若条件未被满足，我们将需要继续进行一系列操作。这些操作包括选择、交叉、变异以及可变邻域下降搜索算法等步骤，以更新全局最佳解，以期获得第一阶段的最佳解。最终，我们需要审视路网信息以及客户需求是否发生了改变。若二者均未发生变化，那么我们可以直接输出第一阶段的最佳方案，作为无人车配送优化的最佳解。然而，若信息发生了变化，则需要重新进行上述操作，以生成适应新条件的无人车最佳配送方案。值得一提的是，第二阶段的初始种群将由第一阶段的最佳配送方案构成。此外，第二阶段的更新规划不再针对所有无人车，而是针对每辆无人车单独进行。每辆车在保持各自车程所需配送客户点不变的情况下（除了剔除不需要配送的客户），将对每个车程的客户点进行旅行商问题的规划。

6.4 计算分析

6.4.1 算例描述

根据所收集到的资料以及对学校内菜鸟驿站的调查研究，我们最终选定了校园 A 作为研究焦点。为了进行算例分析，我们生成了 80 个客户点的数据，这些数据将作为我们研究的样本。这些客户点涵盖了各自的编号、坐标以及需求数据，具体细节如表 6－1 所示。

表 6－1　　客户点部分数据

客户编号	x 坐标	y 坐标	客户需求
1	64	45	4
2	85	41	3
3	37	58	5
4	72	38	7
5	24	96	6

续表

客户编号	x 坐标	y 坐标	客户需求
6	41	58	9
7	22	37	10
8	29	62	10
9	12	46	7
10	65	95	2
……			
71	47	62	6
72	34	9	3
73	78	34	8
74	12	17	4
75	50	30	1
76	98	17	8
77	47	94	7
78	53	43	3
79	64	52	9
80	37	25	6

在无人车方面，我们选取校园中较为常见的无人车“小蛮驴”为代表，具体参数如表 6 -2 所示：

表 6 -2　　无人车参数

相关参数	具体参数值
工作功率	615 瓦
续航能力	充电 4 度能续航里程 102 千米
载重能力	100 千克
平均时速	15 千米/小时

在前文校园无人车配送优化模型中，其他参数的设定如下：配送中心的坐标设定为［50，50］，配送中心拥有的无人车数量为 3 辆，起始时间从 0 开始计算，每辆无人车为每个客户点提供服务的时间设定为 0.05 小时。

6.4.2　计算结果分析

6.4.2.1　无人车配送路径预规划阶段模型计算结果分析

路径预规划阶段优化目标是尽量缩短无人车到达每个客户点的时间。本阶段我们将算法的参数设定如下：种群大小为 100，最大迭代次数为 350。我们利用 MATLAB 软件对模型进行编程求解，以验证所构建的模型的合理性和设计的混合启发式算法程序的有效性和实用性。图 6－3 展示了无人车配送路径预规划阶段混合启发式算法的进化曲线。

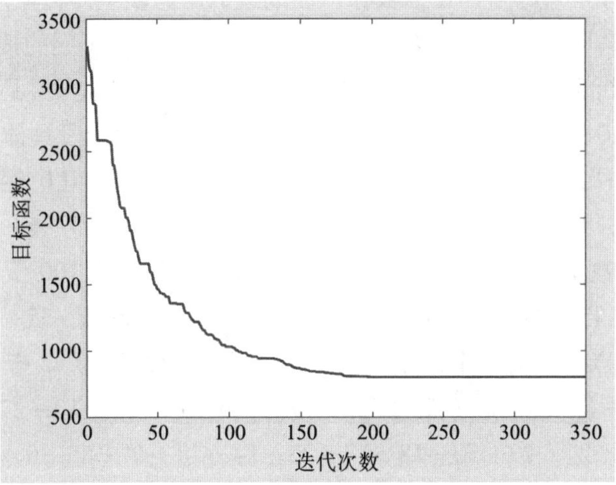

图 6－3　预规划阶段混合启发式算法进化曲线

从图 6－3 可以观察到，优化曲线在初始阶段下降迅速，随着进化逐渐趋于平稳，最终在第 200 次迭代时收敛至问题的最优解。初始种群的随机生成导致了优化过程开始阶段的种群适应度较低。然而，随着进化的推进，混合算法搜索逐渐朝着更优解的方向收敛，最终接近最优解。这种最优解的收敛情况证明了本章所设计的混合启发式算法在解决车辆数限制和多行程的车辆路径优化问题上的可行性，同时也验证了路径预规划阶段模型的合理性。图 6－4 展示了预规划阶段的路径优化情况。

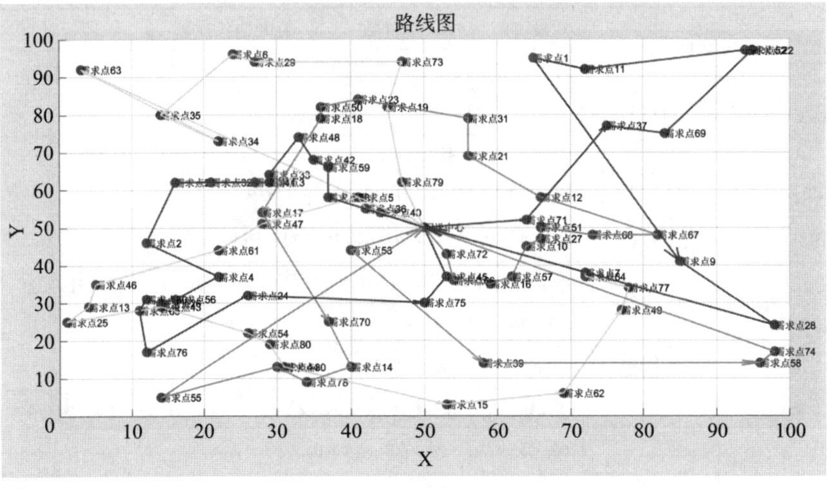

图 6－4　预规划阶段路径优化

进一步分析优化曲线的演变过程可发现，在开始阶段，种群的多样性较高，导致个体适应度相对较差。然而，随着进化的推进，通过交叉、变异等操作，种群中的优秀个体逐渐被保留和改进，从而使整体适应度逐步提升。这一过程体现了混合启发式算法的有效性，即通过结合不同的搜索策略，在解空间中进行全局搜索和局部优化，从而更好地探索解空间并逼近最优解。

根据图 6－4 和表 6－3 可知，无人车配送预规划阶段具体的无人车配送路径如下所示：第一辆无人车第一行程的配送路径为 0—40—36—5—47—61—46—13—25—43—54—80—30—15—62—49—77—64—7—0，服务的客户点数量为 18 个，该阶段 1 号无人车的载重为 100 千克；第一辆无人车第二行程的配送路径为 0—79—19—73—29—6—35—34—63—0，服务的客户点数量为 8 个，该阶段 1 号无人车的载重为 43 千克；第二辆无人车第一行程的配送路径为 0—72—66—16—57—10—27—51—68—67—12—21—31—23—50—18—17—70—14—78—44—55—0，服务的客户点数量为 21 个，该阶段 2 号无人车的载重为 100 千克；第二辆无人车第二行程的配送路径为 0—53—39—58—74—0，服务的客户点数量为 4 个，该阶段 2 号无人车的载重为 24 千克；第三辆无人车第一行程的配送路径为 0—38—8—59—42—48—33—3—41—32—20—2—4—56—26—60—65—76—24—75—45—0，服务的客户点数量为 20 个，该阶段 3 号无人车的载重为 100 千克；第三辆无人车第二行程的配送路径为 0—71—37—69—22—52—11—1—9—28—0，服务的客户点数量为 9 个，该阶段 3 号无人车的载重为 47 千克。

表 6－3　　算例第一阶段计算最优结果

计算结果		最优解	车辆数	最大迭代次数	运行时间
		797.9286	3	350	939.5102
无人车编号	行程	停靠客户点顺序			
1	第一段行程	0—40—36—5—47—61—46—13—25—43—54—80—30—15—62—49—77—64—7—0			
	第二段行程	0—79—19—73—29—6—35—34—63—0			
2	第一段行程	0—72—66—16—57—10—27—51—68—67—12—21—31—23—50—18—17—70—14—78—44—55—0			
	第二段行程	0—53—39—58—74—0			
3	第一段行程	0—38—8—59—42—48—33—3—41—32—20—2—4—56—26—60—65—76—24—75—45—0			
	第二段行程	0—71—37—69—22—52—11—1—9—28—0			

根据表6－3和图6－4的数据分析，我们可以详细了解无人车配送预规划阶段的具体路径安排。首先，我们来看第一辆无人车的情况。在第一行程中，该无人车的配送路径包括从起点出发，经过一系列客户点后返回起点，共服务了18个客户点，而其最大载重为100千克。接着，第二行程的配送路径也相应给出，该行程服务了8个客户点，载重为43千克。第一行程路径为0—40—36—5—47—61—46—13—25—43—54—80—30—15—62—49—77—64—7—0。第二行程路径为0—79—19—73—29—6—35—34—63—0。紧接着，我们转而关注第二辆无人车的行程安排。第一行程路径包含了21个客户点，载重为100千克；而第二行程路径则服务了4个客户点，载重为24千克。第一行程路径和第二行程路径分别为0—72—66—16—57—10—27—51—68—67—12—21—31—23—50—18—17—70—14—78—44—55—0和0—53—39—58—74—0。最后，第三辆无人车的配送路径也呈现出来。第一行程路径涵盖了20个客户点，载重为100千克；而第二行程路径服务了9个客户点，载重为47千克。第一行程路径和第二行程路径分别为0—38—8—59—42—48—33—3—41—32—20—2—4—56—26—60—65—76—24—75—45—0和0—71—37—69—22—52—11—1—9—28—0。

以上分析明确地揭示了无人车配送预规划阶段的路径安排。首先，对于每辆无人车，其行程都经过详细安排，考虑到客户点的数量和载重限制。这种细致的路径规划有助于优化配送效率，提高配送质量。此外，通过深入挖掘路径规划数据，我们可以进一步优化配送策略，以应对不同情况下的配送需求，提升无人车配送的整体效能。

6.4.2.2 无人车配送路径实时调整阶段模型计算结果分析

在无人车车辆路径的实时调整阶段，当路网信息发生变化或客户点需求变更时，需要对出发路径进行更新。在此阶段，保持之前预规划阶段中每辆无人车每次行程所服务的客户不变，而是对每辆无人车未完成的各次行程进行重新规划。这样可以确保每次行程在最新情况下都能够在最短时间内完成服务任务。举例来说，当1号无人车前往服务43号客户时，若路况信息和客户需求发生变化，就需要在1号无人车从25号客户点前往43号客户点的路上进行更新。同样，对于2号无人车从67号客户点至12号客户点、3号无人车从20号客户点至2号客户点的行程，也需要相应地调整。在具体操作中，假设路段73—29出现了单向严重拥堵，而路段78—44单向通行受限。这里的单向指的是从29号到73号、从44号到78号的路段情况未发生改变。另外，如果客户点49号和22号取消了订单，那么也需要重新规划路径。针对这些情况，通过将种群大小设为50，最大迭代次数设为50进行优化计算，得到了实时调整阶段后的总规划结果，如图6－5所示。

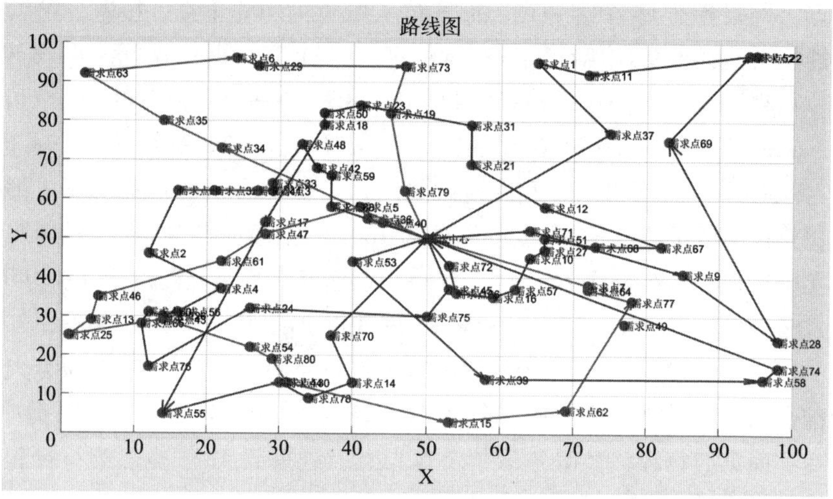

图6－5　实时调整阶段路径优化

将第二阶段的结果与之前第一阶段的结果进行对比，如表6－4所示。

表6－4　　　　　实时调整阶段结束后客户服务顺序对比

无人车编号	行程	预规划后停靠客户点顺序	实时调整后停靠客户点顺序
1	第一段行程	0—40—36—5—47—61—46—13—25—43—54—80—30—15—62—49—77—64—7—0	0—40—36—5—47—61—46—13—25—43—54—80—30—15—62—77—64—7—0
	第二段行程	0—79—19—73—29—6—35—34—63—0	0—34—35—63—6—29—73—19—79—0
2	第一段行程	0—72—66—16—57—10—27—51—68—67—12—21—31—23—50—18—17—70—14—78—44—55—0	0—72—66—16—57—10—27—51—68—67—12—21—31—23—50—18—17—55—44—78—14—70—0
	第二段行程	0—53—39—58—74—0	0—53—39—58—74—0
3	第一段行程	0—38—8—59—42—48—33—3—41—32—20—2—4—56—26—60—65—76—24—75—45—0	0—38—8—59—42—48—33—3—41—32—20—2—4—56—26—60—65—76—24—75—45—0
	第二段行程	0—71—37—69—22—52—11—1—9—28—0	0—71—9—28—69—52—11—1—37—0

通过表6－4可观察到，第一辆无人车的第一段行程自40号至25号客户点无须调整，因为更新后已完成配送。但从43号客户点开始，行程重新规划。由于49号客户取消了订单，第一段行程取消了49号客户点的停靠，从而节约了时间。因此，第一辆无人车的第一段行程最终路径为0—40—36—5—47—61—46—13—25—43—54—80—30—15—62—77—64—7—0，服务的客户点数量为17个，车辆载重为95千克。在第二段行程中，由于73—29路段单向拥堵，将原计划的路径0—79—19—73—29—6—35—34—63—0更改为0—34—35—63—6—29—73—19—79—0，以避免时间浪费。值得注意的是，第二段行程的客户服务未变，符合预期。第二辆无人车的第一段行程中，由于路段78—44单向通行困难，路径调整为12—21—31—23—50—18—17—55—44—78—14—70，以避免无法通行或受损。因此，第二辆无人车的第一段行程路径为0—72—66—16—57—10—27—51—68—67—12—21—31—23—50—18—17—55—44—78—14—70—0。第二段行程路况和客户需求不变，仍按原路径行驶。第三辆无人车的第一段行程自20号至2号客户点不变，但从2号客户点开始重新规划。第一段行程路径未变，因路况和客户需求保持一致。在第二段行程中，由于22号客户取消订单，路径调整为0—71—9—28—69—52—11—1—37—0。

通过比较前后路径变化，可以明显观察到，当客户需求或路况信息发生变更时，所提出的模型能够相应更新，以优化无人车配送时间，提升利用效率。这也验证了所设计改进的遗传算法在解决车辆数限制和多行程的路径优化问题上的可行性。

6.4.3 混合启发式算法性能分析

为了验证改进后的混合启发式算法与遗传算法相结合在解决校园无人车两阶段多行程车辆路径优化问题时的有效性和优越性，本章进行了对比分析。通过对本章所提出的模型分别应用混合启发式算法和遗传算法进行计算，得到了两种算法的迭代次数图。混合启发式算法与遗传算法在优化问题中的表现将被进行细致的比较和评估。该评估将基于迭代次数、求解质量、收敛速度等方面展开，以全面了解各自的优缺点。最终，通过对实验结果的分析，可得出对校园无人车配送优化问题最有效的算法选择。

通过对比图6－6，我们可以观察到遗传算法在未改进之前的全局搜索能力相当强大，尽管在局部搜索方面存在明显的缺陷。其初期收敛速度较快，但在处理较大规模问题时，全局搜索能力不足，容易过早地陷入局部最优解。从遗传算法的迭代次数图中可以看出，它需要 247 次迭代才能收敛到最优解。相比之下，混合启发式算法只需 200 次迭代就能达到最优解，并且其迭代曲线连续性更好，不存在明显的断档，有助于避免陷入局部最优解，因此其收敛效率优于遗传算法。在对比图 6－6 中的结果后，我们可以得出结论，即混合启发式算法相较于传统的遗传算法在解决校园无人车路径优化问题时具有更高的收敛效率和更优的全局搜索能力。

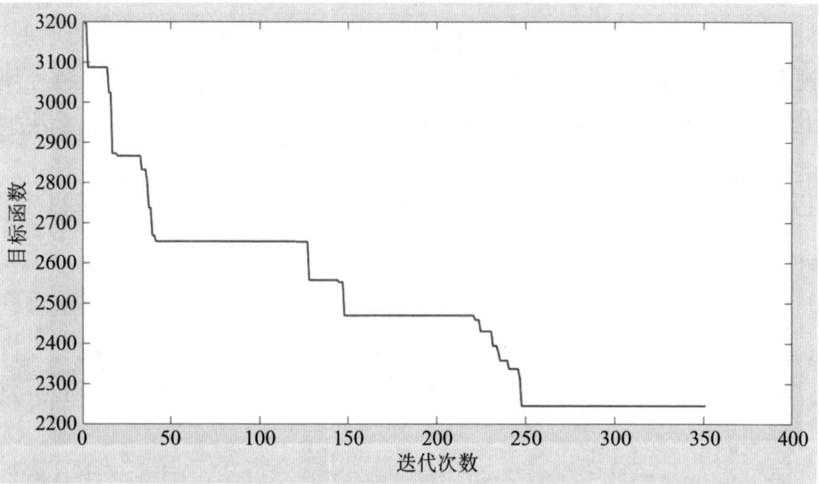

遗传算法进化曲线

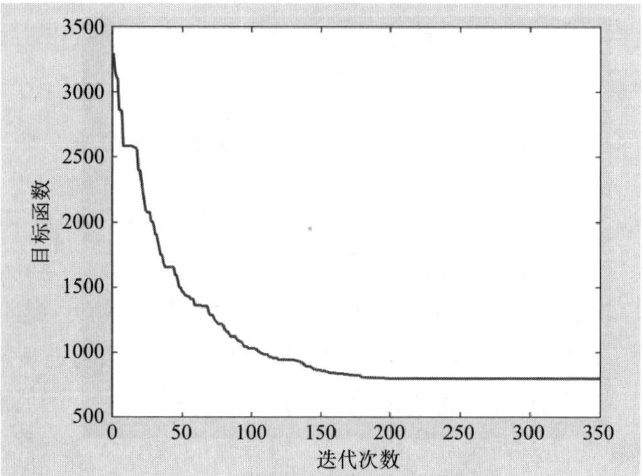

混合启发式算法的进化曲线

图 6－6　两种算法迭代过程对比

进一步对比两种算法得出的结果，我们可以将图 6 -4 和图 6 -7、图 6 -5 和图 6 -8 进行相对比，以直观感受它们在路线规划上的差异。

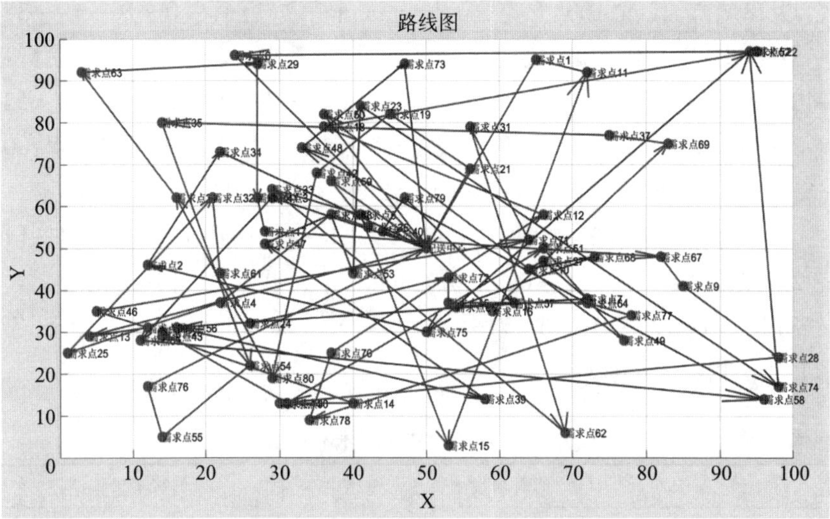

图 6 -7　遗传算法预规划阶段路径优化

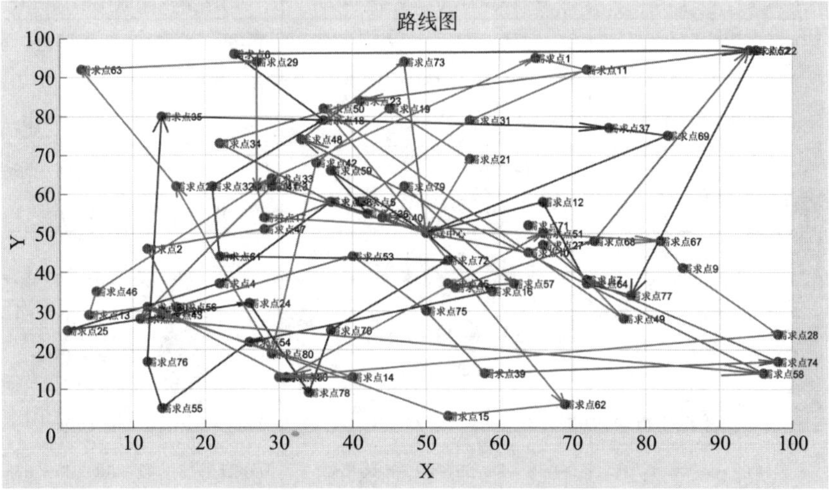

图 6 -8　遗传算法实时调整阶段路径优化

对比表 6 -5 中两种算法的结果，可以发现遗传算法得到的最优结果为 2243. 9256，明显高于 797. 9286，这是因为未改进的遗传算法容易陷入局部最优解，浪费了迭代次数，导致最终结果与改进后的算法相比存在较大差距。遗传算法虽然能够得出结果，但也验证了本章所提出的校园无人车两阶段多行程路径问题模型的可行性和适应性良好。以下是遗传算法得出的无人车配送预规划阶段具体路径：1 号无人车第一行程：0—59—36—8—4—25—32—61—24—72—45—64—77—78—70—12—18—22—6—0，服务客户 18 个，载重 100 千克；1 号无人车第二行程：0—16—69—37—35—54—55—76—0，服务客户 7 个，载重 27 千克；2 号无人车第一行程：0—40—79—57—66—68—10—27—7—56—39—47—38—53—23—74—52—75—2—34—0，服务客户 19 个，载重 98 千克；2 号无人车第二行程：0—3—65—58—48—73—0，服务客户 5 个，载重 32 千克；3 号无人车第一行程：0—21—19—42—80—20—63—29—41—17—67—9—28—44—14—43—26—30—51—49—50—0，服务客户 20 个，载重 98 千克；3 号无人车第二行程：0—13—60—46—71—31—62—33—5—15—11—1—0，服务客户 11 个，载重 59 千克。

表 6－5　两种算法的计算结果对比

		混合启发式算法计算结果	遗传算法计算结果
迭代次数		350	350
未发生调整的最优结果		797.9286	2243.9256
无人车编号	行程	预规划后停靠客户点顺序	预规划后停靠客户点顺序
1	第一段行程	0—40—36—5—47—61—46—13—25—43—54—80—30—15—62—49—77—64—7—0	0—59—36—8—4—25—32—61—24—72—45—64—77—78—70—12—18—22—6—0
	第二段行程	0—79—19—73—29—6—35—34—63—0	0—16—69—37—35—54—55—76—0
2	第一段行程	0—72—66—16—57—10—27—51—68—67—12—21—31—23—50—18—17—70—14—78—44—55—0	0—40—79—57—66—68—10—27—7—56—39—47—38—53—23—74—52—75—2—34—0
	第二段行程	0—53—39—58—74—0	0—3—65—58—48—73—0
3	第一段行程	0—38—8—59—42—48—33—3—41—32—20—2—4—56—26—60—65—76—24—75—45—0	0—21—19—42—80—20—63—29—41—17—67—9—28—44—14—43—26—30—51—49—50—0
	第二段行程	0—71—37—69—22—52—11—1—9—28—0	0—13—60—46—71—31—62—33—5—15—11—1—0

续表

无人车编号	行程	实时调整后停靠客户点顺序	实时调整后停靠客户点顺序
1	第一段行程	0—40—36—5—47—61—46—13—25—43—54—80—30—15—62—77—64—7—0	0—59—36—8—4—25—24—78—70—72—61—32—18—6—22—77—64—12—0
	第二段行程	0—34—35—63—6—29—73—19—79—0	0—16—54—55—76—35—37—69—0
2	第一段行程	0—72—66—16—57—10—27—51—68—67—12—21—31—23—50—18—17—55—44—78—14—70—0	0—40—79—57—66—68—52—23—34—38—47—2—56—53—75—39—74—7—27—10—0
	第二段行程	0—53—39—58—74—0	0—3—65—58—48—73—0
3	第一段行程	0—38—8—59—42—48—33—3—41—32—20—2—4—56—26—60—65—76—24—75—45—0	0—21—19—42—80—20—63—29—41—17—67—9—28—44—14—43—26—30—51—49—50—0
	第二段行程	0—71—9—28—69—52—11—1—37—0	0—62—15—60—13—46—33—1—11—31—5—0

在对比表格的基础上，可以观察到遗传算法与混合启发式算法在校园无人车路径规划中的不同表现。通过分析两种算法的结果，可以发现改进后的混合启发式算法在解决问题时具有更高的效率和更优的结果，而遗传算法的不足之处在于易陷入局部最优解。因此，在实际应用中，应该考虑采用混合启发式算法来优化校园无人车的路径规划。

在实时调整阶段，遗传算法和混合启发式算法同时更新，以应对路况和客户需求的变化。例如，1 号无人车在服务 25 号客户时，发现路况信息和客户点需求发生了变化。在第一阶段行程中，1 号无人车取消了 45 号客户点的停靠，最终路径为 0—59—36—8—4—25—32—61—24—72—45—64—77—78—70—12—18—22—6—0，服务 17 个客户，载重 98 千克。在第二行程中，由于路段 37—35 拥堵，路径调整为 0—16—54—55—76—35—37—69—0。对于 2 号无人车，第一段行程路径调整为 0—40—79—57—66—68—52—23—34—38—47—2—56—53—75—39—74—7—27—10—0，服务 19 个客户，载重 98 千克。第二行程保持不变。至于 3 号无人车，第一段行程从 80 号客户点开始重新规划，而第二段行程由于 71 号客户取消订单，路径调整为 0—62—15—60—13—46—33—1—11—31—5—0。

除了详细展示了遗传算法和混合启发式算法在算例上的计算结果对比外，本章还进行了不同客户数量规模下的对比分析（见表6－6）。结果显示，混合启发式算法的优化目标始终优于遗传算法，并且随着客户规模的增加，二者之间的差距也逐渐扩大。因此，可以得出结论：本章所提出的混合启发式算法在解决校园无人车两阶段多行程车辆路径优化问题时，具有更为优越的性能表现，尤其在客户规模较大的情况下，其优势更加显著。

表6－6　　不同客户数量下两种算法计算结果对比

客户数量	混合启发式算法目标值	遗传算法目标值
30	150.9857	265.593
40	213.6704	447.0129
50	310.5651	744.5166
60	431.5827	1110.278
70	577.875	1647.092
80	797.9286	2243.9256

6.4.4　敏感性分析

在校园内实行无人车物流时，购置无人车的成本对用户是否采用该系统具有重要影响。因此，在校园无人车两阶段多行程车辆路径问题模型中，配送中心购置的无人车数量是一个至关重要的考量因素，它对校园内无人车物流的决策结果产生了巨大影响。本章将对不同的无人车数量进行了考量，以评估其对无人车配送总时间的影响，为配送中心提供合理的购置建议。首先，进行无人车数量的敏感性分析，通过改变无人车数量来观察其对前文算例的影响，并确定适宜的无人车数量变化范围。其次，根据适宜的无人车数量范围，再调整客户数量，以比较不同客户数量对不同无人车数量下优化结果的影响。敏感性分析的第一步是改变无人车数量，以确定合适的无人车数量范围，具体情况见图6－9。

根据观察图6－9的结果，无人车数量从2辆增加到3辆时，目标函数值的降低达到了最大值。接下来，当无人车数量从3辆增加到4辆时，目标函数值的降低幅度有所减小。然而，当无人车数量从4辆增加到5辆，以及从5辆增加到6辆时，并未观察到目标函数值的明显下降。这可能是因为在考虑的案例中，总客户数是已知的。对于给定的客户数量，过多的无人车可能会导致资源的浪费，而无法有效地利用这些车辆。相反，

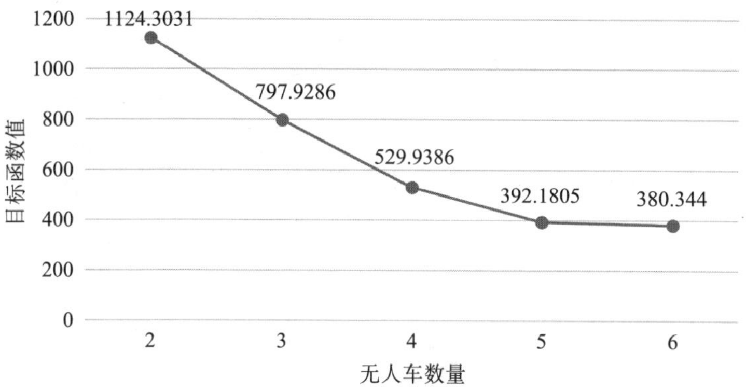

图 6-9　无人车数量的敏感性分析

过多的无人车可能会导致前期成本过高，但这些车辆的利用率却很低，无法实现预期的回报，导致投入和产出之间的关系失衡。因此，在考虑引入无人车以增加配送能力之前，校园配送中心应该合理评估校园在不同时间段的无人车需求量，以更好地确定需要购置的无人车数量，从而降低购置成本所带来的经营风险。

例如，如表 6-7 所示，根据图 6-9 的结果，选取对无人车数量影响最大的 2 辆、3 辆和 4 辆车进行配送规划。针对客户数量分别为 30 个至 40 个、50 个、60 个、70 个和 80 个的情况，进行求解，并将结果列于表 6-7 中。观察发现，在客户数量为 30 个或 40 个时，2 辆无人车和 3 辆无人车的配送规划结果差异较大。但是，当无人车数量从 3 辆增加到 4 辆时，配送结果的差异明显减少，这表明在客户数量为 30 个、40 个和 50 个时，购置 4 辆无人车并不是必要的。而当客户数量增至 60 个、70 个和 80 个时，2 辆无人车和 3 辆无人车的配送规划结果仍然存在显著差异。尽管 3 辆车和 4 辆车之间的差距相比之前的情况有所增加，但仍小于 2 辆车和 3 辆车之间的差距。因此，在这个客户数量范围内，建议至少购置 3 辆无人车，因为购置 3 辆车所带来的配送优化效果要远远优于购置 2 辆车的效果。但是，是否应购置第 4 辆无人车，则需要综合考虑增加一辆车所带来的优化程度、购置成本以及配送中心的资金状况等因素，以作出合理的决策。

表 6-7　　　　不同客户数量不同无人车数量的计算结果对比

客户数量（个）	无人车数量（辆）	目标值
30	4	120. 9582
	3	150. 9857
	2	237. 353

续表

客户数量（个）	无人车数量（辆）	目标值
40	4	179.1475
	3	213.6704
	2	339.1995
50	4	241.038
	3	310.5651
	2	464.2724
60	4	307.319
	3	431.5827
	2	633.6056
70	4	411.1305
	3	577.875
	2	934.8287
80	4	524.7609
	3	797.9286
	2	1138.763

6.5 本章小结

本章首先提出了校园无人车配送车辆路径优化问题模型，分为两阶段考虑。这样的设计是为了动态适应校园环境的变化，如校园上下学高峰期可能导致路况变化，或客户需求的即时变更。采用两阶段模型能更贴近实际情况，并结合无人车的即时响应特性，在预设路径之后能够灵活应对变化。而多行程考虑了校园驿站的角度，避免忽略无人车数量限制和最大化利用效率，以确保模型的可行性和实用性。

其次，我们引入了一种混合启发式算法，旨在优化校园内无人车的配送路线。该算法将改进的遗传算法与变量邻域下降法结合，以提升局部搜索的效果，确保搜索结果的准确性。通过对算例进行分析，我们发现相对于传统的遗传算法，混合启发式算法展现出更为优异的优化效果，验证了我们模型的可行性和算法的有效性。最后，进行了针对无人车数量的敏感性分析，以更全面评估方案的稳健性。建议校园配送中心在购置无人车前充分考虑校园客户数量和需求变化情况，科学确定无人车购置数量，避免过度投入而造成运营风险。

综上所述，本章为校园配送中心提供了有效建议，包括合理预估客户数量、科学确定无人车购置数量，并在引入无人车后通过多行程思想提升配送效率，从而降低人力成本、提升服务质量，加速投资回报，保持竞争优势。

本章参考文献

［1］ Dantzig G B, Ramser J K. The truck dispatching problem ［J］. Management Science, 1959, 6 (1): 80 -91.

［2］ Poikonen S, Wang X, Golden B L. The vehicle routing problem with drones: Extended models and connections ［J］. Networks, 2017, 70 (1): 34 -43.

［3］ Kottasova I. Forget drones, here come delivery robots ［N］. CNN, 2015 - 11 - 03. https: //money. cnn. com/2015/11/03/technology/starship - delivery - robots/? iid = EL.

［4］ Hutter M, Gehring C, Lauber A, et al. ANYmal - toward legged robots for harsh environments ［J］. Advanced Robotics, 2017, 31 (17): 918 - 931.

［5］ Simoni M D, Kutanoglu E, Claudel C G. Optimization and analysis of a robot - assisted last mile delivery system ［J］. Transportation Research Part E: Logistics and Transportation Review, 2020, 142: 102049.

［6］ Zhang Y, Shi L, Chen J, et al. Analysis of an automated vehicle routing problem in logistics considering path interruption ［J］. Journal of Advanced Transportation, 2017, 2017: 1 -10.

［7］ Chen C, Demir E, Huang Y. An adaptive large neighborhood search heuristic for the vehicle routing problem with time windows and delivery robots ［J］. European Journal of Operational Research, 2021, 294 (3): 1164 - 1180.

［8］ Chen C, Demir E, Huang Y, et al. The adoption of self - driving delivery robots in last mile logistics ［J］. Transportation research part E: logistics and transportation review, 2021, 146: 102214.

［9］ 陆森嘉，尹钦仪．“最后一公里”无人车配送发展现状及应用前景［J］. 综合运输，2021，43 (1): 117 -121.

［10］ 赵国富，解永亮，崔莹，等．无人车智能配送普及过程中的问题

分析与规划［J］. 物流工程与管理，2021，43（10）：40－43.

［11］胡觉亮，张宇涛，韩曙光. 城市物流中电动无人车配送优化研究［J］. 浙江理工大学学报（社会科学版），2020，44（2）：124－133.

［12］王雷，王欣，刘德海，等. 智能网联下无人驾驶汽车配送路径优化方法［J］. 系统科学与数学，2020，40（11）：1984－1998.

［13］张仪夫，杨朝阳，曹坤泽，等. 双向蚁群算法在无人驾驶车辆路径规划中的应用［J］. 湖北汽车工业学院学报，2021，35（1）：21－24.

［14］陆淼嘉，黄承媛，滕靖. 基于多智能体的网购生鲜无人车配送调度仿真［J］. 系统仿真学报，2022（06）：1185－1195.

［15］陈耀斌，黄利玲，苏为琛. 校园无人配送路径规划与应用研究［J］. 物流工程与管理，2021，43（11）：26－28，18.

［16］胡卉，唐子淇，刘富鑫，等. 疫情下医用防护物资“无接触”配送优化［J］. 中国管理科学，2023，31（05）：152－163.

［17］王愚勤，胡卉，刘富鑫，等. 智能网联下无人车配送路径优化［J］. 运筹与管理，2021，30（08）：52－58.

［18］李妍峰，高自友，李军. 基于实时交通信息的城市动态网络车辆路径优化问题［J］. 系统工程理论与实践，2013，33（07）：1813－1819.

［19］Vidal T. Hybrid genetic search for the CVRP：Open－source implementation and SWAP＊ neighborhood［J］. Computers & Operations Research，2022，140：105643.

［20］范厚明，张跃光，田攀俊，等. 时变路网下异型车辆动态配置与路径优化［J］. 系统工程理论与实践，2022，42（02）：455－470.

第7章 疫情扩散模型驱动下供应链两阶段应急库存路径问题研究

随着新冠疫情的暴发和全球范围内的扩散，供应链面临了巨大的挑战。疫情的突发导致了供应链中断、物流延迟以及需求波动等问题，给供应链运作带来了巨大的不确定性。

在应对疫情扩散的过程中，供应链管理者面临如何减轻疫情对供应链的不利影响，如何合理调配资源和库存，如何优化路径选择等问题。其中，应急库存路径问题是供应链管理中的关键问题之一。

两阶段应急库存路径问题，是指在供应链中设置应急库存以应对疫情等突发事件，从而保证供应链在不确定环境下的可靠性和韧性。该问题涉及应急库存的合理配置和路径的优化选择，以最小化供应链运营成本和交通风险，同时满足紧急需求。

有效解决两阶段应急库存路径问题对供应链的可持续发展至关重要，因此，也是“双碳”目标驱动的供应链运作优化问题。通过建立疫情扩散模型，预测疫情传播的趋势和影响范围，可以为应急库存和路径的决策提供可靠的依据。然而，目前在这一领域的研究还相对有限。

因此，研究人员需要开展进一步的研究，探索在疫情扩散模型驱动下的供应链两阶段应急库存路径问题。研究的目标是通过优化路径选择和应急库存配置，提高供应链的韧性和应对能力，减轻疫情对供应链运作的不利影响，为应急决策提供科学的指导和支持。

本章的研究具有重要意义。

（1）增强供应链韧性。研究如何在疫情扩散的不确定环境下设置应急库存和优化路径选择，可以提高供应链的韧性和应对能力。合理配置应急库存和选择最佳路径，可以减轻疫情对供应链运作的不利影响，保障供应链的持续运作。

（2）降低供应链成本。通过疫情扩散模型驱动下的应急库存路径优化研究，可以有效降低供应链的运营成本。合理配置应急库存和优化路径选择可以减少不必要的资源浪费和交通风险，提升供应链的效率和经济性。

（3）优化紧急需求响应。在疫情扩散模型的指导下，研究供应链两阶段应急库存路径问题，可以实现对紧急需求的及时响应。通过优化路径选择，可以缩短所需物资的运输时间，满足紧急需求的迅速恢复和保障。

（4）提高决策的科学性与准确性。基于疫情扩散模型驱动的研究，可以对疫情的传播趋势和影响范围进行预测和分析。这为应急库存的合理配置和路径的选择提供了科学的依据和决策支持，提高了决策的准确性和有效性。

（5）推动供应链可持续发展。供应链两阶段应急库存路径问题的研究，可以促进供应链的可持续发展。通过集成疫情风险管理与应急库存路径优化，可减少供应链中断和资源浪费，实现供应链的稳定性、效率和环境可持续性的统一，进而降低碳排放。

研究供应链两阶段应急库存路径问题，可以为供应链管理者提供重要的指导和决策支持，使供应链能够更好地应对疫情等突发事件的挑战，保障人民的生命安全和社会运行的稳定性。同时，研究结果和方法的应用还可以对其他类似的紧急情况和灾害事件提供借鉴。例如，在自然灾害、供应链中断、公共卫生危机等情境下，都可以借鉴应急库存路径优化的研究成果，加强应急响应和灾害管理能力。

此外，研究供应链两阶段应急库存路径问题，也为政府和相关机构制定应急管理政策和措施提供参考。研究成果可以提供科学依据和决策支持，帮助政府和组织制定更加有效的紧急情况下的供应链管理政策，并推进供应链的可持续发展和社会的整体安全，为碳达峰碳中和目标的实现提供支持。

综上所述，研究供应链两阶段应急库存路径问题具有重要的研究意义。通过优化应急库存和路径选择，可以增强供应链的韧性，降低成本，优化紧急需求响应，并推动供应链的可持续发展。此外，研究成果还可以为政府决策和应急管理提供科学支持和借鉴，进一步提升社会的安全性和紧急情况下的灾害应对能力。

7.1　相关理论与文献综述

7.1.1　相关理论

本章的研究涉及多个相关理论，以下是其中的一些重要理论。

（1）疫情传播模型：研究疫情扩散过程和规律的数学模型。常用的疫情传播模型包括 SIR 模型、SEIR 模型等，通过描述人群的易感者、感染者和康复者之间的转化关系，预测疫情的传播趋势和传播范围。基于疫情传播模型，可以预测疫情的扩散风险，对供应链应急库存和路径作出科学安排和决策。

（2）应急库存管理理论：研究如何在缺乏可靠需求信息和面临紧急需求的情况下，合理配置应急库存。常用的应急库存管理方法包括基于风险规避和基于需求预测的方法。这些方法可以确定最优的库存水平和配置策略，以满足紧急需求，并平衡库存成本和服务水平。

（3）路径选择与网络优化理论：研究在供应链网络中，如何选择最佳路径和优化网络结构以提高供应链的效率和韧性。路径选择方法可以基于最短路径、最小成本、拓扑结构等指标，通过优化算法和网络模型，确定最佳的应急物资流动路径，以减少运输时间和成本，保障紧急需求的响应。

（4）风险管理理论：研究如何识别、评估和管理供应链中的风险。供应链风险包括供应商中断、运输延误、需求波动等，而疫情扩散模型驱动下的供应链则会引入特定的疫情风险。风险管理方法包括风险评估、风险处理和风险监控等手段，可以帮助供应链管理者制定应对疫情风险的策略，并在应急库存路径问题中加以应用。

（5）多目标优化理论：研究如何解决具有多个冲突目标的优化问题。在疫情扩散模型驱动下的供应链应急库存路径问题中，需要权衡成本、服务水平、安全性等多个目标。多目标优化方法可以通过建立数学模型和应用算法，寻找最优的应急库存配置和路径选择方案，以在多个目标之间进行均衡和权衡。

上述理论为本章的研究提供了基础和方法支持，可以帮助研究人员深入理解和解决这一问题，提出有效的应急管理策略。

7.1.2 文献综述

自 Dantzig 和 Ramser（1959）[2]对著名的旅行商问题（TSP）进行推广后，车辆路径问题（Vehicle Routing Problem，VRP）已经成为物流领域的重要研究课题。50 多年来，VRP 经历了不断发展。首次将库存问题与路径问题结合起来考虑是由 Federgruen 和 Zipkin[3]提出的，引出了库存路径问题（Inventory Routing Problem，IRP）的研究。然而，他们仅考虑了客户的库存问题。后续研究者，如 Archetti 等[4]将供应商管理库存的思想与路径选择相结合，同时考虑了供应商和客户的库存情况。单周期确定性需求 IRP 实际上可以视为经典的 VRP 的一种形式[5]。近年来，关于随机需求 IRP 的研究逐渐丰富[6~9]。因此，可以认为 VRP 和 IRP 本质上是对 TSP 问题的推广。经过数十年的发展，目前，IRP 的定义被大多数学者接受：供应商向分布在多个地理位置的客户交付产品，通过同时优化库存管理、车辆路径和交付计划，提供集成的物流解决方案。这包括确定何时为给定客户提供服务、提供给该客户的交付量，以及由客户和供应商共同组成的车辆路线[10~14]。这一定义体现了 IRP 的综合性和复杂性，对于解决现实世界中复杂的物流配送问题具有重要意义。

应急管理分为灾前行动和灾后行动两个阶段，灾后应急物资输送具有需求点需求的随机性的特点[1]，所以不确定需求在应急物资 IRP 中是必须要考虑到的。在应急物资的管理中，因为缺货造成的财产和生命损失是无法估量的，所以在应急物资 IRP 中避免缺货比单纯关注运输成本最小化更重要。类似的优先权规则也适用于一些稀缺资源的分配（血液）和带时间窗的 IRP 问题[14~15]。

目前，IRP 文献中供应商的补货政策最常见的是 OU 政策和 ML 政策[11]。在现代物流管理中，OU 政策（如果在某一周期内向一个零售商交付产品，则交付的数量应当使该零售商的库存水平达到其最大库存水平）作为一种常见的库存管理策略，在许多 IRP 研究中得到广泛应用。然而，尽管其在维持库存水平方面效果显著，但其僵化性可能会产生高昂的库存费用[16]。因此，一些研究者开始以预测需求为基础，结合 OU 补货策略，以更灵活的方式对各个需求点进行补货。

在实际应用中，IRP 通常集中在海运[17]、化工、石油和天然气[15]等行业，其中涉及了复杂的路径规划和运输需求。然而，对于某些特殊产品，如汽车零部件、易腐品和油罐等，现有研究主要侧重于车辆路径优化，而忽略了库存管理方面的决策[10、13]。

此外，针对应急产品的 IRP 研究相对较少，现有文献[14]主要集中在血液制品等特定领域。尽管在 VRP 领域有大量研究，但将 IRP 应用于通用应急物资的研究相对较少。因此，本研究旨在提出一个通用的应急物资 IRP 模型，并利用改进的蚁群优化算法求解其近似最优解。

尽管 VRP 经过数十年的发展，已经有了各种精确算法和近似算法来解决问题，但在解决 IRP 时仍面临一些挑战。由于运输成本与库存成本之间存在效益背反的情况，传统的启发式算法很难将两者合并以获得近似最优解。因此，需要进一步探索新的算法和方法来解决这一问题。

Laporte[18]对 VRP 的求解方案总结了三个大类的 VRP 求解方案，即精确算法、启发式算法和元启发算法。虽然 VRP 求解的精确算法种类很多，包括分支定界算法、动态规划、车辆流公式算法、商品流公式算法、集合划分公式算法[19]等。然而，IRP 问题的精确求解算法主要集中在分支定界和整数规划的传统求解方法上。这是因为库存路径问题通常具有很高的复杂性，难以用精确算法解决[4]，且目前尚无一种算法能够有效解决各种规模的库存路径问题。因此，许多研究采用了一种分解策略，将 IRP 问题分解为库存问题和配送问题进行独立求解[4、14、16、17]。这种方法旨在简化问题，提高求解效率，但也存在一定的局限性，需要进一步探索新的方法来解决整合型库存路径问题。

本章的主要贡献有以下几点：

（1）给出一个通用的应急物资供应商管理 IRP 的模型；

（2）补货政策以预测需求函数为依据，有效避免仅采用 OU 政策可能导致的补货过度和僵化问题，从而更好地符合实际需求；

（3）在蚁群优化算法中结合遗传算法中的交叉、变异以及局部改进 2 - opt 操作，避免蚁群优化算法过早陷入局部最优，扩大其搜索域，从而提高算法的性能；

（4）对算法参数和模型参数分别进行敏感性和对比分析，为计算分析提供更加细致的思路。

在回顾了与本章研究问题相关的应急物流管理、VRP 和 IRP 的发展、IRP 的补货策略、IRP 的应用以及 VRP 和 IRP 求解算法的相关文献后，本章接下来展开对应急物资 IRP 问题的研究：第一部分对整个应急物资库存路径问题进行了详细的描述；第二部分在供应商管理的库存路径问题（Vendor - Managed Inventory - Routing，VMIR）模型的基础上结合近几年研究的多车辆 IRP 模型，改进和增加了一些有效不等式，用以体现应急物资的特性；第三部分对改进蚁群算法的一些操作进行了详细的介绍；第四部分通过计算对算法和模型的相关参数进行了敏感性和对比分析；第五部分总结了本章并概括了未来的研究方向。

7.2 问题描述与模型构建

7.2.1 问题描述

在考虑应急物资供应链网络时，我们聚焦于应对突发事件的情境，其中包括一个供应商和多个需求点组成的网络。这个网络可以用无向图 $G=(V,E)$ 来描述，其中，V 代表需求点集合 N 和供应商集合 O 的并集，而 E 则表示点 i 到点 j 的边集。在有限的计划期 H 内，供应商将同一种应急物资通过一组同质车队运送给一组需求点。这些物资不易变质，是稳定的。每个需求点都有相应的单位库存持有成本 h_i、初始库存水平 I_{i0}、最大库存水平 U_i 以及需求影响常数 λ_i。在每个周期中，需求点消耗 r_{it} 数量的应急物资，供应商生产 r_{0t} 数量的应急物资，需求点的预测需求 $\hat{r}_{it}$ 通过给定的 λ_i 来确定。车队中的车辆数量为 K，最大容量为 C，在配送开始时停靠在供应商处。在每个周期只要库存存在，供应商和需求点都会产生库存持有成本。如果需求点有补货，则还会产生运输费用。如果某些需求点当期需求未满足，则会产生缺货成本。总成本包括车辆路线成本和所有节点的库存成本以及所有需求点的缺货成本。在预设的补货政策下，每期交付给需求点的应急物资量不超过供应商仓库的总量，满足车辆容量限制。在这个背景下，我们考虑将 OU 补货政策与需求导向的补货政策结合起来为需求点进行补货。在这种混合补货政策下，如果需求点的当期需求量不超过其最大库存水平（即 $r_{it} \leqslant U_i$），则需将其库存补充至最大库存水平；否则，直接运送刚好能满足其当期需求量的应急物资。需要解决的问题是确定各周期给各需求点的配送量以及各车辆的车辆路线，以最小化总成本函数。这个模型的独特之处在于它综合考虑了供应链中的多个因素，包括生产、运输、库存和需求等，以实现对应急物资的有效管理和分配。通过 OU 补货政策和需求导向的补货政策的结合，我们能够更加灵活地满足需求点的需求，同时最小化总成本。这种综合考虑不同因素的方法能够为应急物资供应链的管理提供更有效的策略，以应对各种突发情况和需求变化。

7.2.2 基本模型

基本的 IRP 模型中的相关符号如表 7 – 1 所示。

表 7 – 1　　符号说明

集合	说明
N	需求点的集合，$i \in N = 1,2,\cdots,n$
O	供应商
T	周期的集合，$t \in T = 1,2,\cdots,H$，$T' = T \cup H+1$
K	车辆的集合，$k \in K = 1,2,\cdots,K$
E	边的集合，$E(S) = (i,j) \in E \mid i \in S, j \in S, S \subseteq N$

续表

参数	说明
r_{0t}	每个离散周期 t 供应商增加的可配送给需求点的产品数量
r_{it}	每个离散周期 t 需求点消耗的产品数量，$r_{i0}=0$，也是点 i 在 t 期的实际需求
U_i	需求点 i 的最大库存水平
B_0	供应商的初始库存水平
I_{i0}	需求点 i 的初始库存水平，且$I_{i0} \leqslant U_i$
h_0	供应商的单位库存成本
h_i	需求点的单位库存成本
C_{ij}	点 $i(x_i,y_i)$ 到点 $j(x_j,y_j)$ 的运输成本，以欧几里得距离计算： $C_{ij}=[\sqrt{(x_i-x_j)^2+(y_i-y_j)^2}+0.5]$，$C_{ij}=C_{ji}$，$i,j \in N'=N \cup 0$
s	缺货成本
C	同质车队中每辆车的容量
决策变量	说明
B_t	供应商在 t 周期初的库存水平
I_{it}	需求点 t 周期初的库存水平
d_{it}^k	车辆 k 在 t 周期给需求点 i 的供应量
y_{ij}^{kt}	车辆 k 在 t 期经过边 $(i,j) \in E$ 的次数
z_{it}^k	0－1 变量，如果点 i 在 t 期被车辆 k 访问，则为 1；否则为 0
a_{tk}	0－1 变量，如果在 t 期使用车辆 k，则为 1；否则为 0
补货政策	OU 政策

Archetti 等[4]在 2007 年提出的 IRP 模型是同时考虑供应商和客户的库存，以供应商管理库存为大背景，为整个供应链提供库存路径的解的混合整数规划模型。本章结合 Archetti 等最近的研究——多车辆 IRP 问题[11]将基础模型进行改进并整合为模型(P)：

$$minimize \sum_{t \in T}(h_0 B_t + \sum_{i \in N} h_i I_{it} + \sum_{k \in K}\sum_{(i,j) \in E} C_{ij} y_{ij}^{kt}) \tag{7.1}$$

s. t.

$$B_t = B_{t-1} + r_{0t} - \sum_{k \in K}\sum_{i \in N} d_{it-1}^k, \forall t \in T' \tag{7.2}$$

$$B_t \geqslant \sum_{k \in K}\sum_{i \in N} d_{it}^k, \forall t \in T \tag{7.3}$$

$$I_{it} = I_{it-1} + \sum_{k \in K} d_{it-1}^k - r_{it-1}, \forall i \in N, \forall t \in T' \tag{7.4}$$

$$B_t \geqslant 0, U_i \geqslant I_{it} \geqslant 0, \forall i \in N, \forall t \in T' \tag{7.5}$$

$$\sum_{k \in K} d_{it}^k \geqslant U_i \sum_{k \in K} z_{it}^k - I_{it}, \forall i \in N, \forall t \in T \tag{7.6}$$

$$\sum_{k \in K} d_{it}^k \leqslant U_i - I_{it}, \forall i \in N, \forall t \in T \tag{7.7}$$

式（7.6）和式（7.7）是用来限制配送量的条件，又因为根据式（7.4），所以可改写式（7.6）和式（7.7）为式（7.6-1）和式（7.7-1）：

$$\sum_{k \in K}(d_{it}^k - d_{it-1}^k) \geqslant U_i \sum_{k \in K} z_{it}^k - I_{it-1} + r_{it}, \forall i \in N, \forall t \in T' \tag{7.6-1}$$

$$\sum_{k \in K}(d_{it}^k - d_{it-1}^k) \leqslant U_i - I_{it-1} + r_{it}, \forall i \in N, \forall t \in T' \tag{7.7-1}$$

$$\sum_{k \in K} d_{it}^k \leqslant U_i \sum_{k \in K} z_{it}^k, \forall i \in N, \forall t \in T \tag{7.8}$$

$$\sum_{i \in N} d_{it}^k \leqslant C z_{0t}^k, \forall k \in K, \forall t \in T \tag{7.9}$$

$$\sum_{k \in K} z_{it}^k \leqslant 1, \forall i \in N, \forall t \in T \tag{7.10}$$

$$\sum_{j:(i,j) \in E} y_{ij}^{kt} = 2 z_{it}^k, \forall i \in N, \forall k \in K, \forall t \in T \tag{7.11}$$

$$\sum_{j:(i,j) \in E(S)} y_{ij}^{kt} \leqslant \sum_{i \in S} z_{it}^k - z_{st}^k, S \subseteq N, \forall s \in S, \forall k \in K, \forall t \in T \tag{7.12}$$

$$z_{0t}^k \geqslant z_{0t}^{k+1}, 1 \leqslant k \leqslant K-1, \forall t \in T \tag{7.13}$$

$$\sum_{i=1}^{j} 2^{(j-i)} z_{it}^k \geqslant \sum_{i=1}^{j} 2^{(j-i)} z_{it}^{k+1}, 1 \leqslant k \leqslant K-1, \forall j \in N, \forall t \in T \tag{7.14}$$

$$\sum_{k \in K} a_{tk} \leqslant K, \forall t \in T \tag{7.15}$$

$$z_{it}^k = \{0,1\}, \forall i \in N', \forall k \in K, \forall t \in T \tag{7.16}$$

$$d_{it}^k \geqslant 0, \forall i \in N, \forall k \in K, \forall t \in T \tag{7.17}$$

$$y_{ij}^{kt} = \{0,1\}, \forall i,j \in N, \forall k \in K, \forall t \in T \tag{7.18}$$

$$y_{0j}^{kt} = \{0,1,2\}, \forall j \in N, \forall k \in K, \forall t \in T \tag{7.19}$$

目标函数（7.1）是需求点库存成本、供应商库存成本以及运输成本之和。条件（7.2）是供应商的库存平衡公式，式（7.4）是需求点的库存平衡公式；式（7.3）说明任何时期供应商都有足够的库存供应给需求点，式（7.5）说明供应商初始库存非负，且需求点不允许出现缺货的情况。条件（7.6）和（7.7）是OU补货政策相关的条件，式（7.6-1）~（7.7-1）是结合（7.4）进行的同义替换条件。式（7.8）表示仅根据当节点 i 在时间段 t 内被访问时，才允许在时间段 t 内向该节点 i 交付正数量。式（7.9）规定了车辆容量的限制，即每辆车能够携带的最大货物数量。式（7.10）要求在每个周期内，每个客户最多被一辆车拜访一次。式（7.11）描述了每个周期内，每个节点和每辆车的度数约束条件，确保每个节点和每辆车都在合理范围内活动。式（7.12）则是消除每个周期内车辆路线中的子回路。式（7.13）和式（7.14）是对称破坏约束，式（7.15）将使用的车辆数量限制在总车辆约束内，式（7.16）至式（7.19）是相应的变量约束。

7.2.3 基本模型的扩展

在进行详细的模型扩展之前，先增加几个必要的参数和由参数推出的变量，如表 7－2 所示。

表 7－2　　补充符号说明

符号	说明
λ_i	需求点 i 对应的需求影响常数
$\hat{r}_{it}$	需求点 i 在 t 期的预测需求
$\hat{I}_{it}$	需求点 i 在 t 期末的预测库存水平
s_{it}	0－1 变量，如果需求点 i 在 t 期的预测需求大于需求点 i 的最大库存水平减去其在 $t-1$ 期的库存水平（即期初剩余库存水平）时，$s_{it}=1$，否则为 0

7.2.3.1　需求函数

突发事件的发生虽然是不可控的，但是在突发事件发生后，应急物资的需求一般可以根据历史相关数据进行预测。但是不同类型突发事件引发的应急物资的需求呈现出不同的函数关系，而对于流行病等突发事件来说，应急物资的需求一般是呈指数型增长的。本章将在实例数据构建部分，通过历史数据构建流行病引发的应急物资需求函数。在这里，将给出疫情下需求函数的一般形式：

$$\hat{r}_{it} = te^{\lambda_i t} + r_{i0}, \forall t \in T, \forall i \in N \tag{7.20}$$

r_{i0}是需求点 i 初始应急物资需求，λ_i 是不同的点对应的需求影响常数，$\hat{r}_{it}$是根据需求函数预测出点 i 在 t 期时的需求量。因为需求函数是根据周期计算的，所以每个需求点每个时期的需求量是可以提前根据需求函数测算的，而实际需求与预测的需求是有差距的，所以在计算成本时需要进一步考虑。

7.2.3.2　以预测需求为导向的需求点补货策略

因为需求是不确定但可预测的，所以需求点 i 在 t 期末的库存水平可以预测，改写式（7.4）为：

$$\hat{I}_{it} = I_{it-1} + \sum_{k \in K} d_{it-1}^{k} - \hat{r}_{it}, \forall i \in N, \forall t \in T' \tag{7.21}$$

因此，需要重新确定补货策略。如果$\hat{r}_{it} \leqslant U_i - I_{it-1}$，则补货策略满足式（7.6－1）～式（7.7－1）的规定，即仍旧采用OU补货策略对需求点进行补货。改写式（7.6－1）～（7.7－1）为式（7.22）～式（7.23）：

$$\sum_{k \in K}(d_{it}^k - d_{it-1}^k) \geqslant U_i \sum_{k \in K} z_{it}^k - I_{it-1} + \hat{r}_{it}, \forall r_{it} \leqslant U_i - I_{it-1}, \forall i \in N, \forall t \in T' \tag{7.22}$$

$$\sum_{k \in K}(d_{it}^k - d_{it-1}^k) \leqslant U_i - I_{it-1} + \hat{r}_{it}, \forall r_{it} \leqslant U_i - I_{it-1}, \forall i \in N, \forall t \in T' \tag{7.23}$$

如果$\hat{r}_{it} > U_i - I_{it-1}$，设$s_{it}$为0－1变量，如果需求点$i$在$t$期的预测需求大于需求点$i$的最大库存水平减去其在$t-1$期的库存水平时，$s_{it}=1$，否则为0。值得一提的是，本章不考虑预测需求过大的情况，并且本章的需求点在预测出所有期间的需求量后会适当扩充最大库存水平，此时的单位库存持有成本不会升高；本章不涉及何时扩大最大库存水平决策。

$$\sum_{k \in K} d_{it}^k = s_{it}\hat{r}_{it} \sum_{k \in K} z_{it}^k, \forall r_{it} > U_i - I_{it-1}, \forall i \in N, \forall t \in T' \tag{7.24}$$

$$s_{it} = \begin{cases} 1, \hat{r}_{it} > U_i - I_{it-1} \\ 0, \hat{r}_{it} \leqslant U_i - I_{it-1} \end{cases} \quad \forall i \in N, \forall t \in T' \tag{7.25}$$

式（7.24）规定了当需求点i在t期的预测需求大于需求点i在$t-1$期的库存水平时，补货量直接等于预测的需求量。

7.2.3.3　以预测需求为导向的供应商管理库存

因为不允许供应商出现缺货，所以供应商会根据预测的需求提前进行物资的生产与储备。式（7.26）说明了供应商在$t-1$这一期的产量/订购量与所有需求点的下一期的预测需求和在$t-1$期的供应商自身的库存水平有关。

$$r_{0t-1} + B_{t-1} = \sum_{i \in N}\hat{r}_{it}, \forall t \in T' \tag{7.26}$$

所以，式(7.2)更新为式(7.27)：

$$B_t = \sum_{i \in N}\hat{r}_{it} - \sum_{k \in K}\sum_{i \in N} d_{it-1}^k, \forall t \in T' \tag{7.27}$$

7.2.3.4　缺货成本

如果需求点在t期的预测需求大于其实际需求的总和，即$\hat{r}_{it} > r_{it}$，则说明供应商为当期所有的需求点储备了过多的物资；反之，则说明需求点出现了缺货。必须说明的是，本章不考虑单个需求点之间的调度问题。首先，考虑部分需求点出现缺货的情况。当供应商预测需求预测小于实际需求，导致为需求点配送的应急物资不足，则所有需求点在整个计划周期内因为缺货带来的损失——缺货成本，用式（7.28）表示：

$$s\sum_{t\in T}\sum_{i\in N}(r_{it}-I_{it}-\sum_{k\in K}d_{it}^{k}),\forall t\in T \qquad (7.28)$$

综上所述，重构模型(P)为($P1$)作为最终的应急物资 IRP 模型：

$$(P1)min\sum_{t\in T}(h_0B_t+\sum_{i\in N}h_iI_{it}+\sum_{k\in K}\sum_{(i,j)\in E}C_{ij}y_{ij}^{kt})+s\sum_{t\in T}\sum_{i\in N}(r_{it}-I_{it}-\sum_{k\in K}d_{it}^{k})) \qquad (7.29)$$

s. t.

式（7.3），式（7.5），式（7.20）至式（7.28），式（7.8）至式（7.19）

$$s_{it}=\{0,1\},\forall i\in N,\forall t\in T' \qquad (7.30)$$

模型($P1$)其实是两个模型的组合模型，即基本模型下嵌套了一个需求预测模型。可以很容易地看出，模型($P1$)并不是线性的，但是通过将模型中的二元变量的取值放松到闭区间$\frac{[0,1]}{[0,2]}$内，就可以将其转化为线性模型。本章采用元启发式算法而不是精确算法进行求解，所以并不用将目标函数转化为线性目标函数。

7.3 算法设计

库存问题和路径问题由库存成本和运输成本作为目标函数，而库存成本与运输成本之间存在反向相关关系，用元启发式算法很难一次性将库存问题和路径问题顺利解决。因此，本章在求解($P1$)算法中将整个问题分为库存问题和路径问题分别求解，先将每个时期每个需求点的配送量求出来，然后再生成相应的车辆路径，之后不断重复这两个操作，直到达到最大迭代时间或多次迭代最优解未发生变化。

蚁群优化算法（Ant Colony Optimization，ACO）是受自然界中与信息素踪迹交流的蚂蚁行为的启发，为解决困难的组合优化问题而提出的一种元启发式方法；Dorigo 于 1992 年将其首次提出并用于解决旅行商问题，并已成功应用于其他问题，如车辆路径问题[20~22]、库存路径问题[23]等。ACO 理论结果和应用综述的详细描述可以在 Dorigo 和 Stützle[24]的文献回顾中找到。ACO 是基于一群简单的人工蚂蚁之间的间接通信，由信息素轨迹作为介质导向。ACO 中的信息素轨迹是一种分布式的数字信息，蚂蚁用它来构造待解决问题的解，并在算法执行过程中对其进行调整以反映其搜索经历。

蚁群优化算法（Ant Colony Optimization，ACO）源自对蚂蚁行为中信息素踪迹交流的启发，是一种用于解决复杂组合优化问题的元启发式方法。1992 年，Dorigo 首次提出了这一算法，并首次将其应用于解决旅行商问题。此后，ACO 在车辆路径问题[20~22]、库存路径问题[23]等领域取得了成功应用。Dorigo 和 Stützle 的文献回顾[24]中全面概述了 ACO 的理论成果和应用实践。

ACO 的核心思想是基于一群人工蚂蚁利用信息素轨迹作为引导介质进行间接通信。信息素轨迹在 ACO 中被视为分布式的数字信息，被用来概率性地构建问题的解，并在算法执行过程中根据搜索经历进行动态调整。这种基于蚁群行为的优化方法，通过模拟蚂蚁在寻找食物过程中留下的信息素轨迹，实现了一种高效的问题求解策略，为复杂问题的解决提供了一种新颖而有效的途径。

本章的改进蚁群算法需要的符号定义如表 7－3 所示。

表 7－3　　改进蚁群算法相关符号说明

符号	说明
τ_{ij}^{t}	t 周期的边 (i,j) 上沉积的信息素
$\Delta\tau_{ij}^{t}$	t 周期的边 (i,j) 信息素增量
ρ	信息素蒸发因子 $\rho\in(0,1)$
η_{ij}	边 (i,j) 的可见度
p_{ij}^{t}	在 t 期一只蚂蚁从需求点 i 移动到需求点 j 的概率
z	$z=\sum_{k\in K}\sum_{(i,j)\in E}C_{ij}y_{ij}^{kt},\forall t\in T$

7.3.1　路线构建

采用蚁群算法求解应急物资 IRP，每个路径从仓库出发，逐步选择客户，然后返回仓库。点的选择过程考虑了可见性和信息素信息并基于概率规则。值得注意的是，在不同周期每个点的信息素信息差异很大，即在不同周期需求点被访问的频率对解决方案有显著影响。因此，每条边需要在多周期的基础上构建多维信息素信息。这意味着，每条边在不同的周期都存在不同的信息素信息，从而需要维护多个信息素信息矩阵。具体而言，信息素信息矩阵的数量等于规划周期的数量。因此，在搜索过程中，蚁群算法会根据每个周期的信息素信息矩阵来寻找每天的最佳路径。一只蚂蚁

在 t 期内将有可能从需求点 i 移动到需求点 j 的概率由（7.31）定义。

$$p_{ij}^{t}=\begin{cases}\dfrac{(\tau_{ij}^{t})^{\alpha}(\eta_{ij})^{\beta}}{\sum_{j\notin tabu}(\tau_{ij}^{t})^{\alpha}(\eta_{ij})^{\beta}}, \forall i\in N, \forall j\notin tabu\\ 0, else\end{cases} \tag{7.31}$$

其中 α、β 分别是信息素踪迹、可见度值以及积压因子的相对影响的权重参数，$\alpha,\beta\in(0,1)$。η_{ij} 代表边 (i,j) 的可见度，本章中 $\eta_{ij}=\dfrac{1}{C_{ij}+h_i}$。*tabu* 即禁忌表，表示在所考虑的时间段内不再需要进一步访问的点的集合。根据上述公式可知，$C_{ij}+h_i$ 越小，η_{ij} 越大，边 (i,j) 的可见度越高，蚂蚁就越有可能从需求点 i 移动到需求点 j（即选择 j 作为 i 的继任点）。

7.3.2 改进初始解和邻近解

为了探索搜索空间和防止过早陷入局部最优，本章在蚁群算法中采用单点交叉操作、变异操作和 2 – opt 操作。

7.3.2.1 单点交叉操作

本章采用了改进蚁群算法中的单点交叉操作和两点交叉操作，这些操作方法在文献［21］中有详细描述。单点交叉操作是指同一周期内两个车辆路线之间子路线的交换过程。类似于遗传算法中的单点交叉操作，这种交叉操作也能够生成两个全新的路径，如图 7 – 1 所示。

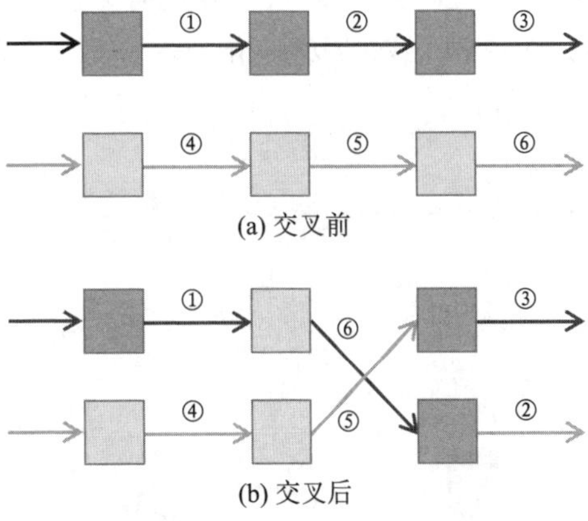

图 7 – 1 单点交叉操作示意图[11]

单点交叉操作循环如表 7 – 4 所示。

表 7-4　　单点交叉操作程序

初始化
第一步：设定周期。如果到达最后一个周期，则转到第八步执行终止标准；否则第一条交叉路线为空，第二条交叉路线为初始路线；第一个交叉点为空，第二个交叉点为初始点
第二步：选择第一条交叉路线。如果该周期所有路线都已经测试，则回到第一步；否则第一条交叉路线后移一位
第三步：选择第一个交叉点。如果到达第一条路线的终点，则回到第二步；否则第一个交叉点后移一位
第四步：选择第二条交叉路线。如果该周期所有路线都已经测试，则回到第三步；否则第二条交叉路线后移一位
第五步：选择第二个交叉点。如果到达第二条路线的终点，则回到第四步；否则第二个交叉点后移一位
第六步：实施单点交叉操作
第七步：确保新解的局部最优性。2-opt 应用于改进新解路线。如果两个新的路线可以改善解决方案，新的路线取代旧的路线；否则，取消单点交叉操作
第八步：终止标准。如果没有可行的交叉或者如果达到给定的迭代次数，则单点交叉操作终止；否则，请转到第一步

7.3.2.2　变异操作

参考文献［20］中提出了改进蚁群算法，本章采用了变异操作来改变每个子代路线的概率。这种操作有助于 ACO 在搜索领域中寻找更多解决方案。变异操作的核心思想是通过随机变异现有路线，从而生成一个新的解决方案，该解决方案与初始解决方案相比略有不同。在本章中，变异算子的点交换以随机方式进行。

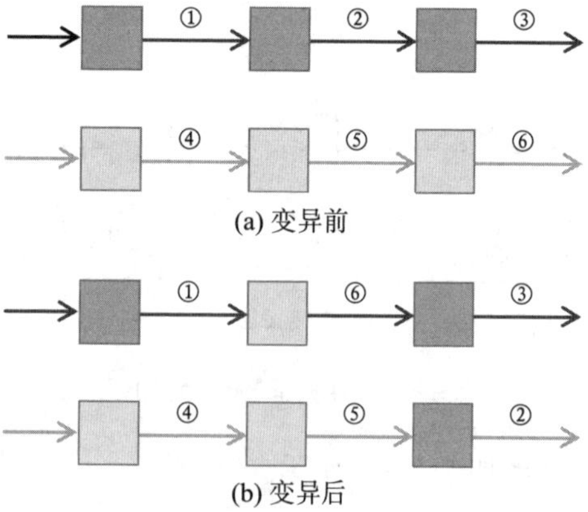

图 7-2　变异操作示意图[11]

变异操作的步骤如表 7 – 5 所示。

表 7 – 5　　　　变异操作程序

后续的判断程序和单点交叉一致
第一步：设定周期
第二步：选择第一条变异路线
第三步：选择第一条变异路线的变异点作为第一个变异点
第四步：选择第二条变异路线
第五步：选择第二条变异路线的变异点作为第二个变异点
第六步：交换两个变异点，实施变异操作
第七步：确保两个新解的局部最优性。2 – opt 应用于改进新解决方案中的变异路线
第八步：终止标准

7.3.2.3　2 – opt 操作

在交叉操作和变异操作中，2 – opt 技术被用于对单个路径内的点进行调整，这是交叉操作和变异操作中的第七步。通过 2 – opt 交换，我们测试每辆车访问的所有可能成对客户位置的交换，以确定是否可以通过这种交换来改进目标函数的整体值。该方法已经在很多 ACO 的文献中使用[20、21]。2 – opt 的操作步骤如表 7 – 6 所示。

表 7 – 6　　　　2 – opt 操作步骤

承接单点交叉操作和变异操作
第一步：生成每一条交叉（变异）路线的副本，并计算 z 值
第二步：只要存在不同的可能的交换情况，就对交叉（变异）路线的副本中的边实施依次交换操作，形成一条新的交换路线；否则执行终止操作
第三步：计算交换路线的 z 值
第四步：比较第一条交叉（变异）路线的 z 值和交换路线的 z 值。如果交换路线的 z 值更小，则回到第二步；否则得出最终的第一条交叉（变异）路线变成交换路线
第五步：终止操作。如果两条交叉（变异）路线都再没有可能的交换情况了，则退出 2 – opt 循环

7.3.3　信息素更新

信息素轨迹的更新是蚁群算法中关键的自适应学习技术，对于改进未来解决方案至关重要。它旨在使属于优秀解决方案的组件在后续迭代中对蚂蚁的操作更有吸引力。每只蚂蚁都在路线上储存一定量的信息素，这样后续的蚂蚁可以借鉴前面蚂蚁的经验，从而更好地探索整个 IRP 网络系统。边上的信息素值越高，后续蚂蚁被吸引到该边上的概率就越大。为了实现信息素的更新，有两种机制可供选择：信息素沉积和信息素轨迹蒸发。从实用角度考虑，需要信息素蒸发来避免算法过快地收敛到次优解，这种蒸发机制提供了一种有益的遗忘形式，有助于探索搜索空间的新领域。因此，本章选择了信息素轨迹蒸发机制，即随着时间推移减少先前蚂蚁沉积的信息素。

$$\tau_{ij}^{t}=(1-\rho)\tau_{ij}^{t}+\Delta\tau_{ij}^{t},\forall i,j\in N \tag{7.32}$$

$$\Delta\tau_{ij}^{t}=\frac{z^{opt}}{z},\forall i,j\in N \tag{7.33}$$

其中，z^{opt}是路线中运输成本最小的路线的运输成本。

7.3.4 综合算法流程

综合算法流程见图7－3。

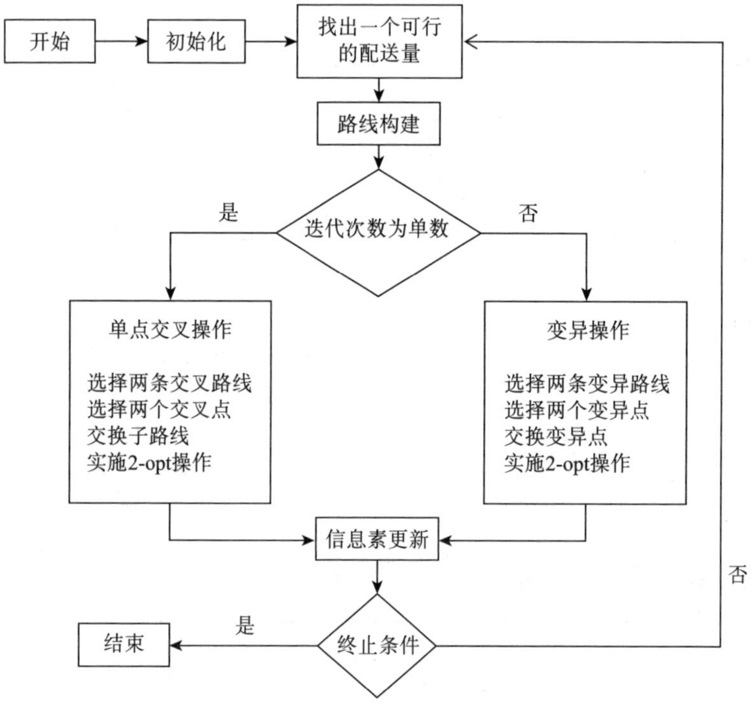

图7－3　综合算法流程

7.4　算例分析

7.4.1　实例数据

本章在 Archetti 等[4]提出的 IRP 基准实例的基础上，通过增加相应的参数对应急物资 IRP 模型和改进蚁群算法进行测试。基础数据可以在网站 http：//or - brescia. unibs. it/instances 获得。本章针对 Archetti 等[4]提出的 IRP 基准实例进行了增减变动，以适应所建立的模型(P1)。

所有的实例被分成 12 类：低库存成本小周期实例、低库存成本大周期实例、低缺货成本小周期实例、低缺货成本大周期实例；高库存成本小周期实例、高库存成本大周期实例、高缺货成本小周期实例、高缺货成本大周期实例；高需求影响常数小周期实例、低需求影响常数小周期实例、高需求影响常数大周期实例、低需求影响常数大周期实例。12 类实例用来测算算法运行有效性和模型参数敏感性分析。其中，小周期的样本点的个数最多为 50 个，大周期的样本点的个数最多为 30 个。

删除基准实例中的“在规划时间范围的每个离散时间内需求点 i 消耗的数量”，增加列“初始需求点需求”和每个周期每个需求点实际消耗的数量，有几个周期就增加几列，后面的周期是“初始需求点需求”的倍数，“初始需求点需求”随机生成。增加列“需求影响常数”用来生成预测需求数据。高“需求影响常数”取值在［0. 1，0. 5］之间，低“需求影响常数”取值在［0. 01，0. 05］之间。“初始需求点需求”和列“需求影响常数”的变化其实就是预测需求的变化，根据上面的 8 个分类，再将每个分类分为预测需求小的实例和预测需求大的实例；预测需求下又分别有初始需求点需求和需求影响常数的增减变动。缺货成本 s 分成高缺货成本（在［0. 1，0. 5］区间随机取值）和低缺货成本（在［1，5］区间上随机取值）。车辆数量根据周期而分配，小周期每个实例的供应商有 6 辆可供使用，大周期每个实例的供应商有 12 辆车可供使用。

最后，总共测试了 250 个小周期、150 个大周期的实例，以验证在有限时效内求解 IRP 问题的有效性。实验的模型和算法是在配置 Intel CORE i5 -9300H CPU 和 GTX1650 8G 显卡的个人电脑上采用 MATLAB 2017a 中实现的。

7.4.2 算法参数敏感性分析

首先，为了确定合适并且稳健的算法参数，本章选取了低库存实例中的 abs1n5 和 abs1n50，分别对其算法参数进行了敏感性分析。

7.4.2.1 小实例算法参数敏感性分析

因为小样本实例很容易求出最优解，所以本章在小样本实例算法参数敏感性分析中只以运行时间作为选择标准。本章对小样本低库存实例 abs1n5 进行了测试，每次测试迭代 100 次，每组参数组合测试 4 次，结果如表 7－7～表 7－10 所示。每个表都只变动一个算法参数，其他参数不变。每个表的前 4 列代表 4 个算法参数，即 α，β 是信息素踪迹、可见度值的相对影响的权重参数，种群大小是整个蚁群的规模，信息素蒸发系数是信息素蒸发因子 $\rho \in (0,1)$；5 列和 6 列是低库存实例 abs1n5 的相应的计算时间。每组参数都计算了 4 次。因为多次计算低库存实例 abs1n5 的 f 值一致，只存在计算时间上的差别，所以表的最后一列计算了 5 次计算的平均计算时间。本章首先测试了信息素蒸发因子，选择求解小样本实例最快的信息素蒸发因子；然后固定信息素蒸发因子及除 α 以外的算法参数，选择求解小样本实例最快的 α 值。依次类推，最终测试出解决小样本实例较好的算法参数组合。表 7－7 至表 7－10 显示，解决小样本实例比较优越的算法参数组合为 α 为 0.9，β 为 0.5，信息素蒸发因子为 0.8，种群规模为 10。

表 7－7　　低库存 abs1n5 测试 1

α	β	种群规模	信息素蒸发系数	最大 CPU	最小 CPU	平均 CPU
1	3	100	0.10	4.42	4.13	4.22
1	3	100	0.15	4.27	4.08	4.17
1	3	100	0.20	4.66	4.23	4.35
1	3	100	0.25	4.67	4.09	4.27
1	3	100	0.30	4.47	4.11	4.26
1	3	100	0.35	4.83	4.14	4.43
1	3	100	0.40	4.55	4.14	4.32
1	3	100	0.45	4.33	4.08	4.21
1	3	100	0.50	4.47	4.16	4.25
1	3	100	0.55	4.28	4.06	4.14
1	3	100	0.60	4.39	4.05	4.15
1	3	100	0.65	4.27	4.05	4.19
1	3	100	0.70	4.30	4.09	4.20
1	3	100	0.75	4.31	3.92	4.13
1	**3**	**100**	**0.80**	**4.19**	**4.02**	**4.08**

续表

α	β	种群规模	信息素蒸发系数	最大 CPU	最小 CPU	平均 CPU
1	3	100	0.85	4.25	4.17	4.22
1	3	100	0.90	4.28	4.13	4.20
1	3	100	0.95	4.25	4.11	4.19

表 7－8　　　　低库存 abs1n5 测试 2

α	β	种群规模	信息素蒸发系数	最大 CPU	最小 CPU	平均 CPU
0.1	3	100	0.8	4.47	4.16	4.26
0.2	3	100	0.8	4.36	4.08	4.23
0.3	3	100	0.8	4.41	4.14	4.26
0.4	3	100	0.8	4.45	4.13	4.22
0.5	3	100	0.8	4.34	4.00	4.16
0.6	3	100	0.8	4.23	4.20	4.22
0.7	3	100	0.8	4.63	4.08	4.25
0.8	3	100	0.8	4.44	4.00	4.17
0.9	**3**	**100**	**0.8**	**4.28**	**3.40**	**4.04**
1	3	100	0.8	4.44	3.98	4.21
2	3	100	0.8	4.36	4.10	4.23
3	3	100	0.8	4.53	4.19	4.39
4	3	100	0.8	4.48	4.13	4.32
5	3	100	0.8	4.38	4.14	4.23
6	3	100	0.8	4.33	4.27	4.29
7	3	100	0.8	4.39	4.16	4.26
8	3	100	0.8	4.58	4.20	4.33
9	3	100	0.8	4.36	4.19	4.29

表 7－9　　　　低库存 abs1n5 测试 3

α	β	种群规模	信息素蒸发系数	最大 CPU	最小 CPU	平均 CPU
0.9	0.1	100	0.80	4.31	4.11	4.22
0.9	0.2	100	0.80	4.27	4.06	4.17
0.9	0.3	100	0.80	4.25	4.13	4.17
0.9	0.4	100	0.80	4.22	4.00	4.14
0.9	**0.5**	**100**	**0.80**	**4.20**	**4.00**	**4.08**
0.9	0.6	100	0.80	4.25	4.05	4.14
0.9	0.7	100	0.80	4.41	4.13	4.26
0.9	0.8	100	0.80	4.86	4.03	4.38
0.9	0.9	100	0.80	4.36	4.00	4.15
0.9	1.0	100	0.80	4.16	4.09	4.12
0.9	2.0	100	0.80	4.31	3.97	4.15

续表

α	β	种群规模	信息素蒸发系数	最大 CPU	最小 CPU	平均 CPU
0.9	3.0	100	0.80	4.22	3.98	4.12
0.9	4.0	100	0.80	4.56	4.02	4.27
0.9	5.0	100	0.80	4.31	4.14	4.23
0.9	6.0	100	0.80	4.30	4.01	4.15
0.9	7.0	100	0.80	4.25	4.08	4.15
0.9	8.0	100	0.80	4.22	4.08	4.14
0.9	9.0	100	0.80	4.47	4.01	4.23

表 7－10　　低库存 abs1n5 测试 4 种群规模

α	β	种群规模	信息素蒸发系数	最大 CPU	最小 CPU	平均 CPU
0.9	**0.5**	**10**	**0.8**	**1.17**	**0.84**	**0.98**
0.9	0.5	20	0.8	1.41	1.23	1.31
0.9	0.5	30	0.8	1.77	1.64	1.72
0.9	0.5	40	0.8	2.20	1.91	2.00
0.9	0.5	50	0.8	2.42	2.30	2.37
0.9	0.5	100	0.8	4.20	4.00	4.08

综合上述 4 个表格以及图 7－4 来看，种群规模对实例的计算时间具有重大影响。当种群减少时，实例的运行结果没有变化，但是计算时间大大缩短。这本身也归功于群优化算法中种群数量高度影响其运行时间的原理。

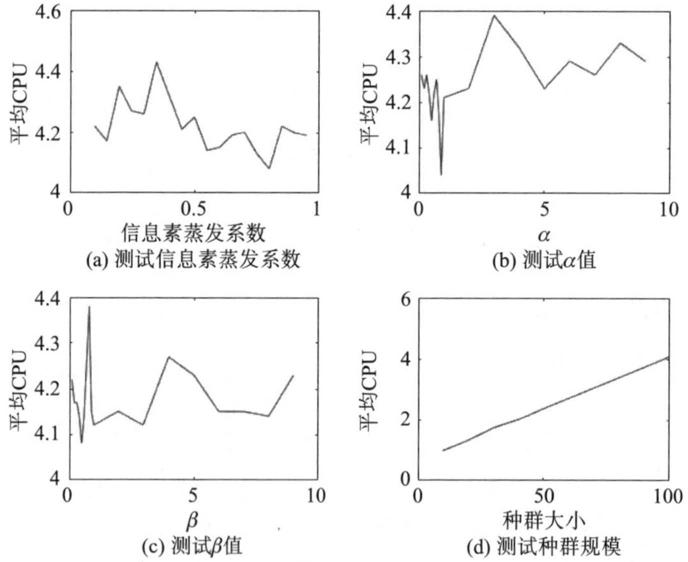

图 7－4　不同算法参数下实例 abs1n5 计算结果变化

7.4.2.2 大实例算法参数敏感性分析

因为大实例求出最优解的时间比较长，所以本章在大实例算法参数敏感性分析中固定算法运行时间在 100 秒内，比较求出的 f 值的大小来确定算法最佳参数组合。本章对低库存成本实例 abs1n50 进行了测试，每次测试运行 100 秒，每组参数组合测试 4 次，结果如表 7－11 所示。表 7－11 由 4 个子表组成，每个子表都只变动一个算法参数，其他参数不变。每个子表的前 4 列代表 4 个算法参数；每个子表的 4 列至 8 列是 4 次运行下低库存成本实例 abs1n50 的 f 值。因为用固定运行时间计算低库存成本实例 abs1n50 的 f 值一致，只存在计算结果上的差别，所以子表的最后一列计算了 4 次计算的平均最小 f 值。与小实例的测试一致，首先测试了信息素蒸发因子，选择求解实例最快的信息素蒸发因子；然后固定信息素蒸发因子及除 α 以外的算法参数，选择求解实例最快的 α 值。依次类推，最终测试出解决实例较好的算法参数组合。从表 7－11 中可以看出，解决大样本实例比较优越的算法参数组合为 $\alpha=0.5$，$\beta=7$，信息素蒸发因子 $=0.4$，种群规模为 50。

表 7－11　　大实例算法参数敏感性分析

低库存 abs1n50 测试信息素蒸发系数						
CPU＝100						
α	β	种群规模	信息素蒸发系数	最大 f 值	最小 f 值	平均 f 值
1.0	3.0	100	0.1	16178.81	13344.49	14814.36
1.0	3.0	100	0.15	15940.30	13805.05	14460.56
1.0	3.0	100	0.2	14012.31	13505.93	13812.13
1.0	3.0	100	0.25	14617.56	13849.13	14231.29
1.0	3.0	100	0.3	13651.84	12994.66	13287.93
1.0	3.0	100	0.35	13834.79	12282.00	13398.66
1.0	**3.0**	**100**	**0.4**	**13541.71**	**12438.11**	**13086.06**
1.0	3.0	100	0.45	13631.01	12876.99	13282.74
1.0	3.0	100	0.5	13691.00	13104.25	13364.22
1.0	3.0	100	0.55	14268.96	13330.71	13862.46
1.0	3.0	100	0.6	14409.42	13718.23	13956.38
1.0	3.0	100	0.65	14245.80	13601.84	14014.18
1.0	3.0	100	0.7	14359.53	13741.44	13971.90
1.0	3.0	100	0.75	14442.88	13835.63	14101.70
1.0	3.0	100	0.8	14562.51	13904.14	14208.21
1.0	3.0	100	0.85	14684.30	13994.91	14278.58
1.0	3.0	100	0.9	14663.95	14349.61	14548.00
1.0	3.0	100	0.95	15310.84	14790.83	15082.07

续表

低库存 abs1n50 测试 α						
α	β	种群规模	信息素蒸发系数	最大f值	最小f值	平均f值
0.1	3.0	100	0.4	13635.34	13060.03	13311.88
0.2	3.0	100	0.4	12889.55	12458.05	12633.47
0.3	3.0	100	0.4	12947.05	12349.95	12658.06
0.4	3.0	100	0.4	13555.82	12819.14	13178.90
0.5	**3.0**	**100**	**0.4**	**13064.05**	**12148.49**	**12518.79**
0.6	3.0	100	0.4	13581.83	12422.43	12818.79
0.7	3.0	100	0.4	13654.55	11934.28	13001.92
0.8	3.0	100	0.4	13271.44	12170.34	12739.41
0.9	3.0	100	0.4	13928.84	12484.13	13108.43
1.0	3.0	100	0.4	12962.71	12476.12	12757.69
2.0	3.0	100	0.4	13834.88	12197.13	13036.79
3.0	3.0	100	0.4	13431.19	12558.75	12935.06
4.0	3.0	100	0.4	13811.70	12933.85	13337.65
5.0	3.0	100	0.4	14272.85	12563.62	13609.30
6.0	3.0	100	0.4	13864.62	13038.68	13539.25
7.0	3.0	100	0.4	14396.33	13012.40	13824.87
8.0	3.0	100	0.4	14174.33	12447.13	13248.07
9.0	3.0	100	0.4	14724.80	13364.39	14114.47
低库存 abs1n50 测试 β						
α	β	种群规模	信息素蒸发系数	最大f值	最小f值	平均f值
0.5	0.1	100	0.4	14725.47	13334.15	13992.69
0.5	0.2	100	0.4	15242.16	13777.61	14680.09
0.5	0.3	100	0.4	15022.11	13760.48	14272.07
0.5	0.4	100	0.4	15167.31	14199.33	14669.67
0.5	0.5	100	0.4	14404.90	13267.98	13841.72
0.5	0.6	100	0.4	14452.34	13593.72	14025.69
0.5	0.7	100	0.4	14604.26	12971.66	13562.60
0.5	0.8	100	0.4	13638.71	13102.13	13391.66
0.5	0.9	100	0.4	14463.70	13399.62	13881.41
0.5	1.0	100	0.4	14432.40	13217.96	13697.18
0.5	2.0	100	0.4	13766.03	12400.75	13127.81
0.5	3.0	100	0.4	13092.69	12015.11	12559.11
0.5	4.0	100	0.4	13436.08	12288.87	12624.69
0.5	5.0	100	0.4	13505.91	12206.29	12724.93
0.5	6.0	100	0.4	13346.50	12455.87	12779.25
0.5	**7.0**	**100**	**0.4**	**12674.40**	**11737.55**	**12184.42**
0.5	8.0	100	0.4	12984.94	12049.40	12545.16
0.5	9.0	100	0.4	12928.93	11675.29	12319.50

续表

低库存 abs1n50 测试种群规模						
α	β	种群规模	信息素蒸发系数	最大 f 值	最小 f 值	平均 f 值
0.5	7.0	10	0.4	13116.80	12564.60	12939.34
0.5	**7.0**	**50**	**0.4**	**12774.60**	**11911.13**	**12220.46**
0.5	7.0	100	0.4	13368.55	12297.79	12671.69
0.5	7.0	200	0.4	13423.20	11886.43	12773.34
0.5	7.0	400	0.4	12902.87	12372.79	12652.11
0.5	7.0	500	0.4	13190.73	12192.07	12663.91

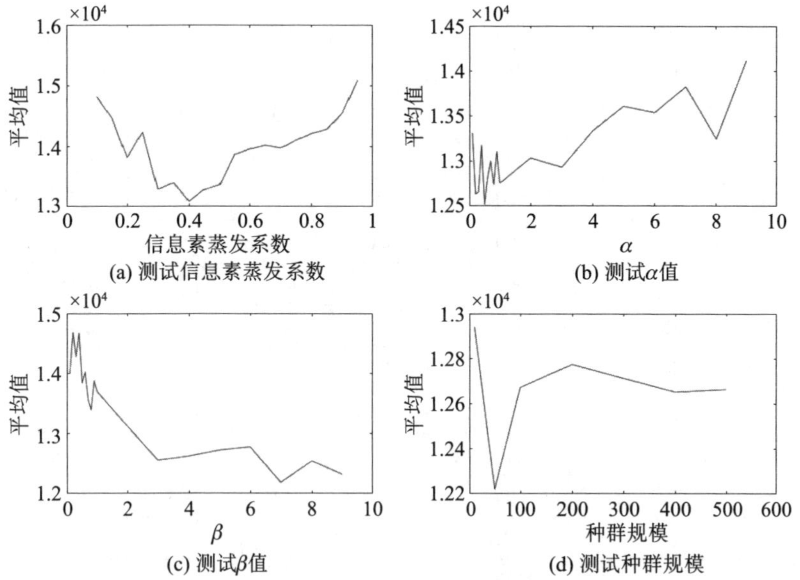

图 7-5 不同算法参数下实例 abs1n50 计算结果变化

根据表 7-11 和图 7-5 可以很直观地得出，大实例 abs1n50 的 f 值随着信息素蒸发因子 $\rho \in (0,1)$ 从区间两端向区间中部靠近而变为最优［见图 7-5（a）］；图 7-5（b）显示大实例的计算结果在 $\alpha < 1$ 时要优于 $\alpha > 1$ 的计算结果；图 7-5（c）显示大实例 abs1n50 的计算结果随着 β 的增加而渐优；图 7-5（d）显示大实例 abs1n50 的种群规模要设置适当，才能最大限度地提高算法效率。

综合参数敏感性分析结果，在 α、β 信息素蒸发系数、种群大小的取值方面，为了在后续实验中避免算法参数设置过于僵化，本章将根据每个实例所包含的需求点个数合理确定种群大小（通常等于需求点个数）。其中，α 取值为［0.5，0.9］，且随着需求点数量的增加而减小；β 取值为

[0.5，7]，且随着需求点数量的增加而增大；信息素蒸发系数取值为[0.4，0.8]，且随着实例规模的增大而降低，以便提高算法效率。最大迭代次数的确定要综合考虑实例周期大小和需求点个数，并确保最大迭代时间不超过1000秒。达到最大迭代次数后，算法将停止迭代并输出结果。计算过程中具体的算法参数设置如表7－12所示。

表7－12　计算过程中算法参数设置

实例规模	H＝3				
	种群大小	最大迭代次数	α	β	信息素蒸发系数
N＝5	10	125	0.9	0.5	0.8
N＝10	10	1000	0.85	1.5	0.75
N＝15	15	3345	0.8	2.5	0.7
N＝20	20	3720	0.75	3.5	0.65
N＝25	25	3720	0.7	4.5	0.6
N＝30	30	3600	0.65	5.8	0.55
N＝35	35	3600	0.6	6.2	0.5
N＝40	40	3600	0.55	6.4	0.45
N＝45	45	3600	0.5	6.6	0.4
N＝50	50	3600	0.5	7	0.4
实例规模	H＝6				
	种群大小	最大迭代次数	α	β	信息素蒸发因子
N＝5	10	1000	0.85	1.5	0.75
N＝10	15	3345	0.8	2.5	0.7
N＝15	20	3720	0.75	3.5	0.65
N＝20	25	3720	0.7	4.5	0.6
N＝25	30	3600	0.65	5.8	0.55
N＝30	40	3600	0.6	6.2	0.5

7.4.3　计算结果

本章分别对模型中的几个重要参数——库存成本、缺货成本、需求影响常数$\boldsymbol{\lambda}_i$的计算结果进行对比分析。

7.4.3.1　需求影响常数$\boldsymbol{\lambda}_i$

在查阅表7－13时，需要将表7－13分为4个部分（左上部分、右上部分；左下部分、右下部分），上半部分是H＝3的实例计算结果对比，下半部分是H＝6的实例计算结果对比；左边部分是$\boldsymbol{\lambda}_i \in [0.01, 0.05]$

的实例计算结果，右边部分是$\boldsymbol{\lambda}_i \in$ [0.1，0.5] 的实例计算结果。笔者对每个实例都进行了5次计算，并在表7－13中报告了每个实例5次计算的最大f值、最小f值、平均f值、平均CPU。此表所有实例的库存持有成本都为 [0.01，0.05]，缺货成本为0.3。表7－13上半部分中，在H＝3的情况下，对于需求点个数小于等于20个的实例，算法通常在前5次迭代中就能收敛到相同的结果。而对于超过20个需求点的实例，计算结果则会出现一定的波动。这表明，改进后的蚁群算法在3个周期内、需求点数量不超过20个的实例中能够快速有效地收敛到相对较好的解。表7－13的下半部分表明，对于H＝6的实例，当需求点数量仅为5个时，算法在前5次迭代中能得到相同的计算结果。但是，一旦需求点数量增加到10个及以上，计算结果就变得不稳定了。这表明，当周期长度增加时，IRP模型的复杂度会大幅上升，从而使该问题变得更加难以求解。

表7－13　不同需求影响常数下实例计算结果对比

H＝3									
$\boldsymbol{\lambda}_i \in$ [0.01,0.05]					$\boldsymbol{\lambda}_i \in$ [0.1,0.5]				
实例编号	最大f值	最小f值	平均f值	平均CPU	实例编号	最大f值	最小f值	平均f值	平均CPU
abs1n5	323.83	323.83	323.83	1.22	abs1n5	323.20	323.20	323.20	1.22
abs1n10	1119.98	1119.98	1119.98	11.63	abs1n10	1121.96	1121.96	1121.96	11.84
abs1n15	1446.40	1446.40	1446.40	62.95	abs1n15	1449.67	1449.67	1449.67	63.11
abs1n20	1714.38	1714.38	1714.38	124.13	abs1n20	1718.85	1718.85	1718.85	122.20
abs1n25	2532.43	2405.31	2474.58	179.08	abs1n25	2567.83	2486.13	2536.18	181.84
abs1n30	4467.83	4140.30	4293.09	245.77	abs1n30	4405.43	3930.19	4218.84	241.41
abs1n35	3400.92	3085.83	3258.33	383.31	abs1n35	3383.17	2980.47	3221.04	383.54
abs1n40	4785.77	3987.75	4331.97	517.04	abs1n40	4292.84	4075.02	4184.95	512.35
abs1n45	5292.82	4857.05	4982.21	579.76	abs1n45	5187.79	4583.86	4937.65	590.64
abs1n50	6611.62	5507.99	5985.16	697.86	abs1n50	6329.72	5738.11	6088.69	699.51
abs2n5	266.14	266.14	266.14	1.22	abs2n5	267.04	267.04	267.04	1.06
abs2n10	3141.63	3141.63	3141.63	12.03	abs2n10	3141.63	3141.63	3141.63	12.11
abs2n15	1398.98	1398.98	1398.98	64.49	abs2n15	1402.58	1402.58	1402.58	62.89
abs2n20	1668.96	1668.96	1668.96	122.17	abs2n20	1673.52	1673.52	1673.52	123.59
abs2n25	2853.02	2539.44	2710.17	181.60	abs2n25	2852.24	2478.25	2676.53	180.47
abs2n30	4436.67	3848.31	4239.75	266.97	abs2n30	4620.81	4085.78	4362.98	295.07
abs2n35	3767.80	3398.57	3577.45	383.05	abs2n35	3607.58	3478.57	3531.09	381.18
abs2n40	4426.70	3818.78	4087.19	508.38	abs2n40	4683.22	3826.97	4244.20	501.63

续表

H = 3									
$\lambda_i \in [0.01, 0.05]$					$\lambda_i \in [0.1, 0.5]$				
实例编号	最大 f 值	最小 f 值	平均 f 值	平均 CPU	实例编号	最大 f 值	最小 f 值	平均 f 值	平均 CPU
abs2n45	6716. 72	3978. 00	5245. 90	578. 90	abs2n45	6578. 02	5699. 89	6154. 29	566. 11
abs2n50	7299. 02	5918. 97	6730. 50	695. 53	abs2n50	7770. 63	7235. 34	7478. 67	715. 14
abs3n5	551. 74	551. 74	551. 74	1. 26	abs3n5	553. 24	553. 24	553. 24	1. 08
abs3n10	2451. 80	2451. 80	2451. 80	11. 95	abs3n10	2454. 92	2454. 92	2454. 92	11. 96
abs3n15	1477. 44	1477. 44	1477. 44	65. 09	abs3n15	1481. 25	1481. 25	1481. 25	68. 00
abs3n20	1631. 22	1631. 22	1631. 22	122. 60	abs3n20	1636. 56	1636. 56	1636. 56	123. 57
abs3n25	3149. 22	2862. 92	2979. 95	177. 98	abs3n25	3123. 90	2537. 60	2833. 75	175. 30
abs3n30	3994. 90	3665. 12	3809. 46	287. 12	abs3n30	3968. 82	3813. 01	3890. 94	276. 12
abs3n35	4966. 40	4452. 22	4646. 07	386. 39	abs3n35	5239. 94	4549. 73	4875. 40	383. 49
abs3n40	4302. 65	3982. 72	4202. 80	500. 17	abs3n40	4439. 52	4059. 32	4223. 07	487. 63
abs3n45	4506. 76	4416. 94	4452. 87	567. 66	abs3n45	4592. 53	4348. 60	4521. 25	573. 61
abs3n50	5651. 05	5368. 82	5536. 59	708. 40	abs3n50	5783. 90	5060. 32	5441. 39	671. 22
abs4n5	329. 51	329. 51	329. 51	1. 20	abs4n5	331. 46	331. 46	331. 46	1. 13
abs4n10	2915. 82	2915. 82	2915. 82	11. 93	abs4n10	2918. 64	2918. 64	2918. 64	11. 84
abs4n15	1276. 73	1276. 73	1276. 73	67. 62	abs4n15	1280. 36	1280. 36	1280. 36	67. 97
abs4n20	1790. 52	1790. 52	1790. 52	127. 35	abs4n20	1795. 08	1795. 08	1795. 08	125. 85
abs4n25	2597. 23	2536. 47	2564. 83	180. 42	abs4n25	2714. 39	2542. 32	2642. 38	181. 73
abs4n30	3416. 01	3150. 36	3301. 16	273. 63	abs4n30	3487. 90	3096. 74	3294. 26	283. 28
abs4n35	3669. 12	2933. 86	3298. 07	387. 59	abs4n35	3423. 77	3072. 95	3256. 22	384. 45
abs4n40	4026. 97	3363. 54	3790. 13	490. 18	abs4n40	4067. 74	3496. 08	3708. 46	494. 49
abs4n45	5621. 11	4944. 63	5285. 75	578. 86	abs4n45	6002. 49	5283. 72	5611. 72	586. 14
abs4n50	7738. 59	6209. 09	6969. 56	719. 00	abs4n50	7522. 91	6037. 93	6968. 69	708. 22
abs5n5	408. 08	408. 08	408. 08	1. 17	abs5n5	409. 58	409. 58	409. 58	1. 08
abs5n10	3588. 04	3513. 20	3545. 47	12. 05	abs5n10	3538. 69	3522. 60	3529. 83	12. 07
abs5n15	1229. 10	1229. 10	1229. 10	67. 48	abs5n15	1232. 31	1232. 31	1232. 31	63. 54
abs5n20	1873. 14	1873. 14	1873. 14	127. 84	abs5n20	2000. 18	1877. 70	1950. 41	128. 04
abs5n25	3506. 13	3230. 09	3353. 48	176. 78	abs5n25	3613. 92	3243. 73	3397. 89	179. 37
abs5n30	3293. 36	2901. 14	3069. 30	279. 54	abs5n30	3269. 58	3058. 56	3146. 99	278. 68
abs5n35	3672. 05	3217. 02	3499. 23	387. 91	abs5n35	3692. 51	3371. 91	3528. 43	382. 07
abs5n40	4440. 34	4221. 73	4312. 33	483. 36	abs5n40	4243. 46	4161. 48	4198. 30	503. 94
abs5n45	4896. 95	4387. 94	4697. 48	580. 00	abs5n45	4724. 78	4570. 91	4632. 82	566. 48
abs5n50	6619. 38	5751. 75	5964. 20	706. 40	abs5n50	6162. 49	5806. 69	5916. 03	680. 55

续表

H=6									
$\boldsymbol{\lambda}_i \in [0.01, 0.05]$					$\boldsymbol{\lambda}_i \in [0.1, 0.5]$				
实例编号	最大 f 值	最小 f 值	平均 f 值	平均 CPU	实例编号	最大 f 值	最小 f 值	平均 f 值	平均 CPU
abs1n5	2243. 60	2243. 60	2243. 60	12. 86	abs1n5	2233. 31	2233. 31	2233. 31	13. 03
abs1n10	4562. 00	4439. 07	4491. 36	103. 66	abs1n10	4575. 79	4444. 24	4502. 04	100. 63
abs1n15	6719. 31	6571. 77	6655. 46	203. 63	abs1n15	6786. 50	6603. 20	6672. 04	205. 63
abs1n20	11465. 42	11053. 26	11347. 17	306. 08	abs1n20	11700. 25	11240. 21	11431. 49	312. 18
abs1n25	12479. 45	12016. 41	12249. 44	428. 07	abs1n25	12692. 40	12135. 98	12444. 99	433. 19
abs1n30	17740. 33	16853. 71	17286. 39	709. 67	abs1n30	18018. 83	17298. 49	17659. 64	712. 23
abs2n5	1995. 20	1995. 20	1995. 20	12. 94	abs2n5	2002. 10	2002. 10	2002. 10	13. 23
abs2n10	3728. 57	3436. 56	3616. 09	106. 82	abs2n10	3753. 77	3311. 99	3594. 47	103. 86
abs2n15	7313. 04	7203. 56	7277. 70	199. 74	abs2n15	7453. 59	6871. 54	7161. 52	200. 88
abs2n20	9867. 76	9587. 46	9696. 84	311. 21	abs2n20	9769. 96	9291. 27	9589. 80	311. 84
abs2n25	13408. 63	12593. 79	13107. 57	421. 66	abs2n25	13126. 85	12827. 55	12993. 01	426. 61
abs2n30	17140. 73	16588. 94	16791. 54	716. 23	abs2n30	16860. 79	16526. 76	16647. 32	716. 05
abs3n5	2190. 72	2190. 72	2190. 72	13. 16	abs3n5	2215. 29	2215. 29	2215. 29	13. 20
abs3n10	3711. 64	3557. 94	3669. 44	108. 82	abs3n10	3898. 93	3744. 00	3807. 28	107. 81
abs3n15	7415. 97	7129. 92	7242. 17	199. 50	abs3n15	7393. 80	7058. 56	7249. 71	203. 64
abs3n20	9376. 77	9037. 11	9134. 36	313. 42	abs3n20	9402. 19	8904. 72	9182. 92	313. 17
abs3n25	14587. 11	13730. 49	14239. 68	421. 71	abs3n25	14951. 41	14488. 28	14757. 69	422. 69
abs3n30	17351. 33	16679. 66	16924. 58	719. 66	abs3n30	17215. 62	16550. 79	16996. 70	724. 88
abs4n5	2352. 14	2352. 14	2352. 14	12. 93	abs4n5	2385. 23	2385. 23	2385. 23	13. 18
abs4n10	3787. 62	3601. 18	3688. 71	109. 48	abs4n10	3808. 54	3613. 35	3661. 49	105. 09
abs4n15	6666. 59	6460. 26	6562. 09	200. 29	abs4n15	6722. 10	6187. 54	6489. 48	204. 19
abs4n20	10725. 73	10236. 27	10536. 92	301. 18	abs4n20	11040. 30	10504. 18	10756. 63	316. 47
abs4n25	12172. 75	11827. 38	12019. 97	446. 09	abs4n25	12522. 56	12124. 94	12350. 88	459. 04
abs4n30	16519. 78	15833. 54	16181. 53	694. 66	abs4n30	16669. 59	16146. 85	16351. 54	725. 40
abs5n5	1842. 58	1842. 58	1842. 58	13. 26	abs5n5	1867. 15	1867. 15	1867. 15	13. 12
abs5n10	4885. 82	4777. 45	4812. 41	109. 68	abs5n10	4937. 96	4816. 29	4867. 39	105. 94
abs5n15	7092. 98	6622. 03	6847. 03	196. 51	abs5n15	7113. 55	6256. 79	6757. 35	198. 33
abs5n20	11709. 29	11401. 09	11595. 52	303. 79	abs5n20	12015. 11	11430. 41	11730. 89	304. 53
abs5n25	15182. 03	14633. 30	14975. 33	447. 59	abs5n25	15286. 27	14530. 52	15037. 77	446. 17
abs5n30	13813. 99	13094. 61	13491. 14	690. 69	abs5n30	13613. 05	13213. 57	13462. 34	692. 76

图7－6展示了不同需求影响常数下计算结果的情况。图7－6（a）是H＝3时不同需求影响常数下的对比，图7－6（b）是H＝6时不同需求影响常数下的对比。从观察结果可以明显看出，目标函数值受需求影响常数的影响较小。但这些实例的计算是在参数相对较小的情况下进行的。一旦参数值增大，计算过程将变得更加复杂（这一结论在第3.2.2节的计算结果对比中有所体现）。

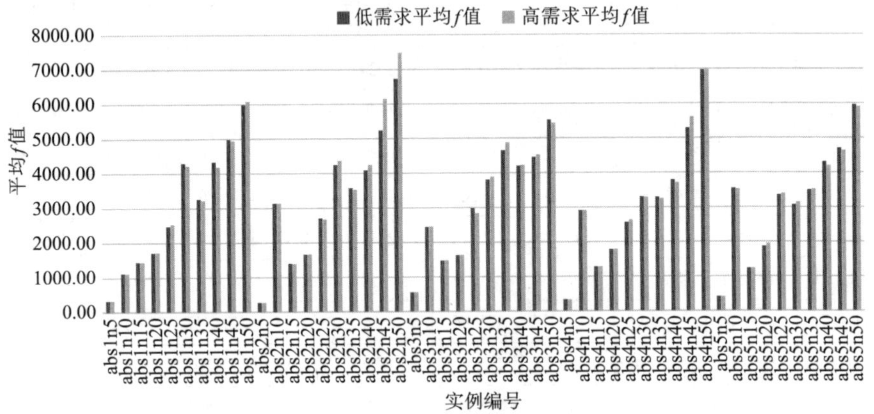

(a) H=3时不同需求影响常数下计算结果对比

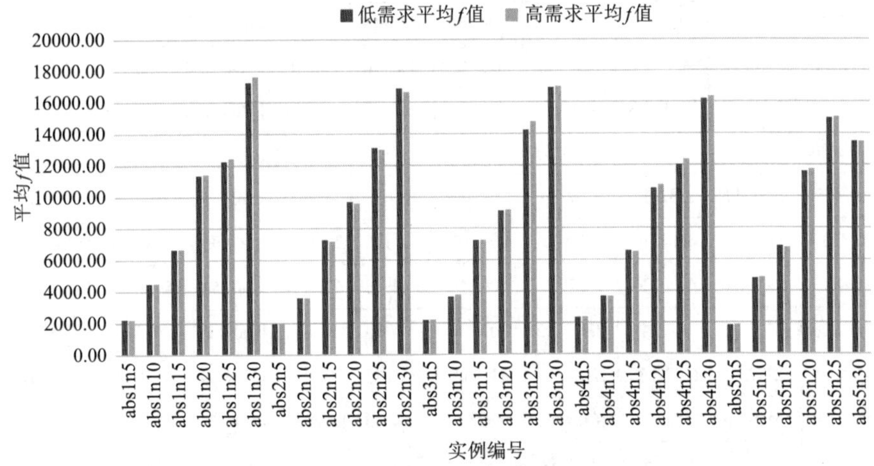

(b) H=6时不同需求影响常数下计算结果对比

图7－6　不同需求影响常数下计算结果对比

7.4.3.2　缺货成本

在查阅表7－14时，同样需要将表7－14分为4个部分，表格结构与表7－13大致相同；左边部分是s＝0.3的实例计算结果，右边部分是s＝3的实例计算结果。表7－14所有实例都是在库存持有成本处于［0.01，

0.05]、需求影响常数处于［0.01，0.05］、缺货成本为0.3的情况下进行计算的。在表7－14左边部分，5次计算结果和表7－13中的结论相同，但是在表7－14右边部分，在缺货成本急剧增加的情况下，若计算结果在3个周期内出现大于等于10个点的差异，或在6个周期内出现大于等于5个点的波动，即表明缺货成本参数的急剧增加会显著提高IRP模型的复杂度，使问题更难以解决。

表7－14　不同缺货成本下实例计算结果对比

H = 3									
缺货成本 $s = 0.3$					缺货成本 $s = 3$				
实例编号	最大 f 值	最小 f 值	平均 f 值	平均 CPU	实例编号	最大 f 值	最小 f 值	平均 f 值	平均 CPU
abs1n5	323.83	323.83	323.83	1.22	abs1n5	1510.02	1510.02	1510.02	1.28
abs1n10	1119.98	1119.98	1119.98	11.73	abs1n10	5176.63	4756.44	4964.61	12.12
abs1n15	1446.40	1446.40	1446.40	62.95	abs1n15	5805.98	5530.68	5683.16	66.53
abs1n20	1811.58	1714.38	1733.82	124.13	abs1n20	7136.32	6667.67	6894.87	127.02
abs1n25	2532.43	2405.31	2474.58	179.08	abs1n25	9132.74	8602.53	8950.48	182.97
abs1n30	4467.83	4140.30	4293.09	245.77	abs1n30	11299.32	10822.11	11143.07	247.62
abs1n35	3400.92	3085.83	3258.33	383.31	abs1n35	10648.35	10074.60	10463.23	386.15
abs1n40	4785.77	3987.75	4331.97	517.04	abs1n40	11978.28	11335.54	11754.00	523.59
abs1n45	5292.82	4857.05	4982.21	579.76	abs1n45	13266.48	12927.97	13111.49	594.98
abs1n50	6611.62	5507.99	5985.16	697.86	abs1n50	14595.38	14089.34	14383.26	710.12
abs2n5	266.14	266.14	266.14	1.22	abs2n5	1742.75	1742.75	1742.75	1.23
abs2n10	968.86	968.86	968.86	11.84	abs2n10	5137.82	4894.49	5020.51	12.18
abs2n15	1398.98	1398.98	1398.98	64.49	abs2n15	6062.77	5578.87	5809.83	66.64
abs2n20	1668.96	1668.96	1668.96	122.17	abs2n20	6075.48	5818.93	6005.63	127.63
abs2n25	2853.02	2539.44	2710.17	181.60	abs2n25	9823.60	9463.23	9652.17	184.23
abs2n30	4436.67	3848.31	4239.75	266.97	abs2n30	11454.53	11084.16	11311.60	268.81
abs2n35	3767.80	3398.57	3577.45	383.05	abs2n35	12633.99	12004.16	12444.95	392.47
abs2n40	4426.70	3818.78	4087.19	508.38	abs2n40	12762.34	12319.28	12564.64	517.24
abs2n45	6716.72	3978.00	5245.90	578.90	abs2n45	13110.67	11787.27	12585.24	594.33
abs2n50	7299.02	5918.97	6730.50	695.53	abs2n50	16212.65	15580.53	15980.88	725.27
abs3n5	551.74	551.74	551.74	1.26	abs3n5	3355.27	3355.27	3355.27	1.28
abs3n10	795.88	795.88	795.88	12.39	abs3n10	4124.77	4017.88	4070.13	12.19
abs3n15	1477.44	1477.44	1477.44	65.09	abs3n15	6563.13	6338.81	6443.44	69.44
abs3n20	1631.22	1631.22	1631.22	122.60	abs3n20	6586.32	6376.91	6458.70	126.81
abs3n25	3149.22	2862.92	2979.95	177.98	abs3n25	10011.50	9515.68	9709.49	181.43

续表

H = 3									
缺货成本 s = 0.3					缺货成本 s = 3				
实例编号	最大 f 值	最小 f 值	平均 f 值	平均 CPU	实例编号	最大 f 值	最小 f 值	平均 f 值	平均 CPU
abs3n30	3994. 90	3665. 12	3809. 46	287. 12	abs3n30	11159. 75	10512. 17	10870. 65	289. 74
abs3n35	4966. 40	4452. 22	4646. 07	386. 39	abs3n35	12661. 66	11852. 00	12309. 24	391. 58
abs3n40	4302. 65	3982. 72	4202. 80	500. 17	abs3n40	12341. 35	11657. 38	12019. 92	510. 33
abs3n45	4506. 76	4416. 94	4452. 87	567. 66	abs3n45	12739. 81	12225. 08	12533. 92	583. 27
abs3n50	5651. 05	5368. 82	5536. 59	708. 40	abs3n50	15295. 30	15065. 66	15157. 24	690. 43
abs4n5	329. 51	329. 51	329. 51	1. 20	abs4n5	2469. 25	2469. 25	2469. 25	1. 23
abs4n10	952. 91	952. 91	952. 91	12. 04	abs4n10	5002. 90	4654. 87	4847. 68	12. 08
abs4n15	1276. 73	1276. 73	1276. 73	67. 62	abs4n15	5649. 53	5323. 81	5491. 55	68. 36
abs4n20	1790. 52	1790. 52	1790. 52	127. 35	abs4n20	8907. 21	8470. 24	8680. 71	131. 79
abs4n25	2597. 23	2536. 47	2564. 83	180. 42	abs4n25	9664. 22	9427. 26	9504. 00	186. 05
abs4n30	3416. 01	3150. 36	3301. 16	273. 63	abs4n30	11495. 86	11022. 13	11311. 10	286. 50
abs4n35	3669. 12	2933. 86	3298. 07	387. 59	abs4n35	11339. 11	10830. 94	11070. 35	391. 60
abs4n40	4026. 97	3363. 54	3790. 13	490. 18	abs4n40	11724. 06	11244. 25	11499. 65	503. 73
abs4n45	5621. 11	4944. 63	5285. 75	578. 86	abs4n45	14081. 73	13469. 35	13708. 59	598. 02
abs4n50	7738. 59	6209. 09	6969. 56	719. 00	abs4n50	14926. 67	14447. 15	14652. 29	720. 78
abs5n5	408. 08	408. 08	408. 08	1. 17	abs5n5	1848. 61	1848. 61	1848. 61	1. 27
abs5n10	1140. 71	1140. 71	1140. 71	11. 74	abs5n10	5038. 25	4876. 25	4941. 21	12. 22
abs5n15	1229. 10	1229. 10	1229. 10	67. 48	abs5n15	6176. 17	5846. 35	6025. 11	68. 29
abs5n20	1873. 14	1873. 14	1873. 14	127. 84	abs5n20	7965. 40	7794. 11	7912. 16	129. 83
abs5n25	3506. 13	3230. 09	3353. 48	176. 78	abs5n25	10050. 88	9629. 96	9811. 95	180. 88
abs5n30	3293. 36	2901. 14	3069. 30	279. 54	abs5n30	10036. 98	9471. 46	9698. 37	288. 76
abs5n35	3672. 05	3217. 02	3499. 23	387. 91	abs5n35	11122. 91	10811. 70	10990. 47	397. 54
abs5n40	4440. 34	4221. 73	4312. 33	483. 36	abs5n40	12287. 55	11654. 36	11853. 58	500. 12
abs5n45	4896. 95	4387. 94	4697. 48	580. 00	abs5n45	12957. 63	12563. 73	12759. 72	581. 58
abs5n50	6619. 38	5751. 75	5964. 20	706. 40	abs5n50	15256. 43	14426. 33	14910. 51	721. 84

H = 6									
缺货成本 s = 0.3					缺货成本 s = 3				
实例编号	最大 f 值	最小 f 值	平均 f 值	平均 CPU	实例编号	最大 f 值	最小 f 值	平均 f 值	平均 CPU
abs1n5	2243. 60	2243. 60	2243. 60	12. 86	abs1n5	11518. 45	11469. 40	11495. 43	13. 99
abs1n10	4562. 00	4439. 07	4491. 36	103. 66	abs1n10	20547. 64	20143. 57	20402. 69	105. 51
abs1n15	6719. 31	6571. 77	6655. 46	203. 63	abs1n15	26721. 61	26017. 89	26346. 72	211. 24

续表

H = 6									
缺货成本 s = 0.3					缺货成本 s = 3				
实例编号	最大 f 值	最小 f 值	平均 f 值	平均 CPU	实例编号	最大 f 值	最小 f 值	平均 f 值	平均 CPU
abs1n20	11465.42	11053.26	11347.17	306.08	abs1n20	34265.52	33516.89	34048.20	313.62
abs1n25	12479.45	12016.41	12249.44	428.07	abs1n25	35255.68	34278.02	34781.17	435.02
abs1n30	17740.33	16853.71	17286.39	709.67	abs1n30	51333.25	50643.22	51025.14	726.70
abs2n5	1995.20	1995.20	1995.20	12.94	abs2n5	9300.40	9170.03	9209.24	13.99
abs2n10	3728.57	3436.56	3616.09	106.82	abs2n10	18186.45	18062.64	18095.93	106.49
abs2n15	7313.04	7203.56	7277.70	199.74	abs2n15	26404.74	26186.16	26331.89	208.80
abs2n20	9867.76	9587.46	9696.84	311.21	abs2n20	32487.92	31959.42	32279.01	315.60
abs2n25	13408.63	12593.79	13107.57	421.66	abs2n25	38775.02	38006.01	38447.81	434.04
abs2n30	17140.73	16588.94	16867.74	716.51	abs2n30	48873.81	48407.21	48643.05	724.33
abs3n5	2190.72	2190.72	2190.72	13.16	abs3n5	13422.48	13377.93	13394.74	13.90
abs3n10	3711.64	3557.94	3669.44	108.82	abs3n10	16565.66	16152.15	16368.32	99.65
abs3n15	7415.97	7129.92	7242.17	199.50	abs3n15	28975.34	28560.87	28787.22	210.11
abs3n20	9376.77	9037.11	9134.36	313.42	abs3n20	30462.45	22907.19	28823.62	318.45
abs3n25	14587.11	13730.49	14239.68	421.71	abs3n25	42032.10	41624.70	41770.11	422.51
abs3n30	17351.33	16679.66	16924.58	719.66	abs3n30	51605.94	50994.63	51293.43	744.12
abs4n5	2352.14	2352.14	2352.14	12.93	abs4n5	10619.54	10416.74	10501.22	13.92
abs4n10	3787.62	3601.18	3688.71	109.48	abs4n10	18290.82	17860.30	18036.91	111.34
abs4n15	6666.59	6460.26	6562.09	200.29	abs4n15	25185.47	24642.56	24883.70	205.35
abs4n20	10725.73	10236.27	10536.92	301.18	abs4n20	35824.40	35298.83	35578.06	304.99
abs4n25	12172.75	11827.38	12019.97	446.09	abs4n25	38251.61	37464.38	37952.26	457.18
abs4n30	16519.78	15833.54	16181.53	694.66	abs4n30	55566.41	54669.15	54965.58	710.56
abs5n5	1842.58	1842.58	1842.58	13.26	abs5n5	8712.20	8541.32	8624.84	13.79
abs5n10	4885.82	4777.45	4812.41	109.68	abs5n10	19991.42	19725.02	19857.67	110.82
abs5n15	7092.98	6622.03	6847.03	196.51	abs5n15	25118.27	24708.20	24901.84	203.95
abs5n20	11709.29	11401.09	11595.52	303.79	abs5n20	37962.53	37269.33	37634.89	309.01
abs5n25	15182.03	14633.30	14975.33	447.59	abs5n25	43587.71	42401.08	43164.15	457.70
abs5n30	13813.99	13094.61	13491.14	690.69	abs5n30	43150.12	42651.66	42879.05	685.39

图 7－7 展示了不同缺货成本下计算结果的变化情况。图 7－7（a）是 H＝3 时不同缺货成本下的对比，图 7－7（b）是 H＝6 时不同缺货成本下的对比。从观察结果可以清楚地看出，目标函数值受到缺货成本增大的显著影响。根据表 7－14 的进一步分析发现，缺货成本增大也会增加计

算难度。

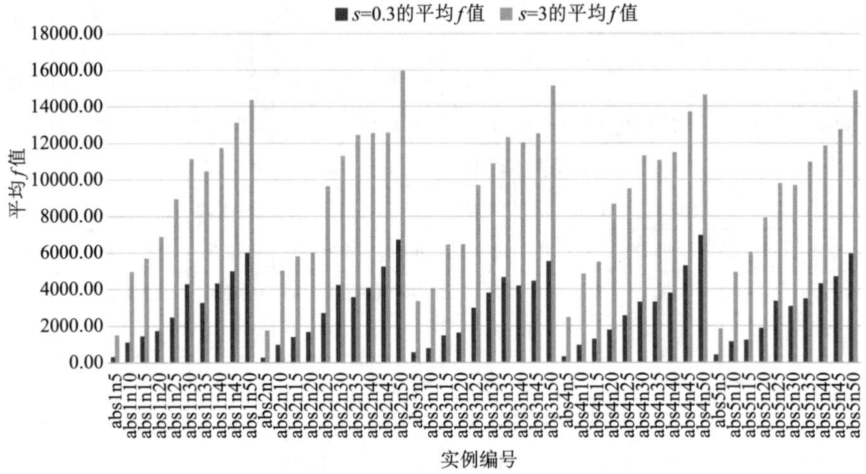

(a) H=3时不同缺货成本下计算结果对比

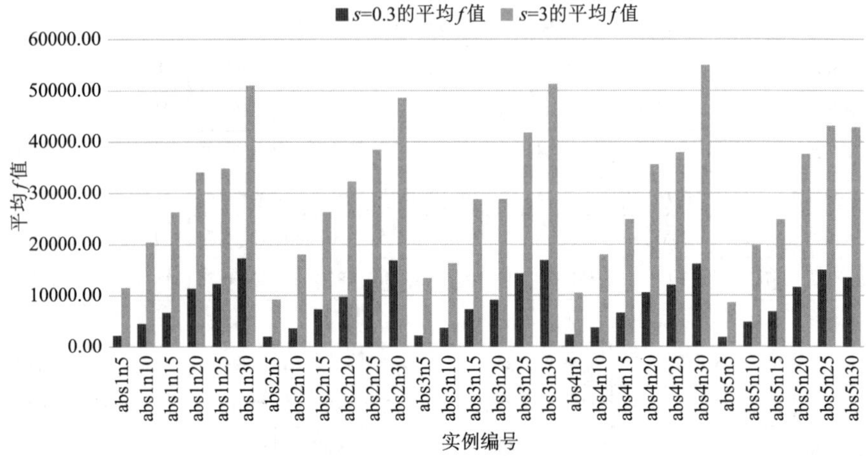

(b) H=6时不同缺货成本下计算结果对比

图 7－7　不同缺货成本下计算结果对比

7.4.3.3　*库存持有成本h_i*

表 7－15 的表格结构与表 7－13 和表 7－14 大致相同；左边部分是库存持有成本$\boldsymbol{h}_i \in$［0.01，0.05］的实例计算结果，右边部分是库存持有成本$\boldsymbol{h}_i \in$［0.1，0.5］的实例计算结果。表 7－15 所有实例都是在需求影响常数处于［0.1，0.5］、缺货成本为 1.2 的情况下进行计算的。从表 7－15 的左侧部分可以观察到，在 3 个周期的实例中，当实例包含小于等于 10 个需求点时，5 次计算结果基本保持不变。而在表 7－15 的右侧部分，当实例在 3 个周期内包含大于等于 10 个需求点时，计算结果出现差异；当

在6个周期内包含大于等于5个点时，计算结果也呈现波动。这种现象可能与缺货成本的增加密切相关。

表7-15　　　　不同库存持有成本下实例计算结果对比

H=3									
$h_i \in [0.01, 0.05]$					$h_i \in [0.1, 0.5]$				
实例编号	最大 f 值	最小 f 值	平均 f 值	平均CPU	实例编号	最大 f 值	最小 f 值	平均 f 值	平均CPU
abs1n5	795.11	795.11	795.11	1.26	abs1n5	1398.78	1398.78	1398.78	1.21
abs1n10	3252.74	3210.06	3224.60	11.52	abs1n10	5115.84	4983.53	5053.85	11.62
abs1n15	3944.11	3829.22	3894.93	65.11	abs1n15	6160.96	5932.47	6069.39	64.55
abs1n20	5213.50	4928.57	5086.71	124.17	abs1n20	8161.58	7970.91	8030.57	125.33
abs1n25	6609.81	6369.70	6510.14	183.76	abs1n25	10200.40	9885.02	10054.37	182.32
abs1n30	9181.16	8949.17	9060.25	244.61	abs1n30	14383.50	13679.77	14133.64	242.04
abs1n35	7963.00	7645.81	7864.01	385.81	abs1n35	13553.53	13077.62	13253.17	382.88
abs1n40	9777.00	9452.54	9631.00	522.51	abs1n40	15648.31	15292.60	15462.10	523.76
abs1n45	10682.80	10053.63	10422.22	585.85	abs1n45	16345.88	16098.68	16216.52	592.77
abs1n50	11536.18	11516.16	11528.17	694.84	abs1n50	17826.06	17448.94	17684.03	715.27
abs2n5	846.64	846.64	846.64	1.22	abs2n5	1500.28	1500.28	1500.28	1.20
abs2n10	3141.63	3141.63	3141.63	11.78	abs2n10	4781.34	4597.07	4687.60	11.64
abs2n15	4147.61	3986.65	4073.28	65.78	abs2n15	6326.42	6031.43	6193.14	65.17
abs2n20	4323.08	4186.54	4248.25	124.08	abs2n20	7318.67	7135.55	7218.52	124.55
abs2n25	6961.42	6595.71	6772.44	178.53	abs2n25	10518.36	10226.88	10325.45	180.21
abs2n30	9016.48	8725.13	8838.87	240.57	abs2n30	13366.82	13080.44	13252.47	247.60
abs2n35	9578.39	9191.95	9376.70	390.42	abs2n35	13717.82	13219.59	13422.95	389.47
abs2n40	9051.13	8416.87	8807.00	518.78	abs2n40	13865.65	13156.09	13560.32	520.48
abs2n45	10695.72	10277.02	10556.33	587.70	abs2n45	16525.80	15673.10	16168.11	589.62
abs2n50	12995.28	11868.90	12707.47	711.43	abs2n50	19032.12	18506.07	18778.05	708.66
abs3n5	1745.48	1745.48	1745.48	1.27	abs3n5	2635.55	2635.55	2635.55	1.24
abs3n10	2454.92	2454.92	2454.92	12.88	abs3n10	4155.00	4112.11	4128.94	12.37
abs3n15	4275.74	4242.87	4258.63	65.43	abs3n15	6909.08	6728.93	6827.43	66.37
abs3n20	4809.76	4580.82	4680.16	124.66	abs3n20	8045.95	7805.50	7965.99	124.12
abs3n25	7475.37	7296.28	7385.07	181.34	abs3n25	11369.26	11186.28	11282.19	182.83
abs3n30	8735.17	8396.94	8592.41	289.48	abs3n30	13872.14	13554.41	13698.31	283.77
abs3n35	10056.10	9767.47	9938.69	389.04	abs3n35	15925.57	15389.48	15655.35	390.85
abs3n40	9313.73	8867.39	9151.52	517.04	abs3n40	14670.91	14156.74	14438.34	509.82
abs3n45	9372.14	9316.35	9349.82	586.14	abs3n45	16023.96	15617.10	15724.10	575.53

续表

H=3									
$\boldsymbol{h}_i \in [0.01,0.05]$					$\boldsymbol{h}_i \in [0.1,0.5]$				
实例编号	最大 f 值	最小 f 值	平均 f 值	平均 CPU	实例编号	最大 f 值	最小 f 值	平均 f 值	平均 CPU
abs3n50	12091.71	11365.81	11716.66	718.25	abs3n50	18261.15	17109.50	17854.17	720.42
abs4n5	1124.36	1124.36	1124.36	1.16	abs4n5	1728.80	1728.80	1728.80	1.17
abs4n10	2918.64	2918.64	2918.64	11.89	abs4n10	4615.55	4484.28	4554.20	12.10
abs4n15	3557.62	3517.04	3535.88	66.97	abs4n15	5471.89	5397.41	5446.93	66.78
abs4n20	5723.82	5572.56	5667.84	128.46	abs4n20	8392.42	8107.50	8318.76	130.49
abs4n25	6967.39	6612.24	6783.41	178.39	abs4n25	10396.15	9923.77	10245.20	182.53
abs4n30	8531.94	8075.38	8296.83	283.11	abs4n30	12596.07	12146.92	12336.04	283.95
abs4n35	8645.90	8421.44	8524.27	389.76	abs4n35	13040.25	12546.48	12723.63	386.65
abs4n40	8269.91	8269.91	8269.91	506.57	abs4n40	13448.58	13166.68	13308.29	502.46
abs4n45	11443.64	10815.37	10994.97	571.09	abs4n45	16747.15	16196.06	16467.57	590.28
abs4n50	12704.28	12274.34	12523.24	687.33	abs4n50	18872.47	18399.60	18685.48	714.52
abs5n5	1154.24	1154.24	1154.24	1.18	abs5n5	1876.39	1876.39	1876.39	1.25
abs5n10	3529.28	3522.60	3527.95	11.92	abs5n10	5306.14	5090.22	5242.21	12.27
abs5n15	3980.39	3756.74	3891.41	66.37	abs5n15	5741.03	5510.80	5626.02	67.14
abs5n20	5440.28	5320.48	5400.63	129.18	abs5n20	8726.26	8572.52	8671.04	129.17
abs5n25	7512.46	6970.26	7341.71	182.22	abs5n25	11872.66	11736.89	11800.93	181.20
abs5n30	7083.77	6816.73	6950.19	289.89	abs5n30	11432.79	11086.45	11259.05	281.57
abs5n35	8035.74	7582.59	7800.26	386.14	abs5n35	12622.99	12295.63	12529.60	393.97
abs5n40	9397.58	9047.00	9265.32	498.29	abs5n40	14579.74	14283.47	14382.83	500.07
abs5n45	9791.42	9434.89	9558.95	589.17	abs5n45	14994.57	14654.88	14809.04	595.53
abs5n50	12099.31	11782.45	11951.28	717.91	abs5n50	18528.17	17790.15	18155.95	716.70
H=6									
$\boldsymbol{h}_i \in [0.01,0.05]$					$\boldsymbol{h}_i \in [0.1,0.5]$				
实例编号	最大 f 值	最小 f 值	平均 f 值	平均 CPU	实例编号	最大 f 值	最小 f 值	平均 f 值	平均 CPU
abs1n5	6324.98	6324.98	6324.98	12.23	abs1n5	9695.48	9663.91	9676.27	12.37
abs1n10	13007.03	12668.52	12875.86	111.80	abs1n10	17487.76	16954.36	17197.69	107.42
abs1n15	15782.68	15494.47	15714.16	202.01	abs1n15	21625.03	21264.77	21473.03	211.70
abs1n20	21566.57	21127.10	21439.79	313.10	abs1n20	28526.08	28037.14	28286.06	316.52
abs1n25	22226.94	21391.73	21671.92	443.29	abs1n25	29690.28	29205.47	29425.74	438.61
abs1n30	30986.21	30765.84	30895.41	720.14	abs1n30	43451.25	42868.48	43173.19	726.59
abs2n5	5464.64	5464.64	5464.64	13.37	abs2n5	8453.34	8398.90	8416.28	13.98

续表

H=6									
$h_i \in [0.01, 0.05]$					$h_i \in [0.1, 0.5]$				
实例编号	最大 f 值	最小 f 值	平均 f 值	平均 CPU	实例编号	最大 f 值	最小 f 值	平均 f 值	平均 CPU
abs2n10	10897.01	10706.64	10783.29	108.11	abs2n10	15665.48	15473.23	15556.82	111.03
abs2n15	16026.53	15454.66	15850.59	206.55	abs2n15	22127.42	21269.91	21830.06	210.49
abs2n20	19548.24	19008.29	19312.94	317.06	abs2n20	27038.91	26431.17	26770.57	317.73
abs2n25	24312.37	23864.18	24090.12	429.22	abs2n25	32600.63	32095.71	32356.85	439.06
abs2n30	28412.61	27456.84	28074.71	720.40	abs2n30	39402.75	38479.00	39017.35	723.88
abs3n5	6905.96	6905.96	6905.96	13.33	abs3n5	10370.30	10370.30	10370.30	13.36
abs3n10	10286.32	10120.75	10207.48	106.39	abs3n10	14322.38	14024.41	14211.05	113.88
abs3n15	17857.17	17610.36	17688.69	205.82	abs3n15	24421.28	24167.50	24307.09	207.66
abs3n20	19349.98	18858.80	19121.51	314.79	abs3n20	26513.26	25784.65	26066.23	324.43
abs3n25	26859.91	26303.39	26560.40	428.25	abs3n25	35610.36	35149.10	35348.71	432.56
abs3n30	29901.90	29346.98	29667.31	712.46	abs3n30	42375.52	41817.31	42215.90	732.03
abs4n5	6566.67	6566.67	6566.67	13.55	abs4n5	8404.73	8192.80	8285.46	13.93
abs4n10	10938.99	10814.44	10851.61	105.88	abs4n10	15329.37	15172.74	15254.99	109.49
abs4n15	15111.47	14913.55	15031.88	206.25	abs4n15	20509.15	19921.98	20223.30	211.36
abs4n20	22950.38	22187.05	22568.99	312.06	abs4n20	29928.46	29228.88	29569.69	313.64
abs4n25	23156.97	22815.09	23020.22	472.75	abs4n25	31388.46	30999.44	31266.98	457.58
abs4n30	30626.20	30129.99	30323.99	730.68	abs4n30	42068.97	40992.82	41509.55	722.65
abs5n5	5280.14	5280.14	5280.14	13.84	abs5n5	7633.64	7627.64	7628.84	13.80
abs5n10	11920.93	11746.28	11839.38	111.53	abs5n10	16463.11	16267.11	16393.11	115.43
abs5n15	15965.48	15579.89	15729.19	203.56	abs5n15	20551.87	20382.38	20440.09	205.35
abs5n20	24103.40	23698.29	23942.90	312.60	abs5n20	31901.42	31186.52	31433.89	314.19
abs5n25	26924.73	26201.85	26742.86	455.47	abs5n25	36932.11	36331.62	36583.08	454.96
abs5n30	25439.06	24653.71	25124.99	701.37	abs5n30	35225.57	34572.71	35021.63	703.40

图 7－8 反映了不同库存持有成本下计算结果的变化情况。其中，图 7－8（a）是 H=3 时不同库存持有成本下的对比，图 7－8（b）是 H=6 时不同库存持有成本下的对比。请注意，因为这组对比数据是在缺货成本较大的情况下计算的，所以单独分析库存持有对 5 次计算结果不稳定的实例的影响并不科学和可行。因此，我们只观察 5 个点的实例中，目标函数值随库存持有成本变化的情况。经分析，可以得出结论：在缺货成本较大的情况下，小实例的计算结果会因库存持有成本的增加而变差。

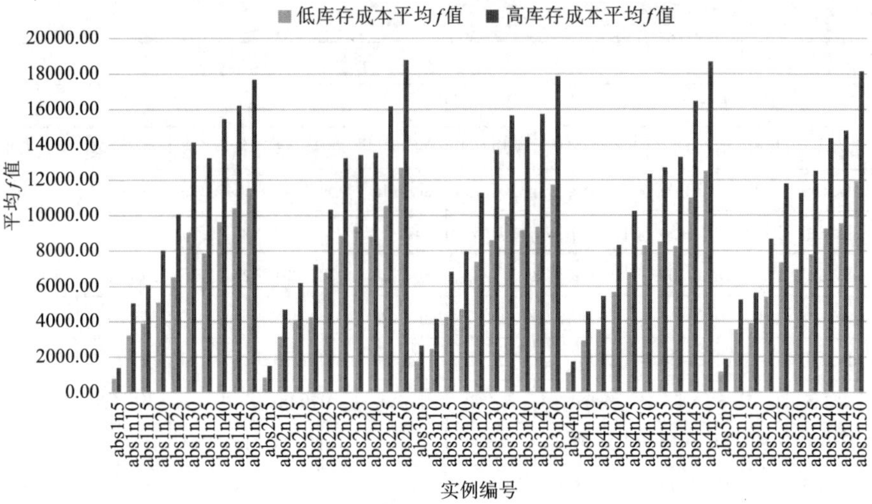

(a) H=3时不同库存持有成本下计算结果对比

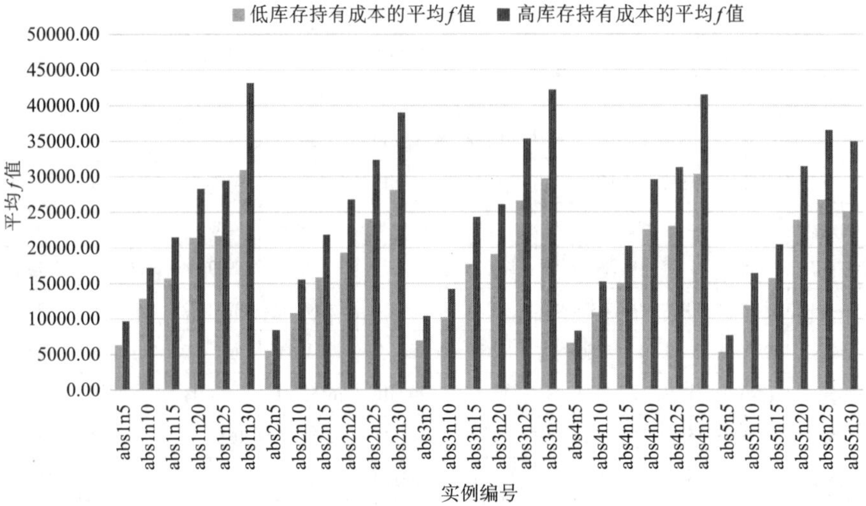

(b) H=6时不同库存持有成本下计算结果对比

图 7－8　不同库存持有成本下计算结果对比

7.5　本章小结

为了有效管理应急物资并确保供需平衡，建立充足、高效、成本节约的应急物资库存路径模型十分关键。本章采用改进的蚁群优化算法，构建了基于需求预测的应急物资库存路径问题模型。通过对 250 个小周期实例和 150 个大周期实例的计算，我们发现模型中的参数对计算结果和难度有重要影响。增加需求影响常数对目标函数值的影响较小，而增加库存持有成本通常会提高目标函数值，缺货成本的显著增加不仅会提高目标函数值，还会增加计算难度。因此，在解决 NP - hard 问题时，需要谨慎设置参数。在实际应用中，可以通过标准化参数或统一减小所有参数来减少计算复杂度。

然而，现实生活中的应急管理问题往往更加复杂，本章建立的模型还不能完全反映应急物流的特点。此外，我们仅使用启发式算法来解决复杂的应急物资库存路径问题，对于相对复杂的案例，只能迅速找到一个相对较好的上界，很可能陷入局部最优，无法确定最优解的确切值，这是纯启发式算法所面临的限制。最后，在算法参数和模型参数的敏感性分析和对比分析方面，我们并未深入研究参数之间的交叉影响。因此，在后续研究中，应考虑更多现实问题，如涉及多种商品、易腐产品运输的库存路径问题等。另外，除了将蚁群算法与遗传算法相结合外，还可以在遗传算法基础上引入模拟退火公式，以避免过早陷入局部最优。对参数的敏感性分析和对比分析，也需要更细致地考虑参数之间的交叉影响。这样可以进一步提升模型的准确性和可行性，并更好地解决应急物流库存路径问题。

总而言之，研究应急物资库存路径问题对应急管理至关重要。尽管已取得一些进展，但仍有许多方面值得探索和改进。通过进一步研究和创新，我们可以更好地应对复杂的现实应急管理问题，并提供更有效的解决方案。

本章参考文献

[1] A. Kaveh, S. M. Javadi, R. Mahdipour Moghanni. Emergency management systems after disastrous earthquakes using optimization methods: A comprehensive review [J]. Advances in Engineering Software, 2020, 149: 102885.

[2] G. B. Dantzig, J. H. Ramser. The Truck Dispatching Problem [J]. Management Science, 1959, 6 (1): 80 - 91.

[3] Awi Federgruen and Paul Zipkin. A Combined Vehicle Routing and Inventory Allocation Problem [J]. Operations Research, 1984, 32 (5): 1019 - 1037.

[4] Claudia Archetti, Luca Bertazzi, Gilbert Laporte, Maria Grazia Speranza. A Branch - and - Cut Algorithm for a Vendor - Managed Inventory -

Routing Problem [J]. Transportation Science, 2007, 41 (3): 382 -391.

[5] Yugang Yu, Haoxun Chen, Feng Chu. A new model and hybrid approach for large scale inventory routing problems [J]. European Journal of Operational Research, 2008, 189: 1022 -1040.

[6] 赵达，李军，马丹祥，李妍峰. 随机需求库存 - 路径问题最优策略及其算法 [J]. 管理科学学报，2014，17 (05): 14 -24.

[7] 赵达，李军，马丹祥，李妍峰. 直接配送下随机需求库存 - 路径问题最优平稳策略及其算法 [J]. 中国管理科学，2014，22 (06): 61 -68.

[8] 赵达，李军，马丹祥，李妍峰. 固定分区策略下 SDIRP 问题周期性最优策略及其算法 [J]. 运筹与管理，2016，25 (04): 78 -86.

[9] 赵达，周永务，李军，吉清凯. 修正固定分区策略下随机需求库存 - 路径问题的最优策略及其算法 [J]. 系统管理学报，2017，26 (06): 1158 -1167.

[10] Leandro C. Coelho, Jean - François Cordeau, Gilbert Laporte. Thirty Y ears of Inventory Routing [J]. Transportation Science, 2014, 48 (1): 1 -19.

[11] Claudia Archetti, Natashia Boland, M. Grazia Speranza. A Matheuristic for the Multivehicle Inventory Routing Problem [J]. INFORMS Journal on Computing, 2017, 29 (3): 377 -387.

[12] Luca Bertazzi, Leandro C. Coelho, Annarita De Maio, Demetrio Laganà. A matheuristic algorithm for the multi - depot inventory routing problem [J]. Transportation Research Part E, 2019, 122: 524 -544.

[13] Claudia Archetti, M. Grazia Speranza, Maurizio Boccia, Antonio Sforza, Claudio Sterle. A branch - and - cut algorithm for the inventory routing problem with pickups and deliveries [J]. European Journal of Operational Research, 2020, 282: 886 -895.

[14] Wenqian Liu, Ginger Y. Ke, Jian Chen, Lianmin Zhang. Scheduling the distribution of blood products: A vendor - managed inventory routing approach [J]. Transportation Research Part E, 2020, 140: 101964.

[15] Kunpeng Li, Bin Chen, Appa Iyer Sivakumar, Yong Wu. An inventory - routing problem with the objective of travel time minimization [J]. European Journal of Operational Research, 2014, 236: 936 -945.

[16] Claudia Archetti, Luca Bertazzi, Alain Hertz, Maria Grazia Speranza. A Hybrid Heuristic for an Inventory Routing Problem [J]. INFORMS

Journal on Computing, 2012, 24 (1): 101 - 116.

[17] Faramroze G. Engineer, Kevin C. Furman, George L. Nemhauser, Martin W. P. Savelsbergh and Jin - Hwa Song. A Branch - Price - and - Cut Algorithm for Single - Product Maritime Inventory Routing [J]. Operations Research, 2012, 60 (1): 106 - 122.

[18] Gilbert Laporte. Fifty Years of Vehicle Routing [J]. Transportation Science, 2009, 43 (4): 408 - 416.

[19] Vishal Gaur, Marshall L. Fisher. A Periodic Inventory Routing Problem at a Supermarket Chain [J]. Operations Research, 2004, 52 (6): 813 - 822.

[20] Bin Yu, Yang Zhong - Zhen, Yao Baozhen. An improved ant colony optimization for vehicle routing problem [J]. European Journal of Operational Research, 2009, 196: 171 - 176.

[21] Bin Yu, Zhong Zhen Yang. An ant colony optimization model: The period vehicle routing problem with time windows [J]. Transportation Research Part E, 2011, 47: 166 - 181.

[22] Wei Yi, Arun Kumar. Ant colony optimization for disaster relief operations [J]. Transportation Research Part E , 2007, 43: 660 - 672.

[23] Shan - Huen Huang, Pei - Chun Lin. A modified ant colony optimization algorithm for multi - item inventory routing problems with demand uncertainty [J]. Transportation Research Part E, 2010, 46: 598 - 611.

[24] Marco Dorigo, Thomas Stützle. Ant Colony Optimization: Overview and Recent Advances [J]. International Series in Operations Research & Management Science: Handbook of Metaheuristics, 2010, 146: 227 - 263.

第 8 章　考虑绿色包装及保质期的易腐品供应链生产路径问题研究

8.1　研究背景与意义

8.1.1　研究背景

生产路径问题涉及供应链系统的综合优化，要求同时优化生产、库存、分销和运输路线，以确定企业的生产计划和车辆路径规划方案。这类问题属于生产和配送的集成优化问题。由于联合规划的复杂性以及利益相关者之间信息共享的不足，传统供应链的生产、库存和运输等职能往往是相对独立的。随着全球市场竞争的日益激烈，企业对供应链协调运作的兴趣迅速增长，其积极推动供应链合作伙伴间的合作，以提高供应链整体绩效，从而获得竞争优势。

在供应链管理中，易腐品的供应链管理问题是一个具有挑战性的课题。易腐品包括食品、药品、化妆品等，它们的特点是保质期较短，需要在一定时间内被送达终端消费者手中，否则会造成损失和浪费，进而产生较高的碳排放。而在易腐品供应链中，产品包装和保质期是非常重要的因素。因此，“双碳”目标驱动下的易腐品供应链生产路径问题研究必须考虑产品的绿色包装及保质期。

易腐品的包装设计需要考虑产品的保鲜性和运输安全性。恰当的包装可以提高产品的保鲜度，延长其保质期，同时还要考虑运输过程中的撞击、挤压等因素对产品的保护。

易腐品的保质期限制了它们的供应链管理。在供应链中，确保产品在保质期内到达消费者手中是至关重要的，因为超过保质期的产品会产生质量问题，使企业信誉受损，并给企业造成经济损失。因此，管理者需要在供应链规划和运作中合理安排物流和生产路径，以确保产品在保质期内有效配送，降低碳排放。

研究易腐品供应链生产路径问题的目的是优化物流规划和路径选择，减少产品损耗和延长产品的保质期，从而降低碳排放。通过研究易腐品的包装要求、保质期限制以及运输等因素的相互关系，可以设计出合理的供应链生产路径方案，提高产品的抵达时间和保质期，降低损耗和浪费，从而降低碳排放。

同时，考虑到市场竞争的加剧和消费者对产品质量和安全的要求越来越高，研究易腐品供应链生产路径问题也有助于企业优化运营管理，提升竞争力和市场份额。因此，对易腐品供应链生产路径问题的研究具有重要的理论和实践意义。

8.1.2 研究意义

（1）减少产品损耗和浪费：研究易腐品供应链生产路径问题，可以优化物流规划和路径选择，减少产品在运输过程中的损耗和浪费。合理的包装设计和精确的保质期管理可以有效延长产品的保鲜期，在整个供应链中降低损失。

（2）提升产品质量和安全：易腐品供应链管理的关键是确保产品在保质期内到达消费者手中，以保证产品的质量和安全。通过研究供应链生产路径问题，可以制定更合理的配送策略和路径规划，确保产品及时送达，满足消费者对产品质量和安全的要求。

（3）降低成本和提高效率：合理的供应链生产路径规划可以降低物流成本和时间成本，提高供应链的运作效率。优化包装设计、选择最佳的配送路径，可以减少物流环节中的烦琐操作和不必要的资源浪费，降低企业的运营成本，提高整体效益。

（4）增强竞争力和市场份额：通过研究易腐品供应链生产路径问题，企业可以提供更优质、更可靠的产品和服务，增强其在市场上的竞争力。优化供应链管理，可以提高企业的响应速度和可靠性，满足消费者对及时交货和产品品质的需求，进而提升市场份额。

（5）推动供应链可持续发展：研究易腐品供应链生产路径问题，有助于推动供应链的可持续发展。通过聚焦包装和保质期管理，企业可以减少不必要的耗材和资源消耗，降低碳排放，提高供应链的环境友好性，实现可持续发展目标。

综上所述，研究考虑产品包装及保质期的易腐品供应链生产路径问题对于减少损耗、提升产品质量和安全、降低成本、增强竞争力以及推动供应链可持续发展具有重要的意义。

8.2 相关理论与文献综述

8.2.1 相关理论

考虑产品包装及保质期的易腐品供应链生产路径问题的相关理论主要包括以下五方面。

（1）包装优化理论。该理论研究如何通过合适的包装设计来延长易腐品的保鲜期，提高产品的质量和安全性。该理论探讨包装材料、结构和技术，以满足保护产品、降低物流成本和减少环境影响的要求。

（2）保质期管理理论：该理论研究如何精确、科学地管理易腐品的保质期。该理论涉及产品的保鲜性能分析、保质期预测和控制策略的建立，以确保产品在供应链中保持良好的品质和使用性能。

（3）供应链路径规划理论：该理论研究如何在考虑产品包装和保质期限制的情况下，制定最佳的供应链生产路径和配送策略。该理论涵盖路径选择、运输模式、物流网络布局和路径优化等方面，以最大限度地减少损耗、降低成本和提高配送效率。

（4）品质管理理论：该理论研究如何在易腐品供应链中实施有效的品质管理措施。该理论包括质量控制、供应商质量管理、产品检验和合规性要求等方面，旨在确保产品在供应链中的一致性和可追溯性。

（5）绿色供应链管理理论：该理论研究如何在易腐品供应链中实施可持续发展的策略和措施。该理论探讨资源可再生利用、碳足迹减少、环境管理和社会责任等方面，以降低供应链的环境影响，推动可持续发展。

这些相关理论为研究者们分析和解决绿色供应链生产路径问题提供了理论基础，有助于指导实际问题的研究与实践应用。

8.2.2 文献综述

传统的生产路径问题通常以最小化成本为主要目标来制订综合计划。例如，Chandra 等[1]研究了在需求已知情况下，工厂、多车辆和多零售点的生产与分销计划的协调性。他们比较了分别解决生产计划和车辆路径问题以及协调解决这两个问题时总运营成本的大小。随后的研究在此基础上加入了时间窗的考虑。例如，Wang 等[2]在研究并行机器批量交货的调度问题时，考虑了运输时间，旨在最小化总流动时间和交货成本之和。Ullrich 等[3]将生产调度和出站配送调度相结合，考虑了作业相关的处理时间、交付时间窗口、服务时间和目的地，采用遗传算法对整体问题进行求解，探讨了整合处理机器调度和车辆路径是否优于传统的分解求解方法。

近年来，生产路径问题的研究越来越贴近实际，并涉及更多拓展研究。例如，Hassanzadeh 等[4]提出了一个新的双目标模型，旨在减少拖期惩罚的同时减少供应链车辆路径问题和调度中消耗的资源和能源。Qiu 等[5]针对逆向物流和再制造的生产路径问题，引入了混合整数规划模型，并提出了切分引导搜索算法来减少对环境的影响，同时保持运营有效性。Li 等[6]研究了一个考虑外包的多产品生产路径问题，旨在最小化生产、库存、路线和外包总成本，并开发了一个高效的三层启发式算法来求解模型。

除了一般产品的生产路径研究外，近年来也出现了关于易腐品生产路径问题的论文。例如，Arbib 等[7]以最大限度减少易腐物品损耗为主要目标，建立了易腐品生产调度的三维匹配模型。Chen[8]研究了有时间窗的考虑易腐食品随机需求的生产路径问题，旨在最大化供应商的期望总利润。Devapriya 等[9]考虑了生产计划和配送顺序，在计划水平约束下寻求在易腐品变质之前以最低成本进行生产并确定车队规模和卡车路线的方法。

易腐品具有易贬值等特点，因此，在供应链体系中，生产与配送的协调性至关重要。Farahani 等[10]以餐饮行业为例，研究了提高易腐食品质量的方法，重点在于缩短生产和交付之间的时间间隔。他们提出了一种集成方案，将生产调度与配送问题联系起来，通过基于块计划的混合整数线性规划（MILP）建模方法来解决。Amorim 等[11]以降低配送中心总成本和延长产品使用寿命为目标，在考虑易腐性的情况下，研究了批量对订单制造系统的重要性，并针对不同的生产场景进行了进一步探讨。Ma 等[12]研究了城市易腐品配送商常遇到的实际问题，即配送失败导致供应商损失，他们将时间依赖的车辆路径问题与订单选择相结合，以最大化利润为目标，提出了一种包含局部搜索算子的混合蚁群算法，确定了服务顺序、配送顺序和配送任务开始时间，并通过多个计算实验验证了模型和算法的有效性。吴瑶等[13]建立了以最小化总配送成本和最大化产品总新鲜度为目标的模型，设计了非支配排序遗传算法来求解。为了减少易腐品浪费问题，一些学者提出了延长产品保质期的方法。例如，Li 等[14]研究了零售环境中库存和包装决策的协调，结果表明，延长保质期的包装可以提高利润并减少浪费。Chu 等[15]将包装因素整合到易腐食品生产路径问题中，提出了一种混合整数线性规划，并使用混合数学方法求解该问题。这些研究不仅为易腐食品的生产与配送提供了新的思路和方法，也为实践中的供应链管理提供了有益的参考。

本章的研究将产品外包装这一因素加入对生产路径问题的考虑中，在降低成本的同时还延长了产品的保质期，减少了食物浪费现象。

8.3 问题描述与模型构建

8.3.1 问题描述

生产路径问题定义在一个完全有向图 $G=(N,A)$ 上，其中，N 代表工厂 0 和零售商 $i\in\{1,2,3,\cdots,|N|\}$ 构成的点集。弧的集合 $A=\{(i,j):i,j\in N,i\neq j\}$。零售商的集合 $N_c=N\backslash\{0\}$。在时期 $t\in\{1,2,\cdots,T\}$，工厂负责生产和包装易腐产品，并使用车辆 $k\in\{1,2,\cdots,K\}$ 在规定的时间窗 $[c_{tw,i},d_{tw,i}]$ $(w\in\{1,2,\cdots,TW\})$ 范围内配送给客户，以满足每个零售商的动态需求 $D_{it}(\forall t\in T,\forall i\in N_c)$。每个零售商的需求不允许积压。工厂和零售商都有存储容量 $B_i(\forall i\in N)$。产品的保质期等于产品在生产和包装后可以存储的时长。产品因为包装差异具有不同的保质期，包装 $u\in\{1,2,\cdots,U\}$ 的保质期为 $s=\theta(u)$ $(s\in\{1,2,\cdots,S\})$。包装类型按其质量排序，$\theta(1)<\theta(2)<\cdots<\theta(u)$，且包装成本 $e_1<e_2<\cdots<e_w$，即包装越贵，产品保质期越长。需要解决的问题是如何确定生产和包装策略以及车辆路径，以最小化总成本。

8.3.2 考虑绿色包装及保质期的易腐品生产路径问题模型

8.3.2.1 模型假设

本章做出的假设如下所示：

（1）补货策略采用最大库存策略（ML）。根据此策略，每次补货时无须将仓库填满，而是根据需求和库存量，在每个时期中保有一定数量的库存，但需要确保工厂和零售商的库存量不超过最大库存水平。

（2）产品可以具有不同的保质期和包装，以满足各个零售点的需求。

（3）一个时期每个零售点只能被服务一次。

（4）过期的产品不会再被配送给零售点。

（5）每个时期零售商的需求必须满足，不允许订单积压，但允许超额订购。

8.3.2.2 符号定义和数学模型

模型所涉及的符号定义见表 8－1。

表 8－1　　模型所涉及的符号定义

符号	符号定义
集合符号	
N	所有点的集合
N_c	除了工厂 0，其他节点的集合，$N_C = N \setminus \{0\}$
0	工厂
T	时期的集合，$t \in 1,2,\cdots,T$
K	车辆的集合，$k \in 1,2,\cdots,K$
U	包装类型，$u \in 1,2,\cdots,U$
tw	时间窗口，$tw \in 1,2,\cdots,TW$
S	保质期，$s \in 1,2,\cdots,S$
参数符号	
D_{it}	零售商 $i \in N_C$ 在 $t \in T$ 期间的需求
a	生产单位可变成本
b	生产准备固定成本
g	单位（次）时间窗违约成本
C_{ij}	从节点 i 到节点 j 的运输成本，$(i,j) \in A$
I_{is0}	节点 $i \in N$ 具有保质期 $s \in S$ 的产品初始库存
e_u	单位包装成本，$u \in U$
C	生产能力
B_i	节点 $i \in N$ 的最大库存容量
h_i	节点 $i \in N$ 上每单位产品每期库存持有成本
Q	车辆容量
$\theta(u)$	使用 $u \in U$ 型包装的新产品的保质期
t_{ij}	从节点 i 到节点 j 的时间
$c_{tw,i}$	节点 i 时间窗口下限
$d_{tw,i}$	节点 i 时间窗口上限
M	很大的一个数
M_t	$min(C, \sum_{i \in N_C} D_{it})$
M'_t	$min(B_i, Q, \sum_{i \in N_C} D_{it})$

续表

符号	符号定义
决策变量	
P_t	时期 t 的产量
W_{0ut}	在时期 t，工厂 0 使用包装类型 u 的产品数量
y_t	如果工厂在 t 期间有产量，则等于 1；否则等于 0
I_{ist}	在时期 t 结束时，在节点 i 处具有保质期 s 的产品库存
q_{iskt}	在时期 t 中，通过车辆 k 从工厂 0 到零售商 i 的保质期为 s 的产品的交付量
X_{ijkt}	车辆 k 在周期 t 中直接从节点 i 行驶到节点 j 为 1；否则为 0
Z_{ikt}	如果在 t 期间拜访客户，则等于 1；否则等于 0
$A_{tw,i}$	如果考虑客户 i 时间窗口，则设为 1；否则为 0
H_{ikt}	在时期 t 中，车辆 k 到达节点 i 的时间

由此，可建立如下模型：

$$min \sum_{t \in T}(ap_t + by_t + \sum_{i \in N} \sum_{s \in S} h_i I_{ist} + \sum_{(i,j) \in A} C_{ij} \sum_{k \in K} X_{ijkt} + \sum_{u \in U} e_u W_{0ut}) \tag{8.1}$$

s. t.

$$I_{0,\theta(u),t} = I_{0,\theta(u)+1,t-1} + w_{0ut} - \sum_{i \in N} \sum_{k \in K} q_{i,\Theta(u),kt}, \forall u \in U, \forall t \in T \tag{8.2}$$

$$I_{0st} = I_{0,s+1,t-1} - \sum_{i \in N_C} \sum_{k \in K} q_{iskt}, \quad \forall s \in S\{\theta(u) \mid u \in U\}, \forall t \in T \tag{8.3}$$

$$I_{ist} = I_{i,s+1,t-1} + \sum_{k \in K} q_{iskt} - D_{it}, \quad \forall s \in S, \forall t \in T, \forall i \in N_c \tag{8.4}$$

$$\sum_{u \in U} W_{0ut} = P_t, \quad \forall t \in T \tag{8.5}$$

$$P_t \leqslant M_t y_t, \quad \forall t \in T \tag{8.6}$$

$$\sum_{s \in S} I_{0st} \leqslant B_0, \quad \forall t \in T \tag{8.7}$$

$$\sum_{s \in S} I_{i,s,t-1} + \sum_{s \in S} \sum_{k \in K} q_{iskt} \leqslant B_i \forall i \in N_c, \forall t \in T \tag{8.8}$$

$$\sum_{s \in S} q_{iskt} = D_{it} \ \forall k \in K, \forall i \in N_c, \forall t \in T \tag{8.9}$$

$$\sum_{s \in S} q_{iskt} \leqslant Q \forall k \in K, \forall i \in N_c, \forall t \in T \tag{8.10}$$

$$q_{iskt} \leqslant M'_t \cdot Z_{ikt} \forall k \in K, \forall i \in N_c, \forall t \in T \tag{8.11}$$

$$\sum_{j \in N} X_{jikt} + \sum_{j \in N} X_{ijkt} = 2 Z_{ikt} \forall k \in K, \forall i \in N, \forall t \in T \tag{8.12}$$

$$H_{ikt} + t_{ij} \leqslant H_{jkt} + M(1 - X_{ijkt}), \quad \forall k \in K, \forall i \in N_c, \forall j \in N_c, \forall t \in T \tag{8.13}$$

$$\sum_{tw \in TW} A_{tw,i} c_{tw,i} \leqslant H_{ikt} \leqslant \sum_{tw \in TW} A_{tw,i} d_{tw,i}, \forall k \in K, \forall i \in N, \forall t \in T \tag{8.14}$$

$$\sum_{tw \in TW} A_{tw,i} = 1, \quad \forall i \in N \tag{8.15}$$

$$\sum_{i \in V} \sum_{j \in V} X_{ijkt} \leqslant |V| - 1, \quad \forall V \in N_c, |V| \geqslant 2, \forall k \in K, \forall t \in T \tag{8.16}$$

$$P_t, I_{ist}, q_{iskt}, W_{out}, H_{ikt} \geqslant 0, \quad \forall k \in K, \forall i \in N, \forall t \in T, \forall u \in U, \forall s \in S \tag{8.17}$$

$$y_t, X_{ijkt}, Z_{ikt}, A_{tw,j} \in 0,1, \quad \forall k \in K, \forall i,j \in N, \forall t \in T, \forall u \in U, \forall s \in S \tag{8.18}$$

目标函数（8.1）旨在最小化总成本，包括生产、运输、库存和包装成本。约束条件（8.2）至（8.4）确保不同剩余寿命产品在工厂和每个零售商的库存流平衡。约束条件（8.5）确保产品生产和包装的流平衡。约束条件（8.6）设定了生产能力的限制，仅在给定时间内进行生产，并将生产数量限制为生产能力和总需求之间的最小值。约束条件（8.7）和（8.8）分别限制了工厂和客户的最大库存量。库存部分采用 Archetti 等定义的最大库存（ML）策略，其中，交货数量可灵活变动，但需确保交货后的最终库存水平不超过最大库存水平。约束条件（8.9）确保每个零售地点的需求得到满足。约束条件（8.10）是车辆容量的约束。约束条件（8.11）保证零售商只有在有补货时，才有从工厂发运的车辆来交付货物。约束条件（8.12）确保车辆流量平衡。约束条件（8.13）定义了车辆到达每个位置的时间之间的关系。约束条件（8.14）规定了每个零售站点的时间窗口。约束条件（8.15）确保每个客户在一个时间窗口内只被服务一次。约束条件（8.16）消除子行程。约束条件（8.17）和（8.18）则定义了决策变量。

8.4　算法设计

为了解决这一复杂问题，本章采用了双层优化思想，将模型分为两个子问题进行求解。第一层子模型是生产调度问题，即根据已知的客户需求确定生产是否进行以及生产量，并据此确定产品的配送方案。第二层子模型是车辆路径优化问题，通过将第一层求得的生产量和配送方案代入，对车辆路径进行优化。然后将新的解返还到第一层进行迭代，直至达到终止条件。这种双层优化的方法有效地将复杂问题分解为可管理的子问题，并通过迭代优化过程逐步求解，从而实现了生产调度和路径规划的协调优化。

第一层优化采用遗传禁忌混合算法，第二层优化采用变邻域搜索算法。遗传算法对新空间的探索能力是有限的，也容易收敛到局部最优解，而禁忌搜索算法有独特的记忆能力，局部搜索能力强，增大获得全局最优或近优解的概率，所以采用遗传禁忌混合算法进行第一层优化。近年来，国外引入了一种新颖的轨迹式启发式算法，即变邻域搜索算法。该算法具有动态变化的邻域结构，且较为通用，自由度较高，与问题的具体结构无关。这使它成为解决各种优化问题的理想选择。因此，我们选择采用变邻域搜索算法作为第二层优化的工具。

8.4.1 第一层子模型及解法

第一层子模型：

$$min \sum_{t\in T}(ap_t + by_t + \sum_{i\in N}\sum_{s\in S} h_i I_{ist} + \sum_{u\in U} e_u W_{0ut})$$

s. t.

$$I_{0,\theta(u),t} = I_{0,\theta(u)+1,t-1} + w_{0ut} - \sum_{i\in N}\sum_{k\in K} q_{i,\Theta(u),kt}\ ,\ \forall u\in U, \forall t\in T$$

$$I_{0st} = I_{0,s+1,t-1} - \sum_{i\in N_C}\sum_{k\in K} q_{iskt}\ ,\ \ \forall s\in S\{\theta(u)\mid u\in U\}, \forall t\in T$$

$$I_{ist} = I_{i,s+1,t-1} + \sum_{k\in K} q_{iskt} - D_{it}\ ,\ \ \forall s\in S, \forall t\in T, \forall i\in N_c$$

$$\sum_{u\in U} W_{0ut} = P_t\ ,\ \ \forall t\in T$$

$$P_t \leqslant M_t y_t\ ,\ \ \forall t\in T$$

$$\sum_{s\in S} I_{0st} \leqslant B_0\ ,\ \ \forall t\in T$$

$$\sum_{s\in S} I_{i,s,t-1} + \sum_{s\in S}\sum_{k\in K} q_{iskt} \leqslant B_I, \forall i \in N_c, \forall t \in T$$

$$\sum_{s\in S} q_{iskt} = D_{it} \forall k \in K, \forall i \in N_c, \forall t \in T$$

$$P_t, I_{ist}, q_{iskt}, W_{0ut} \geqslant 0,\ \ \forall k\in K, \forall i\in N, \forall t\in T, \forall u\in U, \forall s\in S$$

$$y_t \in 0,1\ ,\ \ \forall t\in T$$

第一层子模型采用遗传禁忌混合算法求解，具体步骤如下：

（1）染色体编码。这一步是将解转化为可进行遗传操作的染色体。编码的染色体对解的表达必须有效、合法，遗传操作后解必须可行。较好的编码方式可以提高求解速度与计算精度，并对交叉、变异遗传操作产生的子代有积极影响。本章采用实数编码。在此过程中，首先，随机生成一个 0 ~ 1 范围内的数，表示每个需求点采购的决策量。其中，采购决策量取值范围为每一点需求量到当前库存加上最大生产量之间。其次，再随机生成一个 0 ~ 1 范围内的数，表示周期内工厂可以配送的最大量。工厂配送最大量等于当前库存加上最大生产量。通过倒推，可以推导出每个包装产品应生产的数量。这种方式产生的新个体可以满足生产商的生产决策以及所有需求点的库存及采购需求。

（2）初始化。考虑到遗传算法对初始解的要求，所有染色体都是随机生成的。

（3）适应度函数。遗传算法中，个体遗传到下一代的机会大小与个体适应度成正比。适应度函数一般使用目标函数或其变形形式。本章适应度函数使用目标函数的相反数。

（4）选择。采用锦标赛选择法进行选择操作。每次从种群中抽取一定数量的个体，选择其中最好的个体进入子代种群。重复该操作，直到新的种群规模达到原来的种群规模。

（5）交叉。遗传算法中，交叉操作是交换和重组同一代个体或染色体。这样做不仅可以将优秀个体的特征遗传给下一代，还可以不断更新算法的搜索范围。本章按照给定的概率分布选择采用单点、双点和多点交叉。

（6）变异。这一步是为了避免陷入局部最优，确保种群基因的多样性。本章按照给定的概率分布选择采用单点、双点和多点变异。

（7）禁忌搜索操作。这一步也是为了避免陷入局部最优的循环。具体操作如下：首先基于遗传算法的解生成邻域解，将解按照质量排序，选取前一半目标值较好的邻域解，将产生的邻域解与当前最优解进行比较。如果这些解优于当前最优解，则更新当前最优解和禁忌表。禁忌表记录了该邻域解的步长和邻域结构。如果当前邻域解不优于最优解，并且当前邻域解中存在禁忌长度为 0 的解，则将其设为最优解。如果没有找到更好的解，则不更新禁忌表，继续使用之前的解。满足终止条件时输出结果，否则继续迭代。

8.4.2 第二层子模型及解法

第二层子模型：

$$min \sum_{(i,j) \in A} C_{ij} \sum_{k \in K} X_{ijkt}$$

s. t.

$$q_{iskt} \leqslant M'_t \cdot Z_{ikt}, \ \forall k \in K, \forall i \in N_c, \forall t \in T$$

$$\sum_{j \in N} X_{jikt} + \sum_{j \in N} X_{ijkt} = 2 Z_{ikt} \forall k \in K, \forall i \in N, \forall t \in T$$

$$H_{ikt} + t_{ij} \leqslant H_{jkt} + M(1 - X_{ijkt}) \forall k \in K, \forall i \in N_c, \forall j \in N_c, \forall t \in T$$

$$\sum_{tw \in TW} A_{tw,i} c_{tw,i} \leqslant H_{ikt} \leqslant \sum_{tw \in TW} A_{tw,i} d_{tw,i}, \ \forall k \in K, \forall i \in N, \forall t \in T$$

$$\sum_{tw \in TW} A_{tw,i} = 1, \ \forall i \in N$$

$$\sum_{i \in V} \sum_{j \in V} X_{ijkt} \leqslant |V| - 1, \ \forall V \in N_c, |V| \geqslant 2, \forall k \in K, \forall t \in T$$

$$q_{iskt}, H_{ikt} \geqslant 0, \ \forall k \in K, \forall i \in N, \forall t \in T, \forall u \in U, \forall s \in S$$

$$X_{ijkt}, Z_{ikt}, A_{tw,j} \in 0,1, \ \forall k \in K, \forall i,j \in N, \forall t \in T, \forall u \in U, \forall s \in S$$

第二层子模型采用变邻域搜索法，具体步骤如下：

（1）产生初始解。最初，设置每位客户均处于未处理状态。所谓未处理客户，指的是在初始解决方案生成阶段未被分配至任何行程的客户。

当遇到未处理客户时，根据车辆容量和时间窗口的限制判断是否可将其加入当前行程。若不违反这些限制，则将未处理客户添加至当前行程中，标记该客户为已处理状态，并更新行程信息。重复上述步骤，直至所有客户均已处理完毕。

（2）邻域结构。本章使用了单点插入，两点互换，2－opt 这三个方式产生邻域。单点插入是为了改变客户的位置，“两点互换”即在解决方案中选择两个点，然后交换它们的位置；而“2－opt”则是在解决方案中随机选择两个点，并对它们之间的顺序进行翻转。

（3）扰动操作（Shaking）。在扰动操作中，本章采取的方法是单点变化和两点互换。单点变化是指选择一个客户，交换这个点前后线路，形成一个新线路。“两点互换”是指在解决方案中随机选择第一条路径中的客户和第二条路径中的客户，然后交换它们的位置，以重新构建两条路径。如果这两条新路径都是可行的，那么扰动步骤就完成了；如果不可行，就会随机重新选择另外两个客户，一直重复这个过程，直到得到两条可行的新路径为止。

（4）变邻域下降（VND）操作。首先选取一个由上述定义的邻域结构的集合表示的解；然后，利用这些邻域结构进行搜索，如果在当前邻域搜索中找不到比当前解更优的解，就跳到下一个邻域继续搜索。当在当前邻域搜索中找到比当前解更优的解时，就回到第一个邻域重新开始搜索。

（5）结束。如果达到边界条件，则结束程序并输出最优解。否则，跳回第二步继续执行。

8.5 计算分析

在本节中，将对随机生成的实例进行计算分析，以评估提出的混合算法的性能。算法采用 MATLAB 2016b 编程实现，所有实验都是在装有英特尔酷睿 i5、1.6 GHz 处理器和 128 GB 内存的计算机上实现的。在本章第一小节中，我们首先详细介绍模型和算法的参数设置，计算结果在第二小节中给出，第三小节是数据的敏感性分析。

8.5.1 参数设置和实例生成

根据 Archetti[15]、Li[16]等关于生产路径问题的生成方案随机生成了实例。模型参数的具体设置如表 8－2 所示。表 8－2 中 $U[a,b]$为范围$[a,b]$的离散均匀分布。经过大量计算测试设定的算法参数见表 8－3。

表 8－2　模型的参数设置

参数	设置
需求点的集合 N	分为大中小：6、15、30
周期 T	6
包装类型 U	2 类包装
使用 $u \in U$ 型包装的新产品的保质期 $\theta(u)$	2 类包装的保质期天数分别设置为 1 和 2
坐标（x_i，y_i）	从 $U[0,1000]$均匀分布随机生成
从节点 i 到节点 j 的运输成本 C_{ij}	两点间距离 × 单位运输成本
零售商 $i \in N$ 在 $t \in T$ 期间的需求D_{it}	从 $U[100,500]$均匀分布随机生成
生产能力 C	$U[2,4] \times (\sum_{i \in N} \sum_{t \in T} D_{it}) \mid T \mid$
节点 $i \in N$ 的最大库存容量	$B0 = U[2,4] \times$ 生产能力 C；$Bi = U[2,6] \times D_{it}$
节点 i 库存持有成本h_i	从 $U[2,6]$均匀分布随机生成
单位可变生产成本 a	从 $U[40,70]$均匀分布随机生成
固定的生产准备成本 b	$U[2,3] \times$ 生产能力 C
单位包装成本 e_u	$U[1,2] \times$ 使用 $u \in U$ 型包装的新产品的保质期 $\theta(u)$
从节点 i 到节点 j 的时间 t_{ij}	两点间距离/速度
节点 i 时间窗口 $c_{tw,i}$、$d_{tw,i}$	根据所罗门数据里的值代入
车辆容量 Q	$U[1.5,3] \times (\sum_{i \in N} \sum_{t \in T} D_{it}) / \mid T \mid$

表 8 –3　　算法的参数设置

参数	设置
遗传迭代次数	200
变异	0.3
交叉	0.8
扰动邻域结构数量	3
邻域搜索邻域结构数量	3
禁忌长度	7
变邻域迭代次数	20
邻域解	30
禁忌迭代次数	70
群体规模	150

8.5.2　计算结果

计算结果总共探索了 60 个数值数例，大、中、小规模各 20 个，每个规模包括标准状态、高生产成本、高运输成本、高库存成本、高包装成本 5 种状态。高生产成本状态，是指生产设置成本 b 从标准状态的 $U[2,3]$ 改为 $U[6,9]$，高库存成本状态，是指节点单位库存成本 h_i 从标准状态的 $U[2,6]$ 改为 $U[6,18]$，高运输成本状态，是指节点坐标由 $U[0,2000]$ 而不是标准状态的 $U[0,1000]$ 生成。高包装成本状态，是指产品单位包装成本从标准状态的 $U[1,2]$ 变为 $U[3,6]$。小、中和大规模的结果分别见表 8 –4、表 8 –5 和表 8 –6。

表 8 –4　　小规模实例计算结果

状态	编号	混合算法目标值	遗传算法目标值
标准成本状态	1	581297.59	591024.06
	2	572466.93	581534.84
	3	561399.79	609633.47
	4	571436.82	612966.69
高包装成本状态	5	674353.31	691409.99
	6	664353.31	681409.99
	7	669704.96	702807.09
	8	667909.50	713807.09
高运输成本状态	9	714368.32	735172.96
	10	704368.32	735172.96
	11	728218.53	733805.90
	12	724181.70	750495.68

续表

状态	编号	混合算法目标值	遗传算法目标值
高库存成本状态	13	664380.48	678543.25
	14	658857.99	664965.29
	15	650686.38	664073.97
	16	645348.91	667885.47
高固定生产准备成本状态	17	745250.18	771913.13
	18	720144.00	805313.50
	19	749318.70	805313.50
	20	770306.24	814303.93

表 8-5　　　　中等规模实例计算结果

状态	编号	混合算法目标值	遗传算法目标值
标准成本状态	1	1580742.1	1600742.1
	2	1607431.4	1649720.9
	3	1569482.6	1604990.7
	4	1430194.7	1488229.3
高包装成本状态	5	1689482.6	1764990.7
	6	1699482.6	1724990.7
	7	1659482.6	1724990.7
	8	1661523.0	1674324.0
高运输成本状态	9	1716723.1	1846469.8
	10	1772101.1	1853689.0
	11	1760267.9	1886390.5
	12	1740049.7	1842309.4
高库存成本状态	13	1708527.0	1767264.3
	14	1708527.0	1792264.3
	15	1638527.0	1697264.3
	16	1738527.0	1847264.3
高固定生产准备成本状态	17	1778679.5	1927672.2
	18	1866393.8	1936022.7
	19	1778679.5	1927672.2
	20	1816921.6	1898436.1

表 8-6　　大规模实例计算结果

状态	编号	混合算法目标值	遗传算法目标值
标准成本状态	1	2776795. 8	3136323. 6
	2	2833324. 8	3042658. 8
	3	2921504. 1	2993435. 8
	4	2871372. 3	3190458. 6
高包装成本状态	5	3178024. 9	3306361. 1
	6	3120267. 7	3212350. 3
	7	3011563. 5	3328369. 2
	8	3148785. 9	3388711. 0
高运输成本状态	9	3291639. 0	3584529. 0
	10	3329210. 1	3820736. 1
	11	3588903. 7	3798250. 7
	12	3556012. 6	3771417. 7
高库存成本状态	13	3210246. 8	3443323. 4
	14	3348602. 9	3384613. 9
	15	3230749. 0	3361085. 6
	16	3748164. 5	4264760. 4
高固定生产准备成本状态	17	3783489. 9	4080326. 7
	18	3810959. 5	4034721. 5
	19	3848632. 7	3970278. 1
	20	3805587. 4	4259995. 2

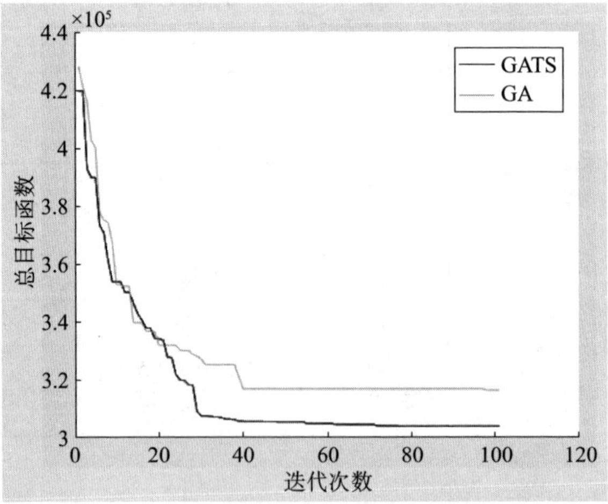

图 8-1　遗传禁忌混合算法与遗传算法的迭代

我们对混合算法和遗传算法的目标值在五种状态下进行了对比，计算结果如表8－4、表8－5和表8－6所示。从上述3个表的数据我们可以看到，混合算法对小、中、大规模的问题在五种状态下都具有较小的解，而且二者的差异还是很明显的。图8－1是两种算法在随机选取的测试实例中的迭代图。从图8－1中可以看出，遗传禁忌算法的最优值优于遗传算法的最优值，收敛得也更快。这说明混合算法的性能是更优的。

8.5.3 敏感性分析

在本节中，我们对保质期和包装类型进行敏感性分析。在产品保质期敏感性分析中，我们将中等规模标准状态两类包装下的产品保质期（1，2）变为（3，4）、（5，6）、（7，8）和（9，10）；在包装类型敏感性分析中，我们将中等规模标准状态下的包装类型，从原来的2类包装变为3类、4类、5类和6类。

根据图8－2的数据，我们可以观察到随着产品保质期的延长，总成本目标值呈现出先下降后上升的趋势。这表明，适度延长产品的保质期可以降低供应链的总成本。

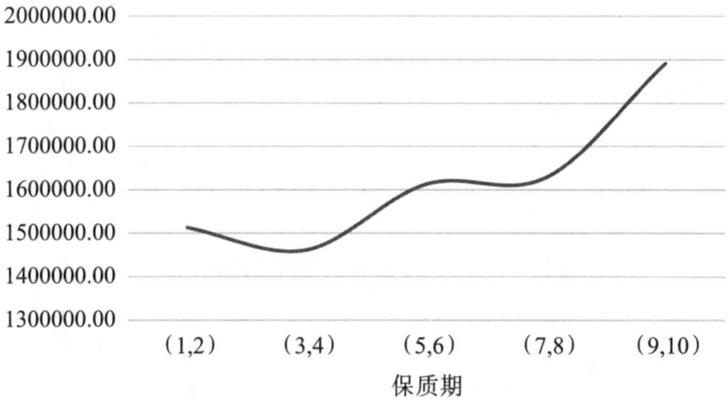

图8－2　不同保质期下的目标值

表8－7是保质期变化后各成本结果，通过表8－7，我们可以发现从编号1到编号2，即保质期由（1，2）变为（3，4）时，所有成本中固定生产准备成本和路径成本下降得最明显，固定生产准备成本下降了58%，路径成本下降了13%，这或许是因为延长产品保质期后，生产商可以一次性生产更多产品，而零售商则可以在进货时采购更多数量，从而减少了生产商的配送频率。这一发现对于易腐品的生产厂商和零售商来说是具有一定的现实意义和经济意义的，因为易腐品由于其自身产品的特性，特别容易腐烂和变质，所以如何延长产品保质期，对于易腐品来说是很重要的，

延长产品保质期的方法除了常见的在生产时加入防腐剂等方式，提高产品包装质量也是一个不错的办法。

表 8－7　　　　　　　　保质期变化后各成本结果

编 号	固定生产准备成本	生产变动成本	包装成本	库存成本	路径成本
1	200490	929500	74360	80686.85611	228207.0616
2	83640	920350	121880	137749.062	198072.1555
3	77724	991700	198340	140265.4749	204926.2842
4	86286	902750	252770	160429.7641	226598.4991
5	86808	1072950	386262	162364.1794	182698.3169

根据图 8－3 的数据，随着产品包装质量的增加，总成本目标值呈现出先上升后下降再上升的趋势。这说明产品包装质量对成本的影响呈现出一定的波动性，缺乏明显的规律性。这也表明，要想节约成本必须确定适当的包装类型，并非简单提高或降低包装质量就能节约成本。

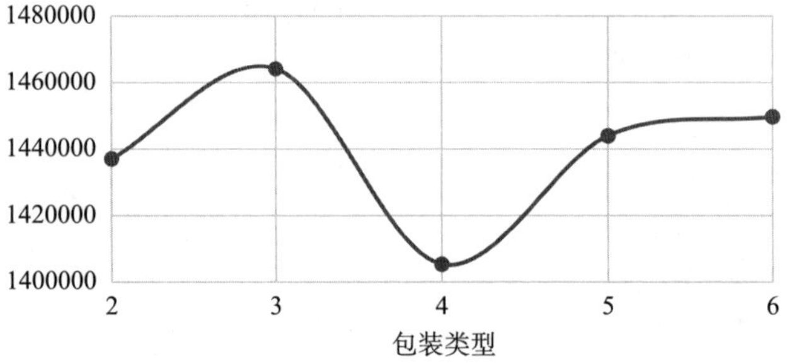

图 8－3　不同包装类型下的目标值

8.6　案例研究

本节研究针对盐城市的一家专业从事早餐生产、配送、销售一体化服务的企业展开。我们首先描述了案例和所使用的数据，随后展示了研究结果。

8.6.1　数据和实例描述

盐城某早餐工程有限公司是盐城市早餐市场上首家集物流配送和连锁经营为一体的规模化、系统化的股份有限责任公司。每天早晨该公司为市区内的分销网点提供新鲜早餐。为确保早餐的新鲜度，早餐都是当天制作、当天配送，未售出的早餐统一回收销毁，因此，所有分销网点的初始库存均为0，最大库存水平相同。各分销网点的日配送量基本固定，如有改动，需提前一周通知。根据各网点需求，公司将确定一周的生产量和配送计划。所有分销网点的早餐车辆均由公司统一配发，每辆运送车可装载约6000份早餐，各需求点之间的最短路径使用高德地图计算。本章以盐城市亭湖区和盐都区的19个早餐分销网点为例进行模型验算，具体数据见表8－8和表8－9。

表8－8　　　　　　　　　　案例参数

编号	最大库存水平	库存持有成本	周一需求	周二需求	周三需求	周四需求	周五需求	周六需求	周日需求
0	800	80	0	0	0	0	0	0	0
1	300	40	289	289	279	278	287	275	269
2	300	40	286	292	268	269	279	265	277
3	300	40	300	287	279	295	276	270	263
4	300	40	300	300	292	290	281	272	264
5	300	40	299	290	290	289	289	268	259
6	300	40	290	290	286	282	273	270	256
7	300	40	300	298	289	290	278	263	264
8	300	40	300	299	290	282	286	264	289
9	300	40	295	293	296	287	289	267	267
10	300	40	299	290	295	299	282	260	268
11	300	40	294	289	296	289	290	269	253
12	300	40	298	290	296	278	286	275	254
13	300	40	300	298	288	284	289	264	256
14	300	40	300	297	295	286	298	263	258
15	300	40	299	293	284	293	279	272	260
16	300	40	294	292	292	292	287	270	264
17	300	40	296	290	294	289	286	263	256
18	300	40	290	284	288	282	292	260	263
19	300	40	300	286	294	279	288	280	284

注：最大库存水平，一周的需求单位：份。库存持有成本单位：元。

生产能力：7000份早餐

生产设置成本：1000元

单位生产成本：2 元

工厂三种包装产品的初始库存：[0 100 600]

车辆数：1

包装类型 3 种，对应的产品保质期分别为 1、2、4。

表 8-9　　早餐分销点地址

编号	地址
0	盐城某早餐工程有限责任公司
1	某早餐华夏绿城店
2	某早餐凤凰汇店
3	某早餐盐城市人民政府店
4	某早餐公园道 1 号店
5	某早餐宝龙广场店
6	某早餐北港小区店
7	某早餐西城逸品城店
8	某早餐万达广场店
9	某早餐双元路店
10	某早餐金品花园店
11	某早餐大润发店
12	某早餐第三人民医院店
13	某早餐中茵海华店
14	某早餐兴业银行店
15	某早餐新四军纪念馆店
16	某早餐东方绿苑店
17	某早餐工学院新校区店
18	某早餐盐城站店
19	某早餐范公路店

8.6.2　结果

以往该公司依据经验确定一周的生产量，未全面考虑各分销网点的需求量，而是按照分销网点的远近采用固定的配送顺序。具体路线如图 8-4 所示。然而，根据本章提出的模型和算法，我们重新计算了最佳解决方案，新路线如图 8-5 所示。这一新路线综合考虑了各点的库存、需求量和路径等因素，比图 8-4 的路线更短，成本可降低约 14%，结果更为合理。

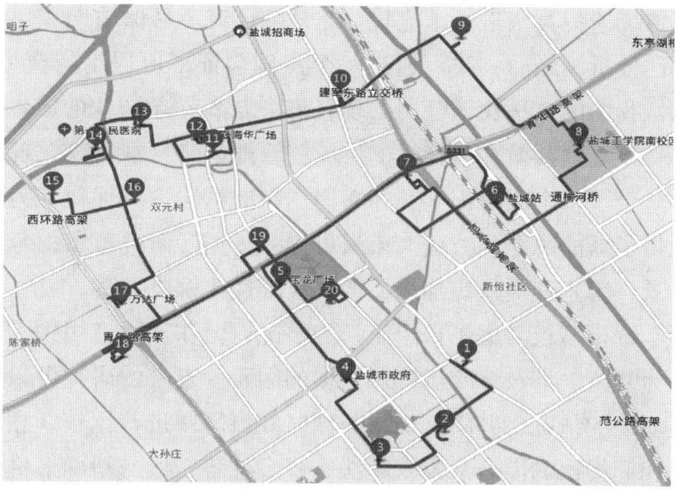

图8-4　原先路线图

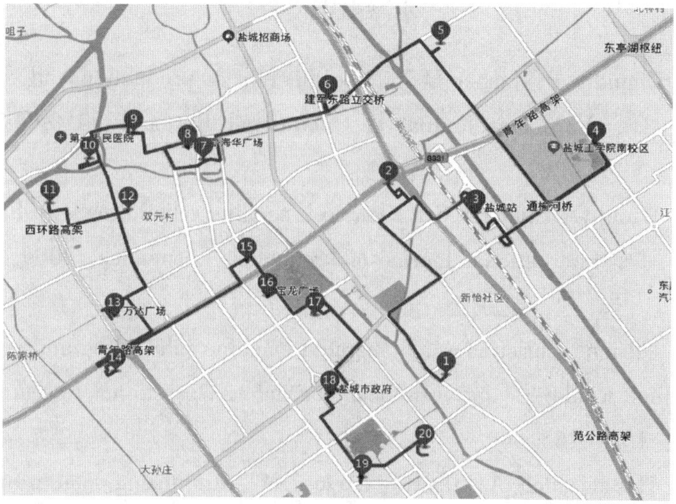

图8-5　新路线图

8.7　本章小结

本章旨在集成优化供应链生产和路径，综合考虑生产、库存、包装和运输等多个决策因素。在分析保质期和产品包装等因素的基础上，探索提高供应链效率的可能性。主要目标是最小化供应链总成本，兼顾最小化食物浪费。案例中随机生成的数据评估了我们提出的混合启发式算法的性能，并与传统遗传算法进行了比较。此外，还对产品保质期和包装类型进行了敏感性分析。最后，我们通过一个实例验证了所提出的模型及算法。结果显示，我们的方法比该公司的现有解决方案节省14%的成本。这为企业提供了一种更加高效和可持续的供应链管理策略。本研究在现有文献的基础上，融合了多个决策因素，并采用创新的算法进行优化，为供应链管理实践提供了新的思路和方法。未来可进一步拓展研究范围，考虑更多实际应用场景，为企业提供更加全面的供应链优化解决方案。

尽管本章模型仅考虑了单个工厂的情况，但在实际应用中，供应链问题往往更为复杂，涉及多个工厂和更多的因素。未来的研究可以考虑软时间窗等更复杂的情况，并将其结果与硬时间窗问题进行比较。相比传统遗传算法，我们提出的混合启发式算法有一定优势，但与精确最优解相比仍有较大差距。因此，未来的研究可以探索新的精确算法来解决这一问题。

本章参考文献

［1］ Chandra P, Fisher M L. Coordination of production and distribution planning ［J］. European Journal of Operational Research, 1994, 72 (3): 503 –517.

［2］ Wang G, Cheng T C E. Parallel machine scheduling with batch delivery costs ［J］. International Journal of Production Economics, 2000, 68 (2): 177 –183.

［3］ Ullrich, Christian A . Integrated machine scheduling and vehicle routing with time windows ［J］. European Journal of Operational Research, 2013, 227 (1): 152 –165.

［4］ Hassanzadeh A, Rasti – Barzoki M. Minimizing total resource consumption and total tardiness penalty in a resource allocation supply chain scheduling and vehicle routing problem ［J］. Applied Soft Computing, 2017, 58: 307 –323.

［5］ Qiu Y Z, Ni M, Wang L, et al. Production routing problems with reverse logistics and remanufacturing ［J］. Transportation Research Part E Logistics & Transportation Review, 2018, 111: 87 –100.

［6］ Li Y T, Chu F, et al. An efficient three – level heuristic for the large – scaled multi – product production routing problem with outsourcing – Science Direct ［J］. European Journal of Operational Research, 2019, 272 (3): 914 – 927.

[7] Arbib C, Pacciarelli D, Smriglio S. A three – dimensional matching model for perishable production scheduling [J]. Discrete Applied Mathematics, 1997, 92 (1): 1 – 15.

[8] Chen H K, Hsueh C F, Chang M S. Production scheduling and vehicle routing with time windows for perishable food products [J]. Computers & Operations Research, 2009, 36 (7): 2311 – 2319.

[9] Devapriya P, Ferrell W, Geismar N. Integrated production and distribution scheduling with a perishable product [J]. European Journal of Operational Research, 2017, 259 (3): 906 – 916.

[10] Farahani P, Grunow M, et al. Integrated production and distribution planning for perishable food products [J]. Flexible Services and Manufacturing Journal, 2012, 24 (1): 28 – 51.

[11] Amorim P, Belo – Filho M A F, Toledo F M B, et al. Lot sizing versus batching in the production and distribution planning of perishable goods [J]. International Journal of Production Economics, 2013, 146 (1): 208 – 218.

[12] Ma Z J, Wu Y, Dai Y. A combined order selection and time – dependent vehicle routing problem with time widows for perishable product delivery [J]. Computers & Industrial Engineering, 2017, 114 (DEC.): 101 – 113.

[13] 吴瑶，马祖军，郑斌．有新鲜度限制的易腐品生产 – 配送协同调度 [J]．计算机应用，2018，038 (004): 1181 – 1188.

[14] Li Q, Yu P, Wu X. Shelf Life Extending Packaging, Inventory Control and Grocery Retailing [J]. Production & Operations Management, 2017, 26 (7): 1369 – 1382.

[15] Li Y, Chu F, et al. The multi – plant perishable food production routing with packaging consideration [J]. International Journal of Production Economics, 2019, 221: 107472.

[16] Archetti C, Bertazzi L , Paletta G , et al. Analysis of the maximum level policy in a production – distribution system [J]. Computers & Operations Research, 2011, 38 (12): 1731 – 1746.

第9章　考虑换装设施的智慧供应链双层生产路径问题研究

电子商务、送货上门服务和城市化的快速增长给城市交通网络和供应链带来了前所未有的压力。近年来对物流活动与供应链集成运作的研究也大大增加，协调生产计划与在众多客户地点的产品交付的生产路径问题（PRP）受到了业界的广泛关注（Adulyasak 等，2015a）。

在他们的开创性论文中，Chandra（1993）和 Chandra、Fisher（1994）证明了生产和车辆路径的集成决策可以带来大量的成本节约。在过去的10年中，PRP 重新变得重要起来，涌现出了很多现实问题，例如，拥有多个工厂的 PRP（Lei 等，2006）、具有多个同类车辆的 PRP（Adulyasak 等，2014a）、需求不确定条件下的 PRP（Adulyasak 等，2015b）、多规模生产条件下的 PRP（Zhang 等，2017）、与碳排放相关的 PRP（Qiu 等，2017）、具有逆向物流和再制造的 PRP（Qiu 等，2018a）、带时间窗的 PRP（Qiu 等，2018b）、具有多个产品的 PRP（Qiu 等，2018c），以及易腐烂产品的 PRP（Qiu 等，2019）。然而，除了 Schenekemberg 等（2019）之外，很少有研究关注 PRP 中车辆路径选择可能涉及的多层网络结构。

在多层车辆路径问题（VRP）中，从一个或多个站点到客户的配送是通过被称为卫星的中间站点合并发送货物来操作的（Perboli 等，2011）。这些问题是大城市物流系统设计中的关键。多层网络结构提供了一种防止大型卡车堵塞城市道路，并由环保和小型车辆完成“最后一公里”配送活动的有效方式。这种多层网络结构也是“双碳”目标驱动下的必然选择。然而，在大多数多层 VRP 特别是双层 VRP（2E－VRP）的研究中，拼装/搬运成本在所有情况下都被设置为零（Jepsen 等，2013）。这是因为，与路径成本相比，处理成本通常相对较小，因此不会对最优解产生显著影响。

我们研究的目的是通过研究考虑换装配送中心的双层生产路径问题（2E－PRPCS），拓宽对 PRP 和 2E－VRP 的现有认知，从而拓展利用生产路径集成优化降低碳排放的途径。当物料搬运与库存管理相结合时，装卸搬运成本可以在表征 2E－PRPCS 的最优解决方案中发挥作用。这与 Schenekemberg 等（2019）的工作形成对照。Schenekemberg 等（2019）研究了石化行业的双层 PRP。他将原材料采购纳入其中，即车辆从生产工厂开始，从供应商那里提取原材料，第一层级只涉及直接运输。相反，我们的研究专注于分销网络中的两级结构，其中，第一层级允许需求可拆分的配送车辆路径选择。此外，换装和搬运成本也在 Schenekemberg 等（2019）中被忽略。

作为 VRP 和批量问题的组合形式，PRP 和 2E－PRPCS 是 NP－困难问题。研究人员已经为 PRP 开发了许多启发式算法。例如，拉格朗日对偶（Fumero 和 Vercellis，1999）、反应式贪婪随机自适应搜索和路径重新链接（Boudia 等，2007）、模因算法（Boudia 和 Prins，2009）、禁忌搜索（Armentano 等，2011）、自适应大邻域搜索（Adulyasak 等，2014b）、迭代混合整数规划（Absi 等，2015）、基于数学规划的启发式方法（Russell，2017）、多阶段启发式方法（Solyalıand Süral，2017）和可变邻域搜索（Qiu 等，2018d）。研究人员还开发了一些精确算法，如分支－定价（Bard 和 Nananukul，2009，2010）和分支－割平面算法（Archetti 等，2011；Adulyasak 等，2014a；Schenekemberg 等，2019）。现有的多车 PRP 精确算法，通过并行计算，2 小时内最多只能解决 50 个客户、3 个周期、3 辆车的实例（Adulyasak 等，2014a）。然而，可靠的管理见解只能从最佳解决方案中得出。因此，为了解决 2E－PRPCS 问题，我们将设计一种分支－割平面算法，并结合一种高效的基于数学规划的启发式算法。该算法应始终能够找到可行的初始解，这与 Schenekemberg 等（2019）中的局部搜索机制不同。

本章的贡献可以概括为以下几个方面。首先，介绍了 PRP 的一个现实变体，它的特征是两级网络结构。其次，将 2E－PRPCS 描述为混合整数线性规划（MILP）问题。在计算实验中引入并保留了处理成本，这与 2E－VRP 形成了对照。再次，设计了一种分支－割平面算法，引入了有效不等式来加强数学模型，并利用基本模型的简化变体来发展一种基于数学规划的启发式算法来快速找到可行解。最后，进行了大量的计算实验，以验证该模型和算法的有效性。通过敏感性分析，我们提供了对配送中心处理成本、库存成本和路径成本之间动态平衡的管理见解。2E－PRPCS 模型、算法和计算结果可以作为 2E－PRPCS 在食品杂货和超市产品分销、电子商务和送货上门服务以及城市物流领域进一步研究的基础。

在本章的第二小节中，我们给出了 2E－PRPCS 的一般描述，并引入了一个数学表述。在第二小节中，用有效的不等式加强了 2E－PRPCS，介绍了寻找可行初始解的基于数学规划的启发式算法，以及设计了分支－割平面算法的分支和搜索策略。第三小节提供了大量的计算结果。我们在第四小节中对未来的研究方向进行了讨论。

9.1 问题描述和模型构建

9.1.1 问题描述

给定时间段为$\mathcal{T}$的计划时间段，2E－PRPCS 定义在有向图 $G=(N,A)$ 上，其中，$N=N_0\cup N_s\cup N_c$，N_0、N_s 和 N_c 分别表示仓库/供应商、卫星和客户的节点集，A 是两级运输网络的弧集。2E－PRPCS 的图形表示如图 9－1 所示。持有成本 h_i 的单位、初始 I_{i0}和库存的最高水平 L_i 与 $N_0\cup N_c$ 中的每个节点 i 相关联。时间段可以是为了简单而采用的一天。设 T 表示天数集。在每天 $t\in T$ 为单位，客户 i 需要 d_{it}个产品单位。在 A 中的弧线(i,j)上在位置 i 和 j 之间，旅行会产生非负成本 c_{ij}。从车辆段始发的容量为 Q_0 的相同车辆的车队 K_1 可用于为第一梯队提供服务。另一支来自卫星的机队 K_2 可为第二梯队提供服务。每天，供应商和客户都会产生库存成本；如果进行生产，还会产生安装和可变成本；如果需要补充一些卫星或客户，还会产生运输和搬运/合并成本。2E－PRPCS 将确定每天是否生产以及生产多少，从仓库到卫星以及从每颗卫星到每个客户的数量，以及在整个规划范围内以最低总成本在第一梯队和第二梯队网络中的路线。

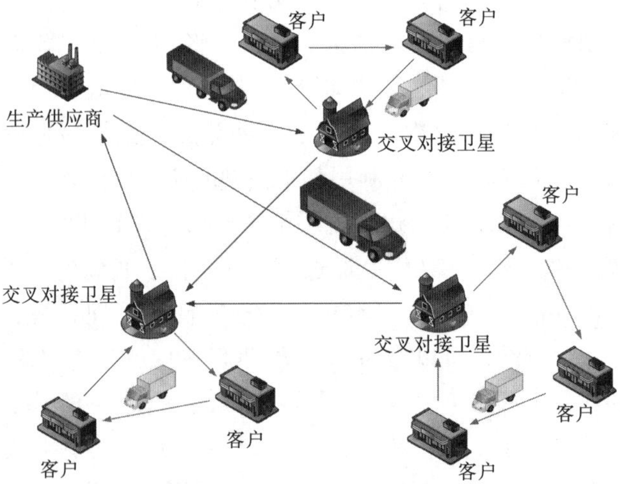

图 9－1　2E－PRPCS 的图形表示

9.1.2 符号

2E－PRPCS 的数学表述的集合、决策变量和参数的符号如下：

集合：

T——计划期集合，按 $t \in 1,2,\cdots,\mathcal{T}$索引。

N——节点集合，按 $i \in 0,1,\cdots,n_s+n_c$ 索引，$N=N_0 \cup N_s \cup N_c$，其中，N_0、N_s 和 N_c 分别表示仓库、卫星和客户的集合。就像多车 PRP 和 2E－CVRP 一样，$N_0=0$。再者，$N_s=1,2,\cdots,n_s,N_c=n_s+1,n_s+2,\cdots,n_s+n_c$；我们还令 $N_1=N_0 \cup N_s,N_2=N_s \cup N_c$。

A——圆弧集合，$A=A_1 \cup A_2$，其中，$A_1=(i,j):i,j \in N_0 \cup N_s,i \neq j$，$A_2=(i,j):i,j \in N_c,i \neq j \vee i \in N_c,j \in N_s \vee i \in N_s,j \in N_c$。

K——交通工具集合，$K=K_1 \cup K_2$，按 $k \in 1,2,\cdots,\sum_{i=0}^{n_s}k_s$ 索引，其中，$K_1=1,2,\cdots,k_0$表示仓库处容量为 Q_0 的车辆集合，$K_2=\bigcup_{s \in N_s}K_s,K_s=\sum_{i=0}^{s-1}k_i+1,\sum_{i=0}^{s-1}k_i+2,\cdots,\sum_{i=0}^{s}k_i$表示卫星 s 处容量为 Q_s的车辆集合。

$A_1(S)$——圆弧集合$(i,j) \in A_1$且 $i \in S,j \in S,S \subset N_1$。

$A_2(S)$——圆弧集合$(i,j) \in A_2$且 $i \in S,j \in S,S \subset N_2$。

$\delta^+(S)$——向外圆弧集合$(i,j) \in A$ 且 $i \in S,j \notin S$，且当 $S=i,\delta^+(S)$ 简化为 $\delta^+(i)$。

$\delta^-(S)$——向内圆弧集合$(i,j) \in A$ 且 $i \notin S,j \in S$，且当 $S=i,\delta^-(S)$ 简化为 $\delta^-(i)$。

决策变量：

p_t——t 期生产量。

I_{it}——在 t 期结束时在节点 $i,i \in N_0 \cup N_c$ 的库存。

w_{skt}——车辆 k 在 t 期间内由车厂运往卫星 s 的数量。

r_{ikt}——在时间段 t 内从卫星 s 通过车辆 $k \in K_s$ 交付给客户 i 的数量。

v_{ijkt}——如果车辆 k 在周期 t 中遍历圆弧(i,j)，在时间段 t 中弧(i,j)上的车辆荷载。

x_{ijkt}——二进制变量，如果车辆 k 在时间段 t 中遍历弧线(i,j)，则等于1；否则等于 0。

y_t——二进制变量，如果在 t 期中有生产，则等于 1；否则为 0。

z_{ikt}——二进制变量，如果节点 i 在周期 t 内被车辆 k 访问，则等于 1；否则为 0。

参数：

C——生产能力。

Q_0——仓库车辆容量。

Q_k——卫星车辆 $k \in K_2$ 的容量。

c^f——固定成本。

h_i——节点 $i \in N_0 \cup N_c$ 处的单位库存持有成本。

L_i——节点 $i \in N_0 \cup N_c$ 的存储容量。

I_{i0}——节点 $i \in N_0 \cup N_c$ 的初始库存。

c_{ij}——三角不等式（即 $c_{ij} + c_{jk} \geqslant c_{ik}$）成立的圆弧 $(i,j) \in A$ 上的运输成本。

d_{it}——期间 t 中客户 i 的需求。

$\hat{d}_{it}$——在 Desaulniers 等（2016）的研究中引入的客户 i 在 t 期间的剩余需求，表示初始库存无法满足的需求部分。$\hat{d}_{it} := \max 0, d_{it} - I_{i0,t-1}, \forall i \in N_c, t \in T$，其中，$I_{i0,t} := \max 0, I_{i0} - \sum_{\tau=1}^{t} d_{i\tau}$ 称为 t 期末客户 $i \in N_c$ 的剩余初始库存，$I_{i0,0} := I_{i0}$。

u_s——卫星 $s \in N_s$ 的单位处理成本。

B_t——考虑所有客户的总剩余需求的 t 期间的生产量上限，$B_t = minC, \sum_{\tau=t}^{T} \sum_{i \in N_c} \hat{d}_{i\tau}, \forall t \in T$。

M_{ikt}——考虑客户剩余需求的客户 i 期间 t 车辆 $k \in K_2$ 的交货量上限，$M_{ikt} = minQ_k, \sum_{\tau=t}^{T} \hat{d}_{i\tau}, \forall i \in N_c, k \in K_2, t \in T$。

9.1.3 双层生产路径问题模型

给定章节 9.1.2 中的符号，为了制定 2E－PRPCS 带车辆指标的数学形式，我们将扩展由使用的多车辆 PRP 数学形式 $F(ML)|k$ 和由使用的用于有向 2E－VRP 的三指数数学形式如下：

$$min \sum_{t \in T} (c^f y_t + \sum_{i \in N_0 \cup N_c} h_i I_{it} + \sum_{(i,j) \in A_1} \sum_{k \in K_1} c_{ij} x_{ijkt} + \sum_{(i,j) \in A_2} \sum_{k \in K_2} c_{ij} x_{ijkt} + \sum_{s \in N_s} u_s \sum_{k \in K_s} \sum_{i \in N_c} r_{ikt}) \quad (9.1)$$

s. t.

$$I_{0,t-1} + p_t - \sum_{s \in N_s} \sum_{k \in K_1} w_{skt} = I_{0t}, \forall t \in T \quad (9.2)$$

$$\sum_{k \in K_1} w_{skt} = \sum_{i \in N_c} \sum_{k \in K_s} r_{ikt}, \forall s \in N_s, t \in T \quad (9.3)$$

$$I_{i,t-1} + \sum_{k \in K_2} r_{ikt} - d_{it} = I_{it}, \forall i \in N_c, t \in T \quad (9.4)$$

$$p_t \leqslant B_t y_t, \forall t \in T \quad (9.5)$$

$$w_{skt} \leqslant Q_0 z_{skt}, \forall s \in N_s, k \in K_1, t \in T \quad (9.6)$$

$$\sum_{s \in N_s} w_{skt} \leqslant Q_0, \forall k \in K_1, t \in T \tag{9.7}$$

$$r_{ikt} \leqslant M_{ikt} z_{ikt}, \forall i \in N_c, k \in K_2, t \in T \tag{9.8}$$

$$\sum_{i \in N_c} r_{ikt} \leqslant Q_k, \forall k \in K_2, t \in T \tag{9.9}$$

$$\sum_{(j,j') \in \delta^+(i)} x_{jj'kt} = \sum_{(j,j') \in \delta^-(i)} x_{jj'kt}, \forall i \in N, k \in K, t \in T \tag{9.10}$$

$$\sum_{(j,j') \in \delta^+(i)} x_{jj'kt} = z_{ikt}, \forall i \in N, k \in K, t \in T \tag{9.11}$$

$$v_{jj'kt} \leqslant Q_0 x_{jj'kt}, \forall (j,j') \in A_1, k \in K_1, t \in T \tag{9.12}$$

$$\sum_{j \in N_1} v_{jskt} - \sum_{j \in N_1} v_{sjkt} = w_{skt}, \forall s \in N_s, k \in K_1, t \in T \tag{9.13}$$

$$v_{jj'kt} \leqslant Q_k x_{jj'kt}, \forall (j,j') \in A_2, k \in K_2, t \in T \tag{9.14}$$

$$\sum_{j \in N_2} v_{jikt} - \sum_{j \in N_2} v_{ijkt} = r_{ikt}, \forall i \in N_c, k \in K_2, t \in T \tag{9.15}$$

$$\sum_{k \in K_2 \setminus K_s} \sum_{j \in N_2\{s\}} (x_{jskt} + x_{sjkt}) = 0, \forall s \in N_s, t \in T \tag{9.16}$$

$$\sum_{k \in K_2} z_{ikt} \leqslant 1, \forall i \in N_c, t \in T \tag{9.17}$$

$$p_t \geqslant 0, y_t \in 0,1, \forall t \in T \tag{9.18}$$

$$0 \leqslant I_{it} \leqslant L_i, \forall i \in N_0 \cup N_c, t \in T \tag{9.19}$$

$$w_{skt} \geqslant 0, \forall s \in N_s, k \in K_1, t \in T \tag{9.20}$$

$$r_{ikt} \geqslant 0, \forall i \in N_c, k \in K_2, t \in T \tag{9.21}$$

$$z_{ikt} \in 0,1, \forall i \in N_1, k \in K_1, t \in T \tag{9.22}$$

$$z_{ikt} \in 0,1, \forall i \in N_2, k \in K_2, t \in T \tag{9.23}$$

$$x_{ijkt} \in 0,1, \forall (i,j) \in A_1, k \in K_1, t \in T \tag{9.24}$$

$$x_{ijkt} \in 0,1, \forall (i,j) \in A_2, k \in K_2, t \in T \tag{9.25}$$

$$v_{ijkt} \geqslant 0, \forall (i,j) \in A_1, k \in K_1, t \in T \tag{9.26}$$

$$v_{ijkt} \geqslant 0, \forall (i,j) \in A_2, k \in K_2, t \in T \tag{9.27}$$

目标函数（9.1）使总运营成本最小，包括生产、库存、第一梯队和第二梯队路线以及卫星搬运成本。约束条件式（9.2）和式（9.4）分别在仓库和客户处强制实现库存流平衡。约束条件式（9.3）将第一梯队中的交付与第二梯队中的交付联系起来。如果生产发生在每个周期，则约束条件式（9.5）保证设置二进制变量为1。约束条件式（9.5）也将产品数量限制在剩余时间内生产能力和总剩余需求之间的最小值。约束条件式（9.6）和式（9.8）分别规定每个卫星和客户的送货不超过相应的车辆容量。约束条件式（9.7）和式（9.9）确保每辆车的总交货量不超过规划期间第一梯队和第二梯队网络的相应车辆能力。约束条件式（9.10）表示规划期间每辆车在每个节点的车流平衡。约束条件式（9.11）将规划期间第一梯队网络和第二梯队网络中每辆车从该节点经过的外弧总数与该节点的访问次数联系起来。约束条件式（9.12）和式（9.14）分别规定，在规划期间，每条弧线上的负荷不超过第一梯队网络和第二梯队网络的每辆车的容量。约束条件式（9.13）和式（9.15）确保了在规划期间，每个节点的所有内弧和所有外弧上的负荷之和分别等于第一梯队网络和第二梯队网络在节点上的交货量。限制条件式（9.16）消除了卫星之间的通信。约束条件式（9.17）确保客户在每个周期内最多被服务一次。约束条件式(9.18)至式(9.27)定义了决策变量。为简单起见，我们将库存能力的约束条件并入库存的定义约束条件式（9.19）中。

上述包含流变量的数学模型可以直接使用 CPLEX 求解。如后续计算结果所示，随着问题规模的增大，使用 CPLEX 快速找到最优解，甚至可行解变得愈加困难。因此，我们发展了一种确定初始解的基于数学规划的启发式方法，并为 2E – PRPCS 设计了一种分支 – 割平面算法，这将在下一节中详细阐述。在分支 – 割平面算法中，我们像 Adulyasak 等（2014a）一样使用更强的数学模型，通过将约束条件式(9.12)至式(9.15)替换为以下约束来消除每辆车的子行程。

$$\sum_{(i,j)\in A_1(S)} x_{ijkt} \leqslant \sum_{i\in S} z_{ikt} - z_{ekt}, \forall S \subseteq N_s, |S| \geqslant 2, k \in K_1, t \in T, e \in S \tag{9.28}$$

$$\sum_{(i,j)\in A_2(S)} x_{ijkt} \leqslant \sum_{i\in S} z_{ikt} - z_{ekt}, \forall S \subseteq N_c, |S| \geqslant 2, k \in K_2, t \in T, e \in S \tag{9.29}$$

请注意，对于实际大小的实例，约束条件式(9.28)和式(9.29)的数量通常太大，无法允许可使用 CPLEX 求解的完全枚举。

9.2 算法设计

这节在加强式(9.1)至式(9.11)、式(9.16)至式(9.25)和式(9.28)至式(9.29)的线性松弛之后，设计了一个分支 – 割平面算法，并发展了一种数学方法来寻找可行的初始解。

9.2.1 有效的不等式

在这一部分中，我们介绍了 2E – PRPCS 的两组有效的不等式：逻辑型和对称性破缺型。

9.2.1.1 有效的逻辑不等式

约束条件（9.7）和条件（9.9）可以用下列不等式加强，如 Archetti 等（2007）所示。

$$\sum_{s \in N_s} w_{skt} \leqslant Q_0 \sum_{j \in N_1} x_{0jkt}, \forall k \in K_1, t \in T \tag{9.30}$$

$$\sum_{i \in N_c} r_{ikt} \leqslant Q_s \sum_{j \in N_2} x_{sjkt}, \forall k \in K_s, s \in N_s, t \in T \tag{9.31}$$

不等式（9.30）和式（9.31）确保如果使用第一梯队或第二梯队车辆，总运送量不超过相应的第一梯队车辆和第二梯队车辆的总容量。

我们还为两级网络扩展和改编了以下逻辑不等式，就像 Adulyasak 等（2014a）对多对多车辆 PRP 所做的那样：

$$z_{skt} \leqslant z_{0kt}, \forall s \in N_s, k \in K_1, t \in T \tag{9.32}$$

$$z_{0kt} \leqslant \sum_{s \in N_s} z_{skt}, \forall k \in K_1, t \in T \tag{9.33}$$

$$z_{ikt} \leqslant z_{skt}, \forall i \in N_c, k \in K_s, s \in N_s, t \in T \tag{9.34}$$

$$z_{skt} \leqslant \sum_{i \in N_c} z_{ikt}, \forall s \in N_s, k \in K_s, t \in T \tag{9.35}$$

$$z_{skt} \leqslant w_{skt}, \forall s \in N_s, k \in K_1, t \in T \tag{9.36}$$

$$z_{ikt} \leqslant r_{ikt}, \forall i \in N_c, k \in K_2, t \in T \tag{9.37}$$

不等式（9.32）意味着，只有当站点被同一车辆穿越时，第一梯队车辆才能访问每一颗卫星。同样，不等式（9.34）意味着，只有当卫星也被同一车辆穿越时，才会有第二梯队的车辆访问每个客户。不等式（9.33）规定，当第一梯队的车辆没有访问卫星时，仓库也不是。同样，不等式（9.35）保证，当没有客户被第二梯队的车辆访问时，卫星也不是车辆的发源地。不等式（9.36）确保当第一梯队的车辆没有向卫星运送货物时，该第一梯队的车辆不会访问卫星。同样，不等式（9.37）确保当第二梯队车辆没有为客户 i 安排交货时，第二梯队车辆不会拜访客户。

正如在 Guimarães 等（2019）的论文中一样，我们建议使用以下不等式来确定必须为客户提供服务的最晚日期。

定理 1 下列不等式

$$\sum_{\tau=1}^{t} \sum_{j \in N_2} \sum_{k \in K_2} x_{ijk\tau} \geqslant \left[\frac{\sum_{\tau=1}^{t} \hat{d}_{i\tau}}{\min \max_{k \in K_2} Q_k, L_i} \right], \forall i \in N_c, t \in T \tag{9.38}$$

$$\sum_{\tau=1}^{t} \sum_{j \in N_2} \sum_{s \in N_s} \sum_{k \in K_s} x_{sjk\tau} \geqslant \left[\frac{\sum_{i \in N_c} \sum_{\tau=1}^{t} \hat{d}_{i\tau}}{\max_{k \in K_2} Q_k} \right], \forall t \in T \tag{9.39}$$

对于 2E－PRPCS 来说是有效的。

证明：不等式（9.38）对第二梯队车辆访问客户 i 直到周期 t 的次数

施加了下限，该下限由客户直到周期 t 的剩余需求决定。不等式（9.39）规定了由 t 期的总剩余需求决定的 t 期所需的第二梯队车辆总数的下界。

正如在 Archetti 等（2007）的论文中所述，我们建议为第二梯队扩展和调整以下逻辑不等式。

定理 2 下列不等式

$$\left(\sum_{j=0}^{l} d_{i,t-j}\right)\left(1-\sum_{\tau=0}^{l}\sum_{j\in N_2}\sum_{k\in K_2} x_{ijk,t-\tau}\right)\leqslant I_{i,t-l-1},\forall i\in N_c,t\in T,\ 0\leqslant l\leqslant t-1 \tag{9.40}$$

对于 2E – PRPCS 来说是有效的。

证明：当 $\sum_{\tau=0}^{l}\sum_{j\in N_2}\sum_{k\in K_2} x_{ijk,t-\tau}\geqslant 1, I_{i,t-l-1}\geqslant 0$ 确保不等式（9.40）现在成立。当 $\sum_{\tau=0}^{l}\sum_{j\in N_2}\sum_{k\in K_2} x_{ijk,t-\tau}=0$ 时，假设从 $t-l$ 到计划期结束，没有由第二梯队车辆为客户 i 安排发货，则不等式（9.40）现在变成 $I_{i,t-l-1}\geqslant\sum_{j=0}^{l} d_{i,t-j}$，这保证在 $t-l-1$ 期末客户 i 的产品库存足以满足从 $t-l$ 到计划期结束的累计需求。

9.2.1.2 有效的对称破缺不等式

首先，正如在 Adulyasak 等（2014a）的论文中一样，我们建议为 2E – PRPCS 扩展和修改以下对称破缺不等式。

$$z_{0kt}\leqslant z_{0,k-1,t},\forall k>0,k\in K_1,t\in T \tag{9.41}$$

$$z_{skt}\leqslant z_{s,k-1,t},\forall k>0,k\in K_s,s\in N_s,t\in T \tag{9.42}$$

$$\sum_{i=1}^{j} 2^{j-i} z_{ikt}\leqslant\sum_{i=1}^{j} 2^{j-i} z_{i,k-1,t},\forall k>0,k\in K_1,t\in T \tag{9.43}$$

不等式（9.41）和不等式（9.43）适用于第一梯队车辆。值得注意的是，对于第二梯队的车辆，我们只能使用不等式（9.42）分别打破每个卫星上的车辆对称性。

最后，正如在 Coelho 和 Laporte（2014）的论文中一样，我们建议扩展和修改以下具有第二梯队的输入排序的对称破缺不等式。

定理 3 下列不等式

$$z_{ikt}\leqslant\sum_{j\in N_c\&\hat{d}_j>\hat{d}_i} z_{j,k-1,t},\forall k>0,k\in K_2,i\in N_c,t\in T \tag{9.44}$$

对于 2E – PRPCS 来说是有效的。其中，$\hat{d}_j:=\sum_{t\in T} d_{jt}-I_{j0}$ 是客户 i 的总剩余需求。

证明：不等式（9.44）确保剩余总需求量较大的客户首先被分配到第二梯队的车辆。

9.2.2 初始解

在分支－割平面树的根结点，通过类似于 Archetti 等（2017）的基于数学规划的启发式方法获得上界 U^* 和当前解。算法 1 中给出了基于数学规划的启发式方法的一个概述。

如果客户数量不超过阈值 n_{T1}，则放宽车辆路径变量 x 的整数性条件。保留关于节点访问变量 z 和生产设置指示变量 y 的整数性条件。我们基于根据 Lin－Kernighan 方法（Lin 和 Kernighan，1973）的 LKH 实现（Helsgaun，2018）确定的 z 值构建车辆路径。因此，得到了上界和当前解。我们将此过程称为 R1。请注意，始终可以通过 R1 获得 2E－PRPCS 的可行解。

如果客户数量超过 n_{T1} 但不超过 n_{T2}，我们将 2E－PRPCS 分解为生产—库存—配送问题（PIDP）和库存—路径问题（IRP），类似于 Absi 等（2015）和 Brahimi、Aouam（2016）。PIDP 如下：

$$\min \sum_{t \in T} \left(c^f y_t + \sum_{i \in N_0 \cup N_c} h_i I_{it} + \sum_{s \in N_s} u_s \sum_{k \in K_s} \sum_{i \in N_c} r_{ikt} \right) \tag{9.45}$$

受制于约束条件式(9.2)至式(9.9)、式(9.17)～式(9.23)、式(9.41)和式(9.42)、式(9.32)至式(9.37)。该问题被求解为最优，得到 p_t 和 y_t 的解值。IRP 如下：

$$\min \sum_{t \in T} \left(\sum_{i \in N_0 \cup N_c} h_i I_{it} + \sum_{(i,j) \in A_1} \sum_{k \in K_1} c_{ij} x_{ijkt} + \sum_{(i,j) \in A_2} \sum_{k \in K_2} c_{ij} x_{ijkt} + \sum_{s \in N_s} u_s \sum_{k \in K_s} \sum_{i \in N_c} r_{ikt} \right) \tag{9.46}$$

受制于条件式(9.2)～式(9.4)、式(9.6)～式(9.17)、式(9.19)～式(9.37)。此外，约束条件式(9.2)中的变量 p_t 现在被替换为来自 PIDP 的解值。放宽车辆路径变量 x 的整数性条件，保留节点访问变量 z 的整数性条件。对于 TSP，用松弛问题的相同的启发式（Helsgaun，2018）来从次最优解构造路径。将 PIDP 的 p_t 和 y_t 的解值与 IRP 的解值相结合，在 2E－PRPCS 可行的情况下，得到解的上界和当前解。否则，我们将求助于 R1。

如果客户数量超过 n_{T2}，我们将在车辆索引上加总第二梯队路径变量 $x_{ijkt}, \forall k \in K_2$。由于第一梯队的卫星数量相对较少，我们将保留第一梯队路径变量 $x_{ijkt}, \forall k \in K_1$ 的车辆指标。松弛的 IRP 如下：

$$\min \sum_{t \in T} \left(\sum_{i \in N_0 \cup N_c} h_i I_{it} + \sum_{(i,j) \in A_1} \sum_{k \in K_1} c_{ij} x_{ijkt} + \sum_{(i,j) \in A_2} c_{ij} x_{ijt} + \sum_{s \in N_s} u_s \sum_{k \in K_s} \sum_{i \in N_c} r_{ikt} \right) \tag{9.47}$$

受制于条件式(9.2)～式(9.4)、式(9.6)～式(9.9)、式(9.12)～式

(9.13)、式(9.15)和式(9.17)、式(9.19)~式(9.24)、式(9.26)和式(9.27):

$$\sum_{(j,j')\in\delta^+(i)} x_{jj'kt} = \sum_{(j,j')\in\delta^-(i)} x_{jj'kt}, \forall i \in N_1, k \in K_1, t \in T \quad (9.48)$$

$$\sum_{(j,j')\in\delta^+(i)} x_{jj't} = \sum_{(j,j')\in\delta^-(i)} x_{jj't}, \forall i \in N_2, t \in T \quad (9.49)$$

$$\sum_{(j,j')\in\delta^+(i)} x_{jj'kt} = z_{ikt}, \forall i \in N_1, k \in K_1, t \in T \quad (9.50)$$

$$\sum_{(j,j')\in\delta^+(i)} x_{jj't} = \sum_{k\in K_2} z_{ikt}, \forall i \in N_2, t \in T \quad (9.51)$$

$$v_{jj't} \leqslant Q_k x_{jj't}, \forall (j,j') \in A_2, t \in T \quad (9.52)$$

$$\sum_{j\in N_s\{s\}} (x_{jst} + x_{sjt}) = 0, \forall s \in N_s, t \in T \quad (9.53)$$

$$z_{ikt} - z_{jkt} + x_{ijt} + x_{jit} \leqslant 1, \forall (i,j) \in A_2, k \in K_2, t \in T \quad (9.54)$$

$$z_{jkt} - z_{ikt} + x_{ijt} + x_{jit} \leqslant 1, \forall (i,j) \in A_2, k \in K_2, t \in T \quad (9.55)$$

$$v_{ijt} \geqslant 0, \forall (i,j) \in A_2, t \in T \quad (9.56)$$

$$0 \leqslant x_{ijkt} \leqslant 1, \forall (i,j) \in A_1, k \in K_1, t \in T \quad (9.57)$$

$$0 \leqslant x_{ijt} \leqslant 1, \forall (i,j) \in A_2, k \in K_2, t \in T \quad (9.58)$$

请注意，约束条件式（9.54）和式（9.55）保证，如果在一天中连续访问两个客户，则他们被分配到相同的第二梯队车辆和相同的卫星。此外，用$\bar{z}_{ikt}$表示前一个解决方案中的客户访问值，我们建议添加以下改编自局部分支的不等式，以改进初始解决方案：

$$\sum_{i\in N_c, k\in K_2 | \bar{z}_{ikt}=1} (1 - z_{ikt}) + \sum_{i\in N_c, k\in K_2 | \bar{z}_{ikt}=0} z_{ikt} \geqslant 1, \forall t \in T, \sum_{s\in N_s, k\in K_2} \bar{z}_{skt} > 0 \quad (9.59)$$

不等式（9.59）迫使客户在有交货计划的时间段内访问总次数发生变化。最后，我们尝试添加至多T次的局部分支不等式。

算法1 确定初始解的基于数学规划的启发式方法

（1）**if** 客户数量不超过门槛 n_{T_1}，**then**：

（2）放松车辆路径变量 x 的整数条件，求解松弛的 MILP。

（3）基于 Lin – Kernighan 方法（Lin 和 Kernighan，1973）的 LKH 实现（Helsgaun，2018）确定的 z 值构建车辆路径。

（4）结合来自松弛的 MILP 和启发式方法的解决方案。

else

（5）**if** 客户数量超过 n_{T_1} 但不超过 n_{T_2}，**then**：

（6）将 2E – PRPCS 分解为生产—库存—配送问题（PIDP）和库存—路径问题（IRP）。

（7）求解 PIDP。

（8）利用 PIDP 的 p_t 和 y_t 解值，放宽 IRP 关于 x 的整数条件，并求解松弛的 IRP。

（9）基于 LKH 程序确定的 z 的解决方案值构建车辆路径。

（10）将 PIDP、松弛的 IRP 和启发式方法的解决方案相结合。

（11）**if** 综合解决方案不可行，**then**：

（12）转到第 2 行。

end

else

（13）**repeat**

（14）在车辆索引上加总第二层级路线变量 x_{ijkt}，$\forall k \in K_2$。

（15）将 2E－PRPCS 分解为新的 PIDP′和 IRP′。

（16）求解 PIDP′。

（17）利用 PIDP′的 p_t 和 y_t 解值，放宽 IRP′关于 x 的整数条件，并求解松弛的 IRP′。

（18）基于 LKH 程序确定的 z 的解决方案值构建车辆路径。

（19）将 PIDP′、松弛的 IRP′和启发式方法的解决方案相结合。

（20）**if** 综合解决方案不可行，**then**：

（21）转到第 2 行。

else

（22）保持最佳上界和最优解。

（23）加上局部分支不等式。

（24）转到终止条件检查。

end

until 迭代次数超过 T（终止条件检查）

end

end

（25）返回上限 U^* 和当前解决方案。

9.2.3 分支－割平面算法

基于所提出的有效的不等式和能够提供初始解的基于数学规划的启发式方法，我们提出的分支－割平面算法运转如下：在将所有有效的不等式添加到程序中后，在分支－割平面树的每个节点上求解式(9.1)～式(9.11)和式(9.16)～式(9.25)的线性规划（LP）松弛。改编自 Lysgaard 等（2004）的连通组分启发式算法用于分离子回路消除约束式（9.28）

或式（9.29），当发现它们被违反时，这些约束被添加到程序中。然后对LP进行重新优化。优化和分离循环迭代，直到达到可行解或支配解，或者直到发现不再违反子回路消除约束。在这一点上，使用以下策略进行分支。最高的分支优先级被分配给变量 y_t。在完成对变量 y_t 的分支之后，更高的分支优先级被分配给变量 z_{0kt} 和 $z_{skt}, \forall s \in N_s, k \in K_2$。然后，将分支优先级分配给 $z_{skt}, \forall s \in N_s, k \in K_1$ 和 $z_{ikt}, \forall i \in N_c, k \in K_2$。最后，对变量 x_{ijkt} 进行分支，其中，$i, j \neq 0$。在算法 2 中给出了分支－割平面算法的概述。

用我们提出的基于数学规划的启发式方法初始化上界 U^* 和当前解决方案。使用根节点初始化节点池 $\mathcal{N}$。在搜索树的根节点生成并插入所提出的有效的不等式到程序中。止步于最优解和相应的成本 U^*。

算法 2　分支－割平面算法

（1）初始化上界 U^* 和现有的解决方案。

（2）用根节点初始化节点池 $\mathcal{N}$。

（3）生成并插入建议的有效的不等式到搜索树的根节点的程序。

（4）**repeat**

（5）**选择：**选择 $\mathcal{N}$ 中的下一个节点来评估并从 $\mathcal{N}$ 中删除它。

（6）**下界：**求解当前节点处的 LP 松弛，令 U^1 为当前节点的下界。

（7）**if** 目前的解决方案是可行的，**then**……

（8）**if** $U^l > U^*$，**then**……

（9）go to 终止检查。

else

（10）$U^* \leftarrow U^l$。

（11）更新现任解决方案。

（12）修剪下界 $U > U^*$ 的节点。

end

end

（13）生成割平面。

（14）**if** 当前的 LP 放松解决方案违反了任何割平面，**then**……

（15）通过改编 Lysgaard 等（2004）；Toth 和 Vigo（2014）中的连接组件（Connected Component）启发式算法确定违反的子回路消除（Subtour Elimination）割平面。

（16）添加违反的割平面。

end

（17）分支：**If** $U^l > U^*$，go to 终止检查。

until $N = \emptyset$ 或者时限已经满足（终止检查）

（18）停止并生成最佳的解决方案和相应的成本U^*。

9.3 计算分析

本节总结了为评估我们的算法的性能，并调查处理成本是否或何时影响解决方案而进行的计算实验。该算法是用 C++ 实现的，IBM ILOG CPLEX Version 12 Release 9 作为 LP 求解器。这些实验是在搭载了英特尔酷睿 i5 – 8350U 1.70 GHz CPU 和 8 GB 内存的 64 位 Windows 10 Surface Pro 6 上运行的。

9.3.1 数据和实验设置

由于 2E – PRPCS 是首次得到研究，我们通过改编的数据设置并结合 2E – VRP 文献中的卫星参数和其他配置来创建测试集。相比之下，Schenekemberg 等（2019）采用了由 Archetti 等（2007）提出的基准算例，并加入了原材料供应商提供的投入和坐标。我们的测试集包含 $n = 10$ 到 $n = 35$，增量为 5 的实例，和 $n = 10$ 到 $n = 15$ 个客户，时间跨度分别为 $\mathcal{T} = 3$ 和 6 个周期。对于基本情况，客户分布遵循象限模式，卫星位于客户地点周围，仓库位于矩形地图的角落。对于 $\mathcal{T} = 3$ 和 $n = 10$ 到 $n = 15$ 个客户的情况，与基本情况相对照，我们还调查了随机客户分布、集中的仓库位置、更高的生产成本、更高的运输成本、更高的处理成本以及更多的卫星和第二梯队车辆。为这 20 种不同类型中的每一种生成 5 个实例，总共生成 100 个实例来测试算法的性能。在整个实验中，我们设置 $n_{T1} = 10$ 和 $n_{T2} = 15$。在线补充资料中提供了实例的详细信息。

9.3.2 结果和讨论

本节首先在表 9 – 1 至表 9 – 5 中将所提出的算法的性能与 CPLEX 的性能进行比较，并说明有效的不等式的影响。然后，在图 9 – 2 至图 9 – 5 中显示处理成本、路线成本和库存成本之间动态平衡的敏感度分析。

9.3.2.1 提出的分支 – 割平面算法的性能（见表 9 – 1）

在表 9 – 1 中，Gap 列显示最佳上界和最终下界之间的差异，以最佳上界的百分比表示。Gap^h 列以启发式上界的百分比表示从基于数学规划的启发式方法获得的上界和最终下界之间的差异。CPU 列和 CPU^h 列分别显示了总的 CPU 时间和基于数学规划的启发式方法花费的 CPU 时间。CPU 时间限制设置为 7200 秒。

表 9-1　所提出的分支-割平面算法的性能与 CPLEX 的比较

Class	n_c	n_s	T	SV	CD	DL	HC	CPU(s)	Gap(%)	CPU^h(s)	CPU(s)	Gap^h(%)	Gap(%)
1	10	2	3	4	2	2	1	114	0.00	2.6	3.4	0.00	0.00
2	10	2	3	4	2	2	1	71	0.00	3.2	4.4	0.00	0.00
3	10	2	3	4	2	2	1	68	0.00	3.6	5.1	0.00	0.00
1	10	2	3	4	1	2	1	156	0.00	2.1	3.7	0.32	0.00
1	10	2	3	4	2	1	1	67	0.00	2.1	2.6	0.02	0.00
1	10	2	3	4	2	2	2	78	0.00	2.6	3.6	0.00	0.00
1	10	3	3	6	2	2	1	379	0.00	13.3	14.8	0.00	0.00
1	10	2	6	4	2	2	1	2077$^{(1)}$	0.17	167.7	232.2	0.83	0.00
1	15	2	3	4	2	2	1	4974$^{(4)}$	0.84	24.7	43.6	0.59	0.00
2	15	2	3	4	2	2	1	4306$^{(3)}$	0.07	42.6	80.9	0.10	0.00
3	15	2	3	4	2	2	1	3421$^{(2)}$	1.57	48.5	83.6	2.68	0.00
1	15	2	3	4	1	2	1	3681$^{(2)}$	0.84	10.2	27.0	0.29	0.00
1	15	2	3	4	2	1	1	3109$^{(2)}$	0.09	10.5	26.8	0.50	0.00
1	15	2	3	4	2	2	2	4685$^{(3)}$	0.92	26.3	42.4	0.58	0.00
1	15	3	3	6	2	2	1	3065$^{(2)}$	0.30	43.8	56.8	0.06	0.00
1	15	2	6	4	2	2	1	7200$^{(5)}$	1.69	1439.3	3934.87$^{(1)}$	1.28	0.02
1	20	2	3	4	2	2	1	5502$^{(4)}$	1.73	34.7	145.3	1.28	0.00
1	25	2	3	4	2	2	1	7200$^{(5)}$	2.08	322.4	2815.6$^{(1)}$	1.46	0.32
1	30	2	3	4	2	2	1	7200$^{(5)*}$	4.96	1640.8	5490.9$^{(2)}$	1.75	0.84
1	35	2	3	4	2	2	1	7200$^{(5)***}$	8.96	1795	7200$^{(5)}$	3.19	2.39

注：SV 为卫星设施交通工具的数量。CD 为客户分布模式，其中的 1 和 2 分别代表随机分布模式和象限分布模式。DL 为仓库位置配置，其中的 1 和 2 分别代表拐角和中心位置。HC 为处理成本类别，其中的 1 和 2 分别代表较低和较高的单位处理成本。$^{(-)}$表示未解决到最佳状态的实例数（总数为 5 个）。*和***分别表示一个实例和三个实例（总数为 5 个）在两个小时的 CPU 时间内找不到可行解。

一般而言，该算法对于最大为 15c/3p/6v 和 10c/6p/4v 的情况都能得到最优解，只有一个例外。实例符号 *xc/yp/zv* 表示有 *x* 客户、*y* 时期和 *z* 第二梯队车辆。对于 30c/3p/4v 的情况，该算法可以得到接近最优解，最大差距为 0.84%。相比之下，CPLEX 无法获得 15c/3p/6v 和 10c/6p/4v 实例的最优解。此外，CPLEX 分别无法为 30 个客户和 35 个客户的一个和三个实例找到可行的解决方案。然而，所提出的算法可以找到所有实例的可行解。对于30个和35个客户的实例，所提出的算法的缺口分别比CPLEX低4.12%和6.57%。显然，该算法的性能优于CPLEX。

9.3.2.2　有效不等式的效应

表9-2至表9-5报告了有效不等式的效应。不允许使用CPLEX割平面。我们集中讨论四个似乎最有效的有效不等式。其他有效不等式的有效性反映在添加所有有效不等式的情况下。从Adulyasak等（2014a）生成了四类实例中的三类，其中，Ⅰ类是基本设置。第Ⅱ类和第Ⅲ类的生产成本和运输成本分别高于第Ⅰ类。

表9-2　有效不等式对基本情形Ⅰ、Ⅱ、Ⅲ类根结点平均下界的影响（%）

项目	Ⅰ类		Ⅱ类		Ⅲ类	
	n_c = 10	n_c = 15	n_c = 10	n_c = 15	n_c = 10	n_c = 15
不使用	86.6	87.8	97.9	98.0	72.2	73.9
全部使用	90.4	91.9	98.5	98.7	78.0	80.6
只使用（10.38）	87.8	88.9	98.1	98.2	72.6	74.2
只使用（10.39）	87.2	88.1	98.0	98.1	73.1	74.4
只使用（10.40）	87.9	88.9	98.1	98.2	72.4	74.1
只使用（10.44）	86.6	87.8	97.9	98.0	72.2	73.9

在表9-2中，我们报告了有效不等式对三类实例的影响，这些实例最多有15个客户。一般来说，我们可以得到Ⅱ类和Ⅲ类实例的最大和最小根下界。在第Ⅰ类和第Ⅱ类中，与不添加有效不等式的情况相比，在第Ⅰ类和第Ⅱ类中，添加不等式（9.38）或不等式（9.40）可以获得比其他有效割平面更多的根下界的增加。在第Ⅲ类中，加入不等式（9.39）可以获得更多的根下界的增加。加入所有有效的不等式后，对于Ⅰ类、Ⅱ类和Ⅲ类的10个客户的实例，根下界分别增加了3.8%、0.6%和5.8%；对于Ⅰ类、Ⅱ类和Ⅲ类的15个客户的实例，根下界分别增加了4.1%、0.7%和6.7%。

表9-3　有效不等式对不同客户分布模式和供应商位置配置下Ⅰ类的根结点平均下界的影响（%）

项目	基本情形		客户分布随机		供应商位置在中心	
	n_c = 10	n_c = 15	n_c = 10	n_c = 15	n_c = 10	n_c = 15
不使用	86.6	87.8	89.8	90.7	93.7	90.2

续表

项目	基本情形		客户分布随机		供应商位置在中心	
	n_c = 10	n_c = 15	n_c = 10	n_c = 15	n_c = 10	n_c = 15
全部使用	90.4	91.9	92.2	92.9	95.8	92.8
只使用（10.38）	87.8	88.9	90.8	91.8	94.1	91.9
只使用（10.39）	87.2	88.1	90.3	90.9	94.6	91.2
只使用（10.40）	87.9	88.9	90.7	91.7	94.2	91.7
只使用（10.44）	86.6	87.8	89.8	90.7	93.7	90.2

在表9－3中，我们提供了具有不同客户分布模式和仓库位置配置的Ⅰ类的进一步结果。一般而言，与象限客户分布和拐角站点位置相比，具有随机客户分布和中心站点位置的Ⅰ类实例可以得到更大的根下界。除了在中心站点有10个客户的情况下，不等式（9.39）似乎是最有效的，与不加有效不等式的情况相比，不等式（9.38）或不等式（9.40）在根下界上获得了更多的增长。加入所有有效的不等式后，对于随机分布的10个（或15个）客户的情形，根下界分别增加了2.4%（或2.2%）和2.1%（或2.6%）。

表9－4　有效不等式对不同单位处理成本和换装配送中心数量下Ⅰ类的根结点平均下界的影响（%）

项目	基本情形		HC = 2		n_s = 3	
	n_c = 10	n_c = 15	n_c = 10	n_c = 15	n_c = 10	n_c = 15
不使用	86.6	87.8	86.8	87.9	89.2	89.6
全部使用	90.4	91.9	90.5	92.0	92.1	92.6
只使用（10.38）	87.8	88.9	88.0	89.0	89.6	90.5
只使用（10.39）	87.2	88.1	87.3	88.3	89.5	89.7
只使用（10.40）	87.9	88.9	88.0	89.0	89.7	90.6
只使用（10.44）	86.6	87.8	86.8	88.0	89.2	89.6

在表9－4中，我们给出了不同单位处理费用和不同卫星数目的Ⅰ类的进一步结果。一般来说，与基本情况相比，对于单位处理成本和卫星数目较大的Ⅰ类实例，我们可以得到略大的根下界。与没有添加有效不等式的情形相比，不等式（9.38）或不等式（9.40）仍然可以获得比其他有效割平面更多的根下界的增加。加入所有有效的不等式后，在单位处理费用较大和卫星数目较多的情况下，对于10个（或15个）客户的情况，根下界分别增加了3.7%（或4.1%）和2.9%（或3%）。

表 9-5　有效不等式对不同计划期下 I 类的根结点平均下界的影响（%）

项目	基本情形		T = 6	
	n_c = 10	n_c = 15	n_c = 10	n_c = 15
不使用	86.6	87.8	77.8	79.7
全部使用	90.4	91.9	84.3	86.2
只使用（10.38）	87.8	88.9	80.3	81.4
只使用（10.39）	87.2	88.1	78.3	79.9
只使用（10.40）	87.9	88.9	80.5	83.0
只使用（10.44）	86.6	87.8	77.8	79.7

最后，在表 9-5 中，我们给出了具有不同计划期的 I 类问题的进一步结果。不出所料，与基本情况相比，具有更大规划期的 I 类实例得到了更小的根下界。不等式（9.38）或不等式（9.40）本身仍然是最有效的。在添加了所有有效的不等之后，对于更大的计划期内的 10 个和 15 个客户的情况，根下界可以增加 6.5%。

9.3.2.3　装卸成本、路线成本和库存成本平衡的敏感性分析

为了使敏感度分析变得可信，我们集中在基本情况下具有最多 15 个客户和 3 个周期的实例，以及 10 个客户和 6 个周期的实例，我们可以将这些实例求解到最优。为了在单位搬运成本变化时在搬运成本、路线成本和库存成本之间找到动态平衡，我们将仓库的单位库存持有成本更改为 $\hat{h}_0=\beta h_0$。单位处理成本设置为 $\alpha\hat{h}_0$。

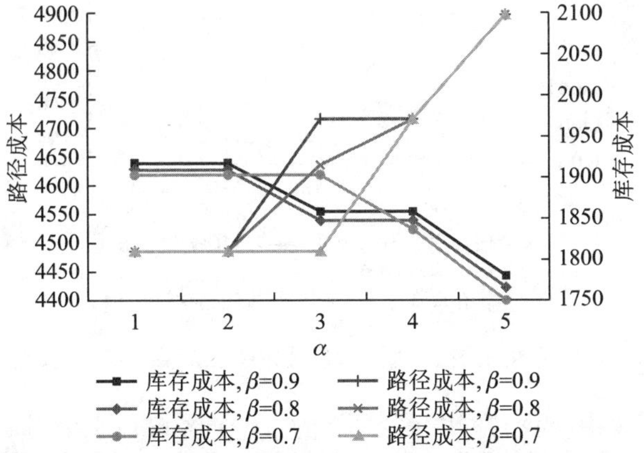

图 9-2　装卸成本、路径成本和库存成本平衡对供应商库存成本的敏感性分析（n_c=10，T=3）

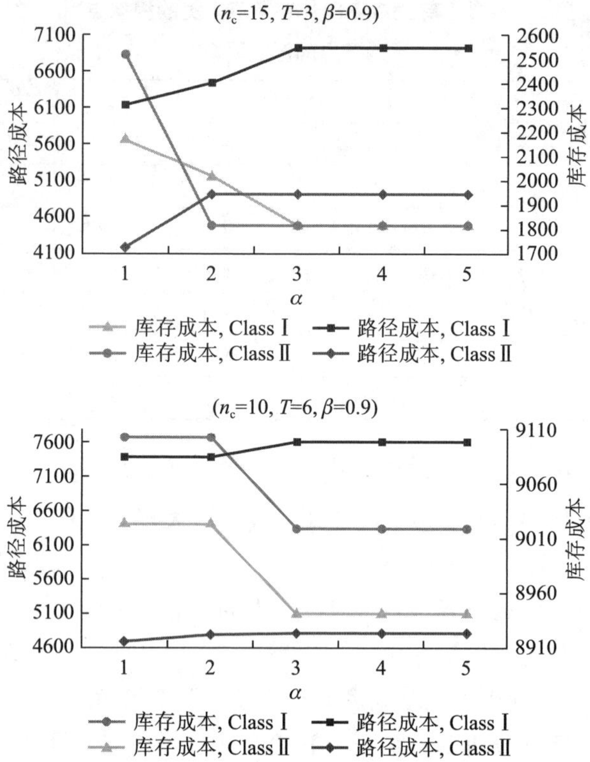

图 9－3　装卸成本、路径成本和库存成本平衡对不同设置成本的敏感度分析

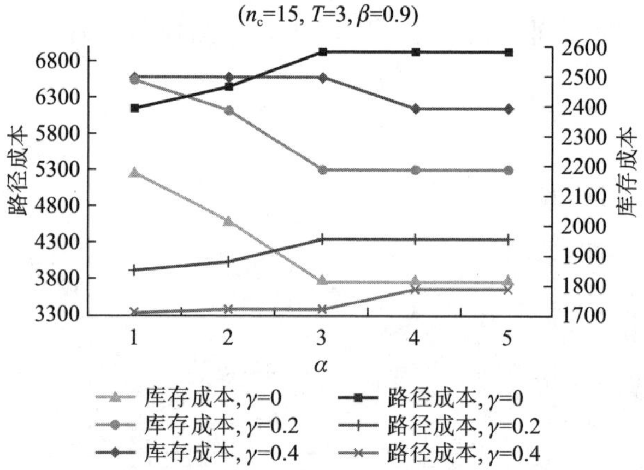

图 9－4　装卸成本、路径成本和库存成本平衡对需求变化的敏感性分析

在图 9－2 中，我们可以看到，对于 10 个客户和 3 个周期的情况，库存成本随着单位处理成本比率 α 从 1 增加到 5 而降低。相反，对于 $\beta=0.7$ 到 $\beta=0.9$ 的情况，传送成本随着单位处理成本比率 α 从 1 增加到 5 而增

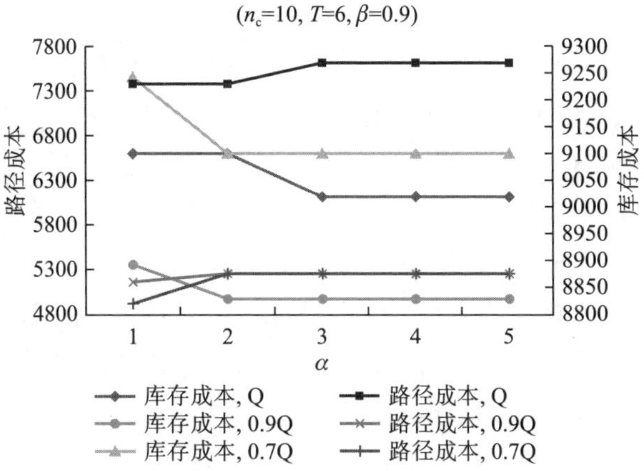

图 9－5　运力变化下装卸成本、路径成本和库存成本平衡的敏感性分析

加。我们还测试了其他案例，发现了类似的模式。我们选择显示三个案例以保持该图的可读性。

处理成本、路线成本和库存成本之间的动态平衡的一个可能解释是，当卫星的单位处理成本在一定程度上增加时，优化器将不会像基本情况那样合并，从而导致路线成本的增加以及随后仓库和客户的库存成本的变化。

在图 9－3（a）中，我们可以看到，对于 15 个客户、3 个周期的 I 类案例，处理成本、路径成本和库存成本之间的动态平衡与 10 个客户的案例相似。在图 9－3（b）中，我们可以看到，对于有 10 个客户和 6 个周期的第 I 类案例，我们可以在处理成本、路线成本和库存成本之间找到动态平衡的范围限制在 $\alpha=2$ 到 $\alpha=3$ 之间。一个可能的解释是，当优化器面临更大的计划期限时，合并更多周期的交付从而降低路线成本，可能会抵消卫星处理成本的增加。

为了提供更多的管理洞察力，我们还测试了具有较高生产固定设置成本的第Ⅱ类案例。如图 9－3（a）和图 9－3（b）所示，固定设置成本越高，路径成本越低。原因可能是预期的设置更少，因此进行了更多的合并，从而降低了路由成本。然而，处理成本、路径成本和库存成本之间的平衡仍然存在。

我们用来调整数据集的数据设置的特点是，在整个规划期内都有持续的需求。将需求不确定性纳入数据设置显然是有价值的，但超出了本章的范围。然而，我们可以通过设置从 $[d_i(1-\gamma), d_i(1+\gamma)]$ 中随机抽取的整个计划展望期 d_{it} 来合并需求可变性。因此，较大的 γ 代表更高的需求变异性。如图9－4所示，处理成本、路线成本和库存成本之间的平衡仍然存在。此外，当需求变异性增加时，路径成本降低，而库存成本增加。一种可能的解释是，为了应对需求变化，持有更多库存以防止缺货。

最后，我们还对车辆容量变化的情况进行了测试，在此情况下，仓库的容量 Q_0 和卫星的容量 Q_s 同时减少。为简单起见，我们去掉了图中 Q 的下标。如图9－5所示，处理成本、路径成本和库存成本之间的平衡仍然存在。此外，当车辆运力降低时，路径成本也会降低，而库存成本不存在单调趋势。这表明，车辆运力较低的实例不仅像预期的那样难以解决，而且需要进一步探索复杂的成本平衡问题。

9.4 本章小结

我们已经对考虑换装设施的智慧供应链双层生产路径问题（2E－PRPCS）进行了全面介绍、建模和分析。鉴于2E－PRPCS相对于多车生产路径问题更具挑战性，我们采用了分支－割平面算法，并结合了有效的基于数学规划的启发式方法，成功地求解了与多车生产路径问题规模相当的2E－PRPCS。计算结果进一步验证了我们提出的有效不等式的实用性。

此外，我们发现，在考虑物料搬运与生产、库存和车辆路径决策的情况下，搬运成本在2E－PRPCS的最优解中起到了重要作用。最佳决策可以从配送中心的整合和交叉对接换装中获得真正的益处，尤其是在面临仓库库存成本较低的生产路径问题时。在设置成本固定较高、需求波动性较大或车辆容量较低的情况下，处理成本、路径成本和库存成本之间的平衡仍然至关重要。这些管理见解具有实际价值，并且无法直接从2E－VRP的现有文献中得出。

对于2E－PRPCS的进一步研究，存在多种可能的扩展。其中，纳入不确定需求的情形是一个值得关注的方向，另一个扩展则是考虑同时取货和送货的情况。最后，在处理有限可用车辆数量时，可以开发分支－定价－割平面算法以减少CPU时间的消耗。

本章参考文献

[1] Absi, N., Archetti, C., Dauzère－Pérès, S., Feillet, D., 2015. A two－phase iterative heuristic approach for the production routing problem. Transport. Sci. 49 (4), 784－795.

[2] Adulyasak, Y., Cordeau, J. – F., Jans, R., 2014a. Formulations and branch – and – cut algorithms for multivehicle production and inventory routing problems. INFORMS J. Comput. 26 (1), 103 – 120.

[3] Adulyasak, Y., Cordeau, J. – F., Jans, R., 2014b. Optimization – based adaptive large neighborhood search for the production routing problem. Transport. Sci. 48 (1), 20 – 45.

[4] Adulyasak, Y., Cordeau, J. – F., Jans, R., 2015a. The production routing problem: A review of formulations and solution algorithms. Comput. Oper. Res. 55 (1), 141 – 152.

[5] Adulyasak, Y., Cordeau, J. – F., Jans, R., 2015b. Benders decomposition for production routing under demand uncertainty. Oper. Res. 63 (4), 851 – 867.

[6] Archetti, C., Bertazzi, L., Laporte, G., Speranza, M. G., 2007. A branch – and – cut algorithm for a vendor – managed inventory – routing problem. Transport. Sci. 41 (3), 382 – 391.

[7] Archetti, C., Bertazzi, L., Paletta, G., Speranza, M. G., 2011. Analysis of the maximum level policy in a production – distribution system. Comput. Oper. Res. 38 (12), 1731 – 1746.

[8] Archetti, C., Boland, N., Speranza, M. G., 2017. A matheuristic for the multivehicle inventory routing problem. INFORMS J. Comput. 29 (3), 377 – 387.

[9] Armentano, V., Shiguemoto, A., Lokketangen, A., 2011. Tabu search with path relinking for an integrated production – distribution problem. Comput. Oper. Res. 38 (8), 1199 – 1209.

[10] Bard, J. F., Nananukul, N., 2009. Heuristics for a multiperiod inventory routing problem with production decisions. Comput. Ind. Eng. 57 (3), 713 – 723.

[11] Bard, J. F., Nananukul, N., 2010. A branch – and – price algorithm for an integrated production and inventory routing problem. Comput. Oper. Res. 37 (12), 2202 – 2217.

[12] Boudia, M., Louly, M., Prins, C., 2007. A reactive GRASP and path relinking for a combined production – distribution problem. Comput. Oper. Res. 34 (11), 3402 – 3419.

[13] Boudia, M., Prins, C., 2009. A memetic algorithm with dynamic

population management for an integrated production – distribution problem. Eur. J. Oper. Res. 195 (3), 703 – 715.

[14] Brahimi, N., Aouam, T., 2016. Multi – item production routing problem with backordering: a MILP approach. Int. J. Prod. Res. 54 (4), 1076 – 1093.

[15] Chandra, P., 1993. A dynamic distribution model with warehouse and customer replenishment requirements. J. Oper. Res. Soc. 44 (7), 681 – 692.

[16] Chandra, P., Fisher, M. L., 1994. Coordination of production and distribution planning. Eur. J. Oper. Res. 72 (3), 503 – 517.

[17] Coelho, L. C., Laporte, G., 2014. Improved solutions for inventory – routing problems through valid inequalities and input ordering. Int. J. Prod. Econ. 155, 391 – 397.

[18] Desaulniers, G., Rakke, J. G., Coelho, L. C., 2016. A branch – price – and – cut algorithm for the inventory – routing problem. Transport. Sci. 50 (3), 1060 – 1076.

[19] Fumero, F., Vercellis, C., 1999. Synchronized development of production, inventory, and distribution schedules. Transport. Sci. 33 (3), 330 – 340.

[20] Guimarães, T. A., Coelho, L. C., Schenekemberg, C. M., Scarpin, C. T., 2019. The two – echelon multi – depot inventory – routing problem. Comput. Oper. Res. 101, 220 – 233.

[21] Helsgaun, K., 2000. An Effective Implementation of the Lin – Kernighan Traveling Salesman Heuristic. Eur. J. Oper. Res. 126 (1), 106 – 130.

[22] Helsgaun, K., 2009. General k – opt submoves for the Lin – Kernighan TSP heuristic. Math. Prog. Comput. 1 (2 – 3), 119 – 163.

[23] Helsgaun K., 2018. LKH. http://www.akira.ruc.dk/~keld/research/LKH.

[24] Jepsen, M., Spoorendonk, S., Ropke, S., 2013. A branch – and – cut algorithm for the symmetric two – echelon capacitated vehicle routing problem. Transport. Sci. 47 (1), 23 – 37.

[25] Lei, L., Liu, S., Ruszczynski, A., Park, S., 2006. On the integrated production, inventory, and distribution routing problem. IIE Trans. 38 (11), 955 – 970.

[26] Lin, S., Kernighan, B. W., 1973. An effective heuristic algorithm for the traveling – salesman problem. Oper. Res. 21 (2), 498 – 516.

[27] Lysgaard, J., Letchford, A. N., Eglese, R. W., 2004. A new branch - and - cut algorithm for the capacitated vehicle routing problem. Math. Program. 100 (2), 423 - 445.

[28] Perboli, G., Tadei, R., Vigo, D., 2011. The two - echelon capacitated vehicle routing problem: models and math - based heuristics. Transport. Sci. 45 (3), 364 - 380.

[29] Qiu, Y., Qiao, J., Pardalos, P., 2017. A branch - and - price algorithm for production routing problems with carbon cap - and - trade. Omega 68, 49 - 61.

[30] Qiu, Y., Qiao, J., Pardalos, P., 2019. Optimal production, replenishment, delivery, routing and inventory management policies for products with perishable inventory. Omega 82, 193 - 204.

[31] Qiu, Y., Ni, M., Wang, L., Li, Q., Fang, X., Pardalos, P., 2018a. Production routing problems with reverse logistics and remanufacturing. Transport. Res. E - Log. 111, 87 - 100.

[32] Qiu, Y., Wang, L., Fang, X., Pardalos, P., Goldengorin, B., 2018b. Formulations and Branch - and - Cut Algorithms for Production Routing Problems with Time Windows. Transportmetrica A 14 (8), 669 - 690.

[33] Qiu, Y., Wang, L., Xu, X., Fang, X., Pardalos, P., 2018c. Formulations and branch - and - cut algorithms for multi - product multi - vehicle production routing problems with startup cost. Expert Syst. Appl. 98, 1 - 10.

[34] Qiu, Y., Wang, L., Xu, X., Fang, X., Pardalos, P., 2018d. A variable neighborhood search heuristic algorithm for production routing problems. Appl. Soft Comput. 66, 311 - 318.

[35] Russell, R. A., 2017. Mathematical programming heuristics for the production routing problem. Int. J. Prod. Econ. 193, 40 - 49.

[36] Schenekemberg, C. M., Scarpin, C. T., Pécora Jr, J. E., Guimarães, T. A., Coelho, L. C., 2019. The Two - Echelon Production - Routing Problem. CIRRELT Report No. CIRRELT - 2019 - 56.

[37] Solyalı, O., Süral, H., 2017. A multi - phase heuristic for the production routing problem. Comput. Oper. Res. 87, 114 - 124.

[38] Zhang, Q., Sundaramoorthy, A., Grossmann, I. E., Pinto, J. M., 2017. Multiscale production routing in multicommodity supply chains with complex production facilities. Comput. Oper. Res. 79, 207 - 222.

第二篇

“双碳”目标驱动的智慧供应链协调管理

因为本书的落脚点是供应链运作管理，首先考虑的是链主从整体上对供应链的运作进行优化管理，而且由于运输和配送环节在总运作成本中占了很大比重，特别是配送环节的路径安排本身就是一个非常难以解决的问题，因此，在将库存管理、生产管理环节与运输配送环节集成起来考虑之前，需要先对路径安排本身进行深入研究。在此基础上，通过将库存管理、生产管理环节与运输配送环节集成起来优化，最终实现链主视角下供应链的运作优化。这是第一篇“双碳”目标驱动的智慧供应链运作优化的研究逻辑。

但由于供应链的上下游涉及多个环节、多个主体，仅仅从链主视角进行整体优化并不能完全实现供应链的智慧运作优化，还需要从非合作博弈和仿真的视角分析供应链的决策优化，从而促进实现供应链的智慧运作管理。因此，本篇将围绕“双碳”目标驱动的智慧供应链协调管理问题展开研究。

首先，在包括制造商、零售商/再制造商以及回收中心的多层次闭环供应链中提出一种新的优选博弈结构。基于两阶段博弈论，考虑制造、再制造和交付过程中的减排。在此基础上，构建斯塔克尔伯格、纳什博弈以及讨价还价结构，通过比较说明分散决策模型的优势，通过数值分析发现减排率与相应的利润之间的相关关系。其次，分析激励制造商进行研发投资和根据产品的绿色化水平直接激励消费者这两种激励政策的利与弊。在制造商和零售商之间的斯塔克尔伯格博弈框架下，推导出最优决策，并进行比较分析，探讨制造商在两种策略下的最优决策、消费者剩余和环境改善的特征。最后，针对制造商主导的垂直整合、分散、部分整合零售、部分整合直销和水平整合等五种网络结构，分析评估了供应链成员的碳排放配额和排放水平对最优批发价格、销售价格、需求和减排率的影响。通过敏感性分析衡量消费者的渠道偏好对价格和减排率的影响，以最大限度减少碳足迹。

第10章　可持续闭环供应链中的博弈优化与环保策略：基于制造商、零售商/再制造商和回收中心的多层次分析

近些年，来自客户、法规、竞争、媒体等方面的压力日益加大，人们对绿色产品的生产和销售越来越关注。追求减少能源使用和减轻对生态系统的污染的生态友好型经济被广泛认可为减缓全球气候变化的重要举措之一（Ali 等，2013）。在高度社会意识的推动下，许多制造商已自愿进行绿色投资，例如在研发过程中注重环保产品的设计。

面对可持续性要求，制造企业正在努力实现生产与环境的协调发展。除了通过传统的货运物流销售新产品外，公司还利用反向渠道回收二手产品以供再利用。换言之，为了生产新产品，旧物品被回收、再加工，并以较低的价格在二手市场上销售（Modak 等，2018）。这些企业正在积极参与正向和逆向物流的综合优化，引入了闭环供应链（CLSC）的概念（Giri 等，2017）。

为了实现可持续的供应链，必须增加绿色产品的生产和二手产品的再制造（Watkins 等，2016）。绿色产品被定义为对人类健康和环境负面影响较小的产品（Palevich，2011）。另外，企业需要履行政府减排法规中的承诺，以树立良好的企业形象。因此，在意识到可持续性要求的特定供应链中，公司不仅在正向渠道中采取了减排策略，而且在逆向物流中采用了生态再制造程序。

无论政府制定何种环境法规，客户在选择产品时的偏好都会对企业的态度产生重大影响。如今的客户不仅仅是产品的消费者，他们还非常关注生态责任。因此，考虑到可持续性因素，包括碳减排和再制造工艺已经成为制造运营中不可或缺的一部分。那些很少关注环境及其要求的公司将很快失去在市场上的地位。因此，许多公司都专注于绿色产品的生产，并考虑重新设计其产品和流程，以符合环境特征。因此，基于上述观点，本章探讨了可持续性在经济和环境方面的重要性，并研究了客户偏好与供应链效率之间的相互作用。在这一过程中，政府介入（如低碳运营）被视为网

络逆向流的中介设施。为了应对可持续性要求的挑战，我们开发了几种卖方-买方交互模型。在这些模型中，客户的需求对新产品和再制造产品的销售价格以及制造、再制造和交付过程中的碳排放减少率都具有敏感性。制造商的目标是确定新产品的批发价格和碳排放减少率。与此同时，零售商试图通过采用整车运输（FTL）政策来确定销售价格，并降低交付这些新产品的碳排放率。制造商和零售商之间的卖方-买方关系分别在第一阶段和第二阶段采用非合作的 Stackelberg 和 Nash 博弈来考虑。在第一阶段，通常是制造商主导零售商。到第二阶段，权力在这两个参与者之间几乎平衡，从而导致了纳什博弈的发展。

另一个独特之处在于授权政府回收中心对再制造商施加再制造废旧产品的碳减排率。这种第二卖方-买方关系是利用新的讨价还价结构发展起来的。在这种情况下，退货批发价格和再制造的环境减排率由政府机构决定。此外，再制造商试图确定基于 FTL 的再制造产品向二级市场交付的销售价格和碳减排率。在这种模式中，政府中心作为第一个提议者拥有更大的权力，而再制造商不可避免地承认其报价。

因此，明确了本章研究目标、贡献以及相关挑战之后，我们提出如下需要研究的问题。

（1）如何正确构建旨在实现可持续发展的供应链竞争指数？

（2）根据可持续发展的经济和环境要求，如何融入客户偏好与供应链绩效之间的相互作用？

（3）如何将政府在制定环境准则中的角色视为供应链网络中的独立层面？如何设定网络的拓扑结构？

（4）如何将客户的环保偏好延伸到制造以外的产品分销中？

（5）在网络的正向和反向流动中，如何构建权力和统治的分配？

（6）哪些决策变量可以被认为是旨在实现网络目标的？

（7）在网络的正向和反向结构中，如何构建利润的分配？

（8）客户的环境敏感度如何影响碳排放？

在竞争框架内考虑供应链的可持续性是非常引人注目的。本章试图通过运用博弈论来分析这种独特而优越的结构，以在网络的不同层次塑造竞争环境。这意味着采用了一种新的方法。过去的研究文献表明，环境要求在生产水平上受到严格限制。此外，政府在实施环境法方面的角色被视为对供应链网络的边际干预。客户对减少碳排放的环境偏好也主要集中在网络生产层面。此外，以前的研究认为，支配和克服类型在网络不同层次之间是一种常见的静态机制，这说明了研究文献中类似结构的使用。

为了填补上述研究的空白，本章提出了一个新的框架，旨在实现闭环供应链网络的可持续发展目标。该框架建立在政府作为网络中独立级别的直接干预的基础上，通过在所有运营流程（包括正向和反向流程）中考虑环境因素，并根据网络中的统治类型使用适当的竞争技术来扩展环境考虑因素（这方面尚未得到充分讨论）。这些建议的方法可以通过多种方式应用于不同的供应链领域。举例来说，橡胶、塑料和聚合物行业被认为是强烈要求政府对生产和再制造环节进行环境检查的领域。另一个例子是药品供应链，它需要在各个层面遵守一定的环境规则。该供应链可以应用本章提出的模型来确定销售价格和环境因素水平。因此，本章方法可以有效地应用于此类行业。这种框架形成了一种机制，有助于政府或私营部门在各个领域的决策者作出决策。此外，使用这种方法可以帮助客户进行选择和决策。

本章的其余部分安排如下：第一小节将对与问题的不同特征相关的文献进行综述。第二小节将提供假设、问题结构和模型定义。第三小节将专门讨论相应时期的斯塔克尔伯格、纳什和讨价还价博弈。第四小节将通过数值分析来说明该模型的实用性。最后，结论和未来的研究方向将在第五小节中讨论。

10.1　相关理论与文献综述

与本章相对应的文献涉及多个领域。本节回顾相关领域，如客户的可持续性偏好、政府立法、再制造决策和闭环供应链。

客户对新产品和再制造/翻新产品的重视程度极高。Atasu 等（2008）将客户分为关注可持续性要求的一般客户和环保客户。因此，客户愿意为新产品或再制造产品付费。正如 Xu 和 Wang（2018）所述，一些研究者已经探讨了与闭环供应链相关的客户再制造偏好决策。在这方面，Abbey 等（2015a，2015b）根据广泛的实验测试，综合考虑了关于新产品和再制造产品的最佳决策，结合了客户偏好的配方。Maihami 等（2017）利用各种博弈论模型研究了买卖双方供应链中的定价和库存控制决策。Safarzadeh 和 Rasti - Barzoki（2019a，2019b）提出了一项创新的家用电器和能源节约计划，其中涉及消费者行为和政府政策。他们构建了一个由能源供应商、制造商和政府组成的可持续供应链，研究了新型节能电器在可居住性节能情景下的应用以及相关的能源消耗。此外，他们的研究还考虑了一些新的假设，包括效率提高的技术反弹效应、消费者行为和制造商的创新能力。他们根据纳什均衡和领导者－追随者博弈提出了一个多阶段Bertrand博弈模型研究了三种结构。Zhao等（2019）分析了闭环供应链的决策模型，其中第三方负责回收物品。Agrawal等（2015）调查了客户如何看待新产品和再制造产品，揭示了不同产品价值之间的相互影响。Shu等（2016）基于博弈论模拟了一个闭环供应链，以探讨客户可能愿意或不愿意为再制造产品支付有利可图的价格。

政府针对环境问题的立法引起了大多数企业的广泛关注。为了鼓励以绿色为导向的生产者并惩罚环境违规者，政府制定了一系列相关规定。Du等（2015）根据Madani和Rasti－Barzoki（2017）的研究，专注于研究“限额与交易”政策在依赖环境的供应链中的影响。他们考虑了政府设定的排放上限（份额）以及通过排放交易购买的排放上限（份额）两个重要来源，并提出了一个博弈分析模型来寻找独特的纳什均衡。Xiao等（2016）研究了一种多层次的可持续供应链，该供应链具有价格敏感的需求，涉及环境排放和政府碳税以减少排放量。他们考虑了供应商和零售商之间的协调结构，并建议签订一份合同，暗示他们之间的税收分担。Safarzadeh和Rasti－Barzoki（2019a，2019b）在双寡头效率计划中开发了一种能源产品定价模型。他们考虑了家庭能源消费者的扩展效用函数，并新研究了政府效用函数和能源回弹对生产过程技术效率提高的影响。他们提出了一种多阶段博弈情景，包括税务减免和补贴计划两种情景。结果表明，补贴政策为政府控制能源消耗提供了更好的条件。Hafezalkotob（2017）调查了两家生产商的竞争和协调：其中一家追踪内部制造战略，另一家将相关的制造业务外包。考虑了政府在这种情况下的领导作用，并表明政府批准的关税的特定边界会导致更环保和更具竞争力的环境。Sinayi和Rasti－Barzoki（2018）同时制定了供应链中可持续性的三个主要维度，即经济、社会和环境方面。他们将消费者剩余视为社会福利的指标，并根据产品的价格和环保程度两个变量进行建模分析。他们认为，政府可以通过征收较低（较高）的税收（补贴）来影响产品的最终价格。研究发现，在合作计划下，零售价格不低于不合作计划下的零售价格。Xu等（2018）研究了限额与交易监管下供应链具有两个通道时集中式和分散式供应链。采用博弈论方法，对模型进行分析，得到了碳减排和系统协调的最优解。Nagarajan和Sošic（2008）应用讨价还价博弈模型来确定供应链成员之间的利润分配问题。Li等（2009）使用纳什讨价还价博弈方法为零售商－制造商供应链找到完美的协调。

许多学者认为，废旧产品的再制造对整个供应链具有重要影响。他们指出，再制造产品可以与全新产品竞争，并提供了有利的条件（例如 Jin 等，2016）。Abbey 等（2015a，2015b）的研究发现，消费者选择全新产品或再制造产品时，会根据质量和价格来进行不同的优先考虑。学者们通过广泛实验指出，当再制造产品与全新产品竞争时，全新产品的价格实际上应该上调。他们的定价分析涵盖了多种情况，从简单的垄断市场到更复杂的与第三方再制造商竞争的情形。Yang 等（2016）研究了在退货产品质量保持不变的情况下，多产品获取和再制造问题。为了最大化再制造商的预期利润，他们提出了一个非线性规划模型，探讨了成本和风险之间的权衡。Taleizadeh 等（2019）开发了一个优化模型，研究了碳减排、回报策略和质量改进政策对再制造供应链的影响。Heydari 和 Ghasemi（2018）考虑了逆向供应链，并研究了当再制造零件的能力存在不确定性时，收入分享对系统的影响。

废旧产品的回收和再制造在闭环供应链中扮演着至关重要的角色。在这一领域，研究人员的关注点日益增加。例如，Xiong 等（2013）针对由供应商和制造商组成的闭环供应链进行了研究。他们开发了一个分散的模型，发现与供应商的互动显著影响再制造的绩效。此外还指出，尽管集中制造商从再制造中获益，但这也可能导致供应商和非集中制造商双输的局面。Jamali 和 Rasti - Barzoki（2018）探讨了双渠道供应链中的链对链竞争，并提出了基于博弈理论的绿色和非绿色定价方法。他们关注可持续性环境和经济因素，通过开发零售和互联网渠道的双渠道供应链，研究了绿色度在与非绿色条件竞争时的定价和确定问题。Xu 和 Wang（2018）研究了闭环供应链中销售价格和可持续性需求的决策机制和利润分配，针对集中式和分散式环境分别提出了两种配方，涉及制造商和零售商，以获取销售价格、减少率和回收率的最佳价值。Heydari 等（2018）调查了一种三层双渠道绿色供应链，其中，制造商生产具有不同绿色水平的商品并将其销售给分销商。其研究了开放式三元组和封闭式三元组决策情景的不同结构，并分析了所有供应链成员的最优决策。Wang 等（2018a，2018b）研究了具有竞争性回收市场和产品市场的闭环供应链，提出三种竞争情景，包括不建立完整闭环供应链、建立制造商的回收网络以在回收市场中竞争，以及将回收业务外包给零售商并在回收市场中展开竞争。

根据上述文献综述，以往的研究在闭环供应链中的可持续性情景和竞争程序方面存在一些缺失。此外，政府干预作为闭环供应链中的一个独立角色也未被研究。同时，大多数研究采用了经典的博弈结构。因此，未来研究可以作出以下贡献：首先，需要在可持续环境中使用新的博弈框架开发新的竞争方法。为了实现闭环供应链的可持续发展，政府干预应作为一个独立支柱被纳入考虑。除了满足客户的低碳偏好外，环境保护机构（即政府机构）在满足可持续发展要求和相关决策方面发挥着重要作用。其次，客户的低排放偏好也扩展到交付部分。因此，零售商/再制造商将被迫采用基于整车运输（FTL）模式的环保政策，将最终产品分别运送到一级或（和）二级市场。最后，需要利用实用的博弈结构对问题进行建模。为此，可以在第一阶段和第二阶段采用斯塔克尔伯格、纳什博弈和改进的讨价还价模型。

10.2 问题描述与模型构建

为了澄清前述问题，本节介绍了相应的假设、符号和模型。图 10－1 显示了问题的结构，包括单一制造商、单一零售商/再制造商、回收二手产品的政府中心及一级和二级市场。

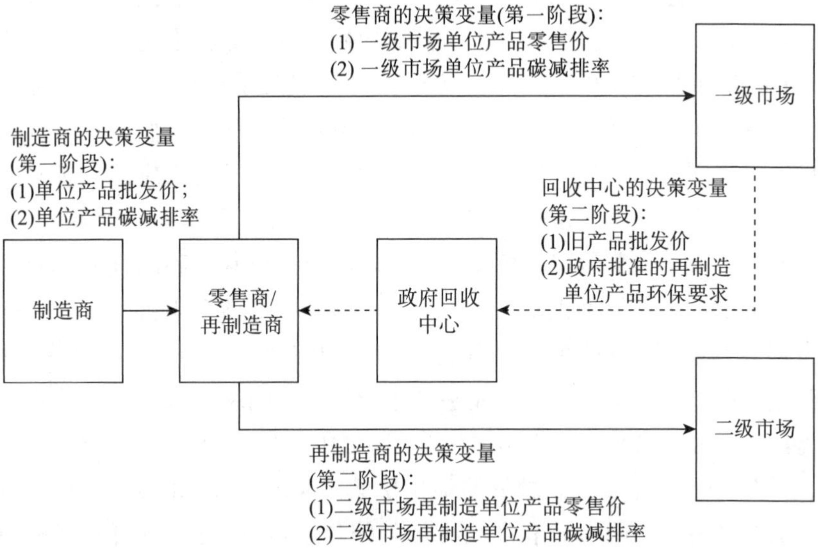

图 10－1 供应链结构示意图

如前所述，为了发展闭环供应链网络，相关的最优决策分两个阶段进行。在第一阶段，单一制造商将新产品以批发价供应给零售商，然后零售商以零售价向一级市场的客户销售这些产品。在第二阶段，使用过的产品由环境保护机构（上述政府回收中心）回收并转运到制造商/再制造商，以进行必要的回收。在这两个阶段，零售商/再制造商都必须根据整车运输（FTL）政策交付新的和再制造的产品。此外，值得注意的是，虽然回收中心也可以将退回的产品送到制造商进行回收，但是，零售商/再制造商的目标是将自己树立为二手产品再制造的先驱企业，并且不愿意失去在二级市场上销售再制造产品所获得的利润，所以零售商/再制造商必须确保回收中心不将退回的产品送到制造商进行回收。

因此，在第一阶段，制造商和零售商之间的交易关系被建模为斯塔克尔伯格博弈。在这种不合作的斯塔克尔伯格结构中，制造商被视为博弈的领导者，处于主导地位。换言之，制造商首先采取行动，而零售商则通过作出最佳决策来作为回应。在这一背景下，综合考虑领导者的决策，对单品的批发价格和碳减排率进行了优化。此外，在确定产品的零售价格和交付过程中的单位碳减排率时，追随者的决策也是确定的。

在第二阶段，供应链的权力集中在政府中心。在此情况下，旨在维护消费者权益的政府机构负责回收和利用已使用的产品，并决定将其发送给零售商/再制造商进行回收处理的条件。因此，第二阶段形成了讨价还价的博弈模式。政府回收中心最初提出建议，并将零售商/再制造商置于无差别的状态。这提供了一种新的有效方法，要求再制造商考虑环境因素。

10.2.1 假设

问题的设定考虑了以下假设：

（1）在第一阶段，一级市场上只有新产品，但第二阶段则包括制造的新产品和再制造的二手产品。

（2）客户在一级市场对新产品的需求受销售价格、制造商完成的单位产品的总减排率以及零售商在交付最终产品时的低碳考虑的影响。

（3）客户在二级市场对再制造产品的需求也取决于再制造和转运函数中单位产品的售价和碳减排率。

（4）为简化问题，忽略了制造、零售、回收和再制造的单位加工成本。

假设在第一阶段，制造商主导零售商，被称为 Stackelberg 博弈领导者。然而，在第二阶段，零售商/再制造商获得更高的信誉和可靠性权力，使制造商和零售商几乎具有相等的权力，因此，他们之间形成了纳什博弈。

10.2.2 决策变量

本章考虑了以下决策变量：

φ_1——零售商在第一阶段向制造商支付的新制成品的单批发价；

s_1^{ma}——第一阶段制造新产品碳排放单位减排率；

r_1——第一阶段新产品对一级市场客户的单价；

s_1^{re}——在第一阶段向客户交付新制造产品时的单位碳排放量减少率（基于 FTL 政策）；

φ_2——零售商在第二阶段向制造商支付的新制成品的单批发价；

s_2^{ma}——第二阶段新产品制造碳排放单位减排率；

r_2——第二阶段新产品对一级市场客户的单价；

s_2^{re}——第二阶段向客户交付新制造产品的单位碳排放量（基于 FTL 政策）；

ψ——政府回收中心在第二阶段向零售商收取的单价；

s^{co}——政府回收中心确定的第二阶段再制造废旧产品碳排放单位减排率；

r'——第二阶段再制造产品对二级市场客户的单价；

s^{rm}——第二阶段向二级市场客户交付再制造产品的碳排放单位减少率（基于 FTL 政策）。

10.2.3 因变量

因变量包括：

d_1——第一阶段新产品的一级市场需求；

d_2——第二阶段新产品的一级市场需求；

d_r^2——第二阶段（$d_r^2 \leqslant d_2$）再制造产品的二级市场需求；

c^{sus}——在第一阶段的制造交付中纳入可持续性特征的成本函数；

c'^{sus}——第二阶段在制造、再制造和交付中纳入可持续性特征的成本函数；

π_{cen}^{sc}——集中模式下的全供应链利润函数；

π_{cen}^{1}——第一阶段集中式结构的利润函数；

π_{cen}^{2}——第二阶段集中式结构的利润函数；

$\pi_{ma_{(1)}}^{n}$——第一阶段分散的斯塔克尔伯格结构中制造商的利润函数；

$\pi_{re_{(1)}}^{n}$——第一阶段分散的斯塔克尔伯格结构中零售商的利润函数；

$\pi^{n}_{ma(2)}$——第二阶段分散决策纳什结构中制造商的利润函数；

$\pi^{n}_{re(2)}$——第二阶段分散决策纳什结构中零售商的利润函数；

π^{c}_{co}——第二阶段合作谈判结构中政府回收中心的利润函数；

π^{c}_{rm}——第二阶段合作谈判结构中再制造商/零售商的利润函数。

10.2.4 参数

我们使用以下参数来构建所提出的模型：

θ——基于制造过程中的低碳考虑，客户对每种制成品的可持续性敏感度系数；

β——基于低碳考虑，客户对每件交付产品的可持续性敏感度系数，意味着采用 FTL 政策；

α——基于再制造过程中低碳考虑的每款再制造产品客户的可持续性敏感系数；

m——每个时期的新产品市场规模；

m'——第二阶段再制造产品市场规模；

λ——新产品生产减排成本系数；

λ'——废旧产品再制造减排成本系数；

σ——基于 FTL 政策的产品交付减排成本系数；

k——检查退回的二手产品和确定环境减排率的成本系数；

r'^{+}——政府回收中心在议价结构中提出的再制造产品向二级市场客户的最高单价（第二阶段）；

s^{rm-}——政府回收中心在议价结构中提出的向二级市场客户交付再制造产品的最低单位碳排放量（基于 FTL 政策）（第二阶段）。

10.2.5 需求函数

客户的需求受到新产品和再制造产品的销售价格影响，与这两者呈现出递减的关系，同时受到制造、再制造和交付过程中的碳排放减少率影响，与这三者则呈现出递增的关系。实际上，客户对可持续性的偏好会影响他们在这些方面的考虑。因此，考虑到近期一些研究（如 Jamali 和 Rasti－Barzoki，2018；Xu 和 Wang，2018）所采用的模型结构，对于新制造产品在规划第一阶段的需求函数可以表述如下：

$$d_1 = m - r_1 + \theta s_1^{ma} + \beta s_1^{re} \tag{10.1}$$

在第二阶段，新产品和再制造产品的需求函数分别表述如下：

$$d_2 = m - r_2 + \theta s_2^{ma} + \beta s_2^{re} \tag{10.2}$$

$$d_r^2 = m' - r' + \alpha s^{co} + \beta s^{rm} \tag{10.3}$$

10.2.6 可持续性成本函数

考虑到将环境要求融入供应链可能会带来额外成本，对集中和分散结构进行了以下函数描述。因此，在制造、再制造和整车（FTL）交付过程中产生的可持续性成本，即碳排放的减少，在第一和第二阶段的描述如下［参考 Xu 和 Wang（2018）的研究］：

$$c^{\text{sus}} = \lambda s_1^{ma2}/2 + \sigma s_1^{re2}/2 \tag{10.4}$$

$$c'^{\text{sus}} = \lambda s_2^{ma2}/2 + \sigma s_2^{re2}/2 + \lambda'^{sco2}/2 + \sigma s^{rm2}/2 \tag{10.5}$$

10.3 理论分析

为了使供应链成员作出最佳决策，我们开发了两种不同的结构，即集中式和分散式情景。在集中式闭环供应链（CLSC）中，所有参与者被整合起来作为一个整体协同工作。在这种设置下，批发和零售价格以及制造、再制造和交付的碳减排率在两个阶段内被无缝确定。而在分散决策中，由于各参与者的权力不同，我们考虑了斯塔克尔伯格和纳什讨价还价的博弈结构，分别应用于第一阶段和第二阶段。下面将详细讨论这些情景。

10.3.1 第一种情景（集中模型）

对于上述描述，首先，针对闭环供应链开发了集中式情景。在这种情况下，整个网络的成员共同协作来确定相应的变量。因此，整个供应链扮演着单一决策者的角色，在这个集中式情景中，利润函数如下所示：

$$\pi_{cen}^{\text{sc}} = \pi_{cen}^{1} + \pi_{cen}^{2}$$

$$= r_1 d_1 - \left(\frac{\lambda s_1^{\text{ma2}}}{2} + \frac{\sigma s_1^{\text{re2}}}{2}\right) + r_2 d_2 - \left(\frac{\lambda s_2^{\text{ma2}}}{2} + \frac{\sigma s_2^{\text{re2}}}{2}\right) + r' d_r^2 - \left(\frac{\lambda'^{sco2}}{2} + \sigma \frac{s^{rm2}}{2}\right) \tag{10.6}$$

引理 10.1 上式表示了一个多变量函数，因此相对于不同变量取 π_{cen}^1 的一阶偏导数，可以得到 r_1，s_1^{ma} 和 s_1^{re} 的全局最优解。因此：

$$\frac{\partial \pi_{cen}^1}{\partial r_1} = 0 \Rightarrow r_1 = \frac{m\lambda\sigma}{2\lambda\sigma - \theta^2\sigma - \beta^2\lambda} \tag{10.7}$$

$$\frac{\partial \pi_{cen}^1}{\partial s_1^{ma}} = 0 \Rightarrow s_1^{ma} = \frac{m\theta\sigma}{2\lambda\sigma - \theta^2\sigma - \beta^2\lambda} \tag{10.8}$$

$$\frac{\partial\pi_{cen}^{1}}{\partial s_1^{re}}=0\Rightarrow s_1^{re}=\frac{m\lambda\beta}{2\lambda\sigma-\theta^2\sigma-\beta^2\lambda} \tag{10.9}$$

引理 10.2 为了在集中模型的第二阶段获得问题的平衡点，通过计算 π_{cen}^{2} 的一阶导数来确定决策变量 r_2，s_2^{ma}，s_2^{re}，r'，s^{co} 和 s^{rm}：

$$\frac{\partial\pi_{cen}^{2}}{\partial r_2}=0\Rightarrow r_2=\frac{m\lambda\sigma}{2\lambda\sigma-\theta^2\sigma-\beta^2\lambda} \tag{10.10}$$

$$\frac{\partial\pi_{cen}^{2}}{\partial s_2^{ma}}=0\Rightarrow s_2^{ma}=\frac{m\theta\sigma}{2\lambda\sigma-\theta^2\sigma-\beta^2\lambda} \tag{10.11}$$

$$\frac{\partial\pi_{cen}^{2}}{\partial s_2^{re}}=0\Rightarrow s_2^{re}=\frac{m\lambda\beta}{2\lambda\sigma-\theta^2\sigma-\beta^2\lambda} \tag{10.12}$$

$$\frac{\partial\pi_{cen}^{2}}{\partial r'}=0\Rightarrow r'=\frac{m'\lambda'\sigma}{2\lambda\sigma-\theta^2\sigma-\beta^2\lambda} \tag{10.13}$$

$$\frac{\partial\pi_{cen}^{2}}{\partial s^{co}}=0\Rightarrow s^{co}=\frac{m'\alpha\sigma}{2\lambda\sigma-\theta^2\sigma-\beta^2\lambda} \tag{10.14}$$

$$\frac{\partial\pi_{cen}^{2}}{\partial s^{rm}}=0\Rightarrow s^{rm}=\frac{m'\lambda'\beta}{2\lambda\sigma-\theta^2\sigma-\beta^2\lambda} \tag{10.15}$$

10.3.2 第二种情况（分散模型）

下面介绍包含 Stackelberg、Nash 和讨价还价配置的分散决策模型。在这个分散决策的系统中，博弈参与者相互影响，也就是说，每个人的选择和实践都会影响另一个人的决定。

10.3.2.1 斯塔克尔伯格博弈

如前所述，本节考虑了 Stackelberg 博弈结构，其中，成员的交互被表述为卖方（制造商）- Stackelberg 情景。实际上，与所提出的集中模型不同，对于给定的制造商决策变量，并且已知零售商利润函数 $\left[\pi_{re(1)}^{n}=(r_1-\varphi_1)\,d_1-\frac{\sigma s_1^{re2}}{2}\right]$ 在第一个周期是凹的，零售商可以获得其最佳响应（r_1^*，s_1^{re*}）。随后，制造商（博弈领导者）根据零售商的最佳响应优化其利润函数。因此，通过考虑制造商的利润函数，问题可简化为：

$$max\pi_{ma(1)}^{n}=\varphi_1 d_1-\frac{\lambda s_1^{ma2}}{2} \tag{10.16}$$

将 r_1^* 和 s_1^{re*} 代入第一阶段制造商的利润函数[$\pi_{ma(1)}^{n}$]中，可得到以下表达式：

$$\pi_{ma(1)}^{n}=m\sigma\varphi_1+\theta\sigma s_1^{ma}\varphi_1-\sigma\varphi_1^2+\beta^2\lambda s_1^{ma2}-2\sigma\lambda s_1^{ma2} \tag{10.17}$$

引理 10.3 $\pi^{n}_{ma(1)}$ 对于φ_1 和 s_1^{ma} 的一阶导数导致的全局最优解如下：

$$\frac{\partial \pi^{n}_{ma(1)}}{\partial \varphi_1}=0 \Rightarrow \varphi_1=\frac{2m\lambda(2\sigma-\beta^2)}{2\lambda(2\sigma-\beta^2)-\sigma\theta^2} \tag{10.18}$$

$$\frac{\partial \pi^{n}_{ma(1)}}{\partial s_1^{ma}}=0 \Rightarrow s_1^{ma}=\frac{m\theta\lambda\sigma(2\sigma-\beta^2)}{8\sigma\lambda^2(\sigma-\beta^2)+\lambda\sigma\theta^2(\beta^2-2\sigma)+2\lambda^2\beta^4} \tag{10.19}$$

10.3.2.2 纳什博弈

在第二阶段，即供应新产品和再制造产品阶段，制造商和零售商之间的博弈能力被平均分配。因此，如前所述，我们使用非合作纳什博弈来描述问题。在这种情况下，供应链的每个成员在决策中都拥有较高的权力，导致没有一个成员愿意合作。换句话说，他们独立地确定他们的决策变量，而不考虑对方的决定。因此：

$$max\pi^{n}_{ma(2)}=\varphi_2 d_2-\frac{\lambda s_2^{ma2}}{2} \tag{10.20}$$

引理 10.4 在该模型中，通过同时求解方程$\frac{\partial \pi^{n}_{ma(2)}}{\partial \varphi_2}=0$ 和$\frac{\partial \pi^{n}_{ma(2)}}{\partial s_2^{ma}}=0$，可得出最优决策变量。因此：

$$\frac{\partial \pi^{n}_{ma(2)}}{\partial \varphi_2}=0 \Rightarrow \varphi_2$$

$$=\frac{m\lambda\sigma(\sigma-\beta)(2\theta^2+\sigma\theta^2-2\beta\theta^2+\lambda\beta^2-\lambda\beta-\lambda\sigma+\beta\theta-\sigma\theta)}{[\lambda\sigma\theta^2(2-\beta^2)+\lambda^2\sigma(\beta^2-\beta-\sigma)][\theta^2(2+\sigma-2\beta)+\lambda(\beta^2-\beta-\sigma)]} \tag{10.21}$$

$$\frac{\partial \pi^{n}_{ma(2)}}{\partial s_2^{ma}}=0 \Rightarrow s_2^{ma}=\frac{m(\sigma-\beta)}{\theta^2(2+\sigma-2\beta)+\lambda(\beta^2-\beta-\sigma)} \tag{10.22}$$

然后，零售商的利润函数最大化如下：

$$max\pi^{n}_{re(2)}=(r_2-\varphi_2)\ d_2-\frac{\sigma s_2^{re2}}{2} \tag{10.23}$$

引理 10.5 关于多变量函数 $\pi^{n}_{re(2)}$，通过计算方程$\frac{\partial \pi^{n}_{re(2)}}{\partial r_2}=0$ 和$\frac{\partial \pi^{n}_{re(2)}}{\partial s_2^{re}}$得到最优决策变量。因此：$\frac{\partial \pi^{n}_{re(2)}}{\partial r_2}=0$

$$\Rightarrow r_2=\frac{m\sigma+\frac{m\theta\sigma(\sigma-\beta)}{\theta^2(2+\sigma-2\beta)+\lambda(\beta^2-\beta-\sigma)}}{(2\alpha-\beta^2)\{\lambda\sigma\theta^2(2-\beta^2)+\lambda^2\sigma(\beta^2-\beta-\sigma)[\theta^2(2+\sigma-2\beta)+\lambda(\beta^2-\beta-\sigma)]\}}+\frac{(\alpha-\beta^2)[m\lambda\sigma(\sigma-\beta)(2\theta^2+\sigma\theta^2-2\beta\theta^2+\lambda\beta^2-\lambda\beta-\lambda\sigma+\beta\theta-\sigma\theta)]}{(2\alpha-\beta^2)\{\lambda\sigma\theta^2(2-\beta^2)+\lambda^2\sigma(\beta^2-\beta-\sigma)[\theta^2(2+\sigma-2\beta)+\lambda(\beta^2-\beta-\sigma)]\}} \tag{10.24}$$

$$\frac{\partial\pi_{re(2)}^{n}}{\partial s_{2}^{re}}=0\Rightarrow s_{2}^{re}=\frac{\beta\left[m\sigma+\frac{\theta\sigma m(\sigma-\beta)}{\theta^{2}(2+\sigma-2\beta)+\lambda(\beta^{2}-\beta-\sigma)}\right]}{\sigma(2\sigma-\beta^{2})}+$$

$$\frac{(\sigma-\beta^{2})\frac{m\lambda\sigma(\sigma-\beta)(2\theta^{2}+\sigma\theta^{2}-2\beta\theta^{2}+\lambda\beta^{2}-\lambda\beta-\lambda\sigma+\beta\theta-\sigma\theta)}{[\lambda\sigma\theta^{2}(2-\beta^{2})+\lambda^{2}\sigma(\beta^{2}-\beta-\sigma)][\theta^{2}(2+\sigma-2\beta)+\lambda(\beta^{2}-\beta-\sigma)]}}{\sigma(2\sigma-\beta^{2})}-$$

$$\frac{(2\sigma-\beta^{2})\frac{m\lambda\sigma(\sigma-\beta)(2\theta^{2}+\sigma\theta^{2}-2\beta\theta^{2}+\lambda\beta^{2}-\lambda\beta-\lambda\sigma+\beta\theta-\sigma\theta)}{[\lambda\sigma\theta^{2}(2-\beta^{2})+\lambda^{2}\sigma(\beta^{2}-\beta-\sigma)][\theta^{2}(2+\sigma-2\beta)+\lambda(\beta^{2}-\beta-\sigma)]}}{\sigma(2\sigma-\beta^{2})}$$

(10.25)

10.3.2.3 合作讨价还价博弈

在二手产品再制造阶段（第二阶段），政府回收中心拥有网络决策的主要权力。在这方面，政府实体和零售商/再制造商都得出结论，合作战略给他们带来了共同利益。然而，如果政府回收中心也可以将使用过的产品分配给制造商进行回收操作，那么实现这些共同利益对再制造商来说更为重要。因此，政府机构作为消费者保护组织，是第一个提议者，拥有更大的耐心和讨价还价能力，因为再制造商/零售商永远不想失去二级市场的需求，并接受回收中心的提议。事实上，它承认提交的报价会带来更有利的地位（在市场上）这个情况。因此，正如在博弈的扩展形式(图 10－2)中，可以清楚地看到，在相应的成员之间进行了修改后的最后通牒讨价还价结构。因此，政府机构分别提出每个单位产品的最高销售价格 r'^{+} 和最低减排率 s^{rm-}。

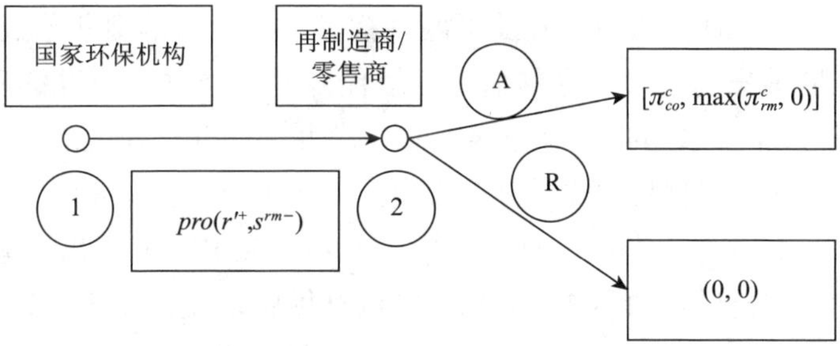

图 10－2　讨价还价博弈的扩展形式

模型结构定义如下：

再制造商/零售商的利润函数为：

$$\pi_{rm}^{c}=(r'-\psi)(d_{r}^{2})-\frac{\lambda' s^{co2}}{2}-\frac{\sigma s^{rm2}}{2} \quad (10.26)$$

引理 10.6　决策变量（r'，s^{rm}）的值可通过下述关于 π_{rm}^{c} 的一阶偏导

数条件计算。

$$\frac{\partial \pi_{rm}^{c}}{\partial r'}=0 \Rightarrow r'=\frac{m'\sigma+\alpha\sigma s^{co}-\beta^{2}\psi+\sigma\psi}{2\sigma-\beta^{2}} \tag{10.27}$$

$$\frac{\partial \pi_{rm}^{c}}{\partial s^{rm}}=0 \Rightarrow s^{rm}=\frac{\beta(m'+\alpha s^{co}-\psi)}{2\sigma-\beta^{2}} \tag{10.28}$$

现在，关于政府实体提出的建议，根据上述计算，其利润函数得以最大化。因此，构建非线性规划模型如下：

$$max\ \pi_{co}^{c}=\psi d_{r}^{2}-\frac{ks^{co2}}{4}$$

$$=\psi\left[m'-\frac{m'\sigma+\alpha\sigma s^{co}-\beta^{2}\psi+\sigma\psi}{2\sigma-\beta^{2}}+\alpha s^{co}+\beta\frac{\beta(m'+\alpha s^{co}-\psi)}{2\sigma-\beta^{2}}\right]-\frac{ks^{co2}}{4} \tag{10.29}$$

$$\text{s.t.}\ \frac{m'\sigma+\alpha\sigma s^{co}-\beta^{2}\psi+\sigma\psi}{2\sigma-\beta^{2}} \leqslant r'^{+} \tag{10.30}$$

$$\frac{\beta(m'+\alpha s^{co}-\psi)}{2\sigma-\beta^{2}} \geqslant s^{rm-} \tag{10.31}$$

10.4 数值分析

为了阐明前述模型的某些显著方面，本节对问题进行了数值分析。

10.4.1 一般性比较情景

如前所述，针对该问题开发了两种模型：集中式模型和分散式模型。分散决策情景分别由斯塔克尔伯格、纳什博弈和修改后的讨价还价模型（作为分散决策情景的唯一合作维度——代表一种组合方法）组成。在这种情况下，我们根据集中式和分散式模型中获得的利润可进行比较分析。

表 10－1 展示了该问题的三个具体实例。表 10－1 列出了客户（制造、再制造和交付）的参数，包括可持续性敏感系数、市场规模（新产品和再制造产品）、减排成本系数（制造、再制造和交付）、检查退回的旧产品的成本系数，以及政府回收中心提出的再制造产品的最高单价和交付的最低单位碳排放量减少率。因此，在这些参数下，确定了所引用的三个具体问题。

根据表 10－1 中给定的相关参数，可获得与不同参与者相对应的利润函数（见表 10－2）。因此，在所考虑的结构（称为集中式和分散式模型）下，可以分别计算出因变量的值在第一和第二周期中的情况。结果表明，

表 10－1　　　　　　　　　问题的具体实例

实例	参数										
	θ	β	α	m	m'	λ	λ'	σ	k	r'^{+}	s^{rm-}
1	0.43	0.55	0.66	78	59	0.36	0.29	0.22	0.15	14	0.63
2	0.54	0.63	0.72	88	66	0.33	0.3	0.19	0.11	12	0.58
3	0.51	0.77	0.8	85	72	0.35	0.28	0.21	0.12	18	0.42

在分散决策的情况下，获得的利润价值函数大于集中决策情景。在集中式模型中，整个利润是 $\pi_{cen}^{sc}=\pi_{cen}^{1}+\pi_{cen}^{2}=335.66+648.79=984.45$（例如，对于第一个示例），但在另一个设置（分散式模型）中，总利润为 $\pi_{\mathrm{dec}}^{\mathrm{sc}}=\pi_{ma(1)}^{n}+\pi_{re(1)}^{n}+\pi_{ma(2)}^{n}+\pi_{re(2)}^{n}+\pi_{co}^{c}+\pi_{rm}^{c}=178.665+133.985+209.232+199.333+321.58+0=1052.87$。

表 10－2　　　　　　　　基于利润函数的比较结果

实例	利润函数								总利润	
	π_{cen}^{1}	π_{cen}^{2}	$\pi_{ma(1)}^{n}$	$\pi_{re(1)}^{n}$	$\pi_{ma(2)}^{n}$	$\pi_{re(2)}^{n}$	π_{co}^{c}	π_{rm}^{c}		
				Stackelberg 博弈		Nash 博弈	讨价还价博弈			
	集中情景			分散情景					集中情景	分散情景
1	335.66	648.79	178.665	133.985	209.232	199.333	321.58	0	984.45	1052.9
2	359.96	624.49	251.101	143.312	194.332	144.888	349.448	131.449	1112.3	1215.5
3	341.77	642.68	266.504	196.226	232.444	181.19	299.255	158.931	1162	1334.6

尽管纳什博弈的利润价值 $[\pi_{ma(1)}^{n}+\pi_{re(1)}^{n}]$ 在分散模型的第一个例子中高于 Stackelberg 和讨价还价模型的利润值，但讨价还价模型在接下来的实例中的收益率更高。总而言之，当闭环供应链处于分散决策情景时，讨价还价博弈模型占据更大份额时可以获得更多的利润。因此，利润分配包含了实现供应链绩效逐步改善的重要考虑因素。这意味着在讨价还价步骤中利用有益的合作机制会导致供应链的产出总体增加。

10.4.2　敏感性分析

本节利用客户的环境敏感度测量进行了一系列有益的敏感性分析，以展现问题的可持续性特征。因此，本节研究了可持续性参数（θ、β 和 α）对制造（s_1^{ma}）、交付（s_2^{re}）和再制造（s^{co}）的利润函数（π）、需求值（d）以及部分可持续性决策变量的影响。

10.4.2.1　θ、β、α 对利润值的影响

图 10－3 展示了在集中式和分散式模型中获得的总利润。它由制造

商、零售商、再制造者和政府机构在两个时期通过不同的博弈结构的目标函数值组成。为方便阅读，利润函数 π_{cen}^{1}、π_{cen}^{2}、$\pi_{ma(1)}^{n}$、$\pi_{re(1)}^{n}$、$\pi_{ma(2)}^{n}$、$\pi_{re(2)}^{n}$、π_{co}^{c}和 π_{rm}^{c}分别用 π_1、π_2、π_3、π_4、π_5、π_6、π_7 和 π_8 表示。在所有情况下（θ，β，α）的系数与利润值之间存在正相关关系，即（θ，β，α）值的增加也会导致利润增加。

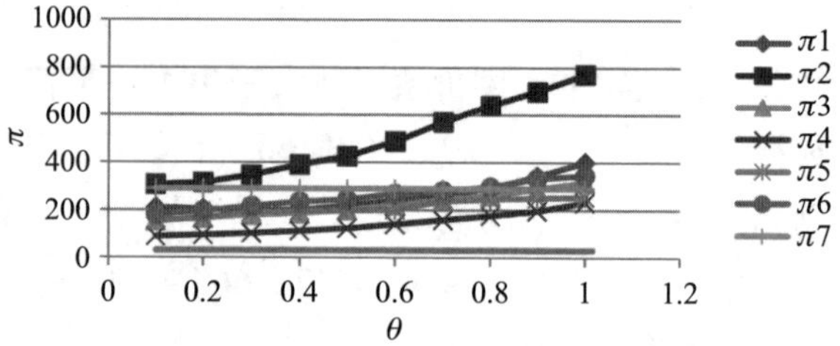

(a) θ对利润值的影响

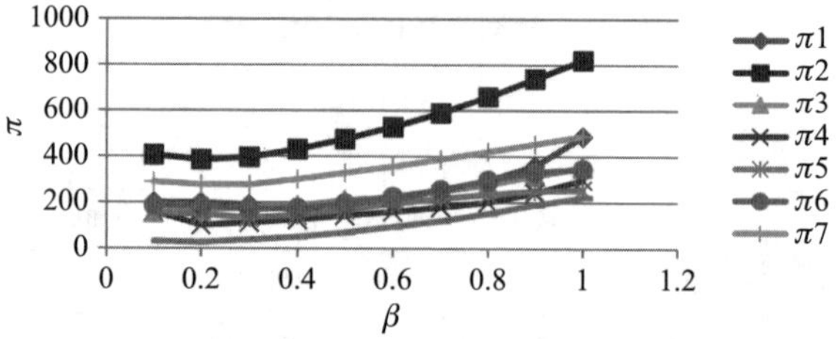

(b) β对利润值的影响

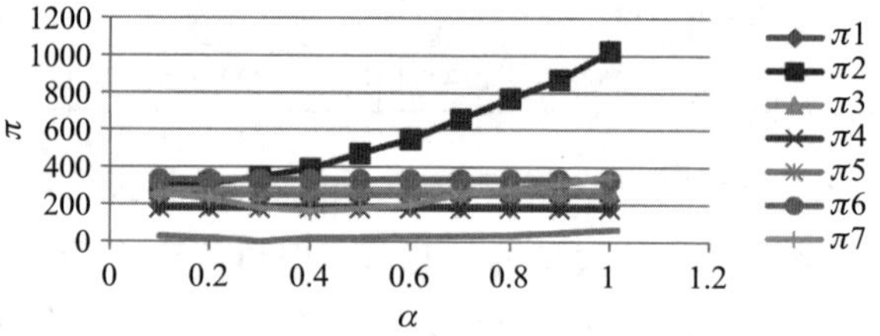

(c) α对利润值的影响

图 10－3　（θ，β，α）对利润值的影响

例如，从式（10.6）中，代表集中情景中整个利润函数，推导出 π_{cen}^{1} 对参数 θ、β 和 α 的一阶导数。这些导数的值如下所示。

$$\frac{\partial \pi_{cen}^{1}}{\partial \theta} = r_1 s_1^{ma} \tag{10.32}$$

$$\frac{\partial \pi_{cen}^{1}}{\partial \beta} = r_1 s_1^{re} \tag{10.33}$$

$$\frac{\partial \pi_{cen}^{1}}{\partial \alpha} = 0 \tag{10.34}$$

式(10.32)和式(10.33)的右边总是正的，那么$\frac{\partial \pi_{cen}^{1}}{\partial \theta}>0$和$\frac{\partial \pi_{cen}^{1}}{\partial \beta}>0$。但是，式（10.34）表明，每个再制造产品的客户的可持续性敏感系数（α）对集中结构的利润函数（π_{cen}^{1}）没有影响。

10.4.2.2　θ、β、α 对需求值的影响

需求函数依赖于可持续性因子 θ、β 和 α，因此在集中和分散情景中都调查了这些敏感系数的增加对相应需求函数的影响。事实上，可持续运营的制造、交付和再制造过程将会带来更多的客户需求。

从图 10－4 的二维图中可以清楚地看出，随着 θ 和 β 测量值的增加，分散决策模型的需求值也随之增加。而且，在所有情况下，分散模型的需求值 d_1 和 d_2 都上升得更快。在第二阶段，随着客户对二手产品的可持续再制造程度（α）和基于 FTL 的再制造物品分销的敏感性增加，对再制造产品（二级市场）的需求也增加了。

例如，从式（10.3）中可以得出再制造产品在第二阶段的需求函数，进而推导出 d_r^2 对参数 θ、β 和 α 的一阶导数。这些导数的值为：

$$\frac{\partial d_r^2}{\partial \theta}=0 \tag{10.35}$$

$$\frac{\partial d_r^2}{\partial \beta}=s^{rm} \tag{10.36}$$

$$\frac{\partial d_r^2}{\partial \alpha}=s^{co} \tag{10.37}$$

式（10.36）和式（10.37）的右边总是正的，那么，$\frac{\partial d_r^2}{\partial \beta}>0$和$\frac{\partial d_r^2}{\partial \alpha}>0$。但是，式（10.35）表明，客户对制造产品的可持续性敏感系数（θ）对第二阶段再制造产品的需求函数（d_r^2）没有影响。

10.4.2.3　θ、β、α 对决策变量的影响

本节探讨了可持续性指标（θ、β、α）对一些决策变量的影响。为此，在第一阶段和第二阶段规划中考虑了制造、交付和再制造的碳排放减少率。在图 10－5 中，制造灵敏度系数 θ 被设定在 0.1 和 0.9 之间。随着客户对制造业可持续性偏好的提高，相应的碳减排量（制造业）将增加。尽管新产品的可持续制造也与敏感性因素 β 呈正相关，但客户的制造敏感性对 s_1^{ma} 有更大的影响。比较分散式和集中式模型的 s_1^{ma} 增加率表明，随着 θ 的增加，Stackelberg 模型中制造业的减排量增加得更快。

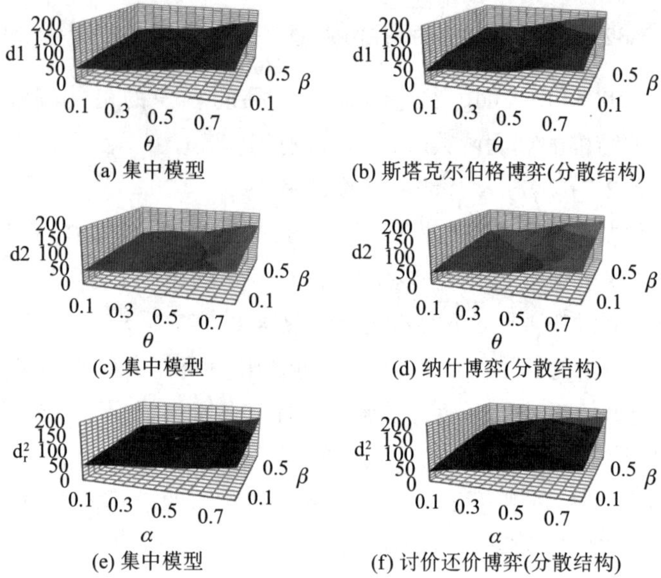

图 10-4　（θ，β，α）对需求函数值的影响

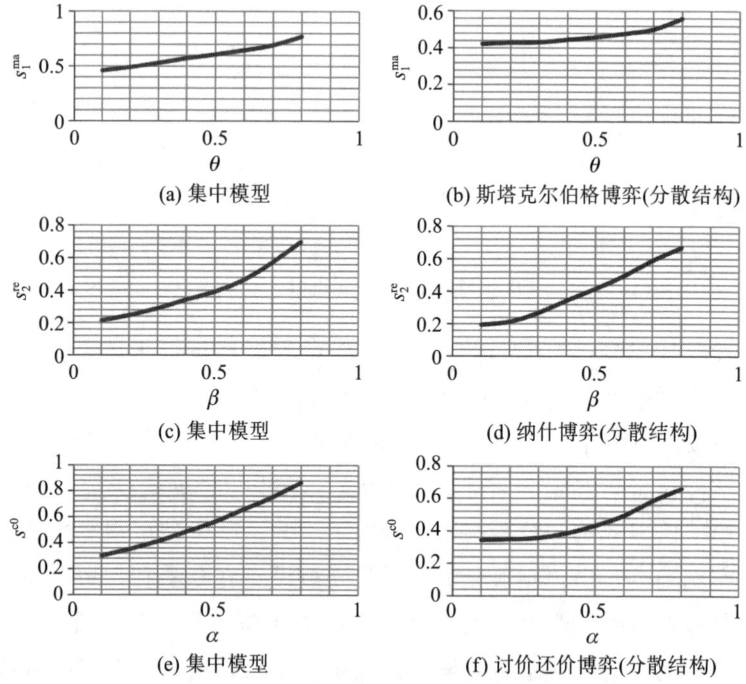

图 10-5　（θ、β、α）对一些决策变量的影响

例如，从式（10.8）所表征的第一阶段新产品制造中碳排放的单位减少率，可得出 s_1^{ma} 对参数 θ、β 和 α 的一阶导数。这些导数的值为：

$$\frac{\partial s_1^{ma}}{\partial \theta}=\frac{m\sigma(2\lambda\sigma-\theta^2\sigma-\beta^2\sigma)-2\sigma^2 m\theta}{(2\lambda\sigma-\theta^2\sigma-\beta^2\sigma)^2} \tag{10.38}$$

$$\frac{\partial s_1^{ma}}{\partial \beta}=\frac{2\lambda\beta m\theta\sigma}{(2\lambda\sigma-\theta^2\sigma-\beta^2\lambda)^2} \tag{10.39}$$

$$\frac{\partial s_1^{ma}}{\partial \alpha}=0 \tag{10.40}$$

通过满足条件 $2\lambda\sigma-\theta^2\sigma-\beta^2\sigma>2\sigma\theta$，则 $\frac{\partial s_1^{ma}}{\partial \theta}>0$。此外，由于式（10.39）的右边始终为正，因此，$\frac{\partial s_1^{ma}}{\partial \beta}>0$。但是，式（10.40）表明，客户对再制造产品的可持续性敏感系数（α）对第一阶段制造新产品的单位碳排放量减少率（s_1^{ma}）没有影响。

10.4.3 管理见解

根据数值示例显示，客户对生产、交付和再制造运作的环境敏感度提高将增加集中式和分散式结构中的效用函数。事实上，可以看出，遵循可持续性环境要求，不仅可以改善长期气候条件，还可以为组织带来更多的经济效益。此外，敏感性分析结果表明，客户的环境敏感系数直接影响所考虑结构中的供应链绩效。这种影响也体现在客户需求上，即环境敏感系数的增加将导致需求的增加（在第一市场和二级市场）。

根据图 10－3，在所有情况下，制造商的利润通常高于零售商的利润。此外，在闭环供应链的分散式配置中，总利润高于集中式配置。根据前几节中的决策变量分析，政府回收中心的利润值与制造客户的环境偏好（θ）无关。随着对基于 FTL 的交付的偏好率（β）的不断提高，考虑可持续性因素，客户对交付新产品和/或再制造产品的偏好，导致整体利润值上升。同样惊人的是，在规划的第一阶段，制造商和零售商在分散式和集中式情景中的决策变量与客户对再制造产品的敏感系数（α）无关。这种关系仅存在于制造商和零售商都基于第二阶段的分散结构行动的情况下。

根据图 10－3（c）和（d），随着灵敏度因子 β 的增加，交付新制造产品时的碳排放减少率也会增加。在这一情况下，客户的制造敏感度（θ）还会对集中式和分散式结构的 s_2^{re} 产生正向影响。然而，β 的增加会导致配送函数的碳减排率增加，从而建立基于 FTL 的高效配送。同时，还可以观察到图 10－3（c）比（d）更为陡峭，这表明在纳什模型中（第二阶段），交付的碳排放减少率增加得更快。

最后，本章还研究了灵敏度因子 α 的增加对第二阶段再制造二手产品碳减排率的影响。如图 10－3（e）和（f）所示，随着 α 的增加，废旧产品的可持续再制造将变得更加重要。值得注意的是，系数 β 增加也会增强 s^{co}，但 α 因素对二手产品可持续再制造的增长影响更为显著。

通过集中式和分散式结构之间的最终利润差异，我们可以得出采用适当的竞争框架可以增加供应链利润价值这一结论。尽管在许多研究中，集中式情景通常被认为具有更好的效能，但本章所采用的方法表明，即使在分散模式下，采用更为优越的结构也能为供应链带来更多利润。

综上所述，显而易见的是，许多行业都需要一种结构，使其能够主要考虑并整合客户的环境偏好到其运营中。换言之，为了避免通常不能为组织带来可靠利益的被动评估操作（如高成本），采用开创性方法可以带来显著的竞争优势。在这一方面，本章提出的方法给研究提供了一个框架。通过该框架，客户的环境偏好以及政府的直接干预导致了在供应链的不同层面发展动态竞争环境。可以被认为适用这种方法的潜在行业包括塑料、橡胶和聚合物行业（在正常条件下可能会产生较多的污染物）。因此，管理者和决策者可以通过利用这种机制来发展可持续的竞争机制。

10.5 本章小结

面对环境保护问题的普遍关注，各企业在经营中都纷纷采取了环保策略。在这一背景下，仅仅考虑经济层面将导致在当前竞争激烈的市场中失去市场份额。除了日益增加的社会压力外，政府作为主要的政策制定者，最近还通过批准一些关税来减少各行业共同产生的碳排放。因此，回收废旧产品的概念对维持可持续的供应链至关重要。因此，当前的研究针对由制造商、零售商/再制造商、中间回收中心（政府实体）、第一市场和二级市场构成的多层级闭环供应链，提出了一种优选的博弈结构。与最近进行的相关研究不同，本章旨在实现一个独特且卓越的结构，其目标是在网络的不同层次上发展一个竞争环境。本章侧重于政府作为供应链配置中的独立层级所带来的直接影响，同时解决可持续性的经济和环境方面的问题，并研究客户偏好与供应链绩效之间的相互作用。将政府干预纳入供应链拓扑结构，同时开发新的实用博弈模型，成为本章的主要贡献。此外，本章还对网络的全部功能（即制造、交付和再制造）的碳排放减少率进行了建模，以考虑客户的可持续性偏好。

对当前方法进行扩展有几个潜在的方向。首先，值得注意的是，在实际情况下使用所提供的模型时，不可避免地会涉及不确定的变量，尤其是客户需求。为了确保材料的安全性和可回收性，将供应商纳入网络配置是一个可能的方向。考虑采用其他非线性函数来描述问题也是一项有趣的探索。其中一个重要的扩展方向是开发更有利的博弈结构，其中，包括各种合作模式将是值得关注的。另一个引人注目的未来工作方向是针对真实案例进行研究，提出一种全面而直接的方法，使任何人都可以轻松地应用该方法来运行真实世界的示例。最后，未来还可以考虑引入其他决策变量来涵盖不同的规划时期。

本章参考文献

[1] Abbey JD, Blackburn JD, Guide Jr VD. Optimal pricing for new and remanufactured products. Journal of Operations Management. 2015, 36: 130 –146.

[2] Agrawal VV, Atasu A, Van Ittersum K. Remanufacturing, third –party competition, and consumers' perceived value of new products. Management Science. 2015, 61 (1): 60 –72.

[3] Ali G, Abbas S, Qamer FM. How effectively low carbon society development models contribute to climate change mitigation and adaptation action plans in Asia. Renewable and Sustainable Energy Reviews. 2013, 26: 632 –638.

[4] Atasu A, Sarvary M, Van Wassenhove LN. Remanufacturing as a marketing strategy. Management Science. 2008, 54 (10): 1731 –1746.

[5] Du S, Ma F, Fu Z, Zhu L, Zhang J. Game –theoretic analysis for an emission –dependent supply chain in a 'cap –and –trade' system. Annals of Operations Research. 2015, 228 (1): 135 –149.

[6] Giri BC, Chakraborty A, Maiti T. Pricing and return product collection decisions in a closed –loop supply chain with dual –channel in both forward and reverse logistics. Journal of Manufacturing Systems. 2017, 42: 104 –123.

[7] Hafezalkotob A. Competition of domestic manufacturer and foreign supplier under sustainable development objectives of government. Applied Mathematics and Computation. 2017, 292: 294 –308.

[8] Heydari J, Ghasemi M. A revenue sharing contract for reverse supply chain coordination under stochastic quality of returned products and uncertain remanufacturing capacity. Journal of Cleaner Production. 2018, 197: 607 –615.

[9] Heydari J, Govindan K, Aslani A. Pricing and greening decisions in a three –tier dual channel supply chain. International Journal of Production Eco-

nomics. 2019, 217: 185 - 196.

[10] Jamali MB, Rasti - Barzoki M. A game theoretic approach for green and non - green product pricing in chain - to - chain competitive sustainable and regular dual - channel supply chains. Journal of Cleaner Production, 2018, 170: 1029 - 1043.

[11] Jin Y, Muriel A, Lu Y. When to offer lower quality or remanufactured versions of a product. Decision Sciences, 2016, 47 (4): 699 - 719.

[12] Li S, Zhu Z, Huang L. Supply chain coordination and decision making under consignment contract with revenue sharing. International Journal of Production Economics, 2009, 120 (1): 88 - 99.

[13] Madani SR, Rasti - Barzoki M. Sustainable supply chain management with pricing, greening and governmental tariffs determining strategies: A game - theoretic approach. Computers & Industrial Engineering, 2017, 105: 287 - 298.

[14] Maihami R, Karimi B, Ghomi SMTF. Pricing and inventory control in a supply chain of deteriorating items: A non - cooperative strategy with probabilistic parameters. International Journal of Applied and Computational Mathematics, 2017, 3 (3): 2477 - 2499.

[15] Modak NM, Modak N, Panda S, Sana SS. Analyzing structure of two - echelon closed - loop supply chain for pricing, quality and recycling management. Journal of Cleaner Production, 2018, 171: 512 - 528.

[16] Nagarajan M, Sošić G. Game - theoretic analysis of cooperation among supply chain agents: Review and extensions. European Journal of Operational Research, 2008, 187 (3): 719 - 745.

[17] Palevich R. Lean sustainable supply chain the: How to create a green infrastructure with lean technologies. Ft press, 2011.

[18] Safarzadeh S, Rasti - Barzoki M. A game theoretic approach for assessing residential energy - efficiency program considering rebound, consumer behavior, and government policies. Applied Energy, 2019a, 233: 44 - 61.

[19] Safarzadeh S, Rasti - Barzoki M. A game theoretic approach for pricing policies in a duopolistic supply chain considering energy productivity, industrial rebound effect, and government policies. Energy, 2019b, 167: 92 - 105.

[20] Shu T, Liao H, Chen S, Wang S, Lai KK, Gan L. Analysing remanufacturing decisions of supply chain members in uncertainty of consumer preferences. Applied Economics, 2016, 48 (34): 3208 - 3227.

[21] Sinayi M, Rasti – Barzoki M. A game theoretic approach for pricing, greening, and social welfare policies in a supply chain with government intervention. Journal of Cleaner Production, 2018, 196: 1443 – 1458.

[22] Taleizadeh AA, Alizadeh – Basban N, Niaki STA. A closed – loop supply chain considering carbon reduction, quality improvement effort, and return policy under two remanufacturing scenarios. Journal of Cleaner Production, 2019, 232: 1230 – 1250.

[23] Wang N, He Q, Jiang B. Hybrid closed – loop supply chains with competition in recycling and product markets. International Journal of Production Economics. 2019, 217: 246 – 258.

[24] Wang X, Zhu Y, Sun H, Jia F. Production decisions of new and remanufactured products: Implications for low carbon emission economy. Journal of Cleaner Production, 2018b, 171: 1225 – 1243.

[25] Watkins L, Aitken R, Mather D. Conscientious consumers: A relationship between moral foundations, political orientation and sustainable consumption. Journal of Cleaner Production, 2016, 134: 137 – 146.

[26] Xiao Y, Yang S, Zhang L, Kuo YH. Supply chain cooperation with price – sensitive demand and environmental impacts. Sustainability, 2016, 8 (8): 716.

[27] Xiong Y, Zhou Y, Li G, Chan HK, Xiong Z. Don't forget your supplier when remanufacturing. European Journal of Operational Research, 2013, 230 (1): 15 – 25.

[28] Xu L, Wang C. Sustainable manufacturing in a closed – loop supply chain considering emission reduction and remanufacturing. Resources, Conservation and Recycling, 2018, 131: 297 – 304.

[29] Xu L, Wang C, Zhao J. Decision and coordination in the dual – channel supply chain considering cap – and – trade regulation. Journal of Cleaner Production, 2018, 197: 551 – 561.

[30] Yang CH, Liu HB, Ji P, Ma X. Optimal acquisition and remanufacturing policies for multi – product remanufacturing systems. Journal of Cleaner Production, 2016, 135: 1571 – 1579.

[31] Zhao J, Wang C, Xu L. Decision for pricing, service, and recycling of closed – loop supply chains considering different remanufacturing roles and technology authorizations. Computers & Industrial Engineering, 2019, 132: 59 – 73.

附录

1. 引理 10.1 的证明

对于多变量函数要证明其是凹的，必须证明其 Hessian 矩阵的符号与 $(-1)^{\varepsilon}$ 相同，其中，ε 表示 Hessian 矩阵的阶数。根据利润函数 π_{cen}^{1} 的定义，π_{cen}^{1} 的 Hessian 矩阵计算如下：

$$H(r_1, s_1^{ma}, s_1^{re}) = \begin{bmatrix} \frac{\partial^2 \pi_{cen}^1}{\partial r_1^2} & \frac{\partial^2 \pi_{cen}^1}{\partial r_1 \partial s_1^{ma}} & \frac{\partial^2 \pi_{cen}^1}{\partial r_1 \partial s_1^{re}} \\ \frac{\partial^2 \pi_{cen}^1}{\partial s_1^{ma} \partial r_1} & \frac{\partial^2 \pi_{cen}^1}{\partial s_1^{ma2}} & \frac{\partial^2 \pi_{cen}^1}{\partial s_1^{ma} \partial s_1^{re}} \\ \frac{\partial^2 \pi_{cen}^1}{\partial s_1^{re} \partial r_1} & \frac{\partial^2 \pi_{cen}^1}{\partial s_1^{re} \partial s_1^{ma}} & \frac{\partial^2 \pi_{cen}^1}{\partial s_1^{re2}} \end{bmatrix} = \begin{bmatrix} -2 & \theta & \beta \\ \theta & -\lambda & 0 \\ \beta & 0 & -\sigma \end{bmatrix}$$

关于上面得到的 Hessian 矩阵，并且知道 $2-\theta^2>0$，如果条件 $-2\lambda\sigma+\theta^2\sigma+\beta^2\lambda<0$ 满足，则证明了利润函数 π_{cen}^{1} 是相对于相关决策变量的联合凹函数。

2. 引理 10.2 的证明

类似的是，得到 π_{cen}^{2} 的 Hessian 矩阵来证明相应的利润函数是凹的，也是负定的。因此：

$$H(r_2, s_2^{ma}, s_2^{re}, r', s^{co}, s^{rm}) = \begin{bmatrix} \frac{\partial^2 \pi_{cen}^2}{\partial r_2^2} & \frac{\partial^2 \pi_{cen}^2}{\partial r_2 \partial s_2^{ma}} & \frac{\partial^2 \pi_{cen}^2}{\partial r_2 \partial s_2^{re}} & \frac{\partial^2 \pi_{cen}^2}{\partial r_2 \partial r'} & \frac{\partial^2 \pi_{cen}^2}{\partial r_2 \partial s^{co}} & \frac{\partial^2 \pi_{cen}^2}{\partial r_2 \partial s^{rm}} \\ \frac{\partial^2 \pi_{cen}^2}{\partial s_2^{ma} \partial r_2} & \frac{\partial^2 \pi_{cen}^2}{\partial s_2^{ma2}} & \frac{\partial^2 \pi_{cen}^2}{\partial s_2^{ma} \partial s_2^{re}} & \frac{\partial^2 \pi_{cen}^2}{\partial s_2^{ma} \partial r'} & \frac{\partial^2 \pi_{cen}^2}{\partial s_2^{ma} \partial s^{co}} & \frac{\partial^2 \pi_{cen}^2}{\partial s_2^{ma} \partial s^{rm}} \\ \frac{\partial^2 \pi_{cen}^2}{\partial s_2^{re} \partial r_2} & \frac{\partial^2 \pi_{cen}^2}{\partial s_2^{re} \partial s_2^{ma}} & \frac{\partial^2 \pi_{cen}^2}{\partial s_2^{re2}} & \frac{\partial^2 \pi_{cen}^2}{\partial s_2^{re} \partial r'} & \frac{\partial^2 \pi_{cen}^2}{\partial s_2^{re} \partial s^{co}} & \frac{\partial^2 \pi_{cen}^2}{\partial s_2^{re} \partial s^{rm}} \\ \frac{\partial^2 \pi_{cen}^2}{\partial r' \partial r_2} & \frac{\partial^2 \pi_{cen}^2}{\partial r' \partial s_2^{ma}} & \frac{\partial^2 \pi_{cen}^2}{re} & \frac{\partial^2 \pi_{cen}^2}{\partial r'^2} & \frac{\partial^2 \pi_{cen}^2}{\partial r' \partial s^{co}} & \frac{\partial^2 \pi_{cen}^2}{\partial r' \partial s^{rm}} \\ \frac{\partial^2 \pi_{cen}^2}{\partial s^{co} \partial r_2} & \frac{\partial^2 \pi_{cen}^2}{\partial s^{co} \partial s_2^{ma}} & \frac{\partial^2 \pi_{cen}^2}{\partial s^{co} \partial s_2^{re}} & \frac{\partial^2 \pi_{cen}^2}{\partial s^{co} \partial r'} & \frac{\partial^2 \pi_{cen}^2}{\partial s^{co2}} & \frac{\partial^2 \pi_{cen}^2}{\partial s^{co} \partial s^{rm}} \\ \frac{\partial^2 \pi_{cen}^2}{\partial s^{rm} \partial r_2} & \frac{\partial^2 \pi_{cen}^2}{\partial s^{rm} \partial s_2^{ma}} & \frac{\partial^2 \pi_{cen}^2}{\partial s^{rm} \partial s_2^{re}} & \frac{\partial^2 \pi_{cen}^2}{\partial s^{rm} \partial r'} & \frac{\partial^2 \pi_{cen}^2}{\partial s^{rm} \partial s^{co}} & \frac{\partial^2 \pi_{cen}^2}{\partial s^{rm2}} \end{bmatrix}$$

$$= \begin{bmatrix} -2 & \theta & \beta & 0 & 0 & 0 \\ \theta & -\lambda & 0 & 0 & 0 & 0 \\ \beta & 0 & -\sigma & 0 & 0 & 0 \\ 0 & 0 & 0 & -2 & \alpha & \beta \\ 0 & 0 & 0 & \alpha & -\lambda' & 0 \\ 0 & 0 & 0 & \beta & 0 & -\sigma \end{bmatrix}$$

同样，如果上述矩阵的行列式大于零，即如果满足条件 $4\lambda\sigma(\lambda'\sigma-$

0) $+2\sigma\theta^2(\lambda'\sigma-0)-2\lambda\beta(\lambda'\sigma-0)=4\lambda\lambda'\sigma^2+2\theta^2\lambda'\sigma^2-2\lambda\lambda'\beta\sigma>0$，则 π_{cen}^2 的 Hessian 矩阵是负定的，利润函数 π_{cen}^2 也是相对于相关决策变量的联合凹函数。

3. 引理 10.3 的证明

必须证明 $\pi_{ma(1)}^n$ 的 Hessian 矩阵是凹的。因此：

$$H(\varphi_1, s_1^{ma})=\begin{bmatrix}\dfrac{\partial^2\pi_{ma(1)}^n}{\partial\varphi_1^2} & \dfrac{\partial^2\pi_{ma(1)}^n}{\partial\varphi_1\partial s_1^{ma}}\\ \dfrac{\partial^2\pi_{ma(1)}^n}{\partial s_1^{ma}\partial\varphi_1} & \dfrac{\partial^2\pi_{ma(1)}^n}{\partial s_1^{ma2}}\end{bmatrix}=\begin{bmatrix}-2\sigma & \theta\sigma\\ \theta\sigma & \beta^2\lambda-2\sigma\lambda\end{bmatrix}$$

如果满足相应的条件 $2\sigma^2\lambda-\lambda\sigma^2\beta^2-\theta^2\sigma^2>0$，则上面得到的 Hessian 矩阵是负定的，并且相对于 φ_1 和 s_1^{ma} 也是凹的。

4. 引理 10.4 的证明

$\pi_{ma(2)}^n$ 相对于 φ_2 和 s_2^{ma} 的二阶导数分别是 $\dfrac{\partial^2\pi_{ma(2)}^n}{\partial\varphi_2^2}=-\dfrac{1}{2}$ 和 $\dfrac{\partial^2\pi_{ma(2)}^n}{\partial s_2^{ma2}}=-\lambda$。

因此，如果满足条件 $\dfrac{\lambda}{2}-\theta^2>0$，则 $\pi_{ma(2)}^n$ 相对于 φ_2 和 s_2^{ma} 为联合凹的。

$$H(\varphi_2, s_2^{ma})=\begin{bmatrix}\dfrac{\partial^2\pi_{ma(2)}^n}{\partial\varphi_2^2} & \dfrac{\partial^2\pi_{ma(2)}^n}{\partial\varphi_2\partial s_2^{ma}}\\ \dfrac{\partial^2\pi_{ma(2)}^n}{\partial s_2^{ma}\partial\varphi_2} & \dfrac{\partial^2\pi_{ma(2)}^n}{\partial s_2^{ma2}}\end{bmatrix}=\begin{bmatrix}-\dfrac{1}{2} & \theta\\ \theta & -\lambda\end{bmatrix}$$

5. 引理 10.5 的证明

为了证明利润函数 $\pi_{re(2)}^n$ 是凹的，也是负定的，推导出相应的 Hessian 矩阵如下：

$$H(r_2, s_2^{re})=\begin{bmatrix}\dfrac{\partial^2\pi_{re(2)}^n}{\partial r_2^2} & \dfrac{\partial^2\pi_{re(2)}^n}{\partial r_2\partial s_2^{re}}\\ \dfrac{\partial^2\pi_{re(2)}^n}{\partial s_2^{re}\partial r_2} & \dfrac{\partial^2\pi_{re(2)}^n}{\partial s_2^{re2}}\end{bmatrix}=\begin{bmatrix}-2 & \beta\\ \beta & -\sigma\end{bmatrix}$$

因此，如果 $H(r_2, s_2^{re})$ 的行列式大于零（即 $2\sigma-\beta^2>0$），则函数 $\pi_{re(2)}^n$ 是严格凹的，也是负定的。

6. 引理 10.6 的证明

可以证明 π_{rm}^c 是相对于 r' 和 s^{rm} 的凹函数，则：

$$H(r',s^{rm})=\begin{bmatrix}\dfrac{\partial^2\pi_{rm}^c}{\partial r'^2} & \dfrac{\partial^2\pi_{rm}^c}{\partial r'\partial s^{rm}}\\ \dfrac{\partial^2\pi_{rm}^c}{\partial s^{rm}\partial r'} & \dfrac{\partial^2\pi_{rm}^c}{\partial s^{rm2}}\end{bmatrix}=\begin{bmatrix}-2 & \beta\\ \beta & -\sigma\end{bmatrix}$$

很明显，如果满足条件 $2\sigma-\beta^2>0$，则 π_{rm}^c 是严格凹的。

第11章　供应链绿色产品消费激励政策比较研究：基于制造商研发投资与消费者直接激励的视角

由于环保意识的不断提高、政府法规的实施以及产品再制造/回收所带来的经济效益，闭环供应链（CLSC）管理已成为营销和供应链管理领域研究者的热点之一（Savaskan 等，2004；Jayaraman，2006；Kumar 和 Putnam，2008；Yuan 和 Gao，2010；Chen 和 Chang，2012；Hong 等，2013；Huang 等，2013；DeGiovanni 和 Zaccour，2014；Gao 等，2016；Tighazoui 等，2019）。在闭环供应链中，产品在正向供应链中从制造商转移到消费者，而反向供应链则涉及将二手产品从消费者转移到再制造环节。制造商通过采取各种措施，如原材料选择、回收工艺的改进、员工培训以及消费者意识强化、提供金钱奖励或交换报价等方式进行再制造。例如，施乐公司采用先进技术生产无废物产品，并回收数百万个墨盒进行再制造或再利用。这些举措不仅确保了超过 1.27 亿美元的经济效益，还帮助公司减少了超过 1.15 亿磅的温室气体排放。

2016 年，惠普（HP）与百思买商店合作推出了回收计划，收集了大量硬件并回收了 3200 吨塑料树脂，用于制造 HP ENVY Photo 6200、7100 和 7800 等打印机产品。Apple 通过采用清洁能源设计了其全球供应链设施，并成功实现了“100% 可再生能源是 100% 可行”的目标。各国政府也通过各种政策提供激励措施，以促进再制造活动。这些激励措施的形式在不同国家有所不同。例如，佛罗里达环境保护部门是当地环境管理的领导者，通过回收贷款计划、家庭危险废物补助金和创新回收/减少废物补助金等政策鼓励再制造。英国政府宣布了一项价值 400 万英镑的企业支持计划，以促进“循环经济”方法，改善回收过程，鼓励人们改变行为，减少塑料垃圾。新西兰政府通过“废物最小化基金”支持资源效率、再利用、回收和再循环，以减少垃圾填埋。印度政府推出了“UJALA 计划”，向消费者提供高达 20W LED 单位成本的 50% 和 BEE 5 星级节能风扇的 40% 的激励。据政府估计，该计划每年可减少 7900 万吨二氧化碳排放。

Iino 和 Lim（2010）报告说，日本政府实施了“环保汽车补贴政策”，鼓励人们更换老旧车辆以提高环保性能，并提供高达车辆价格 10% 的税收优惠。然而，不同政府激励政策对闭环供应链的最佳决策影响尚未得到明确讨论。此外，制造商需要考虑各种营销目标或运营障碍，以探索最佳决策的特征。因此，本章从再制造和环境可持续性的角度对最佳激励政策的选择进行了比较分析。

在学术文献中，研究者们一直在不断探索如何通过最佳定价和投资决策来提升绿色化水平，并促进回收再制造的使用（Govindan 等，2015）。然而，据我们所知，在闭环供应链环境下，尚未对政府激励政策的存在下以及在制造商的营销或运营策略共同影响下，最优决策的特征进行过深入分析研究。我们着眼于两种激励政策的影响：政府激励对研发总投资的影响（政策 T）和直接消费者激励（政策 C）的影响。我们的研究旨在解答以下问题：

（1）哪项政策能够确保闭环供应链成员获得最大利润？

（2）两项激励政策对产品绿色化水平（GL）和二手产品退货率有何影响？

（3）激励政策如何影响消费者剩余（CS）和环境改善（EI）？

（4）如果制造商有营销目标或面临与实施绿色技术相关的挑战时，制造商的偏好是否会根据闭环供应链成员的权力结构而改变？

为了解答上述问题，本章考虑了两种博弈结构和两种激励政策。我们的分析得出以下主要结果：无论制造商是否从政府那里获得激励措施，在零售商－斯塔克尔伯格（RS）博弈中，产品绿色化水平（GL）和二手产品退货率总是更高。在实践中，闭环供应链（CLSC）成员的目标可能与政府不同步。每个闭环供应链（CLSC）成员的利润随着政府的激励而增加，但绿色化水平（GL）可能不会增加。如果制造商设定了绿色化水平（GL）目标，则闭环供应链（CLSC）的每个成员在激励政策 C 下将获得更高的利润。在此政策下，二手产品退货率和消费者剩余（CS）也更高。当制造商设定再制造目标时，在制造商斯塔克尔伯格（MS）博弈下，零售商在两种激励政策下获得统一的利润。闭环供应链（CLSC）成员可能更喜欢激励政策 C，但从产品绿色化水平（GL）和环境改善（EI）的角度来看，这可能会导致较差的结果。

11.1 相关理论与文献综述

本章重点关注闭环供应链（CLSC）中政府激励和博弈结构，以及与价格和产品绿色化水平（GL）敏感需求相关的文献。在接下来的段落中，我们将讨论文献中的两个重要主题，以突显本章的动机和重要性。

随着消费者对环境问题和法规认识的不断提高，闭环供应链管理成为商业和学术研究的热门领域。政府组织在闭环供应链中的作用不容忽视。它们不仅制定了贸易和再制造商品的规则，规范了排放和废物处理等环境影响，还通过提供激励措施来促进再制造。然而，有关政府在闭环供应链中激励政策的文献相对稀少。Mitra 和 Webster（2008）研究了政府补贴对新产品和再制造产品零售价格竞争的影响。他们发现，随着政府激励金额的增加，制造商通过再制造活动获得的利润显著减少。Ma 等（2013）对政府消费补贴对双渠道闭环供应链的影响进行了研究，得出的结论是，在政府补贴的情况下，实体零售商通常获得更高的利润，而在线零售商的收益则在很大程度上取决于系统参数。Wang 等（2014）进行了实证调查，比较了中国回收再制造行业背景下政府激励对研发投入和生产数量的影响。通过仿真实验，他们发现生产补贴可以控制再制造产品的数量，从而维持再制造产业的稳定。Heydari 等（2017）研究了免税或补贴对两级闭环供应链的影响，发现政府干预可以增加再制造产品的数量。Shu 等（2017）比较了政府退税政策和再制造激励下的最优定价和再制造决策。他们发现，以旧换新补贴总是刺激再制造。Jena 等（2018）研究了由两家制造商和一家普通零售商组成的闭环供应链，发现二手产品的退货率和参与成员的个人利润随着政府激励而增加。然而，上述文献未考虑投资决策对关联营销目标的影响，也未探讨不同激励政策对不同博弈结构中的环境影响。

许多文献专注于在没有政府激励的情况下，探讨不同博弈结构下的闭环供应链模型。Hong 等（2013）提出了 Stackelberg 博弈模型，研究了由制造商和独立零售商组成的闭环供应链，或者包括制造商、零售商和具有价格和广告水平依赖需求的第三方。他们发现，合作广告未能有效协调闭环供应链。Wei 等（2015）研究了具有对称和非对称信息结构的闭环供应链模型，利用博弈论探讨了制造商和零售商如何制定定价和退货率策略。Guo 和 Gao（2015）考虑了恒定需求情况下的闭环供应链最佳回收生产策略，假设回收率、回购和再制造成本符合指数分布函数。Taleizadeh 等（2016）则研究了两部分资费对双通道闭环供应链的影响，并发现如果制造商同时投资于营销和广告，供应链成员可以获得更高的利润。Gao 等（2016）探讨了不同权力结构下闭环供应链对整个供应链最优决策和绩效的影响。Saha 等（2016）研究了奖励驱动的再制造政策下闭环供应链的特点，发现如果制造商直接回收产品，消费者将获得最大的回报。Modak 等（2016）讨论了闭环供应链与制造商和双头零售商的串通行为，并采用了成本分摊合同机制进行协调。Genc 和 De（2017）为闭环供应链开发了一个两期 MS 博弈模型，其中，产品的退货率是价格和质量的函数，消费者希望从他们的退货中获得最大可能的收益。Taleizadeh 等（2018）调查了双重回收下制造商、零售商和第三方的定价、产品质量和二手产品退货率决策。Alamdar 等（2018）研究了模糊环境下三级闭环供应链的定价、产品退货和销售努力决策，证明了闭环供应链成员之间的合作提高了每个成员的利润。

在本章中，我们将深入探讨闭环供应链在价格和绿色化水平敏感需求下的最佳决策行为。随着消费者对环境问题意识的不断提高，确定最佳的绿色标签变得尤为重要。Ghosh 和 Shah（2012）首次引入了价格和绿色化水平敏感需求的分析模型，从供应链协调的角度采用了成本和收益分成合同。类似的还有，Ghosh 和 Shah（2015）的研究表明，通过提供研发成本分摊合同，零售商可以促使制造商生产更高绿色化水平的产品。Swami 和 Shah（2013）扩展了这一研究，证明了双方关税合同可以减少渠道冲突。Li 等（2016）分析了双渠道绿色供应链，显示制造商的直接渠道决策与产品的绿色化水平直接相关。Basiri 和 Heydari（2017）引入了销售工作这一重要维度，并制定了分析模型来研究替代绿色产品的影响。在合作环境中，制造商总能以较高的绿色化水平交易其产品。Song 和 Gao（2018）介绍了两种合同机制，并证明了零售商主导的收入分享合同总能提高所有参与成员的利润，但零售商在讨价还价的收入分享合同下所获利润较少。Dey 等（2018）证明了制造商生产开发或边际成本敏感的绿色产品决策与零售商的库存持有决策密切相关。在这一领域，Li 等（2016）、Dai 等（2017）、Yang 和 Xiao（2017）、Ghosh 等（2018）、Patra（2018）、Dey 和 Saha（2018）、Jamali 和 Rasti - Barzoki（2018）以及 Nielsen 等（2019a）的最新研究也值得关注。然而，在闭环供应链中，制造商需投资于研发以提升绿色化水平，并进行营销工作以促进回收。因此，探讨制造商投资模式的特性变得尤为必要。

11.2 问题描述与模型构建

我们研究由单一零售商和单一制造商组成的闭环供应链中的双边垄断情景，其中制造商生产绿色产品，并通过独立零售商销售。我们考虑两种类型的激励政策和两种博弈结构，因此，我们分析了六种不同的情景，用 ij 表示，其中，$i=M$，R 代表 MS（M）和 RS（R）博弈，$j=T$，C，N 代表对总研发投资的激励（T），对消费者的直接激励（C）和基准无激励（N）情景。制造商直接从消费者那里回收使用过的产品。在制定分析模型时，我们进行了以下假设：

（1）零售商面临的市场需求与零售价格（p）和绿色化水平（θ）呈线性关系。与 Yang 和 Xiao（2017）、Song 和 Gao（2018）以及 Dey 和 Saha（2018）的研究类似，我们假设市场需求的函数为 $D=a-bp+\beta\theta$，其中，a、b 和 β 分别代表消费者的市场潜力、价格和绿色化水平敏感度。绿色创新成本被视为 $\lambda\theta^2$，以确保生产具有更高绿色化水平的产品需要更高的投资。此外，这种假设在文献中很常见，例如 Ghosh 和 Shah（2015）、Li 等（2016）、Dey 等（2018）以及 Nielsen 等（2019b）。

（2）单位制造成本和再制造成本分别被表示为 c_m 和 c_r。所有退货产品的制造成本相同，单位制造成本高于再制造成本，即 $c_r<c_m$（Savaskan 等，2004；Taleizadeh 等，2018）。制造商的回收总投资被表示为 $CL(\tau,\alpha)=\alpha\tau D+\kappa\tau^2$，其中，$\kappa>0$ 和 $\alpha>0$ 为缩放参数（Savaskan 等，2004；Jena 等，2018）。因此，消费者通过退回产品从制造商那里获得每单位 α 美元。τ（$0\leqslant\tau\leqslant1$）表示使用过的产品的退货率。

（3）少量再制造产品被转化为与新产品相同质量的产品，并作为新产品出售（Gao 等，2016；Taleizadeh 等，2018）。与 Saha 等（2016）、Alamdar 等（2018）、Sinayi 和 Rasti - Barzoki（2018）以及 Taleizadeh 等（2019）的研究类似，为了提高分析结果的清晰度，制造商到客户之间的正向和反向供应链中的物流成本被归一化为零。剩余产品以价格 w_s 在二级市场销售。闭环供应链决策在单时期环境中做出（Guo 等，2018）。制造商负责回收废旧产品进行再制造。该模型的真实案例包括三星的电视和数码相机，以及时尚配饰品牌，如 H&M 和 Zara（Martin，2019）。

（4）分析了两种政府激励政策的影响。在政策 T 中，制造商从政府那里获得总研发投资的激励措施（Nam，2012；Liu 和 Xia，2018）。因此，政府的贡献可表示为 $\gamma\lambda\theta^2$，其中，$0<\gamma<1$。例如，2019 年，日本环境省批准了 50 亿日元的补贴计划，其中涵盖了 33% ~50% 的制造商设备价格补贴，旨在促进生产可生物降解的生物塑料产品（来源：https：//bioplasticsnews. com/2018/08/27/japan - government - bioplastics/）。通过中小微企业技术与质量升级支持计划（TEQUP），印度政府为实施节能技术提供高达项目成本 25% 的补贴（来源：www. standupmitra. in/Home/SubsidySchemesForAll）。在政策 C 中，政府根据产品的绿色化水平直接向消费者提供激励措施。如果政府提供补贴 $\rho_0+\rho\theta$，那么消费者支付给零售商的价格将是 $p-(\rho_0+\rho\theta)$。研究人员研究了类似的激励政策（Chu 等，2018；Sinayi 和 Rasti - Barzoki，2018）。然而，在现有文献中，如果 $\rho=0$，则绿色购买决策和激励金额取决于产品的绿色化水平（Mannberg 等，2014；Houde 和 Aldy，2014）。例如，中国政府为购买续航里程在 50 千米以上的插电式混合动力电动汽车，提供每辆 31500 日元的固定金额。电池容量续航里程在 250 千米以上、150 ~250 千米、80 ~150 千米的车辆，分别增加 54000 日元、45000 日元、31500 日元（来源：www. evpartner. com/news/27/detail - 13412. html）。Zheng 等（2018）也报告了类似的证据，表明中国政府在各省对消费者实施了增量激励政策。因此，如果激励量随绿色化水平变化，则有必要探索最优决策的特征。

（5）采用斯塔克尔伯格博弈方法来推导出最佳决策。在 MS 和 RS 博弈下，决策序列定义如下：

步骤 1：在 MS 博弈中，制造商决定 w_m^j、θ_m^j 和 τ_m^j。在 RS 博弈中，零售商决定利润率 $m_r^j=p_r^j-w_r^j$；

步骤 2：在 MS 博弈中，零售商决定零售价 p_m^j。在 RS 博弈中，制造商决定 w_r^j、θ_r^j 和 τ_r^j。通过逆向解决方案的方法，预测跟随者的反应，Stackelberg 领导者优化自己的决策变量（Taleizadeh 等，2019）。

以下符号用于构建各种情景下的模型。

w_i^j——单位批发价（决策变量）；

p_i^j——单位零售价（决策变量）；

τ_i^j——客户二手产品的退货率（决策变量）；

θ_i^j——绿色创新水平（决策变量）；

π_{mi}^j——制造商的利润；

π_{ri}^j——零售商的利润；

Q_i^j——销量。

在本节中，我们介绍了闭环供应链成员的利润结构，并探讨了最优决策的特征。

11.2.1 激励策略 T 下的最优决策

制造商以 c_m 的制造成本生产绿色产品，并以 w_m^T 的批发价将带有绿色化水平 θ_m^T 的产品出售给零售商。零售商以 p_m^T 的价格将其出售给客户。制造商通过每单位支付 α 从消费者那里回收二手产品。只有一部分（δ）二手产品与具有 θ_m^T 绿色化水平的新产品具有相同的质量，其余部分在二级市场上以 w_s 的价格出售。情景 MT 中零售商和制造商的利润函数如下：

$$\pi_{rm}^T(p_m^T)=(p_m^T-w_m^T)(a-bp_m^T+\beta\theta_m^T) \tag{11.1}$$

$$\pi_{mm}^T(w_m^T,\theta_m^T,\tau_m^T)=(w_m^T-c_m)(a-bp_m^T+\beta\theta_m^T)+[c_m\delta+w_s(1-\delta)-\alpha-c_r]\tau_m^T(a-bp_m^T+\beta\theta_m^T)-\kappa\,\tau_m^{T2}-(1-\gamma)\lambda\,\theta_m^{T2} \tag{11.2}$$

在 MS 博弈中，制造商首先决定绿色化水平（θ_m^T）、退货率（τ_m^T）和批发价格（w_m^T）；然后，零售商设置零售价（p_m^T）。然而，在 RS 博弈下，零售商首先设定零售价（p_r^T），然后由制造商决定绿色化水平（θ_r^T）、退货率（τ_r^T）和批发价（w_r^T）。以下两个命题分别代表了情景 MT 和 RT 中的最优决策。

命题 11.1 在 MS 博弈下，策略 T 中的最优决策如下：

$$w_m^T=\frac{[4(a+bc_m)(1-\gamma)\lambda-c_m\beta^2]\kappa-ab(1-\gamma)M^2\lambda}{\Delta_1}$$

$$p_m^T=\frac{a(1-\gamma)(6\kappa-bM^2)\lambda+[2b(1-\gamma)\lambda-\beta^2]c_m\kappa}{\Delta_1}$$

$$\theta_m^T=\frac{(a-bc_m)\beta\kappa}{\Delta_1}$$

$$\tau_m^T=\frac{(a-bc_m)(1-\gamma)bM\lambda}{\Delta_1}$$

$$\pi_{rm}^T=\frac{4\,(a-bc_m)^2\,(1-\gamma)^2b\lambda^2\kappa^2}{\Delta_1^2}$$

$$\pi_{mm}^T=\frac{(a-bc_m)^2(1-\gamma)\lambda\kappa}{\Delta_1}$$

$$Q_m^T=\frac{2(a-bc_m)(1-\gamma)b\lambda\kappa}{\Delta_1}$$

其中，$\Delta_1=b(1-\gamma)\lambda(8\kappa-bM^2)-\beta^2\kappa, M=(c_m\delta+w_s(1-\delta)-c_r-\alpha)$。

证明：请参阅本章附录。

命题 11.2 在 RS 博弈下，策略 T 中的最优决策如下：

$$w_r^T = \frac{2[(a+3bc_m)(1-\gamma)\lambda - c_m\beta^2]\kappa - (a+bc_m)(1-\gamma)bM^2\lambda}{2\Delta_2}$$

$$p_r^T = \frac{a[2b(1-\gamma)(3\kappa - bM^2)\lambda - \beta^2\kappa] + [2b(1-\gamma)\lambda - \beta^2]bc_m\kappa}{2\Delta_2}$$

$$\theta_r^T = \frac{(a-bc_m)\beta\kappa}{2\Delta_2}$$

$$\tau_r^T = \frac{(a-bc_m)(1-\gamma)bM\lambda}{2\Delta_2}$$

$$\pi_{rr}^T = \frac{(a-bc_m)^2(1-\gamma)\lambda\kappa}{2\Delta_2}$$

$$\pi_{mr}^T = \frac{(a-bc_m)^2(1-\gamma)\lambda\kappa}{4\Delta_2}$$

$$Q_r^T = \frac{(a-bc_m)(1-\gamma)b\lambda\kappa}{\Delta_2}$$

其中，$\Delta_2 = b(1-\gamma)\lambda(4\kappa - bM^2) - \beta^2\kappa$。

证明：请参阅本章附录。

如果 $\Delta_l > 0$，$l=1$，2，则在情景 MT 和 RT 下存在最优解，这意味着 $4\kappa > bM^2$。将 $\gamma = 0$ 代入式（11.1）和式（11.2）中，可以找到情景 MN 或 RN 的利润函数，其中，政府不提供任何激励措施。因为这两个表达式分别类似于命题 11.1 和命题 11.2，我们将在本章附录中介绍两种博弈结构下的最优决策。因为 $\frac{\partial\theta_m^T}{\partial\gamma} = \frac{(a-bc_m)(8\kappa - bM^2)b\beta\lambda\kappa}{\Delta_1^2} > 0$，$\frac{\partial\tau_m^T}{\partial\gamma} = \frac{(a-bc_m)bM\beta^2\lambda\kappa}{\Delta_1^2} > 0$，$\frac{\partial\theta_r^T}{\partial\gamma} = \frac{(a-bc_m)(4\kappa - bM^2)b\beta\lambda\kappa}{2\Delta_2^2} > 0$ 和 $\frac{\partial\tau_r^T}{\partial\gamma} = \frac{(a-bc_m)bM\beta^2\lambda\kappa}{2\Delta_2^2} > 0$，政府的激励措施鼓励制造商生产具有更高绿色化水平的产品，并促进回收利用。在政府激励的影响下，制造商有更大的灵活性来投资改善绿色化水平和加快二手退货率。分析结果证明了这一事实。我们提出了以下定理来探索两种博弈结构下最优决策的行为。

定理 11.1 在激励政策 T 下，（1）RS 博弈中产品的绿色化水平更高；（2）RS 博弈中的回报率更高；（3）如果 $\lambda > \frac{\beta^2}{2b(1-\gamma)}$，则消费者需要在 MS 博弈中支付与 RS 博弈相比更多的费用；（4）制造商和零售商在各自的领导下获得更高的利润。

证明：以下不等式确保了定理 11. 1 成立：

$$\theta_r^T - \theta_m^T = \frac{(a - bc_m)[\beta^2\kappa + b^2M^2(1-\gamma)\lambda]\beta\kappa}{2\Delta_1\Delta_2} > 0$$

$$\tau_r^T - \tau_m^T = \frac{(a - bc_m)[\beta^2\kappa + b^2M^2(1-\gamma)\lambda]bM(1-\gamma)}{2\Delta_1\Delta_2} > 0$$

$$p_m^T - p_r^T = \frac{(a - bc_m)[2b(1-\gamma)\lambda - \beta^2][\beta^2\kappa + b^2M^2(1-\gamma)\lambda]\kappa}{2\Delta_1\Delta_2} > 0,$$

$$if\ \lambda > \frac{\beta^2}{2b(1-\gamma)}$$

$$\pi_{rr}^T - \pi_{rm}^T = \frac{(a - bc_m)^2[\Delta_1^2 + 8b^2(1-\gamma)^2(4\kappa^2 - bM^2\kappa)\lambda^2](1-\gamma)\kappa\lambda}{2\Delta_1\Delta_2} > 0$$

$$\pi_{mm}^T - \pi_{mr}^T = \frac{(a - bc_m)^2[3\Delta_2 - 4b(1-\gamma)\kappa\lambda](1-\gamma)\kappa\lambda}{4\Delta_1\Delta_2} > 0$$

该定理得到了证明。

总收入、退货率和零售价的图形表示如图 11 - 1（a）至图 11 - 1（c）所示。使用以下参数值：$a = 300$、$b = 0.5$、$c_m = 5$、$\lambda = 1$、$c_r = 2$、$w_s =$ \$ 5、$\alpha =$ \$ 10、$\delta = 0.6$、$\rho_0 = 3$、$\kappa = 800$、$\beta \in$（0.2，0.4）、$\gamma \in$（0，0.5）和 $\rho \in$（0，0.15）。

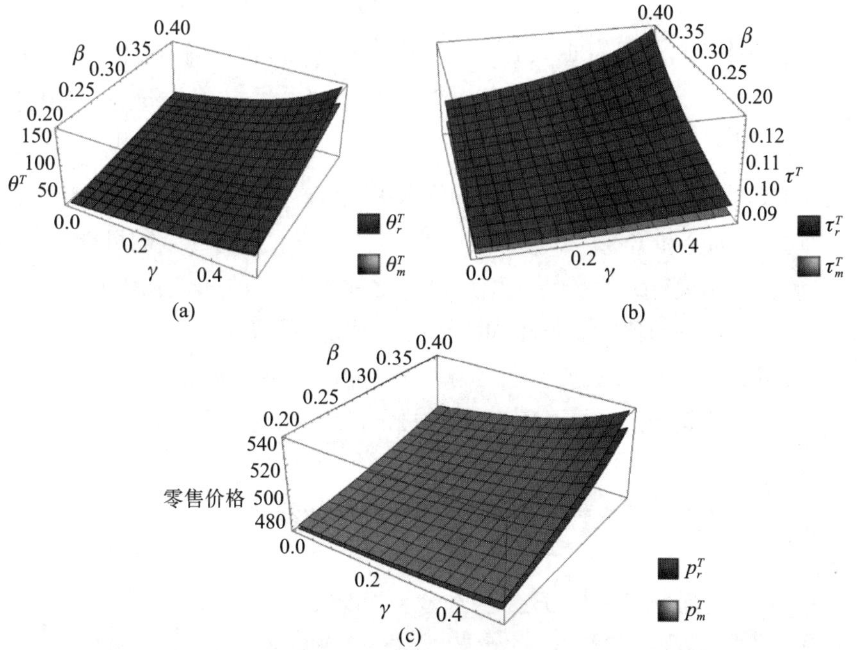

图 11 - 1 （a）MT、RT 情景中的绿色化水平；（b）MT、RT 情景中的 τ；（c）MT、RT 情景中的零售价

请注意，绿色化水平、退货率和零售价格的上涨与消费者的绿色化水平敏感度β和激励率γ有关。如果γ增加，则制造商可以投入更多资金来提高绿色化水平和二手产品的回报率。预计闭环供应链成员在自己的领导下可以获得更高的利润。上述结果证明了事实的正确性。投资灵活性可以实现产品和工艺创新，有助于提高闭环供应链的整体绩效并产生竞争优势。Vozza（2018）报告称，估计有6800万美国人在购买时考虑了个人、社会和环境方面。因此，强大的零售商总是希望以更高质量的产品进行交易，并满足质量标准以保持声誉。因此，制造商可能有义务在RS博弈下生产更环保的产品。在RS博弈下，二手产品的退货率更高。事实上，由于他们的互动机会，零售商可以更好地理解个性化和消费者购买决策的重要性。在许多新兴行业，如食品链、电子配件，零售商通过营销合同在世界许多地方成为主导者，因此，从产品质量和再制造的角度来看，零售商主导的闭环供应链是有益的。

11.2.2 激励政策C下的最优决策

在此政策下，消费者直接从政府获得奖励。在情景MC中，零售商和制造商的利润函数如下：

$$\pi_{rm}^{C}(p_m^C)=(p_m^C-w_m^C)\{a-b[p_m^C-(\rho_0+\rho\theta_m^C)]+\beta\theta_m^C\} \tag{11.3}$$

$$\begin{aligned}\pi_{mm}^{C}(w_m^C,\theta_m^C,\tau_m^C)=&(w_m^C-c_m)\{a-b[p_m^C-(\rho_0+\rho\theta_m^C)]+\beta\theta_m^C\}+[c_m\delta+w_s\\&(1-\delta)-\alpha-c_r]\tau_m^C\{a-b[p_m^C-(\rho_0+\rho\theta_m^C)]+\beta\theta_m^C\}-\\&\kappa\,\tau_m^{C2}-\lambda\,\theta_m^{C2}\end{aligned} \tag{11.4}$$

如果$\rho=0$，则无论产品的绿色化水平如何，消费者都会获得固定数量的激励（Sinayi和Rasti－Barzoki，2018）。但是，激励的金额可能与直接影响消费者购买行为的产品（例如能源之星产品）的绿色化水平成正比。以下两个命题分别代表了情景MC和情景RC中的最优决策。

命题11.3 在MS博弈下，策略C中的最优决策如下：

$$w_m^C=\frac{(a+b\rho_0\lambda)(4\kappa-bM^2)\lambda+[4b\lambda c_m\kappa-(\beta+b\rho)^2]c_m\kappa}{\Delta_3}$$

$$p_m^C=\frac{(a+b\rho_0)(6\kappa-bM^2)\lambda+[2b\lambda-(\beta+b\rho)^2]c_m\kappa}{\Delta_3}$$

$$\theta_m^C=\frac{[a-b(c_m-\rho_0)](\beta+b\rho)\kappa}{\Delta_3}$$

$$\tau_m^C=\frac{[a-b(c_m-\rho_0)]bM\lambda}{\Delta_3}$$

$$\pi_{rm}^C = \frac{4[a-b(c_m-\rho_0)]^2 b\lambda^2\kappa^2}{\Delta_3^2}$$

$$\pi_{mm}^C = \frac{[a-b(c_m-\rho_0)]^2\lambda\kappa}{\Delta_3}$$

$$Q^C = \frac{2[a-b(c_m-\rho_0)]b\lambda\kappa}{\Delta_3}$$

其中，$\Delta_3 = b\lambda(8\kappa - bM^2) - (\beta + b\rho)^2\kappa$。

命题 11.4 在 RS 博弈下，策略 C 中的最优决策如下：

$$w_r^C = \frac{[a+b(c_m+\rho_0)](2\kappa - bM^2)\lambda + 2[2b\lambda - (\beta+b\rho)^2]c_m\kappa}{2\Delta_4}$$

$$p_r^C = \frac{(a+b\rho_0)\{[6b\lambda - (\beta+b\rho)^2]\kappa - 2b^2M^2\lambda\} + [2b\lambda - (\beta+b\rho)^2]bc_m\kappa}{2b\Delta_4}$$

$$\theta_r^C = \frac{[a-b(c_m-\rho_0)](\beta+b\rho)\kappa}{2\Delta_4}$$

$$\tau_r^C = \frac{[a-b(c_m-\rho_0)]bM\lambda}{2\Delta_4}$$

$$\pi_{rm}^C = \frac{[a-b(c_m-\rho_0)]^2\lambda\kappa}{2\Delta_4}$$

$$\pi_{mm}^C = \frac{[a-b(c_m-\rho_0)]^2\lambda\kappa}{4\Delta_4}$$

$$Q^C = \frac{[a-b(c_m-\rho_0)]b\lambda\kappa}{\Delta_4}$$

其中，$\Delta_4 = b\lambda\ (4\kappa - bM^2)\ - (\beta+b\rho)^2\kappa$

如果 $\Delta_l > 0$，$l=3$，4，在情景 MC 和 RC 下存在最优解。情景 MC 和 RC 中最优决策的推导分别类似于情景 MT 和 RT。因此，我们省略了证明。因为 $\frac{\partial\theta_m^C}{\partial\rho} = \frac{[a-b(c_m-\rho_0)][8b\kappa\lambda + \kappa(\beta+b\rho)^2 - b^2M^2\lambda]b\kappa}{\Delta_3^2} > 0$，$\frac{\partial\theta_r^C}{\partial\rho} = \frac{[a-b(c_m-\rho_0)]\{\kappa[4b\lambda + (\beta+b\rho)^2] - b^2M^2\lambda\}b\kappa}{2\Delta_4^2} > 0$，$\frac{\partial\tau_m^C}{\partial\rho} = \frac{2[a-b(c_m-\rho_0)](\beta+b\rho)b^2M\kappa\lambda}{\Delta_3^2} > 0$，以及 $\frac{\partial\tau_r^C}{\partial\rho} = \frac{[a-b(c_m-\rho_0)](\beta+b\rho)b^2M\kappa\lambda}{\Delta_4^2} > 0$，政府激励措施鼓励制造商生产具有更高绿色化水平的产品，并投入更多资金来回收二手产品。因此，与无激励政策相比，消费者总是收到具有更高绿色化水平的产品。此外，它还刺激了回收活动，闭环供应链成员也可以在 RS 博弈下销售更多产品。定理 11.2 分析了激励策略 C 下两种博弈

结构中的最优决策。

定理 11.2 在激励政策 C 下，（1）RS 博弈中产品的绿色化水平更高；（2）RS 博弈中的回报率更高；（3）如果 $\lambda > \frac{(\beta + b\rho)^2}{2b}$，则消费者需要在 MS 博弈中支付与 RS 博弈相比更多的费用；（4）制造商和零售商在各自的领导下获得更高的利润。

证明：以下不等式确保了定理 11.2 成立。

$$\theta_r^C - \theta_m^C = \frac{[a - b(c_m - \rho_0)](\beta + b\rho)[\kappa(\beta + b\rho)^2 + b^2M^2\lambda]\kappa}{2\Delta_3\Delta_4} > 0$$

$$\tau_r^C - \tau_m^C = \frac{[a - b(c_m - \rho_0)][\kappa(\beta + b\rho)^2 + b^2M^2\lambda]bM\lambda}{2\Delta_3\Delta_4} > 0$$

$$p_m^C - p_r^C = \frac{[a - b(c_m - \rho_0)][2b\lambda - (\beta + b\rho)^2][\kappa(\beta + b\rho)^2 + b^2M^2\lambda]\kappa}{2b\Delta_3\Delta_4} > 0, if\ \lambda > \frac{(\beta + b\rho)^2}{2b}$$

$$\pi_{rr}^C - \pi_{rm}^C = \frac{[a - b(c_m - \rho_0)]^2(\Delta_3^2 + 8b\kappa\lambda\Delta_4)\kappa\lambda}{2\Delta_3\Delta_4} > 0$$

$$\pi_{mm}^C - \pi_{mr}^C = \frac{[a - b(c_m - \rho_0)]^2(3\Delta_3 - 4b\kappa\lambda)\kappa\lambda}{4\Delta_3\Delta_4} > 0$$

该定理得到了证明。

在激励策略 C 下，总收益、退货率和零售价格的图形表示在图 11－2（a）至图 11－2（c）中。参数值保持不变。

直观来看，随着政府提供的激励，制造商在生产绿色产品或回收废旧产品方面的投资机会将增加，上述数据也证实了这一点。定理 11.1 和定理 11.2 表明，无论激励类型如何，制造商都需要在 RS 博弈下生产具有更高绿色化水平的产品。虽然消费者可能需要在 MS 博弈下支付较高的成本，但这并不能确保他们将获得具有更高绿色化水平的产品。这扩大了总需求。在两种激励政策下，绿色化水平的性质和二手产品退货率都支持了这一事实。接下来，我们将探讨在制造商的营销和运营目标下最优决策的性质。

11.3 管理见解与讨论

首先，我们确定消费者剩余 $CS^k = \frac{1}{2}(\hat{p}_k - p_k^*)q_k^*$（$k$ = MT、MC、RT 和

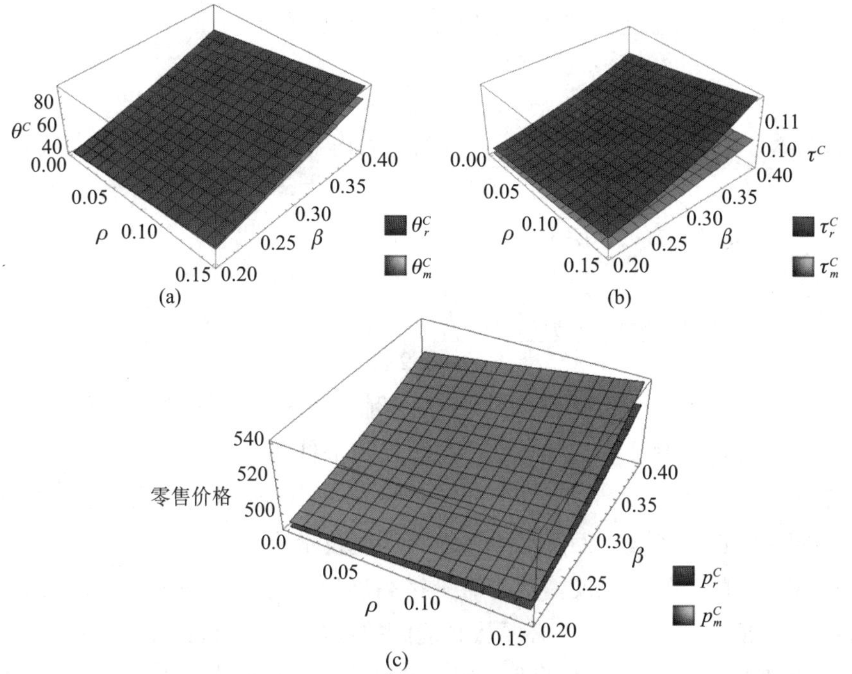

图 11－2　（a）情景 MC、RC 中的绿色化水平；（b）情景 MC、RC 中的 τ；（c）情景 MC、RC 中的零售价

RC），以衡量从产品消费角度的激励结果（Xie，2016；Hong 和 Guo，2018），其中，$\hat{p}_k$、p_k^* 和 q_k^* 分别表示情景 k 中没有消费者会购买绿色产品的零售价、最优零售价和销量。简化后，CS^k 的值分别通过如下公式获得。

$$CS^{MT}=\frac{b^2\ (a-bc_m)^2\ (1-\gamma)^2M\ (M+3\alpha)\ \lambda^2\kappa}{\Delta_1^2}$$

$$CS^{MC}=\frac{[a-b\ (c_m+\rho_0)]^2b^2M\ (M+2\alpha)\ \lambda^2\kappa}{\Delta_3^2}$$

$$CS^{RT}=\frac{2b^3\ (a-bc_m)^2\ (1-\gamma)^2\lambda^2\kappa^2}{\Delta_1^2}$$

$$CS^{RC}=\frac{2\,[a-b\ (c_m+\rho_0)]^2b^3\kappa^2\lambda^2}{\Delta_3^2}$$

同样，我们计算 $EI^k=(\hat{\theta}_k-\theta_k^*)Q_k^*$，其中，$\hat{\theta}_k$、$\theta_k^*$ 和 Q_k^* 表示存在激励的绿色化水平、没有激励的绿色化水平以及政府激励影响下的最佳销售量（Hong 和 Guo，2018）。EI^k 的值如下：

$$EI^{MT}=\frac{2b^2\ (a-bc_m)^2\beta(1-\gamma)\gamma\lambda^2(8\kappa-bM^2)\kappa^2}{\Delta_1^2\Delta_5}$$

$$EI^{MC}=\frac{2(a-b(c_m+\rho_0)\{(a-bc_m)[b(8\kappa-bM^2)\lambda+(\beta+b\rho)\beta\kappa]\rho+(\beta+b\rho)\Delta_5\rho_0\}b^2\kappa^2\lambda}{\Delta_3^2\Delta_5}$$

$$EI^{RT}=\frac{b^2\ (a-bc_m)^2\beta(1-\gamma)\gamma(4\kappa-bM^2)\kappa^2\lambda^2}{2\ \Delta_2^2\Delta_6}$$

$$EI^{RC}=\frac{a\rho[\Delta_4+\kappa(\beta+b\rho)(2\beta+b\rho)]+\Delta_6(\beta+b\rho)\rho_0+bc_m\rho(\Delta_6-b\beta\kappa\rho)}{2\ \Delta_4^2\Delta_6}$$

许多问题可能会妨碍再制造活动，例如，强大的再制造技术的可用性、消费者对再制造产品的态度、与更换零部件相关的兼容性问题，以及加工成本和时间（Atasu 等，2013）。与此相反，制造商有时会面临诸如新产品制造或产品升级、旧产品再制造等环境技术成本高、缺乏实施复杂环境管理体系的认知，以及消费者对价格高度敏感等相关的重大障碍（Jabbour 等，2016）。因此，有必要从制造商的运营角度进行比较分析。

定理 11.3 无论激励类型如何，如果制造商希望在 MS 博弈下保持绿色化水平不变，则：（1）制造商在激励策略 C 中总是获得更高的利润，而如果 $\gamma>\frac{b\rho}{\beta+b\rho}$，则零售商在激励策略 C 中也能获得更高的利润；（2）如果 $\gamma>\frac{b\rho}{\beta+b\rho}$，则激励策略 C 下的回报率更高；（3）如果 $\gamma>\frac{b\rho}{\beta+b\rho}$，CS 满足 $CS^{MC}>CS^{MT}$；（4）如果 $\gamma\in\left\{\frac{b\rho}{\beta+b\rho},\ \frac{b\ (a-bc_m)\ \rho+\ (\beta+b\rho)\ \rho_0}{[a-b\ (c_m-\rho_0)]\ (\beta+b\rho)}\right\}$，则 EI 满足 $EI^{MC}<EI^{MT}$。

证明：请参阅本章附录。

定理 11.4 无论激励类型如何，如果制造商希望在 RS 博弈下保持绿色化水平不变，那么：(1)制造商和零售商在激励政策 C 中都获得更高的利润；(2)如果 $\gamma>\frac{b\rho}{\beta+b\rho}$，则激励策略 C 下的回报率更高；(3)如果 $\gamma>\frac{b\rho}{\beta+b\rho}$，CS 满足 $CS^{RC}>CS^{RT}$；(4)如果 $\gamma\in\left\{\frac{b\rho}{\beta+b\rho},\frac{b[(a-bc_m)\rho+(\beta+b\rho)\rho_0]}{[a-b(c_m-\rho_0)](\beta+b\rho)}\right\}$，EI 满足 $EI^{RC}<EI^{RT}$。

证明：请参阅本章附录。

在生产、营销和回收绿色产品时，财务和运营障碍以及消费者对绿色产品的敏感性可能会促使制造商修复绿色化水平。定理 11.3 和定理 11.4

表明，如果 $\gamma > \frac{b\rho}{\beta + b\rho}$，则闭环供应链成员根据政策 C 获得更高的利润。此外，如果制造商选择此政策，那么它将导致更高的消费者剩余。博弈结构无法对制造商的最佳选择产生任何影响。然而，在 RS 博弈中，闭环供应链成员的偏好是相同的。总体而言，如果政府直接刺激消费者，那么其将为闭环供应链成员带来更高的利润，但不会带来更高的环境改善。但是，如果 $\gamma > \phi = \frac{b[(a - bc_m)\rho + (\beta + b\rho)\rho_0]}{[a - b(c_m - \rho_0)](\beta + b\rho)}$，并且制造商选择了激励政策 C，那么闭环供应链成员不仅可以获得更高的利润，而且可以将自己视为可持续发展的代言人。如果 $\gamma \ngtr \phi$，则制造商应选择激励策略 T。因此，我们的研究结果表明，在这种情况下，制造商需要对参数值进行精细估计，以选择激励情景。MS 和 RS 博弈下的闭环供应链成员利润、回报率、环境改善和消费者剩余的图形表示将在本章附录中提供，以提供数值证明。

客户认可度是影响再制造产品需求的关键因素之一。此外，制造商需要整合与回收相关的清洁技术，克服立法限制，雇用专业劳动力，安装再制造设施等。因此，如果退货量过高，制造业可能会面临运营障碍（Govindan 等，2016；Wei 等，2015）。同样，如果制造商在鼓励消费者参与回收活动方面不够有效，那么再制造活动也无利可图。因此，当制造商决定设定退货率目标时，我们需要确定最佳决策的特征。

定理 11.5 无论激励类型如何，如果二手产品的退货率在 MS 博弈下保持统一，则：（1）制造商在激励政策 C 中获得更高的利润，而零售商的利润保持不变；（2）绿色化水平在激励政策 T 中更高；（3）消费者剩余在两种激励政策中保持不变；（4）环境改善满足 $EI^{MC} < EI^{MT}$。

证明：请参阅本章附录。

定理 11.6 无论激励类型如何，如果二手产品的退货率在 RS 博弈下保持统一，则：（1）制造商和零售商在激励政策 C 中都将获得更高的利润；（2）绿色化水平在激励政策 T 中更高；（3）消费者剩余在两种激励政策中保持不变；（4）环境改善满足 $EI^{RC} < EI^{RT}$。

证明：请参阅本章附录。

定理 11.5 和定理 11.6 表明，无论参数值如何，闭环供应链成员在策略 C 中总是获得更高的利润。值得一提的是，在该政策下，产品的绿色化水平总是较低。尽管消费者剩余保持统一，但激励政策 T 可以确保更高的环境改善。因此，制造商的逐利动机会诱使制造商和零售商偏离可持续发展目标。闭环供应链成员、绿色化水平、环境改善和消费者剩余的利润图形表示在补充文件中以 MS 和 RS 博弈的形式呈现。如果制造商面临一些运营和财务瓶颈，那么政府和闭环供应链成员的目标可能不会同时发生。激励可能会提高企业利润。因此，有必要采取严格的监管措施，并鼓励培养对理想结果的期望。这项研究还揭示了闭环供应链中权力结构的内部动态是一个关键因素。强大的零售商可能会阻碍制造商以较低的绿色化水平进行产品交易。

请注意，在 MS 和 RS 博弈中，在激励政策 T 下，制造商在二手产品回收方面的投资与总研发投资的比率（$RI_i^j, i=M,R$）是相同的，相应的比率为 $RI_i^T = \frac{CL_m^T}{(1-\gamma)\lambda\,\theta_m^{T2}} = \frac{CL_r^T}{(1-\gamma)\lambda\,\theta_r^{T2}} = \frac{b^2(1-\gamma)(M+2\alpha)M\lambda}{\beta^2\kappa}$。同样，可以验证在情景 MC 和 RC 中，制造商在二手回收中的投资与总研发投资的比率是相同的，相应的比率为 $RI_i^C = \frac{CL_m^C}{\lambda\,\theta_m^{C2}} = \frac{CL_r^C}{\lambda\,\theta_r^{C2}} = \frac{b^2\ (M+2\alpha)\ M\lambda}{\kappa\,(\beta+b\rho)^2}$。因此，这些比率与市场潜力（$a$）或消费者从政府获得激励的恒定部分（$\rho_0$）无关。可以看出，消费者对绿色化水平的敏感度（$\beta$）和制造商提高退货率的投资效率（$\kappa$）与投资比率成反比。结果表明，消费者对绿色化水平的敏感性限制了制造商投资回报率。这意味着，如果消费者对绿色化水平敏感，那么制造商可以通过增加研发投资来直接提高产品需求。图 11－3（a）和图 11－3（b）显示了不考虑制造商目标和考虑制造商目标的投资比率的图形表示。

以上数据表明，如果制造商设定了目标，投资比率将发生显著变化。当制造商设定了绿色化水平目标时，该比率最小。在这种情况下，提高回报率的投资变得相对较小。总体而言，如果制造商没有设定任何目标，则该比率达到最大值，而营销目标成为投资决策的关键因素。因此，这些结果是合理的。

同样，我们计算了两种政策下制造商在研发方面的总投资（TI_i^j）和二手产品回收率，得到以下结果：

$$TI_m{}^T = CL_m^T + (1-\gamma)\lambda\,\theta_m^{T2} = \frac{(a-bc_m)^2(1-\gamma)\beta^2\lambda\kappa^2}{\Delta_1^2}$$

$$TI_r{}^T = CL_r^T + (1-\gamma)\lambda\,\theta_r^{T2} = \frac{(a-bc_m)^2(1-\gamma)\beta^2\lambda\kappa^2}{4\,\Delta_2^2}$$

$$TI_m{}^C = CL_m^C + \lambda\,\theta_m^{C2} = \frac{[a-b(c_m-\rho_0)]^2\ (\beta+b\rho)^2\lambda\kappa^2}{\Delta_3^2}$$

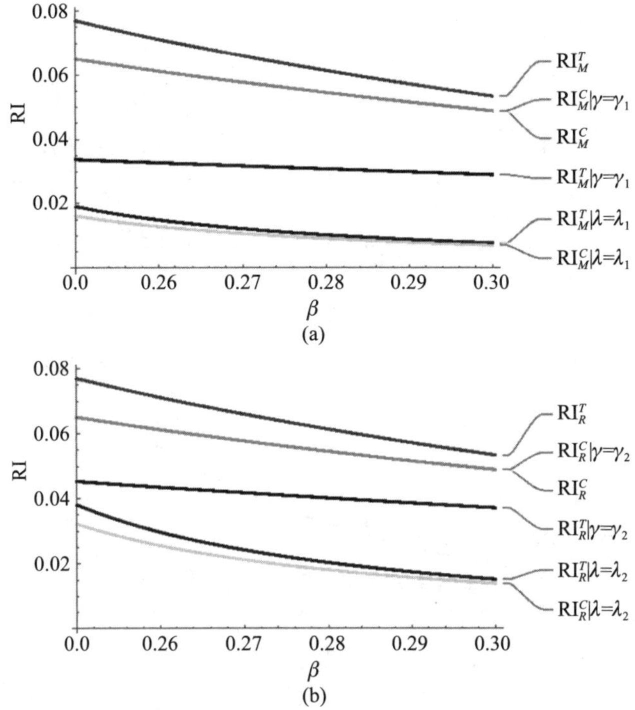

图 11－3 （a）不同激励政策下，MS 博弈中制造商在二手产品回收总投资与研发总投资的比率；（b）不同激励政策下，RS 博弈中制造商在二手产品回收总投资与研发总投资的比率

$$TI_r^{\ C} = CL_r^C + \lambda\ \theta_r^{C\,2} = \frac{[a - b(c_m - \rho_0)]^2\ (\beta + b\rho)^2 \lambda \kappa^2}{4\ \Delta_4^2}$$

投资总额的图形表示如图 11－4（a）和图 11－4（b）所示。

图 11－4（a）和图 11－4（b）也验证了实际做法的合理性，即制造商需要根据营销目标调整投资策略。如果制造商设定了绿色化水平目标，那么在政策 C 下的总投资将达到最大值。直接的经济利益可以激发消费者对购买决策背后的心理认知。需求的潜在影响可能会增加制造商在研发和二手产品回收方面的投资决策。结果证明了这一点。以上数据还表明，如果制造商没有设定任何营销目标，那么在政策 T 下的总投资将最低。总的来说，如果消费者对绿色产品非常敏感，那么投资于提高绿色化水平的研发是制造商更明智的投资策略。接下来，我们分析，在两种博弈结构下制造商在政策 C 和政策 T 下获得的政府激励总额（GI_i^j）的行为。简化后，可以得到以下表达式：

$$GI_m^T = \gamma\lambda\ \theta_m^{T\,2} = \frac{(a - bc_m)^2 \beta^2 \gamma \lambda \kappa^2}{\Delta_1^2}$$

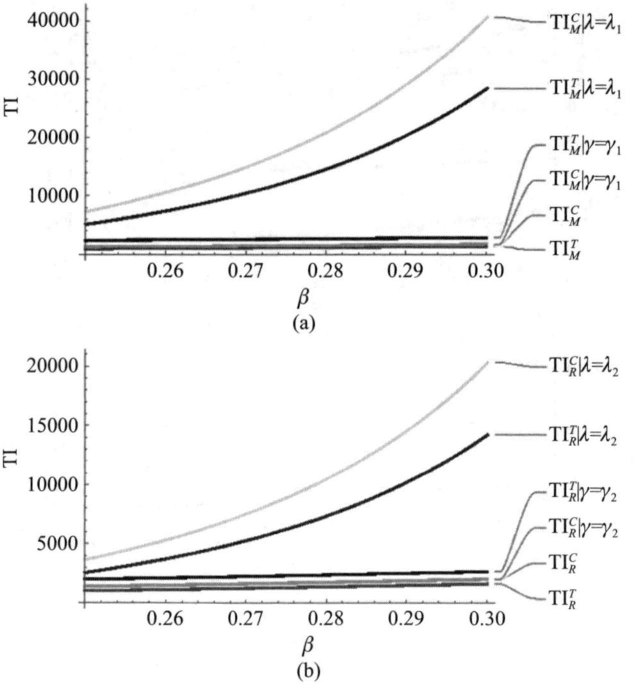

图 11-4 (a)不同的激励政策下，MS 博弈中制造商在二手产品回收和研发方面的总投资(TI)；(b)不同的激励政策下，RS 博弈中制造商在二手产品回收和研发方面的总投资(TI)

$$GI_r^T=\gamma\lambda\ \theta_r^{T2}=\frac{(a-bc_m)^2\beta^2\gamma\lambda\kappa^2}{4\ \Delta_2^2}$$

$$GI_m^C=(\rho_0+\rho\theta_m^C)\{a-b[p_m^C-(\rho_0+\rho\theta_m^C)]+\beta\theta_m^C\}$$

$$=\frac{2[a-b(c_m-\rho_0)]\{(a-bc_m)(\beta+b\rho)\kappa\rho+[\Delta_3+b\kappa\rho(\beta+b\rho)]\rho_0\}b\lambda\kappa}{\Delta_3^2}$$

$$GI_r^C=(\rho_0+\rho\theta_r^C)\{a-b[p_r^C-(\rho_0+\rho\theta_r^C)]+\beta\theta_r^C\}$$

$$=\frac{[a-b(c_m-\rho_0)]\{(a-bc_m)(\beta+b\rho)\kappa\rho+[2\Delta_4+b\kappa\rho(\beta+b\rho)]\rho_0\}b\lambda\kappa}{2\Delta_4^2}$$

政府激励总额的图形表示如图 11-5（a）和图 11-5（b）所示。

可以观察到，制造商的营销或运营目标直接影响激励总量，若制造商将绿色化水平作为目标，则激励金额最高。图 11-5（a）的结果与定理 11.3 和定理 11.4 一致。在激励政策 C 下，绿色化水平更高，制造商获得最大支持。然而，在政策 T 下，支持相对较低，没有设定目标。在政策 T 和无目标的情况下，激励总额较少。此外，激励的性质与博弈结构相关，消费者对绿色化水平的敏感程度也相关。当制造商设定二手产品回收目标

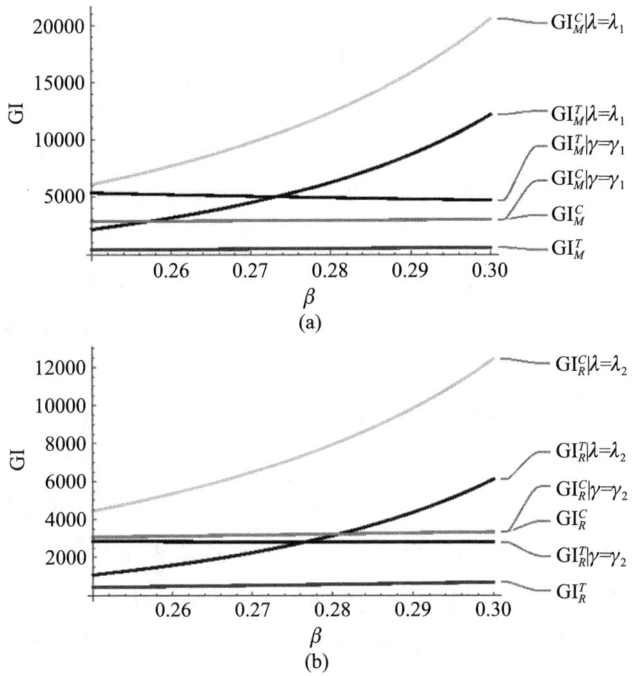

图 11－5　（a）不同激励政策下 MS 博弈的政府激励总额；
（b）不同激励政策下 RS 博弈的政府激励总额

时，可以观察到在政策 C 的 RS 博弈中激励总额较少。然而，在 MS 博弈中观察到相反的趋势。因此，与绿色制造和二手产品回收相关的投资总额对制造商的战略意图高度敏感。Chu 等（2018）进行了一项实证研究，调查了美国、德国、日本、韩国和中国不同政府激励政策对消费者适应环保汽车（EFC）的影响。研究发现，政府激励措施在鼓励四个国家采用 EFC 方面似乎有些无效，但在中国产生了重大影响。该研究还表明，消费者对环境的关注和制造商的意图是激励计划预期结果的关键。通过比较两种激励政策的结果，我们发现，如果政府或制造商的预算有限，适当的选择和实施对实现可持续发展目标至关重要。

11.4　本章小结

本章研究了两个闭环供应链成员在价格敏感和绿色化水平敏感需求下的相互作用。从获得绿色制造和回收的决策支持框架的角度来看，在两种政府激励政策下，比较了最优决策以及消费者剩余和环境改善。以下结果具有管理意义。在 RS 博弈下，无论激励计划如何，绿色化水平和回报率总是更高。而在 MS 博弈下，消费者需要支付更多费用。因此，市场动态的变化可以激发制造商生产更环保的产品。闭环供应链的特征通常在 MS 博弈下进行探讨，有必要比较不同博弈结构下的闭环供应链决策，以获得有关制造和回收实践的无可挑剔的知识。如果制造商可以选择激励计划，那么运营和营销目标对结果起着至关重要的作用。如果制造商设置统一的绿色化水平，并根据系统参数选择激励政策 C 或 T，则闭环供应链成员在消费者剩余、产品回报和环境改善较高的情况下，可以在两种政策下获得更高的利润。但是，如果制造商设定了二手产品退货目标，那么就会引发一个棘手的情况。无论参数值如何，制造商在激励策略 C 下获得的利润更高，但与激励策略 T 相比，绿色化水平和环境改善总是更低。尽管零售商的消费者剩余或利润保持不变，但闭环供应链成员有可能牺牲其可持续发展目标以获得更高的利润。研究发现，投资比率对制造商的意图也很敏感。如果消费者对绿色产品的敏感度很高，制造商需要大幅减少鼓励回收活动的投资。因此，有必要在预算限制下探索闭环供应链的特性。总体而言，闭环供应链成员和政府组织的目标可能不是同时进行的，因此，应根据法规实施激励政策，以从绿色制造和回收利用的角度获得理想的结果。

本章探讨了一个简单的闭环供应链结构，该结构可以在多个方面进行扩展。例如，考虑第三方回收二手产品的情况，这一点不能忽视。比较三种不同的回收模式：制造商回收、零售商回收和第三方回收（Saha 等，2016）。我们假设消费者无法区分新产品和再制造产品。然而，消费者通常对再制造产品的重视程度低于新产品（Ferrer 和 Swaminathan，2010）。我们将分析局限于单周期公式的情况，但这个分析可以在两期公式下进行扩展（DeGiovanni 和 Zaccour，2014）。该模型可以用混合整数规划问题来描述，以考虑物流成本、运输车辆类型及其容量、投资预算、设施容量等因素的影响（Ghezavati 和 Beigi，2016；Shishebori 和 Babadi，2018；Rezaee 等，2017）。政府激励对闭环供应链网络的影响是通过经验方法获得的，因为这些成本对整个闭环供应链的绩效产生了显著影响。我们考虑并比较了两种激励政策下的结果：一种是针对再制造活动的激励措施，另一种是制造商对回收产品数量的目标。此外，未来的研究还应该探索协调合同设计，如收益分享和成本分担，并进行结果比较研究。

本章参考文献

［1］ Alamdar SF，Rabbani M，Heydari J（2018）Pricing，collection，

and effort decisions with coordination contracts in a fuzzy, three – level closed – loop supply chain. Expert Syst Appl 104: 261 – 276.

[2] Atasu A, Toktay LB, Van Wassenhove LN (2013) How collection cost structure drives a manufacturer's reverse channel choice. Prod Oper Manag 22: 1089 – 1102.

[3] Basiri Z, Heydari J (2017) A mathematical model for green supply chain coordination with substitutable products. J Clean Prod 145: 232 – 249.

[4] Chen JM, Chang CI (2012) The co – opetitive strategy of a closed – loop supply chain with remanufacturing. Transp Res Part E Logist Transp Rev 48 (2): 387 – 400.

[5] Chu W, Baumann C, Hamin H, Hoadley S (2018) Adoption of environment – friendly cars: direct vis – a – vis mediated effects of government incentives and consumers' environmental concern across global car markets. J Glob Market 31 (4): 282 – 291.

[6] Dai R, Zhang J, Tang W (2017) Cartelization or cost – sharing? comparison of cooperation modes in a green supply chain. J Clean Prod 156: 159 – 173.

[7] De Giovanni P, Zaccour G (2014) A two – period game of a closed – loop supply chain. Eur J Oper Res 232 (1): 22 – 40.

[8] Dey K, Roy S, Saha S (2019) The impact of strategic inventory and procurement strategies on green product design in a two – period supply chain. Int J Prod Res. 57 (7): 1915 – 1948.

[9] Dey K, Saha S (2018) Influence of procurement decisions in two – period green supply chain. J Clean Prod 190: 388 – 402.

[10] Ferrer G, Swaminathan JM (2010) Managing new and differentiated remanufactured products. Eur J Oper Res 203 (2): 370 – 379.

[11] Gao J, Han H, Hou L, Wang H (2016) Pricing and effort decisions in a closed – loop supply chain under different channel power structures. J Clean Prod 112: 2043 – 2057.

[12] Genc TS, Giovanni De (2017) Trade – in and save: a two – period closed – loop supply chain game with price and technology dependent returns. Int J Prod Econ 183: 514 – 527.

[13] Ghezavati VR, Beigi M (2016) Solving a bi – objective mathematical model for location – routing problem with time windows in multi – echelon re-

verse logistics using metaheuristic procedure. J Ind Eng Int 12: 469 –483.

[14] Ghosh D, Shah J (2012) A comparative analysis of greening policies across supply chain structures. Int J Prod Econ 135: 568 –583.

[15] Ghosh D, Shah J (2015) Supply chain analysis under green sensitive consumer demand and cost sharing contract. Int J Prod Econ 164: 319 –329.

[16] Ghosh D, Swami S, Shah J (2020) Product greening and pricing strategies of firms under green sensitive consumer demand and environmental regulations. Ann Oper Res. 290 (1): 491 –520.

[17] Govindan K, Shankar KM, Kannan D (2016) Application of fuzzy analytic network process for barrier evaluation in automotive parts remanufacturing towards cleaner production e a study in an Indian scenario. J Clean Prod 114: 199 –213.

[18] Govindan K, Soleimani H, Kannan D (2015) Reverse logistics and closed – loop supply chain: a comprehensive review to explore the future. Eur J Oper Res 240 (3): 603 –626.

[19] Guo J, Gao Y (2015) Optimal strategies for manufacturing/remanufacturing system with the consideration of recycled products. Comput Ind Eng 89: 226 –234.

[20] Guo J, He L, Gen M (2019) Optimal strategies for the closed – loop supply chain with the consideration of supply disruption and subsidy policy. Comput Ind Eng. 128: 886 –893.

[21] Harder A, Beard E (2016) Energy efficient lighting. www. ncsl. org/research/energy/energy – efficient – lighting. aspx.

[22] Heydari J, Govindan K, Jafari A (2017) Reverse and closed loop supply chain coordination by considering government role. Transp Res Part D Transp Environ 52: 379 –398.

[23] Hong Z, Guo X (2019) Green product supply chain contracts considering environmental responsibilities. Omega 83: 155 –166.

[24] Hong X, Wang Z, Wang D, Zhang H (2013) Decision models of closed – loop supply chain with remanufacturing under hybrid dual – channel collection. Int J Adv Manuf Technol 68: 1851 –1865.

[25] Houde S, Aldy JE (2014) Belt and suspenders and more: the incremental impact of energy efficiency subsidies in the presence of existing policy instruments. https: //heep. hks. harvard. edu/.

[26] Huang M, Song M, Lee L, Ching WK (2013) Analysis for strategy of closed – loop supply chain with dual recycling channel. Int J Prod Econ 144: 510 –520.

[27] Iino F, Lim A (2010) Developing Asias competitive advantage in green products: Learning from the Japanese experience. ADBI Working Paper 228. Tokyo: Asian Development Bank Institute. www. adbi. org/workingpaper/2010/07/09/3934. asia. advantage. green. prod. japan. experience/.

[28] Jabbour JC, Jabbour A, Govindan K, Freitas T, Soubihia D, Kannan D, Latan H (2016) Barriers to the adoption of green operational practices at Brazilian companies: effects on green and operational performance. Int J Prod Res 54 (10): 3042 –3058.

[29] Jamali MB, Rasti – Barzoki M (2018) A game theoretic approach for green and non – green product pricing in chain – to – chain competitive sustainable and regular dual – channel supply chains. J Clean Prod 170: 1029 –1043.

[30] Jayaraman V (2006) Production planning for closed – loop supply chains with product recovery and reuse: an analytical approach. Int J Prod Res 44 (5): 981 –998.

[31] Jena SK, Sarmah SP, Padhi SS (2018) Impact of government incentive on price competition of closed – loop supply chain systems. INFOR: Inf Syst Oper Res 56 (2): 192 –224.

[32] Kumar S, Putnam V (2008) Cradle to cradle: reverse logistics strategies and opportunities across three industry sectors. Int J Prod Econ 115 (2): 305 –315.

[33] Li B, Zhu M, Jiang Y, Li Z (2016) Pricing policies of a competitive dual – channel green supply chain. J Clean Prod 112: 2029 –2042.

[34] Liu C, Xia G (2018) Research on the dynamic interrelationship among R&D investment, technological innovation and economic growth in China. Sustainability 10 (11): 4260.

[35] Lu J (2017) Comparing U. S. and Chinese electric vehicle policies. Environmental and Energy Study Institute. www. eesi. org/articles/view/comparing – u. s. – and – chinese – electric – vehicle – policies.

[36] Ma WM, Zhao Z, Ke H (2013) Dual – channel closed – loop supply chain with government consumption – subsidy. Eur J Oper Res 226: 221 –227.

[37] Mannberg A, Jansson J, Pettersson T, Brnnlund R, Lindgren U

(2014) Do tax incentives affect households' adoption of 'green' cars? A panel study of the Stockholm congestion tax. Energy Policy. 74: 286 – 299.

[38] Martin E (2019) 14 companies that recycle their own products. www. goodhousekeeping. com/uk/ consumer – advice/consumer – rights/a25915660/ brands – that – recycle – products/.

[39] Mitra S, Webster S (2008) Competition in remanufacturing and the effects of government subsidies. Int J Prod Econ 111: 287 – 298.

[40] Modak NM, Panda S, Sana SS (2016) Two – echelon supply chain coordination among manufacturer and duopolies retailers with recycling facility. Int J Adv Manuf Technol 87: 1531 – 1546.

[41] Nam CW (2012) Corporate tax incentives for R&D investment in OECD countries. Int Econ J 26 (1): 69 – 84.

[42] Nielsen I, Majumder S, Saha S (2019a) Exploring the intervention of intermediary in a green supply chain. J Clean Prod 233: 1525 – 1544.

[43] Nielsen I, Majumder S, Sana SS, Saha S (2019b) Comparative analysis of government incentives and game structures on single and two – period green supply chain. J Clean Prod 235 (20): 1371 – 1398.

[44] Patra P (2018) Distribution of profit in a smart phone supply chain under Green sensitive consumer demand. J Clean Prod 192: 608 – 620.

[45] Rezaee MJ, Yousefi S, Hayati J (2017) A multi – objective model for closed – loop supply chain optimization and efficient supplier selection in a competitive environment considering quantity discount policy. J Ind Eng Int 13: 199 – 213.

[46] Saha S, Sarmah SP, Moon I (2016) Dual channel closed – loop supply chain coordination with a reward – driven remanufacturing policy. Int J Prod Res 54 (5): 1503 – 1517.

[47] Savaskan RC, Bhattacharya S, Van Wassenhove LN (2004) Closed – loop supply chain models with product remanufacturing. Manage Sci 50 (2): 239 – 252.

[48] Shishebori D, Babadi AY (2018) Designing a capacitated multi – configuration logistics network under disturbances and parameter uncertainty: a real – world case of a drug supply chain. J Ind Eng Int 14: 65 – 85.

[49] Shu T, Peng Z, Chen S, Wang S, Lai KK, Yang H (2017) Government Subsidy for remanufacturing or carbon tax rebate: which is better

for firms and a low – carbon economy. Sustainability 9 (1): 156.

[50] Sinayi M, Rasti – Barzoki M (2018) A game theoretic approach for pricing, greening, and social welfare policies in a supply chain with government intervention. J Clean Prod 196 (2018): 1443 – 1458.

[51] Song H, Gao X (2018) Green supply chain game model and analysis under revenue – sharing contract. J Clean Prod 170: 183 – 192.

[52] Swami S, Shah J (2013) Channel coordination in green supply chain management. J Oper Res Soc 64: 336 – 351.

[53] Taleizadeh AA, Alizadeh – Basban N, Niaki ATA (2019) A closed – loop supply chain considering carbon reduction, quality improvement effort, and return policy under two remanufacturing scenarios. J Clean Prod 232: 1230 – 1250.

[54] Taleizadeh AA, Sane – Zerang E, Choi TM (2016) The effect of marketing effort on dual – channel closed – loop supply chain systems. IEEE Trans Syst Man Cybern Syst 99: 1 – 12.

[55] Taleizadeh AA, Moshtagh MS, Moon I (2018) Pricing, product quality, and collection optimization in a decentralized closed – loop supply chain with different channel structures: game theoretical approach. J Clean Prod 189: 406 – 431.

[56] Tighazoui A, Turki S, Sauvey C (2019) Optimal design of a manufacturing – remanufacturing – transport system within a reverse logistics chain. Int J Adv Manuf Technol 101 (5 – 8): 1773 – 1791.

[57] Vozza S (2018) Sustainability in retail: what it looks like and why it matters for your business. www. shopify. com/retail/sustainability – in – retail – what – it – looks – like – and – why – it – matters.

[58] Wang Y, Chang X, Chen Z, Zhong Y, Fan T (2014) Impact of subsidy policies on recycling and remanufacturing using system dynamics methodology: a case of auto parts in China. J Clean Prod 74: 161 – 171.

[59] Wang W, Ding J, Sun H (2018) Reward – penalty mechanism for a two – period closed – loop supply Chain. J Clean Prod 203: 898 – 917.

[60] Wei S, Cheng D, Sundin E, Tang O (2015) Motives and barriers of the remanufacturing industry in China. J Clean Prod 94: 340 – 351.

[61] Xie G (2016) Cooperative strategies for sustainability in a decentralized supply chain with competing suppliers. J Clean Prod 113: 807 – 821.

[62] Yang D, Xiao T (2017) Pricing and green level decisions of a green supply chain with governmental interventions under fuzzy uncertainties. J Clean Prod 149: 1174 - 1187.

[63] Yang Z, Slowik P, Lutsey N, Searle S (2016) Principles for effective electric vehicle incentive design. https://theicct.org/sites/default/files/publications/ICCT_ IZEV - incentives - comp_ 201606.pdf.

[64] Yuan KF, Gao Y (2010) Inventory decision - making models for a closed - loop supply chain system. Int J Prod Res 48 (20): 6155 - 6187.

[65] Yu JJ, Tang CS, Shen M (2018) Improving consumer welfare and manufacturer profit via government subsidy programs: subsidizing consumers or manufacturers? Manuf Serv Oper Manag 20 (4): 752 - 766.

[66] Zheng X, Lin H, Liu Z, Li D, Llopis - Albert C, Zeng S (2018) Manufacturing decisions and government subsidies for electric vehicles in China: a maximal social welfare perspective. Sustainability. 10: 672.

本章附录

1. 情景 MT 中的最优决策

通过求解 $\frac{\partial \pi_{rm}^T}{\partial p_m^T} = a - b(2p_m^T - w_m^T) + \beta\theta_m^T = 0$，得到零售商优化问题的最优解。简化后，$p_m^T = \frac{a + bw_m^T + \beta\theta_m^T}{2b}$。零售商的利润函数是凹的，因为 $\frac{\partial^2 \pi_{rm}^T}{\partial p_m^{T2}} = -2b < 0$。代入式（11.2）中的最优响应，可得到制造商的利润函数如下：

$$\pi_{mm}^T(w_m^T, \theta_m^T, \tau_m^T) = \frac{(a - bw_m^T + \beta\theta_m^T)\{w_m^T + [c_m\delta + w_s(1-\delta) - c_r - \alpha]\tau_m^T - c_m\} - 2(1-\gamma)\theta_m^{T2}\lambda - 2\tau_m^{T2}\kappa}{2}$$

同时求解以下一阶条件以获得最优决策：

$$\frac{\partial \pi_{mm}^T}{\partial w_m^T} = a + \beta\theta_m^T + b\{c_m - 2w_m^T - [c_m\delta + w_s(1-\delta) - c_r - \alpha]\tau_m^T\} = 0$$

$$\frac{\partial \pi_{mm}^T}{\partial \tau_m^T} = (a - bw_m^T + \beta\theta_m^T)[c_m\delta + w_s(1-\delta) - c_r - \alpha] - 4\tau_m^T\kappa = 0$$

$$\frac{\partial \pi_{mm}^T}{\partial \theta_m^T} = \beta\{w_m^T + [c_m\delta + w_s(1-\delta) - c_r - \alpha]\tau_m^T - c_m\} - 4(1-\gamma)\theta_m^T\lambda = 0$$

求解后，得到最优决策，如命题 11.1 所示。

我们计算制造商利润函数的 Hessian 矩阵（H^T）如下：

$$H^T=\begin{bmatrix}\frac{\partial^2\pi_{mm}^T}{\partial w_m^{T2}} & \frac{\partial^2\pi_{mm}^T}{\partial w_m^T\partial\tau_m^T} & \frac{\partial^2\pi_{mm}^T}{\partial w_m^T\partial\theta_m^T}\\ \frac{\partial^2\pi_{mm}^T}{\partial w_m^T\partial\tau_m^T} & \frac{\partial^2\pi_{mm}^T}{\partial\tau_m^{T2}} & \frac{\partial^2\pi_{mm}^T}{\partial\tau_m^T\partial\theta_m^T}\\ \frac{\partial^2\pi_{mm}^T}{\partial w_m^T\partial\theta_m^T} & \frac{\partial^2\pi_{mm}^T}{\partial\tau_m^T\partial\theta_m^T} & \frac{\partial^2\pi_{mm}^T}{\partial\theta_m^{T2}}\end{bmatrix}=\begin{bmatrix}-b & -\frac{bM}{2} & \frac{\beta}{2}\\ -\frac{bM}{2} & -2\kappa & \frac{\beta M}{2}\\ \frac{\beta}{2} & \frac{\beta M}{2} & -2(1-\gamma)\lambda\end{bmatrix}$$

上述 Hessian 矩阵的主子式值分别为 $H_1^T=-b<0$；$H_2^T=\frac{b(8\kappa-bM^2)}{4}>0$ 和 $H_3^T=-\frac{b(1-\gamma)\lambda(8\kappa-bM^2)-\beta^2\kappa}{2}<0$，其中，$M=c_m\delta+w_s(1-\delta)-c_r-\alpha$。因此，如果 $\Delta_1=b(1-\gamma)\lambda(8\kappa-bM^2)-\beta^2\kappa>0$，则制造商的利润函数也是凹的。

2. 情景 RT 中的最优决策

通过同时求解以下方程，可以得到制造商优化问题的最优决策：

$$\frac{\partial\pi_{mr}^T}{\partial w_r^T}=a+\beta\theta_r^T+b(c_m-m_r^T-2w_r^T-M\tau_r^T)=0$$

$$\frac{\partial\pi_{mr}^T}{\partial\tau_r^T}=[a-b(m_r^T+w_r^T)+\beta\theta_r^T]M-2\kappa\tau_r^T=0$$

$$\frac{\partial\pi_{mr}^T}{\partial\theta_r^T}=\beta(w_r^T+M\tau_r^T-c_m)-2(1-\gamma)\theta_r^T\lambda=0$$

求解后得到以下解：

$$w_r^T=\frac{(2\kappa-bM^2)\{2[a+b(c_m-m_r^T)](1-\gamma)\lambda-c_m\beta^2\}-bc_mM^2[\beta^2-2b(1-\gamma)\lambda]}{2[b(1-\gamma)(4\kappa-bM^2)\lambda-\beta^2\kappa]}$$

$$\tau_r^T=\frac{b[a-b(c_m+m_r^T)]M(1-\gamma)\lambda}{b(1-\gamma)(4\kappa-bM^2)\lambda-\beta^2\kappa}$$

$$\theta_r^T=\frac{[a-b(c_m+m_r^T)]\beta\kappa}{b(1-\gamma)(4\kappa-bM^2)\lambda-\beta^2\kappa}$$

计算零售商优化问题的 Hessian 矩阵（H^T），如下：

$$H^T=\begin{bmatrix}\frac{\partial^2\pi_{mr}^T}{\partial w_r^{T2}} & \frac{\partial^2\pi_{mr}^T}{\partial w_r^T\partial\tau_r^T} & \frac{\partial^2\pi_{mr}^T}{\partial w_r^T\partial\theta_r^T}\\ \frac{\partial^2\pi_{mr}^T}{\partial w_r^T\partial\tau_r^T} & \frac{\partial^2\pi_{mr}^T}{\partial\tau_r^{T2}} & \frac{\partial^2\pi_{mr}^T}{\partial\tau_r^T\partial\theta_r^T}\\ \frac{\partial^2\pi_{mr}^T}{\partial w_r^T\partial\theta_r^T} & \frac{\partial^2\pi_{mr}^T}{\partial\tau_r^T\partial\theta_r^T} & \frac{\partial^2\pi_{mr}^T}{\partial\theta_r^{T2}}\end{bmatrix}=\begin{bmatrix}-2b & -bM & \beta\\ -bM & -2\kappa & \beta M\\ \beta & \beta M & -2(1-\gamma)\lambda\end{bmatrix}$$

主子式值分别为 $H_1^T=-2b<0$、$H_2^T=b(4\kappa-bM^2)>0$ 和 $H_3^T=2[b(1-\gamma)\lambda(4\kappa-bM^2)-\beta^2\kappa]$。因此，如果 $\Delta_2=b(1-\gamma)\lambda(4\kappa-bM^2)-\beta^2\kappa>0$，则制造商的利润函数是凹的。

代入最优响应，零售商的利润函数为 $\pi_{rr}^T(m_r^T)=\dfrac{2bm_r^T[a-b(c_m+m_r^T)](1-\gamma)\kappa\lambda}{b(1-\gamma)(4\kappa-bM^2)\lambda-\beta^2\kappa}$。因此，需要求解 $\dfrac{\partial\pi_r^T}{\partial m_r^T}=\dfrac{2b[a-b(c_m+2m_r^T)](1-\gamma)\kappa\lambda}{b(1-\gamma)(4\kappa-bM^2)\lambda-\beta^2\kappa}=0$，以获得最佳决策。简化后，得到 $m_r^T=\dfrac{a-bc_m}{2b}$。零售商的利润函数是凹的，因为 $\dfrac{\partial^2\pi_r^T}{\partial m_r^{T2}}=-\dfrac{4b^2(1-\gamma)\kappa\lambda}{\Delta_2}<0$。通过使用反向代换，得到命题 11.2 中提出的最优决策。

3. 没有政府激励下的最佳决策

命题 A.1 情景 MN 中的最优决策如下：

$$w_m^N=\frac{[4(a+bc_m)\lambda-c_m\beta^2]\kappa-abM^2\lambda}{\Delta_5}$$

$$p_m^N=\frac{[2(3a+bc_m)\lambda-c_m\beta^2]\kappa-abM^2\lambda}{\Delta_5}$$

$$\theta_m^N=\frac{(a-bc_m)\beta\kappa}{\Delta_5}$$

$$\tau_m^N=\frac{b(a-bc_m)M\lambda}{\Delta_5}$$

$$\pi_{rm}^N=\frac{4b(a-bc_m)^2\lambda^2\kappa^2}{\Delta_5^2}$$

$$\pi_{mm}^N=\frac{(a-bc_m)^2\lambda\kappa}{\Delta_5}$$

$$Q_m^T=\frac{2b(a-bc_m)\lambda\kappa}{\Delta_5}$$

其中，$\Delta_5=b\lambda(8\kappa-bM^2)-\beta^2\kappa$。

命题 A.2 情景 RN 中的最优决策如下：

$$w_r^N=\frac{2[(a+3bc_m)\lambda-c_m\beta^2]\kappa-(a+bc_m)bM^2\lambda}{2\Delta_6}$$

$$p_r^N=\frac{a[2b(3\kappa-bM^2)\lambda-\beta^2\kappa]+bc_m\kappa(2b\lambda-\beta^2)}{2\Delta_6}$$

$$\theta_r^N=\frac{(a-bc_m)\beta\kappa}{2\Delta_6}$$

$$\tau_r^N=\frac{b(a-bc_m)M\lambda}{2\Delta_6}$$

$$\pi_{rr}^N=\frac{(a-bc_m)^2\lambda\kappa}{2\Delta_6}$$

$$\pi_{mr}^N=\frac{(a-bc_m)^2\lambda\kappa}{4\Delta_6}$$

$$Q_r^N=\frac{b(a-bc_m)\lambda\kappa}{\Delta_6}$$

其中，$\Delta_6=b\lambda(4\kappa-bM^2)-\beta^2\kappa$。

4. 有激励和无激励的利润差异

以下不等式确保了闭环供应链成员的利润在存在激励措施的情况下总是更高：

$$\pi_{rm}^T-\pi_{rm}^N=\frac{(a-bc_m)^2\beta^2\gamma\kappa^2\lambda}{\Delta_1\Delta_5}>0$$

$$\pi_{mr}^T-\pi_{mr}^N=\frac{(a-bc_m)^2\beta^2\gamma\kappa^2\lambda}{4\Delta_2\Delta_6}>0$$

$$\pi_{rm}^T-\pi_{rm}^N=\frac{4b\ (a-bc_m)^2\beta^2\gamma\kappa^3\lambda^2(2\Delta_1+\beta^2\gamma\kappa)}{\Delta_1^2\ \Delta_5^{\ 2}}>0$$

$$\pi_{rr}^T-\pi_{rr}^N=\frac{(a-bc_m)^2\beta^2\gamma\kappa^2\lambda}{2\Delta_2\Delta_6}>0$$

$$\pi_{rm}^C-\pi_{rm}^N=\frac{b\kappa\lambda[(a-bc_m)^2\kappa\rho(2\beta+b\rho)+2(a-bc_m)\Delta_5\rho_0+b\Delta_5\rho_0^2]}{\Delta_3\Delta_5}>0$$

$$\pi_{mr}^C-\pi_{mr}^N=\frac{b\kappa\lambda[(a-bc_m)^2\kappa\rho(2\beta+b\rho)+2(a-bc_m)\Delta_6\rho_0+b\Delta_6\rho_0^2]}{4\Delta_4\Delta_6}>0$$

$$\pi_{rm}^C-\pi_{rm}^N=$$

$$\frac{4b^2\kappa^2\lambda^2[(a-bc_m)\kappa\rho(2\beta+b\rho)+\Delta_5\rho_0]\{(a-bc_m)[2\Delta_5-b\kappa\rho(2\beta+b\rho)]+b\Delta_5\rho_0\}}{\Delta_3\ \Delta_5^2}>0$$

$$\pi_{rr}^C-\pi_{rr}^N=\frac{b\kappa\lambda[(a-bc_m)^2\kappa\rho(2\beta+b\rho)+2(a-bc_m)\Delta_6\rho_0+b\Delta_6\rho_0^2]}{2\Delta_4\Delta_6}>0$$

5. 定理 11.3 的证明

情景 MT 和 MC 中的最佳绿色化水平分别为 $\theta_m^T=\dfrac{(a-bc_m)\beta\kappa}{\Delta_1}$和

$\theta_m^C=\dfrac{[a-b(c_m-\rho_0)](\beta+b\rho)\kappa}{\Delta_3}$。因此，如果 $\lambda=$

$\dfrac{[(a-bc_m)\rho-\beta\rho_0](\beta+b\rho)\beta\kappa}{\{(a-bc_m)[\beta\gamma-b\rho(1-\gamma)]-b(\beta+b\rho)(1-\gamma)\rho_0\}(8\kappa-bM^2)}(=\lambda_1)$，则

绿色化水平相等。现在，情景 MT 和 MC 中闭环供应链成员的利润、回报率、消费者剩余和环境改善之间的差异如下：

$$\pi_{mm}^{C}\big|_{\lambda=\lambda_1}-\pi_{mm}^{T}\big|_{\lambda=\lambda_1}=\frac{[(a-bc_m)\rho-\beta\rho_0]\{(a-bc_m)[\beta\gamma-b\rho(1-\gamma)]+b\beta\rho_0\}\kappa}{(8\kappa-bM^2)[(\beta+b\rho)^2(1-\gamma)-\beta^2]}>0$$

$$\pi_{rm}^{C}\big|_{\lambda=\lambda_1}-\pi_{rm}^{T}\big|_{\lambda=\lambda_1}=\frac{4[(a-bc_m)\rho-\beta\rho_0]^2[\beta^2-(\beta+b\rho)^2(1-\gamma)^2]b\kappa^2}{(8\kappa-bM^2)^2[(\beta+b\rho)^2(1-\gamma)-\beta^2]^2}>0$$,如果

$$\gamma>\frac{b\rho}{\beta+b\rho}$$

$$\tau_{m}^{C}\big|_{\lambda=\lambda_1}-\tau_{m}^{T}\big|_{\lambda=\lambda_1}=\frac{[(a-bc_m)\rho-\beta\rho_0][\beta\gamma-b\rho(1-\gamma)]bM}{(8\kappa-bM^2)[(\beta+b\rho)^2(1-\gamma)-\beta^2]}>0$$,如果

$$\gamma>\frac{b\rho}{\beta+b\rho}$$

$$CS^{MC}\big|_{\lambda=\lambda_1}-CS^{MT}\big|_{\lambda=\lambda_1}=\frac{2[(a-bc_m)\rho-\beta\rho_0]^2[\beta^2-(\beta+b\rho)^2(1-\gamma)^2]b^3\kappa^2}{(8\kappa-bM^2)^2[(\beta+b\rho)^2(1-\gamma)-\beta^2]^2}>0,$$

如果 $\gamma>\dfrac{b\rho}{\beta+b\rho}$

$$EI^{MT}\big|_{\lambda=\lambda_1}-EI^{MC}\big|_{\lambda=\lambda_1}=\frac{\begin{array}{c}2[(a-bc_m)\rho-\beta\rho_0]^2\{(a-bc_m)[\beta-(\beta+b\rho)(1-\gamma)]-\\ b(\beta+b\rho)(1-\gamma)\rho_0\}(\beta+b\rho)[b(1-\gamma)\rho-\beta\gamma]b^2\gamma\kappa\end{array}}{\begin{array}{c}(8\kappa-bM^2)\{(a-bc_m)[\beta^2\gamma-b\beta(2-\gamma)\rho-b^2\rho^2]+b\beta\gamma(\beta+b\rho)\rho_0\}\\ [\beta^2-(\beta+b\rho)^2(1-\gamma)]^2\end{array}}>0$$

如果 $\gamma\in\left\{\dfrac{b\rho}{\beta+b\rho},\dfrac{b[(a-bc_m)\rho+(\beta+b\rho)\rho_0]}{[a-b(c_m-\rho_0)](\beta+b\rho)}\right\}$

该定理得到了证明。

6. 定理 11.4 的证明

情景 RT 和 RC 中的最佳绿色化水平分别为 $\theta_r^T=\dfrac{(a-bc_m)\beta\kappa}{2\Delta_2}$ 和 $\theta_r^C=\dfrac{[a-b(c_m-\rho_0)](\beta+b\rho)\kappa}{2\Delta_4}$；

如果 $\lambda=\dfrac{[(a-bc_m)\rho-\beta\rho_0](\beta+b\rho)\beta\kappa}{\{(a-bc_m)[\beta\gamma-b\rho(1-\gamma)]-b(1-\gamma)(\beta+b\rho)\rho_0\}(4\kappa-bM^2)}$ $(=\lambda_2)$。因此，情景 RT 和 RC 中闭环供应链成员的利润、回报率、消费者剩余和环境改善之间的差异如下：

$$\pi_{mr}^{C}\big|_{\lambda=\lambda_2}-\pi_{mr}^{T}\big|_{\lambda=\lambda_2}=\frac{[(a-bc_m)\rho-\beta\rho_0]\{(a-bc_m)[\beta\gamma-b\rho(1-\gamma)]+b\beta\rho_0\}\kappa}{4(4\kappa-bM^2)[(\beta+b\rho)^2(1-\gamma)-\beta^2]}>0$$

$$\pi_{rr}^{C}\mid_{\lambda=\lambda_2}-\pi_{rr}^{T}\mid_{\lambda=\lambda_2}=\frac{[(a-bc_m)\rho-\beta\rho_0]\{(a-bc_m)[\beta\gamma-b\rho(1-\gamma)]+b\beta\rho_0\}\kappa}{2(4\kappa-bM^2)[(\beta+b\rho)^2(1-\gamma)-\beta^2]}>0$$

$$\tau_{r}^{C}\mid_{\lambda=\lambda_2}-\tau_{r}^{T}\mid_{\lambda=\lambda_2}=\frac{[(a-bc_m)\rho-\beta\rho_0][\beta\gamma-b\rho(1-\gamma)]bM}{2(4\kappa-bM^2)[(\beta+b\rho)^2(1-\gamma)-\beta^2]}>0$$，如果 $\gamma>\frac{b\rho}{(\beta+b\rho)}$

$$CS^{RC}\mid_{\lambda=\lambda_2}-CS^{RT}\mid_{\lambda=\lambda_2}=\frac{[(a-bc_m)\rho-\beta\rho_0]^2[\beta^2-(\beta+b\rho)^2(1-\gamma)^2]b^3\kappa^2}{2(4\kappa-bM^2)^2[(\beta+b\rho)^2(1-\gamma)-\beta^2]^2}$$

>0，如果 $\gamma>\frac{b\rho}{(\beta+b\rho)}$

$$EI^{RT}\mid_{\lambda=\lambda_2}-EI^{RC}\mid_{\lambda=\lambda_2}$$

$$=\frac{[(a-bc_m)\rho-\beta\rho_0]^2\{(a-bc_m)[\beta\gamma-b\rho(1-\gamma)]-b(\beta+b\rho)(1-\gamma)\rho_0\}(\beta+b\rho)[\beta\gamma-b(1-\gamma)\rho]b^2\gamma\kappa}{2\{(a-bc_m)[\beta^2\gamma-b\beta(2-\gamma)\rho-b^2\rho^2]+b\beta\gamma(\beta+b\rho)\rho_0\}(4\kappa-bM^2)[(\beta+b\rho)^2(1-\gamma)-\beta^2]^2}>0$$

如果 $\gamma\in\left\{\frac{b\rho}{\beta+b\rho},\frac{b[(a-bc_m)\rho+(\beta+b\rho)\rho_0]}{[a-b(c_m-\rho_0)](\beta+b\rho)}\right\}$

该定理得到了证明。

7. 定理 11.5 的证明

情景 MT 和 MC 中消费者的二手产品退货率分别为 $\tau_m^T=\frac{b(a-bc_m)(1-\gamma)M\lambda}{\Delta_1}$ 和 $\tau_m^C=\frac{[a-b(c_m+\rho_0)]bM\lambda}{\Delta_3}$。因此，如果 $\gamma=\frac{b[(a-bc_m)\kappa\rho(2\beta+b\rho)+b(8\kappa-bM^2)\lambda\rho_0-\beta^2\kappa\rho_0]}{(a-bc_m\lambda\rho_0)\kappa(\beta+b\rho)^2+b^2(8\kappa-bM^2)\lambda\rho_0}(=\gamma_1)$，情景 MT 和 MC 中的差异如下：

$$\pi_{mm}^{C}-\pi_{mm}^{T}\mid_{\gamma=\gamma_1}=\frac{[a-b(c_m-\rho_0)]b\kappa\lambda\rho_0}{\Delta_3}>0$$

$$\pi_{rm}^{C}-\pi_{rm}^{T}\mid_{\gamma=\gamma_1}=0$$

$$\theta_m^{T}\mid_{\gamma=\gamma_1}-\theta_m^{C}=\frac{b[(a-bc_m)\kappa\rho(\beta+b\rho)+(\Delta_5-b\beta\kappa\rho)\rho_0]}{\beta\Delta_3}>0$$

$$CS^{MC}-CS^{MT}\mid_{\gamma=\gamma_1}=0$$

$$EI^{MT}\mid_{\gamma=\gamma_1}-EI^{MC}\mid=\frac{2b^2\kappa\lambda[a-b(c_m-\rho_0)][(a-bc_m)\kappa\rho(\beta+b\rho)+(\Delta_5-b\beta\kappa\rho)\rho_0]}{\beta\Delta_3^2}>0$$

该定理得到了证明。

8. 定理 11.6 的证明

如果 $\gamma = \dfrac{b[(a-bc_m)\kappa\rho(2\beta+b\rho)+b(4\kappa-bM^2)\lambda\rho_0-\beta^2\kappa\rho_0]}{(a-bc_m\lambda\rho_0)\kappa(\beta+b\rho)^2+b^2(4\kappa-bM^2)\lambda\rho_0}(=\gamma_2)$，那么在 RT 和 RC 场景中的废弃产品回收率将是相同的。因此，RT 和 RC 场景中的差异如下：

$$\pi_{mr}^{C}-\pi_{mr}^{T}|_{\gamma=\gamma_2}=\frac{[a-b(c_m-\rho_0)]b\kappa\lambda\rho_0}{4\Delta_4}>0$$

$$\pi_{rr}^{C}-\pi_{rr}^{T}|_{\gamma=\gamma_2}=\frac{[a-b(c_m-\rho_0)]b\kappa\lambda\rho_0}{2\Delta_4}>0$$

$$\theta_r^{T}|_{\gamma=\gamma_2}-\theta_r^{C}=\frac{b[(a-bc_m)\kappa\rho(\beta+b\rho)+(\Delta_6-b\beta\kappa\rho)\rho_0]}{2\beta\Delta_4}>0$$

$$CS^{RT}|_{\gamma=\gamma_2}-CS^{RC}=0$$

$$EI^{RT}|_{\gamma=\gamma_2}-EI^{RC}=\frac{b^2\kappa\lambda[a-b(c_m-\rho_0)][(a-bc_m)\kappa\rho(\beta+b\rho)+(\Delta_6-b\beta\kappa\rho)\rho_0]}{2\beta\Delta_4^2}>0$$

该定理得到了证明。

第 12 章　碳限额与交易政策下的双渠道供应链：减排决策与碳足迹管理

环境中的碳排放增加会导致严重的物理、社会、经济和环境损害。为了维持更良好、更清洁、更绿色的生活水平，实施气候变化协议（Climate Change Agreements，CCA）、气候变化税（Climate Change Tax，CCT）、碳价支持（Carbon Price Support，CPS）、碳限额与交易（Cap - and - Trade，CAT）等具体的减排举措对国家和企业等都至关重要（Zhang 等，2018）。这些措施增加了对清洁气候行动的承诺和参与，激励了更多人的行动。它们的主要动机在于将传统系统转向各种减排实践，包括低碳生产、低碳供应链和再制造（Feng 等，2019）。在这些减排实践中，碳限额与交易受到制造商和专家的广泛关注。按照碳限额与交易政策的基本原则，政府向公司/供应链成员发放有限数量的年度许可证，允许他们排放一定量的二氧化碳。这个年度允许的碳排放量被称为排放“上限”。如果公司的排放量低于允许的许可证，多余的配额可以转售或“交易”给其他公司（Jiang 等，2016）。如果一家公司减少了排放量，那么未使用的配额可以用来满足未来需求，也可以出售给另一家公司（Chen 等，2018）。该公司还可以购买来自世界各地减排项目的有限数量的国际信用额度（Hosseini - Motlagh 等，2019）。然而，政府每年都会取消一部分许可证，并提高剩余许可证的价格，以减少总的排放量（Das 和 Shaw，2017）。昂贵的许可证最终鼓励公司采用新的低污染技术。正如预期的那样，市场上许可证的大量出售导致许可证价格下降（Chesney 等，2016）。因此，对清洁技术的投资变得比购买额外的许可证更为经济。在这个阶段，政府提供计划、政策和激励措施，以促进清洁替代品的设计、开发和分销（Xu 等，2018）。控制碳排放的前两个方面是设计、开发/修改，这需要大量的资金。例如，格力电器公司（位于中国珠海）投资近 10 亿元人民币用于推动其技术，设计和开发节能产品（Han 和 Wang，2018）。控制碳排放的第三个方面是减少分销过程中的排放，这可能比前两个方面更直接。

清晰定义的供应链活动可以大幅减少排放。如今，随着送货上门服务、广泛的搜索选项、灵活的支付和购买方式的普及，消费者越来越倾向于使用电子渠道进行购物。此外，电子商务正在迅速成为一种更环保和可持续的分销系统（VanLoon 等，2015）。Siikavirta 等（2002）解释了电子杂货店送货上门服务如何降低温室气体排放的现象。现在，衡量电子商务生态效率的重要议题是碳足迹。电子商务很快成为减少碳排放的一种可能方式，并为许多其他潜在好处打开了大门。贝恩咨询的分析表明，将每笔电子商务交易的平均购买商品数量增加一倍并取消分散发货，将使每件商品的平均排放量减少 30%，并将运输成本降低 50% 以上（Cheris 等，2017）。超过一半的世界 500 强公司正在努力减少温室气体排放，其中就包括不断增长的 B2B 市场。一些公司已经开放了他们的在线渠道（如 ZARA），还有一些公司则与第三方电子销售商（如亚马逊）及其传统零售渠道进行了协调，以应对进步并获得环境效益（Yan 等，2016a）。这使由传统零售和电子零售组成的双渠道基础形成。此后，相当大的细分市场开始采用双重销售实践，以同时利用这两种销售模式（Khouja 和 Wang，2010）。

在意识到减排政策的必要性和电子商务发展的基础上，本章将这两个原则纳入研究范畴。为了衡量和控制双渠道供应链的碳排放，首要任务是分析双渠道供应链网络结构（Wang 等，2018）。根据 Stackelberg 博弈模型，制造商可以选择 5 种不同的双渠道供应链网络结构。这包括制造商主导的垂直整合双渠道供应链（VI - DSC）、分散的双渠道供应链（DC - DSC）、部分整合的零售双渠道供应链（PIR - DSC）、部分整合的直销双渠道供应链（PID - DSC）和横向整合的双渠道供应链（HI - DSC）（Pathak 等，2020）。这种由制造商主导的双渠道供应链网络结构的详细分析使研究更贴近实际情况。在可选的双渠道网络结构中，制造商选择最适合的网络结构，但这需要预先进行专业的分析和网络设计，这需要时间和成本。在这个阶段，数学模型有助于解决问题，提供不同网络结构之间的比较分析，并为未来战略的准备提供方向，即使在没有实际实施的情况下也可以做到这一点。

本章接下来的内容是：12.1 节简要介绍了相关文献。12.2 节详细介绍了模型构建及其解决方案。12.3 节说明了碳排放配额和碳排放水平对批发价格、销售价格、减排率和需求的影响。12.4 节为政府机构和双重成员提供了管理见解。最后，12.5 节总结了研究结果，并指出了局限性，同时探讨了未来研究的可能方向。

12.1 相关理论与文献综述

本部分回顾了相关研究，以凸显本章的研究贡献。

12.1.1 双渠道供应链的环境问题

随着电子技术的不断进步，制造商和研究人员开始研究影响双渠道各个方面的因素。这些因素包括搭便车（He 等，2016）、合作广告（Zhou 等，2018）、风险分担（Li 等，2016）、碳排放（Chen 等，2018）、退货和退款政策（Zhang 等，2019）、回购政策（Pathak 等，2019）以及定价和库存政策（Batarfi 等，2019）。尽管双渠道的各个方面都得到了充分研究，但在碳排放实践方面仍有待深入探讨，其中，政策扮演着至关重要的角色。Matthews 等（2002）对各个城市和农村地区的电子零售和传统零售渠道的能源消耗进行了比较统计。他们的研究重点是人口稠密的城市地区，在这些地区，传统零售渠道消耗了更多的能源，并排放了更多的碳。相比之下，电子零售渠道的碳排放量较低。VanLoon 等（2015）建立了一个框架来分析传统零售和电子零售活动的碳排放情况。根据他们的研究结果，随着消费者对电子渠道和低碳经济的接受程度的增加，电子渠道可以降低碳排放。He 等（2016）探讨了消费者搭便车行为和电子商务税收对双渠道供应链碳排放的影响，结果显示，搭便车行为的存在会增加碳排放。

尽管如此，政府对电子零售商征收电子商务税可以减少碳排放和完全搭便车。Dai 等（2017）进行了关于碳税和碳配额补贴政策下双重供应链价格决策模型的研究。他们考察了这些政策对供应链的影响，包括混乱和熵。研究结果证明了碳税和碳配额补贴政策的潜在益处。Xu 等（2018）提出了一个基于双重供应链的联合减排基本原理模型，并确定了集中式和分散式双渠道的最优均衡策略，对比了合作广告合同和减排成本分摊合同，以制定最佳定价决策。Xu 等（2018）还提出了一个单对偶 Stackelberg 博弈模型，用于优化定价、碳排放和利润决策。该研究指出，价格和利润受到消费者的低碳敏感度、碳价格和渠道偏好的影响。

12.1.2 碳限额与交易政策下的供应链管理

到 2030 年，全球碳排放量需削减一半，以避免气候变化所带来的不利影响。全球气候变暖的威胁促使学者、企业家和政府部门致力于推行低碳政策。研究人员将他们的兴趣集中在低碳政策上，并通过衡量对渠道决策变量的影响来实现最佳定价和利润（Wang 和 Sun，2019）、碳排放（He 等，2016）、低碳偏好（Yang 等，2018b）、意识（Han 和 Wang，2018）、补贴和税收（Miao 等，2018）、再制造（Taleizadeh 等，2019）、仓库和库存管理（Jiang 等，2016）。Das 等（2020）发展了供应链网络模型，专注于减少碳足迹。他们的研究强调了碳足迹不能完全转化为可持续供应链的概念，可持续性的实现需要考虑其他因素，如水足迹、固体废物和社会因素。Wang 等（2018）研究了碳行动跟踪器（Carbon Action Tracker）监管对组织运营、生产计划和减排计划的影响。他们观察到，在实施碳行动跟踪器政策和提升消费者低碳偏好后，碳排放量有所减少。Das 和 Shaw（2017）在考虑各种碳排放和社会因素之后提出了一种不确定网络设计模型，以最小化供应链导向的总成本。Yang 等（2018b 年）构建了两个包含再制造和不包含再制造的双渠道供应链模型，以实现最佳的碳排放水平。Xu 等（2018）根据碳限额与交易政策为集中式和分散式双渠道供应链制定了收入分享合同，以协调制造商和零售商之间的利益。Taleizadeh 等（2019）结合碳排放与再制造实践，研究了供应链设计、碳减排和质量改进对回报政策的影响。研究结果显示，采用再制造策略不仅能够降低碳排放，而且给制造商和零售商带来了可观的经济效益。Memari 等（2018）介绍了碳定价（碳税）和限额与交易政策下的多期生物能源供应链规划模型。Yang 等（2018a）开发了一个 Stackelberg 双重模型，观察制造商的渠道选择和减排决策。他们的研究发现，碳限额与交易法规推动了消费者对低碳偏好的重视，从而促使制造商降低排放率。

12.1.3 文献述评

双渠道供应链减排的分析在双渠道供应链的环境问题和碳限额与交易政策下的供应链管理两个方面均有涉及。本研究对碳限额与交易政策在供应链管理中的分析取得了显著进展，但需要分别考虑这两个方面。尽管如此，许多研究人员在他们的研究中将这两个方面结合起来，以开发集中式、分散式和各种 Stackelberg 主导的博弈模型。然而，在实际的双渠道供应链实践中，分散式模型可以进一步细分为由制造商主导的五种双渠道供应链网络结构，包括 VI－DSC、DC－DSC、PID－DSC、PIR－DSC 和 HI－DSC。文献中尚未发现任何解释这五种结构在碳限额与交易政策下制造商主导的双渠道供应链网络结构的研究。这种考虑为现有研究增添了新颖性。本研究通过监测碳排放配额和碳排放水平对决策参数的影响，以及捕捉客户渠道偏好对最优价格和减排率的影响，在双渠道供应链减排方面取得了创新性进步。这些结果可以进一步用作学术研究、实业家或政府机构的决策工具。

随后，本章旨在解决在五种双渠道供应链网络结构下实施碳限额与交易策略时所面临的问题。

（1）政府和渠道成员的碳许可配额如何影响 VI – DSC、DC – DSC、PID – DSC、PIR – DSC 和 HI – DSC 网络结构中的决策变量（如最佳批发价、销售价格、需求和减排率）？

（2）消费者的渠道偏好将如何影响销售价格和减排率？

（3）在 VI – DSC、DC – DSC、PID – DSC、PIR – DSC 和 HI – DSC 中，制造商应该选择哪种网络，以避免在实际实施过程中浪费时间和金钱？

12.2 问题描述与模型构建

本章研究探讨了在碳限额与交易策略下，VI – DSC、DC – DSC、PID – DSC、PIR – DSC 和 HI – DSC 中的博弈论基础和优化概念。在没有市场优势或领导地位的行业中，Cournot 博弈模型的概念最为适用。相比之下，在所有成员通过保持竞争对手价格不变来决定价格时，使用的 Bertrand 模型（Yan 等，2016b）更为合适。但在双渠道供应链的情况下，制造商扮演领导者的角色。与此相对，传统零售商和电子零售商既是追随者又是竞争对手；这种情况与 Stackelberg 博弈模型非常相似。在这种情景下，Stackelberg 模型比 Cournot 和 Bertrand 博弈模型更适用，并被选为本章研究构建的模型。

12.2.1 符号

为了简化模型表述，采用表 12 – 1 的术语列表。

表 12 – 1　　术语列表

参数	
变量	含义
a	潜在市场需求（$a>0$）
ρ	消费者对电子零售渠道的偏好（$0\leq\rho\leq1$）

续表

变量	含义
$1-\rho$	消费者对传统零售渠道的偏好
α	自身价格系数（$\alpha>0$）
β	交叉价格系数（$\beta>0$）
决策变量（适用于政府）	
Q_i	单位碳配额（公吨）（双渠道供应链的总碳配额是制造商、传统零售商和电子零售商的碳配额之和）
P_e	单位碳价（元/公吨二氧化碳）
决策变量（适用于渠道成员）	
W_i	单位批发价格（元）（$i=m$ 制造商、r 传统零售商、d 电子零售商）
τ_i	减排率
P_i	每件产品的售价（元）
绩效指标	
E_i	实施减排措施前的单位碳排放水平（公吨）
E'_i	实施减排措施后的单位碳排放水平（公吨）
K	减排成本（元）（$K>0$）
F_i	排放成本（元/公吨二氧化碳）
D_i	预测需求（单位）
Π_i	赚取的利润（元）

12.2.2 模型说明

（1）需求可以表示为独立需求 a 和销售价格 P_i 这两个自变量的线性函数，因此，$D=f(a, P_i)$。电子零售渠道和传统零售渠道的需求函数如下：

$$D_d=\rho a-\alpha P_d+\beta P_r \tag{12.1}$$

$$D_r=(1-\rho)a-\alpha P_r+\beta P_d \tag{12.2}$$

总市场需求 D 由 D_r 和 D_d 组成，$D=D_r+D_d$。这是因为潜在市场需求受到品牌价值、品牌忠诚客户、市场垄断等因素的影响（Mukhopadhyay 和 Setoputro，2004）。在双渠道竞争市场中，需求会偏向价格相对较低的渠道。如式（12.1）和式（12.2）所示，自身渠道销售价格的单位增加将以消极和积极的方式影响自渠道和跨渠道的需求。α 对需求的影响比 β 更为显著（Giri 等，2017 年）。此外，为简化数学表达，我们假设需求是确定性的，并不受折扣、免费服务、促销等因素的影响。

（2）总碳排放量包括制造商（E_m）在生产实践中排放的量，以及传统零售商（E_r）和电子零售商（E_d）在运输和分销实践中排放的量。根据文献中的描述，渠道成员之间的碳排放关系为 $E_r \geqslant E_d$（Ji 等，2017）。

（3）在实施减碳技术之前，渠道成员完成的单位碳排放量表示为 E_i。而应用减排技术后的碳排放量定义为 E。减排技术所导致的排放水平降低量为 $E - E_i$。这里，τ_i 是减排率，定义为 $\tau_i =$（$E_i - E'_i$）E_i，其中，E'_i 表示应用减排技术后的单位碳排放量（Yang 等，2018a、b）。

（4）根据碳限额与交易政策，渠道成员支付的总费用包括两部分。首先是支付给政府的排放费用成本，表示为 $P_e D_i$（$E'_i - Q_i$），其中，$E'_i - Q_i$ 表示每个产品在实施减排技术后的超额排放量。第二部分成本（$K\tau_i^2$）是一次性投资成本，假设为投资成本和减排率的二次函数。对新绿色技术的投资需要更多的资金、努力和资源。所有这些成本都以 K 为单位，被视为减排的总成本。这些因素共同导致 K 值显著增加（Yang 等，2018a）。

以下方程给出了总排放成本（F_i）。

制造商 $F_m = P_e D_m[E_m(1-\tau_m) - Q_m] + K\tau_m^2$ （12.3）

传统零售商 $F_r = P_e D_r[E_r(1-\tau_r) - Q_r] + K\tau_r^2$ （12.4）

电子零售商 $F_d = P_e D_d[E_d(1-\tau_d) - Q_d] + K\tau_d^2$ （12.5）

（5）制造商生产特定产品，并将其分别批发到传统零售渠道（P_r）和电子零售渠道(P_d)(其中,$P_r > W_r$,$P_d > W_d$)。

（6）根据 Wang 等（2018）的研究，实施减排技术前后的单位生产成本和生产数量不受影响。

（7）时间是我们研究的一个关键方面。我们选择了一年作为恒定的时间框架，因为碳价格（包括税收和贸易）会随着时间的推移而变化。在确定一定时期内实现减排目标的成本后，将这些成本用于所有未来的投资决策。因此，我们根据特定时间段内的碳价格、税收、贸易、技术成本和投资回报率（ROI）优先安排，并安排资源用于支持环境改善。这项研究必须根据投资和成本的时间价值进行修订。

12.2.3 研究方法

本章使用了两阶段逆向归纳法来解决所构建的模型，并利用 Hessian 矩阵的性质来检验最优性。

逆向归纳是一个迭代过程，通过从后到前的方式分析博弈来确定最佳值。该方法首先确定作出最终决策的参与者的最优策略。接着，根据前一个参与者的行动确定倒数第二个移动的参与者的最佳动作（Aliprantis,

1999)。这个过程以倒序方式持续进行，直到达到第一个参与者的决定。在本章中，制造商被称为Stackelberg领导者，而传统零售商和电子零售商则被称为追随者，决策从追随者的一端到领导者的一端进行求解。研究使用的第二个基本原则是基于Hessian矩阵的性质和优化问题的二阶导数检验。具体而言：（a）如果矩阵的所有前导主子式都是正（或负）的，则称该矩阵为正（或负）定的，这意味着静止点为局部最小值（或最大值）；（b）如果主要主子式值均不为零，并且不满足（a）条件，则称该矩阵为不定矩阵，并且保持一个静止点为鞍点（Spring，1985）。

12.2.4 垂直整合双渠道供应链（VI－DSC）模型

在垂直整合双渠道供应链网络结构中，制造商处理电子渠道和传统零售渠道。戴尔和ZARA的双渠道供应链网络结构是垂直整合双渠道供应链的理想示例，制造商在其网站和公司网点销售产品。因为制造商的直接参与，产品直接销售给终端客户，没有中间体，所以批发价格没有任何作用。同时，制造商必须支付制造、传统零售和电子零售过程中的排放成本。传统零售和电子零售店的售价和减排率的决定由博弈领导者（制造商）选择，以实现整体利润最大化。

垂直整合双渠道供应链制造商的利润函数如下：

$$\pi_{(VI-DSC)} = P_r D_r + P_d D_d - F_m - F_r - F_d \tag{12.6}$$

为了检查利润函数式（12.6）的凹性，取关于决策变量（P_r、P_d、τ_r、τ_d 和 τ_m）的二阶偏导数，并以Hessian矩阵 H_1 的形式表示（参见本章附录）。决策变量的最优值 P_r^*、P_d^*、τ_r^*、τ_d^* 和 τ_m^* 通过求解一阶必要条件获得，参见本章附录。

12.2.5 分散式双渠道供应链（DC－DSC）模型

在分散式双渠道供应链中，制造商以批发价格向独立的电子零售商和传统零售商销售产品，而这些电子零售商和传统零售商则将产品转售给最终客户。例如，在亚马逊（电子零售商）和实体零售店销售三星和诺基亚手机。在这个情境下，作为Stackelberg模型中的领导者，制造商确定了渠道的批发价格和自渠道的潜在减排率。了解制造商的行动后，Stackelberg模型中的追随者（传统零售商和电子零售商）则作出最佳的销售和减排率决策。

分散式双渠道供应链下制造商、传统零售商和电子零售商的利润函数如下：

$$\pi_{m(DC-DSC)} = W_rD_r + W_dD_d - F_m \tag{12.7}$$

$$\pi_{r(DC-DSC)} = (P_r - W_r)D_r - F_r \tag{12.8}$$

$$\pi_{d(DC-DSC)} = (P_d - W_d)D_d - F_d \tag{12.9}$$

我们求解了利润函数式（12.8）相对于 P_r 和 τ_r 以及利润函数式（12.9）相对于 P_d 和 τ_d 的二阶偏导数，并以 Hessian 矩阵 H_2 的形式表示（见本章附录）。附录提供了通过一阶导数检验求出的 P_r^*、P_d^*、τ_r^*、τ_d^* 的最优值。利润函数式（12.7）关于 W_r、W_d 和 τ_m 的二阶偏导数，表示为 Hessian 矩阵 H_3（见本章附录）。W_r、W_d 和 τ_m 的最优值也是通过求解一阶必要条件获得的（见本章附录）。

12.2.6 部分整合的直销双渠道供应链（PID－DSC）模型

在部分整合的直销双渠道供应链中，制造商主导电子零售渠道，并向接近当地大型细分市场的传统零售商销售特定数量的产品。联想采用部分整合的直销双渠道供应链网络，通过自有的在线渠道和传统零售渠道向最终用户销售产品。作为 Stackelberg 的领导者，制造商决定电子渠道的销售价格、传统零售渠道的批发价格以及制造和电子销售实践的减排率。基于此，作为 Stackelberg 的追随者，传统零售商确定其销售价格和减排率。

部分整合的直销双渠道供应链制造商和传统零售商的利润函数如下：

$$\pi_{m(PID-DSC)} = W_rD_r + P_dD_d - F_m - F_d \tag{12.10}$$

$$\pi_{r(PID-DSC)} = (P_r - W_r)D_r - F_r \tag{12.11}$$

利润函数式（12.10）关于 P_d 和 τ_d 的二阶偏导数以及式（12.11）关于 P_r 和 τ_r 的二阶偏导数在本章附录中表示为 Hessian 矩阵 H_4。通过一阶导数检验得到唯一的最优解，如本章附录所示。式（12.10）对 W_r 和 τ_m 的二阶偏导数在本章附录中表示为 Hessian 矩阵 H_5，通过求解一阶必要条件获得的决策变量的最优值见本章附录。

12.2.7 部分整合零售双渠道供应链（PIR－DSC）模型

在部分整合零售双渠道供应链中，制造商与传统零售实践紧密相连，并通过独立的电子零售渠道满足特定需求来实现技术进步。三菱和苹果是部分整合零售双渠道供应链的典型案例，因为它们的产品在制造商拥有的零售店（例如苹果专卖店）以及独立的电子渠道（如亚马逊）销售。根据博弈顺序，制造商先确定制造和传统零售实践的减排率、传统零售渠道销售价格以及电子零售渠道批发价格。随后，追随者（电子零售商）根据制造商的决定确定电子销售价格和可能的减排率。

部分整合零售双渠道供应链制造商和电子零售商的利润函数如下：

$$\pi_{m(PIR-DSC)} = W_d D_d + P_r D_r - F_m - F_r \tag{12.12}$$

$$\pi_{d(PIR-DSC)} = (P_d - W_d) D_d - F_d \tag{12.13}$$

利润函数式（12.12）关于 P_r 和 τ_r 的二阶偏导数以及式（12.13）关于 P_d 和 τ_d 的二阶偏导数在本章附录中表示为 Hessian 矩阵 H_6。通过一阶导数检验得到唯一的最优解，如本章附录所示。式（12.12）对 W_d 和 τ_m 的二阶偏导数在本章附录中表示为 Hessian 矩阵 H_7，通过求解一阶必要条件获得的决策变量的最优值见本章附录。

12.2.8 横向整合双渠道供应链（HI－DSC）模型

在横向整合双渠道供应链中，类似于分散式双渠道供应链，制造商不直接参与最终销售实践，而是将产品销售给独立成员。这些独立成员负责传统零售和电子零售销售。Shoperstop 的供应链是横向整合双渠道供应链的一个示例，因为在 Shoperstop 的实体店和在线商店都可以购买到其制造的产品。制造商首先扮演 Stackelberg 的领导者角色，决定批发价格（$W = W_r = W_d$）和减排率，以最大化其个人利润。随后，作为 Stackelberg 的追随者，独立成员（包括传统零售商和电子零售商）确定他们的销售价格和减排率。

横向整合双渠道供应链的利润如下所示：

$$\pi_{m(HID-DSC)} = W_{r/d} Dr + W_{rd} D_d - F_m \tag{12.13}$$

$$\pi_{rd(HID-DSC)} = (P_d - W_{r/d}) D_d + (P_r - W_{r/d}) D_r - F_r - F_d \tag{12.14}$$

求利润函数式（12.13）关于决策变量$(P_r、P_d、\tau_r、\tau_d)$的二阶偏导数，并以 Hessian 矩阵 H_8 的形式表示（见本章附录）。附录也提供了通过一阶导数检验求出的 P_r^*、P_d^*、τ_r^*、τ_d^* 的最优值。式（12.14）对 W 和 τ_m 的二阶偏导数在本章附录中表示为 Hessian 矩阵 H_9，通过求解一阶必要条件获得的决策变量的最优值见本章附录。

12.3 理论分析

本节描述了碳排放配额（Q_i）和碳排放水平（E_i）对最佳需求（D_i^*）、减排率（τ_i^*）、批发价格（W_i^*）和销售价格（P_i^*）的影响。

12.3.1 碳排放配额的影响

随着政府减少碳排放许可（配额）并对渠道成员实施严格的排放法

规，他们的环境责任、投资和减排努力受到影响。同时，最佳批发价格、销售价格和需求也呈现出明显的变化，这将在推论 12.1 至推论 12.4 中进行解释。

推论 12.1 对于所有双渠道供应链网络结构，碳排放配额对售价的影响可以通过以下公式表示：

（a） $\frac{\partial P_r^*}{\partial Q_m}<0$，$\frac{\partial P_d^*}{\partial Q_m}<0$

（b） $\frac{\partial P_r^*}{\partial Q_r}<0$，$\frac{\partial P_d^*}{\partial Q_r}<0$

（c） $\frac{\partial P_r^*}{\partial Q_d}<0$，$\frac{\partial P_d^*}{\partial Q_d}<0$

（d） $\frac{\partial P_r^*}{\partial Q_r}<\frac{\partial P_d^*}{\partial Q_r}$，$\frac{\partial P_d^*}{\partial Q_d}<\frac{\partial P_r^*}{\partial Q_d}$

推论 12.1（a、b 和 c）指出，销售价格与碳排放配额呈递减关系。传统零售和电子零售渠道的价格下降有两个原因。首先，通过转售/交易未使用的碳配额，提高碳配额成本效益的基础面得以实现。其次，由于对购买额外碳许可证（上限）的需求较低，有助于渠道成员以较低的价格提供产品。推论 12.1（d）表明，自营渠道的自营价格相对于数量的变化率高于跨渠道价格。这意味着与电子零售价格相比，传统零售商的碳配额许可证每增加一个单位将使传统零售价格下降得更多；反之亦然。这是由基本面造成的，因为拥有额外碳许可证的渠道可以通过交易未使用的上限来获得更多利润。

推论 12.2 碳排放配额对批发价格的影响如下：

（a－ⅰ）对于 DC－DSC，$\frac{\partial W_r^*}{\partial Q_m}<0, \frac{\partial W_d^*}{\partial Q_m}<0$

（a－ⅱ）$\frac{\partial \mathrm{W}_\mathrm{r}^*}{\partial \mathrm{Q}_\mathrm{r}}>0$，$\frac{\partial \mathrm{W}_\mathrm{d}^*}{\partial \mathrm{Q}_\mathrm{r}}<0$

（a－ⅲ）$\frac{\partial W_r^*}{\partial Q_d}<0$，$\frac{\partial W_d^*}{\partial Q_d}>0$

（b）对于 PIR－DSC，$\frac{\partial W_d^*}{\partial Q_m}<0, \frac{\partial W_d^*}{\partial Q_r}<0, \frac{\partial W_d^*}{\partial Q_d}>0$

（c）对于 PID－DSC，$\frac{\partial W_r^*}{\partial Q_m}<0, \frac{\partial W_r^*}{\partial Q_r}>0, \frac{\partial W_r^*}{\partial Q_d}<0$

（d）对于 HI－DSC，$\frac{\partial W_{r/d}^*}{\partial Q_m}>0, \frac{\partial W_{r/d}^*}{\partial Q_r}>0, \frac{\partial W_{r/d}^*}{\partial Q_d}>0$

推论 12.2（a－ⅰ、b 和 c）阐述了在分散式双渠道供应链、部分整合零售双渠道供应链和部分整合的直销双渠道供应链情况下，随着政府增加 Q_m，传统零售和电子零售渠道的批发价格下降的两个原因。首先，通过转售未使用的碳配额，提高碳配额是节省成本的基础。其次，由于购买额外碳许可证的需求较低，还有助于制造商以较低的批发价提供产品。在分散式双渠道供应链的情况下，如果政府对传统零售渠道提供宽松的监管，则自渠道（传统零售）的批发价格会上涨，而跨渠道（电子零售）的批发价格会降低［推论 12.2（a－ⅱ和 a－ⅲ）］。推论 12.2（b 和 c）阐述了在部分整合网络结构（部分整合的直销双渠道供应链和部分整合零售双渠道供应链）的情况下，对制造商和制造商整合渠道的宽松监管有助于降低批发价格。然而，对独立渠道的宽松监管会导致批发价格上涨。在横向整合双渠道供应链［推论 12.2（d）］的情况下，制造商没有呼吁减排投资，而是购买额外的碳配额，并通过提高批发价格将许可证的成本转移给传统零售商和电子零售商。但是，当对传统零售或电子零售渠道提供宽松的监管时，他们购买额外许可证的必要性就会减少。此外，拥有较高碳许可证的渠道可以节省出售未使用的碳配额的资金。另外，在这个阶段，为了利用成本优势，制造商可以更高的批发价格向他们提供产品。

推论 12.3　对于所有双渠道供应链网络结构，碳排放配额对减排率的影响如下：

（a）$\frac{\partial\tau_r^*}{\partial Q_m}>0,\frac{\partial\tau_d^*}{\partial Q_m}>0,\frac{\partial\tau_m^*}{\partial Q_m}>0$

（b）$\frac{\partial\tau_r^*}{\partial Q_r}>0,\frac{\partial\tau_d^*}{\partial Q_r}<0,\frac{\partial\tau_m^*}{\partial Q_r}>0$

（c）$\frac{\partial\tau_r^*}{\partial Q_d}<0,\frac{\partial\tau_d^*}{\partial Q_d}>0,\frac{\partial\tau_m^*}{\partial Q_d}>0$

推论 12.3（a）指出，制造商的碳许可证价值越高，所有渠道成员的减排率就越高。与推论 12.1 和推论 12.2 相关，随着更高的 Q_i 值，销售和批发价格下降，出售未使用的碳配额所获得的资金用于建立减排技术并获取额外利润，这一循环仍在继续。推论 12.3（b 和 c）表明，额外的碳许可证对自渠道和制造商都起到积极作用，但对跨渠道的影响总是不利的。这意味着允许传统零售商（电子零售商）获得更多的碳配额，有助于提高传统零售商（电子零售商）和制造商的减排目标。然而，电子零售商（传统零售商）的减排目标会有一定程度的降低，因为减排的所有努力和成本都转移到了具有更高碳许可证的渠道。

存在一个阈值，超过该阈值后就无法再分配额外的配额。因此，仅通过增加碳许可证无法无限制地减少排放。一旦超出这些限制，企业就需要采取措施来实施或改进减排实践。随着时间的推移，政府会逐渐降低这个上限，并为产业和企业提供越来越多的激励措施，更有效地减少排放，同时降低生产成本。

推论 12.4 对于所有双渠道供应链网络结构，碳排放配额对最优需求的影响如下：

（a）$\frac{\partial D_r^*}{\partial Q_m}>0$，$\frac{\partial D_d^*}{\partial Q_m}>0$

（b）$\frac{\partial D_r^*}{\partial Q_r}>0$，$\frac{\partial D_d^*}{\partial Q_r}<0$

（c）$\frac{\partial D_d^*}{\partial Q_d}>0$，$\frac{\partial D_r^*}{\partial Q_d}<0$

对于制造商而言，更高的碳排放配额有助于降低销售价格（推论 12.1）和批发价格（推论 12.2），从而实现更高程度的减排（推论 12.3）。所有这些因素都有助于增加传统零售和电子零售渠道的需求。然而，零售商（包括电子零售商）的慷慨政策将有助于推动零售店的需求增长，而跨渠道需求可能会因需求减少而被夸大。自给自足政策对自营渠道的需求增加，这是销售价格下降（推论 12.1）和消费者需求转向低碳绿色渠道的综合结果。

根据推论 12.1 至推论 12.4 的结果，制造商的慷慨政策总是对所有渠道成员有利，可降低批发价格、销售价格，提高减排率和需求。当向传统零售或电子零售渠道提供额外的碳许可证时，制造商的宽松监管总是为渠道成员提供减少排放的机会，并鼓励他们选择环保的生产和分销系统。向自渠道提供更多的碳许可证可能会激励渠道成员投资于减排实践，而不是购买额外的碳配额以改善需求。然而，对跨渠道的影响可能会有所变化。

12.3.2 碳排放水平的影响

制造商、传统零售商和电子零售商的初始碳排放水平的变化将影响它们的减排责任和努力。此外，最佳批发价格、销售价格和需求也会受到影响，我们将在接下来的推论 12.5 至推论 12.8 中详细说明。

推论 12.5 对于所有双渠道供应链网络结构，碳排放水平对销售价格的影响如下：

（a）当 $E_i<E_i^*$，$\frac{\partial P_i^*}{\partial E_i}>0$

(b) 当 $E_i > E_i^*$， $\frac{\partial P_i^*}{\partial E_i} < 0$

推论 12.5 阐释了以下观点：当渠道成员的碳排放量达到阈值时，销售价格上涨，因为他们预计需要购买额外的碳配额。然而，一旦排放水平超过阈值，购买额外许可证的成本会增加，同时减排改进技术的成本也会增加。因此，渠道成员会被激励采取减排实践。此外，采用绿色清洁技术吸引了客户，最终也降低了销售价格。

推论 12.6 碳排放水平对批发价格的影响如下：

(a) 当 $E_m < E_m^*$， $\frac{\partial W_r^*}{\partial E_m} > 0$， $\frac{\partial W_d^*}{\partial E_m} > 0$

当 $E_m > E_m^*$， $\frac{\partial W_r^*}{\partial E_m} < 0$， $\frac{\partial W_d^*}{\partial E_m} < 0$

(b) 当 $E_r < E_r^*$， $\frac{\partial W_r^*}{\partial E_r} < 0$， $\frac{\partial W_d^*}{\partial E_r} > 0$

当 $E_r > E_r^*$， $\frac{\partial W_r^*}{\partial E_r} < 0$， $\frac{\partial W_d^*}{\partial E_r} < 0$

(c) 当 $E_d < E_d^*$， $\frac{\partial W_r^*}{\partial E_d} > 0$， $\frac{\partial W_d^*}{\partial E_d} < 0$

当 $E_d > E_d^*$， $\frac{\partial W_r^*}{\partial E_d} < 0$， $\frac{\partial W_d^*}{\partial E_d} < 0$

(d) 对于 HI - DSC， $\frac{\partial W_{r/d}^*}{\partial E_m} < 0$， $\frac{\partial W_{r/d}^*}{\partial E_r} < 0$， $\frac{\partial W_{r/d}^*}{\partial E_d} < 0$

根据推论 12.6 (a)，随着制造商排放水平的提高（达到阈值 E_m^*），批发价格也会上升，以购买所需的碳配额。然而，超过这个值后，购买碳配额的成本将转移到减排投资上。推论 12.6 (b) 表明，W_r^* 是 E_r 的连续递减函数，而 W_d^* 则一开始是递增函数，然后变为递减函数。随着传统零售商排放水平的增加，对额外碳配额的需求和/或减排投资增加。这两种解决方案都需要资金。在这个阶段，为了保持传统零售渠道的活力，制造商以较低的批发价向传统零售商提供产品，并通过提高电子零售商的批发价格来管理其利润。但制造商不能将电子零售商的批发价格提高到一定值以上。因此，W_d^* 的图形在 E_r^* 之后发生了变化。推论 12.6 (c) 在电子零售商方面提供了与推论 12.6 (b) 类似的结果。在横向整合双渠道供应链中，批发价格随着任何供应链成员的排放水平上升而下降，即推论 12.6 (d)。通过实现批发价的下降，可以促使传统零售商和电子零售商减少排放。

推论 12.7 对于所有双渠道供应链网络结构，碳排放水平对减排率的影响如下：

(a) $\frac{\partial \tau_m^*}{\partial E_m} > 0$，$\frac{\partial \tau_r^*}{\partial E_r} > 0$，$\frac{\partial \tau_d^*}{\partial E_d} > 0$

(b) 当 $E_m < E_m^*$，$\frac{\partial \tau_r^*}{\partial E_m} < 0$，$\frac{\partial \tau_d^*}{\partial E_m} < 0$

当 $E_m > E_m^*$，$\frac{\partial \tau_r^*}{\partial E_m} > 0$，$\frac{\partial \tau_d^*}{\partial E_m} > 0$

(c) 当 $E_r < E_r^*$，$\frac{\partial \tau_m^*}{\partial E_r} < 0$，$\frac{\partial \tau_d^*}{\partial E_r} > 0$

当 $E_r > E_r^*$，$\frac{\partial \tau_m^*}{\partial E_r} > 0$，$\frac{\partial \tau_d^*}{\partial E_r} < 0$

(d) 当 $E_d < E_d^*$，$\frac{\partial \tau_r^*}{\partial E_d} > 0$，$\frac{\partial \tau_m^*}{\partial E_d} < 0$

当 $E_d > E_d^*$，$\frac{\partial \tau_r^*}{\partial E_d} < 0$，$\frac{\partial \tau_m^*}{\partial E_d} > 0$

推论 12.7（a）描述了碳限额与交易政策的一般基本原则，即自排放率是自排放水平的增函数。随着排放水平的增加，渠道成员会逐渐转向减排实践。推论 12.7（b）则阐述了 E_m 对另一渠道（传统零售和电子零售）的减排率的影响。这两个变量之间的关系在阈值（E_m^*）之后发生变化。如果碳排放量较少，传统零售商和电子零售商则不应单独承担减排实践的责任，因为这应该由制造商负责。在这种情况下，制造商可能不会投资于减排，而是选择购买额外的碳配额并提高批发价格，如推论 12.6（a）所述。相反，当排放值达到阈值以上时，制造商单独降低排放值变得更加困难。此外，传统零售商和电子零售商开始积极参与减排，共同努力创造双赢的局面，以减少整个供应链的总碳排放量。推论 12.7（c 和 d）分别在传统零售商和电子零售商的排放水平变化方面显示出与推论 12.7（b）相似的结果。

推论 12.8 对于所有双渠道供应链网络结构，碳排放水平对需求的影响如下：

(a) 当 $E_m < E_m^*$，$\frac{\partial D_r^*}{\partial E_m} < 0$，$\frac{\partial D_d^*}{\partial E_m} < 0$

当 $E_m > E_m^*$，$\frac{\partial D_r^*}{\partial E_m} > 0$，$\frac{\partial D_d^*}{\partial E_m} > 0$

(b) 当 $E_r < E_r^*$，$\frac{\partial D_r^*}{\partial E_r} < 0$，$\frac{\partial D_d^*}{\partial E_r} > 0$

当 $E_r > E_r^*$，$\frac{\partial D_r^*}{\partial E_r} > 0$，$\frac{\partial D_d^*}{\partial E_r} < 0$

(c) 当 $E_d < E_d^*$ $\frac{\partial D_r^*}{\partial E_d} > 0$，$\frac{\partial D_d^*}{\partial E_d} < 0$

当 $E_d > E_d^*$，$\frac{\partial D_r^*}{\partial E_d} < 0$，$\frac{\partial D_d^*}{\partial E_d} > 0$

需求对制造商碳排放水平的变化是推论 12.5、推论 12.6 和推论 12.7 的综合结果。根据推论 12.8（a），如果制造商的排放价值达到阈值 E_m^*，则渠道成员的批发价格越高，销售给客户的价格就越高，需求就越小。然而，在此值之后，由于批发价格和销售价格的下降，需求开始增长。推论 12.8（b 和 c）表明，如果传统零售商（电子零售商）的排放量低于阈值，它们将通过降低销售价格和牺牲需求来购买额外的碳配额。但是，一旦超出门槛值，较低的批发价格、较低的销售价格和更高的减排率将吸引客户提高传统零售（电子零售）渠道的需求。此外，作为市场竞争的一部分，当一个渠道的需求减少时，它会转移到其他渠道。

推论 12.5 至推论 12.8 的结果表明，随着排放水平的增加，批发价格和销售价格也会增加，从而推动需求的增长。这将激励渠道成员以对环境的危害为代价来保持较高的排放率。为解决这个问题，可以通过降低排放许可证来控制。因此，政府应考虑设置渠道成员在选择碳配额和排放成本时的排放水平阈值。

12.4 管理见解

12.4.1 对制造商的意义

制造商可以选择最适合的双渠道网络结构来适应供应链结构的进步。如果制造商销售的产品受到政府碳限额与交易政策的影响，那么可以在双渠道供应链网络结构中选择部分整合零售双渠道供应链，因为消费者的购买决策取决于真实的可视化、产品演示、质量保证、无等待时间、客户的议价能力、服务、附近的维修地点以及定制产品的必要性。这意味着 ρ 的值为 $0 \leqslant \rho < 0.5$。同时，随时随地购买的便利性、产品比较的灵活性、免

费目录搜索、广泛的支付方式和减少的排放率吸引了客户转向电子零售渠道。此外，在这个阶段，制造商应更喜欢部分整合的直销双渠道供应链网络结构，因为ρ介于$0.5 \leqslant \rho \leqslant 1$之间。在政府未实施碳限额与交易政策的其他双网络结构中，垂直整合双渠道供应链表现最佳。

直到达到阈值为止，任何渠道成员的碳排放量增加都是有益的，然而，一旦超过阈值，就会对批发价格、销售价格和需求产生不利影响。最初的排放量上升可以通过购买额外的碳许可证来控制，但是当排放量超过阈值点时，建议投资于减排业务，而不是购买额外的碳配额。此举将导致整体批发价格和销售价格的降低，从而改善需求。

二元组的最佳销售价格取决于消费者渠道的偏好，理想情况下，应该将δ保持在δ^*，以尽可能低的价格提供产品。管理者应该根据产品的网络结构来推广产品，并尽量保持δ的价值接近δ^*。对于垂直整合双渠道供应链、分散式双渠道供应链和横向整合双渠道供应链，企业应该平等地加强两个渠道建设（δ^*接近0.5）。企业应该在$\delta^* < 0.5$时推广部分整合零售双渠道供应链，在$\delta^* > 0.5$时推广部分整合的直销双渠道供应链，以实现客户和渠道成员的双赢利益。

12.4.2 对政府的意义

如果政府决定使碳限额与交易政策对于渠道成员来讲更加灵活或有利，那么制造商应该是首选受益者。制造商获得一个额外的碳配额许可证单位，将提高制造商、传统零售商和电子零售商的减排率。此外，这一额外许可证有助于降低批发价格，从而降低销售价格以刺激需求。

它还可用于目前或未来市场的投资和生产决策、能源采购决策，以及创新产品的研发决策。

12.5 本章小结

本章为那些在实施碳限额与交易政策方面滞后但拥有电子渠道的国家提供了方向，以在清洁绿色的角度上提高市场份额。通过扩展现有的双渠道供应链基础，本章提出了一种新颖的方法来减排。针对制造商主导的垂直整合双渠道供应链（VI－DSC）、分散式双渠道供应链（DC－DSC）、部分整合的直销双渠道供应链（PID－DSC）、部分整合零售双渠道供应链（PIR－DSC）、横向整合双渠道供应链（HI－DSC）网络结构，我们开发并分析了博弈论模型，并基于 Stackelberg 博弈推导出了决策变量的最优值。根据可用的资产和资源，制造商可以采用上述五种双渠道网络结构中的任何一种。研究结果表明：当传统零售渠道的 δ 取值介于 0 到 0.5 之间时，部分整合的直销双渠道供应链的排放量最低；而当电子零售商的 δ 取值介于 0.5 到 1 之间时，部分整合零售双渠道供应链渠道的排放量最低。此外，研究表明：（ⅰ）减排投资可以提高需求，提高减排率，并导致价格大幅下降；（ⅱ）额外购买的碳配额只能在一定程度上帮助维持排放水平，因为任何额外的购买都将被视为短期解决方案。因此，鼓励渠道成员投资于减排技术，而不是购买额外的许可证，这有助于改善环境、满足客户需求并提高市场份额。然而，实施后对决策变量的分析将消耗时间、成本、精力和市场份额。

此外，在起始阶段选择最佳网络结构还需进行一些预先计算。目前，开发的模型通过提供比较分析，可帮助渠道成员在不实际实施的情况下采取纠正措施。在环保和绿色方面，本章为政府设计或重新设计其碳限额与交易政策，并为渠道成员制定价格和减排决策提供了指导原则。

本章的研究基于对称信息、确定性需求和同样强大的斯塔克尔伯格追随者。然而，实际情况下，排放信息可能存在不对称性。因此，未来可以重新构建该模型，以应对不对称信息、确定性或概率需求函数，以及不同强度的 Stackelberg 追随者，以提高模型的鲁棒性。实践中碳排放量的计算更为复杂，因此，本章预先假设总碳排放量随生产量呈线性变化。研究人员可以通过考虑减排、各种环境政策以及社会福利补助金中的噪声因素来重新构建模型。

本章参考文献

[1] Aliprantis CD (1999) On the backward induction method. Econ Lett 64: 125 - 131.

[2] Batarfi R, Jaber MY, Glock CH (2019) Pricing and inventory decisions in a dual - channel supply chain with learning and forgetting. Comput Ind Eng 136: 397 - 420. Chen Y, Li B, Bai Q, Liu Z (2018) Decision - making and environmental implications under cap - and - trade and take - back regulations. Int J Environ Res Public Health 15 (4): 678.

[3] Cheris A, Taylor C, Hayes J, Davis - Peccoud J (2017) Retailers' challenge: how to cut carbon emissions as E - commerce soars. Bain and Company. 2017.

[4] Chesney M, Gheyssens J, Pana AC, Taschini L (2017) Environmental finance and investments (No. 1). Heidelberg: Springer.

[5] Dai D, Si F, Wang J (2017) Stability and complexity analysis of a dual – channel closed – loop supply chain with delayed decision under government intervention. Entropy 19 (11): 577.

[6] Das R, Shaw K (2017) Uncertain supply chain network design considering carbon footprint and social factors using two – stage approach. Clean Technol Environ Policy 19: 2491 – 2519.

[7] Das R, Shaw K, Irfan M (2020) Supply chain network design considering carbon footprint, water footprint, supplier's social risk, solid waste, and service level under the uncertain condition. Clean Technol Environ Policy 22: 337 – 370.

[8] Feng D, Ma L, Ding Y et al. (2019) Decisions of the dual – channel supply chain under double policy considering remanufacturing. Int J Environ Res Public Health 16 (3): 465.

[9] Giri BC, Chakraborty A, Maiti T (2017) Pricing and return product collection decisions in a closed – loop supply chain with dual – channel in both forward and reverse logistics. J Manuf Syst 42: 104 – 123.

[10] Han Q, Wang Y (2018) Decision and coordination in a low – carbon E – supply chain considering the manufacturer's carbon emission reduction behavior. Sustain 10 (5): 1686.

[11] He R, Xiong Y, Lin Z (2016) Carbon emissions in a dual channel closed loop supply chain: the impact of consumer free riding behavior. J Clean Prod 134: 384 – 394.

[12] Hosseini – Motlagh SM, Nouri – Harzvili M, Choi TM, Ebrahimi S (2019) Reverse supply chain systems optimization with dual channel and demand disruptions: Sustainability, CSR investment and pricing coordination. Inf Sci (Ny) 503: 606 – 634.

[13] Ji J, Zhang Z, Yang L (2017) Comparisons of initial carbon allowance allocation rules in an O2O retail supply chain with the cap – and – trade regulation. Intern J Prod Econ 187: 68 – 84.

[14] Jiang Y, Li B, Qu X, Cheng Y (2016) A green vendor – managed inventory analysis in supply chains under carbon emissions trading mechanism. Clean Technol Environ Policy 18: 1369 – 1380.

[15] Khouja M, Wang Y (2010) The impact of digital channel distribution on the experience goods industry. Eur J Oper Res 207: 481 –491.

[16] Li B, Hou PW, Chen P, Li QH (2016) Pricing strategy and coordination in a dual channel supply chain with a risk – averse retailer. Int J Prod Econ 178: 154 – 168.

[17] Matthews HS, Williams E, Tagami T, Hendrickson CT (2002) Energy implications of online book retailing in the United States and Japan. Environ Impact Assess Rev 22: 493 –507.

[18] Memari A, Ahmad R, Abdul Rahim AR, Akbari Jokar MR (2018) An optimization study of a palm oil – based regional bio – energy supply chain under carbon pricing and trading policies. Clean Technol Environ Policy 20: 113 –125.

[19] Miao Z, Mao H, Fu K, Wang Y (2018) Remanufacturing with trade – ins under carbon regulations. Comput Oper Res 89: 253 –268.

[20] Mukhopadhyay SK, Setoputro R (2004) Reverse logistics in e – business: Optimal price and return policy. Int J Phys Distrib Logist Manag 34: 70 –89.

[21] Pathak U, Kant R, Shankar R (2020) Effect of buyback price on channel's decision parameters for manufacturer – led close loop dual supply chain. Opsearch 57: 438 –61.

[22] Pathak U, Kant R, Shankar R (2020) Price and profit decisions in manufacturer – led dual – channel supply chain configurations. Int J Ind Eng Comput 11: 377 –400.

[23] Siikavirta H, Punakivi M, Kärkkäinen M, Linnanen L (2002) Effects of e – commerce on greenhouse gas emissions: a case study of grocery home delivery in Finland. J Ind Ecol 6: 83 –97.

[24] Spring D (1985) On the second derivative test for constrained local extrema. Am Math Mon 92: 631.

[25] Taleizadeh AA, Alizadeh – Basban N, Niaki STA (2019) A closed – loop supply chain considering carbon reduction, quality improvement effort, and return policy under two remanufacturing scenarios. J Clean Prod 232: 1230 –1250.

[26] Van Loon P, Deketele L, Dewaele J et al. (2015) A comparative analysis of carbon emissions from online retailing of fast moving consumer goods.

J Clean Prod 106：478 –486.

[27] Wang Y，Sun X（2019）Dynamic vs. static wholesale pricing strategies in a dual – channel green supply chain. Complexity 2019：1 –14.

[28] Wang X，Xue M，Xing L（2018）Analysis of carbon emission reduction in a dual – channel supply chain with cap – and – trade regulation and low – carbon preference. Sustain 10（3）：580.

[29] Xu J，Qi Q，Bai Q（2018）Coordinating a dual – channel supply chain with price discount contracts under carbon emission capacity regulation. Appl Math Model 56：449 –468.

[30] Yan R，Pei Z，Myers C（2016a）Do channel members value the multiple – cooperation strategy? J Retail Consum Serv 30：84 –95.

[31] Yan X，Wang Y，Hong Z（2016b）Comparison of Bertrand and Cournot competitions under random yield. Int J Prod Res 54：3256 –3276.

[32] Yang L，Ji J，Wang M，Wang Z（2018a）The manufacturer's joint decisions of channel selections and carbon emission reductions under the cap – and – trade regulation. J Clean Prod 193：506 –523.

[33] Yang L，Wang G，Chai Y（2018b）Manufacturer's channel selection considering carbon emission reduction and remanufacturing. J Syst Sci Syst Eng 27：497 –518.

[34] Zhang Y，Alshraideh H，Diabat A（2018）A stochastic reverse logistics production routing model with environmental considerations. Ann Oper Res 271：1023 –1044.

[35] Zhang Z，Luo X，Kwong CK et al.（2019）Return and refund policy for product and core service bundling in the dual – channel supply chain. Int Trans Oper Res 26：223 –247.

[36] Zhou YW，Li J，Zhong Y（2018）Cooperative advertising and ordering policies in a two – echelon supply chain with risk – averse agents. Omega（United Kingdom）75：1339 –1351.

本章附录

本部分提供了使用一阶导数条件计算出批发价、销售价格和减排率的最优值的方法。另外，还引入了二阶导数检验，用于评估利润函数的凹凸性。

1. 关于垂直整合双渠道供应链

（1）关于 H_1。

$$H_1=\begin{bmatrix}\frac{\partial^2\pi_{(VI-DSC)}}{\partial P_r^2} & \frac{\partial^2\pi_{(VI-DSC)}}{\partial P_r\partial P_d} & \frac{\partial^2\pi_{(VI-DSC)}}{\partial P_r\partial\tau_r} & \frac{\partial^2\pi_{(VI-DSC)}}{\partial P_r\partial\tau_d} & \frac{\partial^2\pi_{(VI-DSC)}}{\partial P_r\partial\tau_m}\\ \frac{\partial^2\pi_{(VI-DSC)}}{\partial P_d\partial P_r} & \frac{\partial^2\pi_{(VI-DSC)}}{\partial P_d^2} & \frac{\partial^2\pi_{(VI-DSC)}}{\partial P_d\partial\tau_r} & \frac{\partial^2\pi_{(VI-DSC)}}{\partial P_d\partial\tau_d} & \frac{\partial^2\pi_{(VI-DSC)}}{\partial P_d\partial\tau_m}\\ \frac{\partial^2\pi_{(VI-DSC)}}{\partial\tau_r\partial P_r} & \frac{\partial^2\pi_{(VI-DSC)}}{\partial\tau_r\partial P_d} & \frac{\partial^2\pi_{(VI-DSC)}}{\partial\tau_r^2} & \frac{\partial^2\pi_{(VI-DSC)}}{\partial\tau_r\partial\tau_d} & \frac{\partial^2\pi_{(VI-DSC)}}{\partial\tau_r\partial\tau_m}\\ \frac{\partial^2\pi_{(VI-DSC)}}{\partial\tau_d\partial P_r} & \frac{\partial^2\pi_{(VI-DSC)}}{\partial\tau_d\partial P_d} & \frac{\partial^2\pi_{(VI-DSC)}}{\partial\tau_d\partial\tau_r} & \frac{\partial^2\pi_{(VI-DSC)}}{\partial\tau_d^2} & \frac{\partial^2\pi_{(VI-DSC)}}{\partial\tau_d\partial\tau_m}\\ \frac{\partial^2\pi_{(VI-DSC)}}{\partial\tau_m\partial P_r} & \frac{\partial^2\pi_{(VI-DSC)}}{\partial\tau_m\partial P_d} & \frac{\partial^2\pi_{(VI-DSC)}}{\partial\tau_m\partial\tau_r} & \frac{\partial^2\pi_{(VI-DSC)}}{\partial\tau_m\partial\tau_d} & \frac{\partial^2\pi_{(VI-DSC)}}{\partial\tau_m^2}\end{bmatrix}$$

$$H_1=\begin{bmatrix}-2\alpha & 2\beta & -\alpha E_rP_e & \beta E_dP_e & \beta E_rP_e\\ 2\beta & -2\alpha & \beta E_rP_e & -\alpha E_dP_e & -E_mP_e(\alpha-\beta)\\ -\alpha E_rP_e & \beta E_rP_e & -2K & 0 & 0\\ \beta E_dP_e & -\alpha E_dP_e & 0 & -2K & 0\\ -E_mP_e(\alpha-\beta) & -E_mP_e(\alpha-\beta) & 0 & 0 & -2K\end{bmatrix}$$

$$|H_{11}|=-2\alpha<0$$

$$|H_{12}|=4\alpha^2-4\beta^2>0$$

$$|H_{13}|=-2(\alpha^2-\beta^2)(-\alpha E_r^2P_e^2+4K)<0$$

$$|H_{14}|=-(\alpha^2-\beta^2)(-\alpha^2E_d^2E_r^2P_e^4+4\alpha E_d^2KP_e^2+4\alpha E_r^2KP_e^2+\beta^2E_d^2E_r^2P_e^4-6K^2)>0$$

$$\begin{aligned}|H_{15}|=\ &2K(\alpha^2-\beta^2)(-\alpha^2E_d^2E_r^2P_e^4-\alpha^2E_m^2E_r^2P_e^4-\alpha\beta E_d^2E_m^2P_e^4+\\&\alpha\beta E_d^2E_mE_rP_e^4+\alpha\beta E_m^2E_r^2P_e^4+4\alpha E_d^2KP_e^2+4\alpha E_m^2KP_e^2+4\alpha E_r^2KP_e^2+\\&\beta^2E_d^2E_m^2P_e^4+\beta^2E_d^2E_r^2P_e^4+\beta^2E_mE_r^3P_e^4-4\beta E_m^2KP_e^2-4\beta E_mE_rKP_e^2-\\&16K^2)<0\end{aligned}$$

所有子式都是负数，而且 $|H_{11}|<0$，$|H_{12}|>0$，$|H_{13}|<0$，$|H_{14}|>0$，$|H_{15}|<0$，因此，H_1 是负定的，$\pi_{(VI-DSC)}$ 是 P_r、P_d、τ_r、τ_d 和 τ_m 的严格凹函数。对于负定 Hessian 矩阵，存在唯一的决策变量最优值。

（2）最优值由一阶导数检验确定。

$$\begin{aligned}\frac{\partial\pi_{m(VI-DSC)}}{\partial P_r}=\ &2\beta P_d-2\alpha P_r-\alpha(\rho-1)-\alpha P_e[Q_r+E_r(\tau_r-1)]-P_e[Q_m+\\&E_m(\tau_m-1)](\alpha-\beta)+\beta P_e[Q_d+E_d(\tau_d-1)]=0\end{aligned}$$

$$\frac{\partial\pi_{m(VI-DSC)}}{\partial P_d}=\rho\alpha-2\alpha P_d+2\beta P_r-\alpha P_e[Q_d+E_d(\tau_d-1)]-P_e[Q_m+E_m(\tau_m-1)](\alpha-\beta)+\beta P_e[Q_r+E_r(\tau_r-1)]=0$$

$$\frac{\partial\pi_{m(VI-DSC)}}{\partial\tau_r}=-2K\tau_r-E_rP_e[\alpha(\rho-1)+\alpha P_r-\beta P_d]=0$$

$$\frac{\partial\pi_{m(VI-DSC)}}{\partial\tau_d}=E_dP_e(\rho\alpha-\alpha P_d+\beta P_r)-2K\tau_d=0$$

$$\frac{\partial\pi_{m(VI-DSC)}}{\partial\tau_m}=E_mP_e(1-\alpha P_d-\alpha P_r+\beta P_d+\beta P_r)-2K\tau_m=0$$

2. 关于分散式双渠道供应链

（1）关于 H_2。

$$H_2=\begin{bmatrix}-2\alpha & \beta & -\alpha E_rP_e & \beta E_dP_e\\ \beta & -2\alpha & \beta E_rP_e & -\alpha E_dP_e\\ -\alpha E_rP_e & 0 & -2K & 0\\ 0 & -\alpha E_dP_e & 0 & -2K\end{bmatrix}$$

$$|H_{21}|=-2\alpha<0$$

$$|H_{22}|=4\alpha^2-\beta^2>0$$

$$|H_{23}|=2\alpha^3E_r^2P_e^2-8K\alpha^2-\alpha\beta^2E_r^2P_e^2+2K\beta^2<0$$

$$|H_{24}|=\alpha^4E_d^2E_r^2P_e^4-4\alpha^3E_d^2KP_e^2-4\alpha^3E_r^2KP_e^2-\alpha^2\beta^2E_d^2E_r^2P_e^4+16\alpha^2K^2+2\alpha\beta^2E_d^2KP_e^2+2\alpha\beta^2E_r^2KP_e^2-4\beta^2K^2>0$$

所有子式都是负数，而且 $|H_{21}|<0$，$|H_{22}|>0$，$|H_{23}|<0$，$|H_{24}|>0$，因此，H_2 是负定的，$\pi_{r(DC-DSC)}$ 是严格凹函数。对于负定 Hessian 矩阵，存在唯一的决策变量最优值。

（2）最优值由一阶导数检验确定。

$$\frac{\partial\pi_{r(DC-DSC)}}{\partial P_r}=\beta P_d-\alpha(\rho-1)-\alpha P_r-\alpha(P_r-W_r)-\alpha P_e[Q_r+E_r(\tau_r-1)]=0$$

$$\frac{\partial\pi_{d(DC-DSC)}}{\partial P_r}=\rho\alpha-\alpha(P_d-W_d)-\alpha P_d+\beta P_r-\alpha P_e[Q_d+E_d(\tau_d-1)]=0$$

$$\frac{\partial\pi_{r(DC-DSC)}}{\partial\tau_r}=-2K\tau_r-E_rP_e[\alpha(\rho-1)+\alpha P_r-\beta P_d]=0$$

$$\frac{\partial\pi_{d(DC-DSC)}}{\partial\tau_d}=E_dP_e(\rho\alpha-\alpha P_d+\beta P_r)-2K\tau_d=0$$

（3）关于 H_3。

$$H_3 = \begin{bmatrix} \frac{\partial^2 \pi_{m(DC-DSC)}}{\partial W_r^2} & \frac{\partial^2 \pi_{m(DC-DSC)}}{\partial W_r \partial W_d} & \frac{\partial^2 \pi_{m(DC-DSC)}}{\partial W_r \partial \tau_m} \\ \frac{\partial^2 \pi_{m(DC-DSC)}}{\partial W_d \partial W_r} & \frac{\partial^2 \pi_{m(DC-DSC)}}{\partial W_d^2} & \frac{\partial^2 \pi_{m(DC-DSC)}}{\partial W_d \partial \tau_m} \\ \frac{\partial^2 \pi_{m(DC-DSC)}}{\partial \tau_m \partial W_r} & \frac{\partial^2 \pi_{m(DC-DSC)}}{\partial \tau_r \partial W_d} & \frac{\partial^2 \pi_{m(DC-DSC)}}{\partial \tau_m^2} \end{bmatrix}$$

$$|H_{31}| = -[4\alpha K(-\alpha^3 E_d^2 P_e^2 + 4K\alpha^2 + \alpha\beta^2 E_d^2 P_e^2 - 2K\beta^2)]/(\alpha^4 E_d^2 E_r^2 P_e^4 - 4\alpha^3 E_d^2 KP_e^2 - 4\alpha^3 E_r^2 KP_e^2 - \alpha^2\beta^2 E_d^2 E_r^2 P_e^4 + 16\alpha^2 K^2 + 2\alpha\beta^2 E_d^2 KP_e^2 + 2\alpha\beta^2 E_r^2 KP_e^2 - 4\beta^2 K^2) < 0$$

$$|H_{32}| = [16\alpha^2 K^2(\alpha^2 - \beta^2)]/(\alpha^4 E_d^2 E_r^2 P_e^4 - 4\alpha^3 E_d^2 KP_e^2 - 4\alpha^3 E_r^2 KP_e^2 - \alpha^2\beta^2 E_d^2 E_r^2 P_e^4 + 16\alpha^2 K^2 + 2\alpha\beta^2 E_d^2 KP_e^2 + 2\alpha\beta^2 E_r^2 KP_e^2 - 4\beta^2 K^2) > 0$$

$$|H_{33}| = [-16\alpha^2 K^3(\alpha^2 - \beta^2)(\alpha^4 E_d^2 E_m^2 P_e^4 + 2\alpha^4 E_d^2 E_r^2 P_e^4 + \alpha^4 E_m^2 E_r^2 P_e^4 - 8\alpha^3 E_d^2 KP_e^2 - 8\alpha^3 E_m^2 KP_e^2 - 8\alpha^3 E_r^2 KP_e^2 - \alpha^2\beta^2 E_d^2 E_m^2 P_e^4 - 2\alpha^2\beta^2 E_d^2 E_r^2 P_e^4 - \alpha^2\beta^2 E_m^2 E_r^2 P_e^4 + 4\alpha^2\beta E_m^2 KP_e^2 + 32\alpha^2 K^2 + 4\alpha\beta^2 E_d^2 KP_e^2 + 4\alpha\beta^2 E_m^2 KP_e^2 + 4\alpha\beta^2 E_r^2 KP_e^2 - 8\beta^2 K^2)]/(\alpha^4 E_d^2 E_r^2 P_e^4 - 4\alpha^3 E_d^2 KP_e^2 - 4\alpha^3 E_r^2 KP_e^2 - \alpha^2\beta^2 E_d^2 E_r^2 P_e^4 + 16\alpha^2 K^2 + 2\alpha\beta^2 E_d^2 KP_e^2 + 2\alpha\beta^2 E_r^2 KP_e^2 - 4\beta^2 K^2)^2 < 0$$

所有子式都是负数，而且$|H_{31}| < 0$，$|H_{32}| > 0$，$|H_{33}| < 0$，因此，H_3 是负定的，$\pi_{m(DC-DSC)}$是严格凹函数。对于负定 Hessian 矩阵，存在唯一的决策变量最优值。

（4）最优值由一阶导数检验确定。

$$\frac{\partial \pi_{m(DC-DSC)}}{\partial W_r} = [2\alpha K(4\alpha K\alpha - 8\alpha^2 KW_r + 4\beta^2 KW_r + 4\alpha\beta KW_d - \alpha^3 E_d^2 E_m P_e^3 + \alpha^3 E_d^2 E_r P_e^3 - 4\alpha K\rho\alpha + 2\beta K\rho\alpha + \alpha^3 E_d^2 P_e^3 Q_m - \alpha^3 E_d^2 P_e^3 Q_r + 2\alpha^3 E_d^2 P_e^2 W_r - \alpha^2 E_d^2 P_e^2 \alpha + 4\alpha^2 E_m KP_e - 4\alpha^2 E_r KP_e - 2\beta^2 E_m KP_e + 2\beta^2 E_r KP_e - 4\alpha^2 KP_e Q_m + 4\alpha^2 KP_e Q_r + 2\beta^2 KP_e Q_m - 2\beta^2 KP_e Q_r + \alpha^2 E_d^2 P_e^2 \rho\alpha - 4\alpha^2 E_m KP_e \tau_m + 2\beta^2 E_m KP_e \tau_m + 2\alpha\beta E_d KP_e - 2\alpha\beta E_m KP_e - 2\alpha\beta KP_e Q_d + 2\alpha\beta KP_e Q_m + \beta^2 E_d^2 E_m P_e^3 - \alpha\beta^2 E_d^2 E_r P_e^3 - \alpha\beta^2 E_d^2 P_e^3 Q_m + \alpha\beta^2 E_d^2 P_e^3 Q_r - 2\alpha\beta^2 E_d^2 P_e^2 W_r + \alpha^3 E_d^2 E_m P_e^3 \tau_m + 2\alpha\beta E_m KP_e \tau_m - \alpha\beta^2 E_d^2 E_m P_e^3 \tau_m - \alpha\beta E_d^2 P_e^2 \rho\alpha)](\alpha^4 E_d^2 E_r^2 P_e^4 - 4\alpha^3 E_d^2 KP_e^2 - 4\alpha^3 E_r^2 KP_e^2 - \alpha^2\beta^2 E_d^2 E_r^2 P_e^4 + 16\alpha^2 K^2 + 2\alpha\beta^2 E_d^2 KP_e^2 + 2\alpha\beta^2 E_r^2 KP_e^2 - 4\beta^2 K^2) = 0$$

$$
\begin{aligned}
\frac{\partial \pi_{m(DC-DSC)}}{\partial W_d} = {} & [2\alpha K(2\beta K\alpha - 8\alpha^2 KW_d + 4\beta^2 KW_d + 4\alpha\beta KW_r + \alpha^3 E_d E_r^2 P_e^3 - \\
& \alpha^3 E_m E_r^2 P_e^3 + 4\alpha K\rho\alpha - 2\beta K\rho\alpha - \alpha^3 E_r^2 P_e^3 Q_d + \alpha^3 E_r^2 P_e^3 Q_m + \\
& 2\alpha^3 E_r^2 P_e^2 W_d - 4\alpha^2 E_d KP_e + 4\alpha^2 E_m KP_e + 2\beta^2 E_d KP_e - 2\beta^2 E_m KP_e \\
& + 4\alpha^2 KP_e Q_d - 4\alpha^2 KP_e Q_m - 2\beta^2 KP_e Q_d + 2\beta^2 KP_e Q_m - \alpha^2 E_r^2 P_e^2 \rho\alpha \\
& - 4\alpha^2 E_m KP_e \tau_m + 2\beta^2 E_m KP_e \tau_m - \alpha\beta E_r^2 P_e^2 \alpha - 2\alpha\beta E_m KP_e + \\
& 2\alpha\beta E_r KP_e + 2\alpha\beta KP_e Q_m - 2\alpha\beta KP_e Q_r - \alpha\beta^2 E_d E_r^2 P_e^3 + \alpha\beta^2 E_m E_r^2 P_e^3 \\
& + \alpha\beta^2 E_r^2 P_e^3 Q_d - \alpha\beta^2 E_r^2 P_e^3 Q_m - 2\alpha\beta^2 E_r^2 P_e^2 W_d + \alpha^3 E_m E_r^2 P_e^3 \tau_m + \\
& 2\alpha\beta E_m KP_e \tau_m - \alpha\beta^2 E_m E_r^2 P_e^3 \tau_m + \alpha\beta E_r^2 P_e^2 \rho\alpha)]/(\alpha^4 E_d^2 E_r^2 P_e^4 - \\
& 4\alpha^3 E_d^2 KP_e^2 - 4\alpha^3 E_r^2 KP_e^2 - \alpha^2\beta^2 E_d^2 E_r^2 P_e^4 + 16\alpha^2 K^2 + 2\alpha\beta^2 E_d^2 KP_e^2 + \\
& 2\alpha\beta^2 E_r^2 KP_e^2 - 4\beta^2 K^2) = 0
\end{aligned}
$$

$$
\begin{aligned}
\frac{\partial \pi_{m(DC-DSC)}}{\partial \tau_m} = {} & [2K(4\beta^2 K^2 \tau_m - 16\alpha^2 K^2 \tau_m - 4\alpha^3 E_m KP_e W_d - 4\alpha^3 E_m KP_e W_r + \\
& 4\alpha^2 E_m KP_e \alpha - \alpha^4 E_d^2 E_r^2 P_e^4 \tau_m - 4\alpha^3 E_d E_m KP_e^2 - 4\alpha^3 E_m E_r KP_e^2 + \\
& 4\alpha^3 E_m KP_e^2 Q_d + 4\alpha^3 E_m KP_e^2 Q_r + \alpha^4 E_d E_m E_r^2 P_e^4 + \alpha^4 E_d^2 E_m E_r P_e^4 - \\
& \alpha^4 E_m E_r^2 P_e^4 Q_d - \alpha^4 E_d^2 E_m P_e^4 Q_r + \alpha^4 E_m E_r^2 P_e^3 W_d + \alpha^4 E_d^2 E_m P_e^3 W_r + \\
& 4\alpha^3 E_d^2 KP_e^2 \tau_m + 4\alpha^3 E_r^2 KP_e^2 \tau_m - \alpha^3 E_d^2 E_m P_e^3 \alpha + 2\alpha\beta E_m KP_e \alpha - \\
& 2\alpha\beta^2 E_d^2 KP_e^2 \tau_m - 2\alpha\beta^2 E_r^2 KP_e^2 \tau_m - \alpha^2\beta E_m E_r^2 P_e^3 \alpha + \alpha^3 E_d^2 E_m P_e^3 \rho\alpha - \\
& \alpha^3 E_m E_r^2 P_e^3 \rho\alpha + 2\alpha\beta^2 E_m KP_e W_d + 2\alpha^2\beta E_m KP_e W_d + 2\alpha\beta^2 E_m KP_e W_r + \\
& 2\alpha^2\beta E_m KP_e W_r - \alpha^2\beta^2 E_d E_m E_r^2 P_e^4 - \alpha^2\beta^2 E_d^2 E_m E_r P_e^4 + 2\alpha\beta^2 E_d E_m KP_e^2 + \\
& 2\alpha^2\beta E_d E_m KP_e^2 + 2\alpha\beta^2 E_m E_r KP_e^2 + 2\alpha^2\beta E_m E_r KP_e^2 - 2\alpha\beta^2 E_m KP_e^2 Q_d - \\
& 2\alpha^2\beta E_m KP_e^2 Q_d - 2\alpha\beta^2 E_m KP_e^2 Q_r - 2\alpha^2\beta E_m KP_e^2 Q_r + \alpha^2\beta^2 E_d^2 E_r^2 P_e^4 \tau_m - \\
& \alpha^2\beta E_d^2 E_m P_e^3 \rho\alpha + \alpha^2\beta E_m E_r^2 P_e^3 \rho\alpha)]/(\alpha^4 E_d^2 E_r^2 P_e^4 - 4\alpha^3 E_d^2 KP_e^2 - \\
& 4\alpha^3 E_r^2 KP_e^2 - \alpha^2\beta^2 E_d^2 E_r^2 P_e^4 + 16\alpha^2 K^2 + 2\alpha\beta^2 E_d^2 KP_e^2 + 2\alpha\beta^2 E_r^2 KP_e^2 - \\
& 4\beta^2 K^2) = 0
\end{aligned}
$$

3. 关于部分整合的直销双渠道供应链

(1) 关于 H_4。

$$
H_4 = \begin{bmatrix}
-2\alpha & 0 & -\alpha E_r P_e & 0 \\
\beta & \dfrac{2\beta \#B}{\#C} - 2\alpha & \beta E_r P_e & \#A \\
-\alpha E_r P_e & 0 & -2K & 0 \\
0 & \#A & 0 & -2K
\end{bmatrix}
$$

$$\#A = -E_m P_e(\alpha - \frac{\#3\beta}{\#C})$$

$$\#B = -\alpha\beta E_r^2 P_e^2 + 2\beta K$$

$$\#C = \alpha(-\alpha\beta E_r^2 P_e^2 + 2K)$$

$$|H_{41}| = -2\alpha < 0$$

$$|H_{42}| = [4(-\alpha^3 E_d^2 P_e^2 + 4K\alpha^2 + \alpha\beta^2 E_d^2 P_e^2 - 2K\beta^2)]/(-\alpha E_d^2 P_e^2 + 4K) > 0$$

$$|H_{43}| = -[2(-\alpha^3 E_d^2 P_e^2 + 4K\alpha^2 + \alpha\beta^2 E_d^2 P_e^2 - 2K\beta^2)(\alpha^3 E_d^2 E_r^2 P_e^4 - 4\alpha^2 E_d^2 KP_e^2 - 4\alpha^2 E_r^2 KP_e^2 - \alpha\beta^2 E_d^2 E_r^2 P_e^4 + 16\alpha K^2 + 2\beta^2 E_r^2 KP_e^2)]/[\alpha(4K - \alpha E_d^2 P_e^2)^2] < 0$$

$$|H_{44}| = [(-\alpha^3 E_d^2 P_e^2 + 4K\alpha^2 + \alpha\beta^2 E_d^2 P_e^2 - 2K\beta^2)(\alpha^3 E_d^2 E_r^2 P_e^4 - 4\alpha^2 E_d^2 KP_e^2 - 4\alpha^2 E_r^2 KP_e^2 - \alpha\beta^2 E_d^2 E_r^2 P_e^4 + 16\alpha K^2 + 2\beta^2 E_r^2 KP_e^2)]/(-\alpha^2 E_d^2 P_e^2 + 4K\alpha) > 0$$

所有子式都是负数，而且 $|H_{41}| < 0$，$|H_{42}| > 0$，$|H_{43}| < 0$，$|H_{44}| > 0$，因此，H_4 是负定的，$\pi_{m(DC-DSC)}$ 是严格凹函数。对于负定 Hessian 矩阵，存在唯一的决策变量最优值。

（2）最优值由一阶导数检验确定。

$$\frac{\partial \pi_{r(PID-DSC)}}{\partial P_d} = \beta P_d - \alpha(\rho - 1) - \alpha P_r - \alpha(P_r - W_r) - \alpha P_e[Q_r + E_r(\tau_r - 1)] = 0$$

$$\frac{\partial \pi_{r(PID-DSC)}}{\partial P_d} = -2K\tau_r - E_r P_e[\alpha(\rho - 1) + \alpha P_r - \beta P_d] = 0$$

$$\frac{\partial \pi_{r(PID-DSC)}}{\partial \tau_r} = \rho\alpha - \alpha P_d - [P_d(-\alpha^3 E_r^2 P_e^2 + 4K\alpha^2 + \alpha\beta^2 E_r^2 P_e^2 - 2K\beta^2)]/(-\alpha^2 E_r^2 P_e^2 + 4K\alpha) + [\beta(2K\alpha + 2\beta KP_d + 2\alpha KW_r - 2K\rho\alpha - \alpha E_r^2 P_e^2 \alpha + 2\alpha E_r KP_e - 2\alpha KP_e Q_r - \alpha\beta E_r^2 P_d P_e^2 + \alpha E_r^2 P_e^2 \rho\alpha)]/ - \alpha(-\alpha E_r^2 P_e^2 + 4K) + (2\beta KW_r)(-\alpha E_r^2 P_e^2 + 4K) - P_e(Q_d - E_d + E_d\tau_d)(-\alpha^3 E_r^2 P_e^2 + 4K\alpha^2 + \alpha\beta^2 E_r^2 P_e^2 - 2K\beta^2)/(-\alpha^2 E_r^2 P_e^2 + 4K\alpha) - [P_e(\alpha - \beta)(Q_m - E_m + E_m\tau_m)(-\alpha^2 E_r^2 P_e^2 - \beta\alpha E_r^2 P_e^2 + 4K\alpha + 2\beta K)]/[\alpha(-\alpha E_r^2 P_e^2 + 4K)] = 0$$

$$\frac{\partial \pi_{r(PID-DSC)}}{\partial \tau_d} = E_d P_e\{\rho\alpha - \alpha P_d + [\beta(2K\alpha + 2\beta KP_d + 2\alpha KW_r - 2K\rho\alpha - \alpha E_r^2 P_e^2 \alpha + 2\alpha E_r KP_e - 2\alpha KP_e Q_r - \alpha\beta E_r^2 P_d P_e^2 + \alpha E_r^2 P_e^2 \rho\alpha)]/[\alpha(-\alpha E_r^2 P_e^2 + 4K)]\} - 2K\tau_d = 0$$

（3）关于 H_5。

$$H_5=\begin{bmatrix}\dfrac{\partial^2\pi_{m(PID-DSC)}}{\partial W_r^2} & \dfrac{\partial^2\pi_{m(PID-DSC)}}{\partial W_r\partial\tau_m}\\ \dfrac{\partial^2\pi_{m(PID-DSC)}}{\partial\tau_m\partial W_r} & \dfrac{\pi_{m(PID-DSC)}}{\partial\tau_m^2}\end{bmatrix}$$

$$H_{51}=-(4\alpha K)/(-\alpha E_r^2P_e^2+4K)<0$$

$$H_{52}=[4K^2(-\alpha^2E_m^2P_e^2-2\alpha^2E_r^2P_e^2+2\alpha\beta E_m^2P_e^2+8K\alpha-\beta^2E_m^2P_e^2)]/(4K-\alpha E_r^2P_e^2)^2>0$$

所有子式都是负数，而且 $|H_{51}|<0$，$|H_{52}|>0$，因此，H_5 是负定的，$\pi_{m(PID-DSC)}$ 是严格凹函数。对于负定 Hessian 矩阵，存在唯一的决策变量最优值。

（4）最优值由一阶导数检验确定。

$$\frac{\partial\pi_{m(PID-DSC)}}{\partial W_r}=[2K(\alpha-\rho\alpha+2\beta P_d-2\alpha W_r+\alpha E_mP_e-\alpha E_rP_e-\beta E_dP_e-\beta E_mP_e-\alpha P_eQ_m+\alpha P_eQ_r+\beta P_eQ_d+\beta P_eQ_m-\alpha E_mP_e\tau_m+\beta E_dP_e\tau_d+\beta E_mP_e\tau_m)]/(-\alpha E_r^2P_e^2+4K)=0$$

$$\frac{\partial\pi_{m(PID-DSC)}}{\partial\tau_m}=(2\beta^2E_mKP_dP_e-4\alpha^2E_mKP_dP_e-8\alpha K^2\tau_m-2\alpha^2E_mKP_eW_r-2\alpha^2E_mE_rKP_e^2+2\alpha^2E_mKP_e^2Q_r+2\alpha E_mKP_e\alpha+2\beta E_mKP_e\alpha+\alpha^3E_mE_r^2P_dP_e^3+2\alpha^2E_r^2KP_e^2\tau_m+2\alpha\beta E_mKP_dP_e+2\alpha\beta E_mKP_eW_r-\alpha\beta^2E_mE_r^2P_dP_e^3+2\alpha E_mKP_e\rho\alpha-2\beta E_mKP_e\rho\alpha-\alpha^2E_mE_r^2P_e^3\rho\alpha+2\alpha\beta E_mE_rKP_e^2-2\alpha\beta E_mKP_e^2Q_r-\alpha\beta E_mE_r^2P_e^3\alpha+\alpha\beta E_mE_r^2P_e^3\rho\alpha)/[\alpha(-\alpha E_r^2P_e^2+4K)]=0$$

4. 关于部分整合零售双渠道供应链

（1）关于 H_6。

$$H_6=\begin{bmatrix}\dfrac{2\beta\#C}{\alpha(-\alpha E_d^2P_e^2+4K)}-2\alpha & \beta & \#A & \beta E_dP_e\\ 0 & -2\alpha & 0 & -\alpha E_dP_e\\ \#B & 0 & -2K & 0\\ 0 & -\alpha E_dP_e & 0 & -2K\end{bmatrix}$$

$$\#A=-E_rP_e(\alpha-\#C)$$

$$\#B=\frac{4\beta}{\alpha(-\alpha E_d^2P_e^2+4K)}$$

$\#C = -\alpha\beta E_d^2 P_e^2 + 2\beta K$

$$H_{61} = -2\alpha < 0$$

$$H_{62} = [4(-\alpha^3 E_d^2 P_e^2 + 4K\alpha^2 + \alpha\beta^2 E_d^2 P_e^2 - 2K\beta^2)]/(-\alpha E_d^2 P_e^2 + 4K) > 0$$

$$H_{63} = -[2(-\alpha^3 E_d^2 P_e^2 + 4K\alpha^2 + \alpha\beta^2 E_d^2 P_e^2 - 2K\beta^2)(\alpha^3 E_d^2 E_r^2 P_e^4 - 4\alpha^2 E_d^2 K P_e^2 - 4\alpha^2 E_r^2 K P_e^2 - \alpha\beta^2 E_d^2 E_r^2 P_e^4 + 16\alpha K^2 + 2\beta^2 E_r^2 K P_e^2)]/[\alpha(4K - \alpha E_d^2 P_e^2)^2] < 0$$

$$H_{64} = [(-\alpha^3 E_d^2 P_e^2 + 4K\alpha^2 + \alpha\beta^2 E_d^2 P_e^2 - 2K\beta^2)(\alpha^3 E_d^2 E_r^2 P_e^4 - 4\alpha^2 E_d^2 K P_e^2 - 4\alpha^2 E_r^2 K P_e^2 - \alpha\beta^2 E_d^2 E_r^2 P_e^4 + 16\alpha K^2 + 2\beta^2 E_r^2 K P_e^2)]/(-\alpha^2 E_d^2 P_e^2 + 4K\alpha) > 0$$

所有子式都是负数，而且$|H_{61}| < 0$，$|H_{62}| > 0$，$|H_{63}| < 0$，$|H_{64}| > 0$，因此，H_6 是负定的，$\pi_{d(PIR-DSC)}$是严格凹函数。对于负定 Hessian 矩阵，存在唯一的决策变量最优值。

（2）最优值由一阶导数检验确定。

$$\frac{\partial \pi_{d(PIR-DSC)}}{\partial P_r} = R\alpha - \alpha(P_d - W_d) - \alpha P_d + \beta P_r - \alpha P_e[Q_d + E_d(\tau_d - 1)] = 0$$

$$\frac{\partial \pi_{d(PIR-DSC)}}{\partial P_d} = E_d P_e(R\alpha - \alpha P_d + \beta P_r) - 2K\tau_d = 0$$

$$\frac{\partial \pi_{d(PIR-DSC)}}{\partial \tau_r} = [\beta(2\beta KP_r + 2\alpha KW_d + 2KR\alpha + 2\alpha E_d KP_e - 2\alpha KP_e Q_d - \alpha\beta E_d^2 P_e^2 P_r - \alpha E_d^2 P_e^2 R\alpha)]/[\alpha(-\alpha E_d^2 P_e^2 + 4K)] - \alpha P_r - [P_r(-\alpha^3 E_d^2 P_e^2 + 4K\alpha^2 + \alpha\beta^2 E_d^2 P_e^2 - 2K\beta^2)]/(-\alpha^2 E_d^2 P_e^2 + 4K\alpha) - \alpha(R-1) + (2\beta KW_d)/(-\alpha E_d^2 P_e^2 + 4K) - [P_e(Q_r - E_r + E_r\tau_r)(-\alpha^3 E_d^2 P_e^2 + 4K\alpha^2 + \alpha\beta^2 E_d^2 P_e^2 - 2K\beta^2)]/(-\alpha^2 E_d^2 P_e^2 + 4K\alpha) - [P_e(\alpha - \beta)(Q_m - E_m + E_m\tau_m)(-\alpha^2 E_d^2 P_e^2 - \beta\alpha E_d^2 P_e^2 + 4K\alpha + 2\beta K)]/[\alpha(-\alpha E_d^2 P_e^2 + 4K)] = 0$$

$$\frac{\partial \pi_{d(PIR)}}{\partial \tau_d} = -2K\tau_r - E_r P_e\{\alpha(R-1) + \alpha P_r - [\beta(2\beta KP_r + 2\alpha KW_d + 2KR\alpha + 2\alpha E_d KP_e - 2\alpha KP_e Q_d - \alpha\beta E_d^2 P_e^2 P_r - \alpha E_d^2 P_e^2 R\alpha)]/[\alpha(-\alpha E_d^2 P_e^2 + 4K)]\} = 0$$

（3）关于 H_7。

$$H_7 = \begin{bmatrix} \dfrac{\partial^2 \pi_{m(PID-DSC)}}{\partial W_d^2} & \dfrac{\partial^2 \pi_{m(PID-DSC)}}{\partial W_d \partial \tau_m} \\ \dfrac{\partial^2 \pi_{m(PID-DSC)}}{\partial \tau_m \partial W_d} & \dfrac{\pi_{m(PID-DSC)}}{\partial \tau_m^2} \end{bmatrix}$$

$H_{71} = -(4\alpha K)(-\alpha E_d^2 P_e^2 + 4K) < 0$

$H_{72} = [4(-2\alpha^2 E_d^2 K^2 P_e^2 - \alpha^2 E_m^2 K^2 P_e^2 + 2\alpha\beta E_m^2 K^2 P_e^2 + 8\alpha K^3 - \beta^2 E_m^2 K^2 P_e^2)] / (4K - \alpha E_d^2 P_e^2)^2 > 0$

所有子式都是负数，而且 $|H_{71}| < 0$，$|H_{72}| > 0$，因此，H_7 是负定的，$\pi_{m(PIR-DSC)}$ 是严格凹函数。对于负定 Hessian 矩阵，存在唯一的决策变量最优值。

（4）最优值由一阶导数检验确定。

$$\frac{\partial \pi_{m(PIR-DSC)}}{\partial W_d} = [2K(R\alpha + 2\beta P_r - 2\alpha W_d - \alpha E_d P_e + \alpha E_m P_e - \beta E_m P_e - \beta E_r P_e + \alpha P_e Q_d - \alpha P_e Q_m + \beta P_e Q_m + \beta P_e Q_r - \alpha E_m P_e \tau_m + \beta E_m P_e \tau_m + \beta E_r P_e \tau_r)] / (-\alpha E_d^2 P_e^2 + 4K) = 0$$

$$\frac{\partial \pi_{m(PIR-DSC)}}{\partial \tau_m} = (2\beta^2 E_m K P_e P_r - 4\alpha^2 E_m K P_e P_r - 8\alpha K^2 \tau_m - 2\alpha^2 E_m K P_e W_d - 2\alpha^2 E_d E_m K P_e^2 + 2\alpha^2 E_m K P_e^2 Q_d + 4\alpha E_m K P_e \alpha + \alpha^3 E_d^2 E_m P_e^3 P_r + 2\alpha^2 E_d^2 K P_e^2 \tau_m - \alpha^2 E_d^2 E_m P_e^3 \alpha + 2\alpha\beta E_m K P_e P_r + 2\alpha\beta E_m K P_e W_d - \alpha\beta^2 E_d^2 E_m P_e^3 P_r - 2\alpha E_m K P E_r \alpha + 2\beta E_m K P E_r \alpha + \alpha^2 E_d^2 E_m P_e^3 R\alpha + 2\alpha\beta E_d E_m K P_e^2 - 2\alpha\beta E_m K P_e^2 Q_d - \alpha\beta E_d^2 E_m P_e^3 R\alpha) / [\alpha(-\alpha E_d^2 P_e^2 + 4K)] = 0$$

5. 关于横向整合双渠道供应链

（1）关于 H_8。

$$H_8 = \begin{bmatrix} -2\alpha & 2\beta & -\alpha E_r P_e & \beta E_d P_e \\ 2\beta & -2\alpha & \beta E_r P_e & -\alpha E_d P_e \\ -\alpha E_r P_e & \beta E_r P_e & -2K & 0 \\ \beta E_d P_e & -\alpha E_d P_e & 0 & -2K \end{bmatrix}$$

$|H_{81}| = -2\alpha < 0$

$|H_{82}| = 4\alpha^2 - 4\beta^2 > 0$

$|H_{83}| = -2(\alpha^2 - \beta^2)(-\alpha E_r^2 P_e^2 + 4K) < 0$

$|H_{84}| = -(\alpha^2 - \beta^2)(-\alpha^2 E_d^2 E_r^2 P_e^4 + 4\alpha E_d^2 K P_e^2 + 4\alpha E_r^2 K P_e^2 + \beta^2 E_d^2 E_r^2 P_e^4 - 16K^2) > 0$

所有子式都是负数，而且 $|H_{81}| < 0$，$|H_{82}| > 0$，$|H_{83}| < 0$，$|H_{84}| > 0$，因此，H_8 是负定的，$\pi_{r/d(HI-DSC)}$ 是严格凹函数。对于负定 Hessian 矩阵，存在唯一的决策变量最优值。

（2）最优值由一阶导数检验确定。

$$\frac{\partial\pi_{r/d(HI-DSC)}}{\partial P_r}=\beta(P_d-W)-\alpha(P_r-W)-\alpha(\rho-1)-\alpha P_r+\beta P_d-\alpha P_e[Q_r+E_r(\tau_r-1)]+\beta P_e[Q_d+E_d(\tau_d-1)]=0$$

$$\frac{\partial\pi_{r/d(HI-DSC)}}{\partial P_d}=\beta(P_r-W)-\alpha(P_d-W)+\rho\alpha-\alpha P_d+\beta P_r-\alpha P_e[Q_d+E_d(\tau_d-1)]+\beta P_e[Q_r+E_r(\tau_r-1)]=0$$

$$\frac{\partial\pi_{r/d(HI-DSC)}}{\partial\tau_r}=-2K\tau_r-E_rP_e[\alpha(\rho-1)+\alpha P_r-\beta P_d]=0$$

$$\frac{\partial\pi_{r/d(HI-DSC)}}{\partial\tau_d}=E_dP_e(\rho\alpha-\alpha P_d+\beta P_r)-2K\tau_d=0$$

（3）关于 H_9。

$$H_9=\begin{bmatrix}\dfrac{\partial^2\pi_{m(HID-DSC)}}{\partial w^2} & \dfrac{\partial^2\pi_{m(HID-DSC)}}{\partial w\partial\tau_m}\\[2ex] \dfrac{\partial^2\pi_{m(HID-DSC)}}{\partial\tau_m\partial w} & \dfrac{\pi_{m(HID-DSC)}}{\partial\tau_m^2}\end{bmatrix}$$

$$|H_{91}|=-[4K(\alpha-\beta)(\alpha E_d^2P_e^2-8K+\alpha E_r^2P_e^2+\beta E_d^2P_e^2+\beta E_r^2P_e^2)]/(-\alpha^2E_d^2E_r^2P_e^4+4\alpha E_d^2KP_e^2+4\alpha E_r^2KP_e^2+\beta^2E_d^2E_r^2P_e^4-16K^2)<0$$

$$|\mathrm{H}_{92}|=[4\mathrm{K}^2(\alpha-\beta)(\alpha E_d^2P_e^2-8K+\alpha E_r^2P_e^2+\beta E_d^2P_e^2+\beta E_r^2P_e^2)(-\alpha^2E_d^2E_m^2P_e^4-2\alpha^2E_d^2E_r^2P_e^4-\alpha^2E_m^2E_r^2P_e^4+8\alpha E_d^2KP_e^2+8\alpha E_m^2KP_e^2+8\alpha E_r^2KP_e^2+\beta^2E_d^2E_m^2P_e^4+2\beta^2E_d^2E_r^2P_e^4+\beta^2E_m^2E_r^2P_e^4-8\beta E_m^2KP_e^2-32K^2)]/(-\alpha^2E_d^2E_r^2P_e^4+4\alpha E_d^2KP_e^2+4\alpha E_r^2KP_e^2+\beta^2E_d^2E_r^2P_e^4-16K^2)^2>0$$

所有子式都是负数，而且 $|H_{91}|<0$，$|H_{92}|>0$，因此，H_9 是负定的，$\pi_{m(HI-DSC)}$ 是严格凹函数。对于负定 Hessian 矩阵，存在唯一的决策变量最优值。

（4）最优值由一阶导数检验确定。

$$\frac{\partial\pi_{m(HI-DSC)}}{\partial W}=[2K(16\alpha KW-4K\alpha-16\beta KW+\alpha E_d^2P_e^2\alpha+\beta E_r^2P_e^2\alpha+4\alpha E_dKP_e-8\alpha E_mKP_e+4\alpha E_rKP_e-4\beta E_dKP_e+8\beta E_mKP_e-4\beta E_rKP_e-4\alpha KP_eQ_d+8\alpha KP_eQ_m-4\alpha KP_eQ_r+4\beta KP_eQ_d-8\beta KP_eQ_m+4\beta KP_eQ_r+\alpha^2E_d^2E_mP_e^3-\alpha^2E_dE_r^2P_e^3-\alpha^2E_d^2E_rP_e^3+\alpha^2E_mE_r^2P_e^3-\beta^2E_d^2E_mP_e^3+\beta^2E_dE_r^2P_e^3+\beta^2E_d^2E_rP_e^3-\beta^2E_mE_r^2P_e^3-\alpha^2E_d^2P_e^3Q_m+\alpha^2E_d^2P_e^3Q_r+\alpha^2E_r^2P_e^3Q_d-\alpha^2E_r^2P_e^3Q_m+\beta^2E_d^2P_e^3Q_m-\beta^2E_d^2P_e^3Q_r-\beta^2E_r^2P_e^3Q_d+\beta^2E_r^2P_e^3Q_m-2\alpha^2E_d^2P_e^2W-2\alpha^2E_r^2P_e^2W+2\beta^2E_d^2P_e^2W+$$

$$2\beta^2 E_r^2 P_e^2 W - \alpha E_d^2 P_e^2 \rho\alpha + \alpha E_r^2 P_e^2 \rho\alpha + \beta E_d^2 P_e^2 \rho\alpha - \beta E_r^2 P_e^2 \rho\alpha + 8\alpha E_m K P_e \tau_m - 8\beta E_m K P_e \tau_m - \alpha^2 E_d^2 E_m P_e^3 \tau_m - \alpha^2 E_m E_r^2 P_e^3 \tau_m + \beta^2 E_d^2 E_m P_e^3 \tau_m + \beta^2 E_m E_r^2 P_e^3 \tau_m)] / (-\alpha^2 E_d^2 E_r^2 P_e^4 + 4\alpha E_d^2 K P_e^2 + 4\alpha E_r^2 K P_e^2 + \beta^2 E_d^2 E_r^2 P_e^4 - 16K^2) = 0$$

$$\frac{\partial \pi_{m(HI-DSC)}}{\partial \tau_m} = [2K(16K^2\tau_m - 4E_m K P_e \alpha + 4\alpha E_d E_m K P_e^2 + 4\alpha E_m E_r K P_e^2 - 4\beta E_d E_m K P_e^2 - 4\beta E_m E_r K P_e^2 - 4\alpha E_m K P_e^2 Q_d - 4\alpha E_m K P_e^2 Q_r + 4\beta E_m K P_e^2 Q_d + 4\beta E_m K P_e^2 Q_r + \alpha^2 E_d^2 E_r^2 P_e^4 \tau_m - \beta^2 E_d^2 E_r^2 P_e^4 \tau_m - 4\alpha E_d^2 K P_e^2 \tau_m - 4\alpha E_r^2 K P_e^2 \tau_m + \alpha E_d^2 E_m P_e^3 \alpha + \beta E_m E_r^2 P_e^3 \alpha + 8\alpha E_m K P_e W - 8\beta E_m K P_e W - \alpha^2 E_d E_m E_r^2 P_e^4 - \alpha^2 E_d^2 E_m E_r P_e^4 + \beta^2 E_d E_m E_r^2 P_e^4 + \beta^2 E_d^2 E_m E_r P_e^4 + \alpha^2 E_m E_r^2 P_e^4 Q_d + \alpha^2 E_d^2 E_m P_e^4 Q_r - \beta^2 E_m E_r^2 P_e^4 Q_d - \beta^2 E_d^2 E_m P_e^4 Q_r - \alpha^2 E_d^2 E_m P_e^3 W - \alpha^2 E_m E_r^2 P_e^3 W + \beta^2 E_d^2 E_m P_e^3 W + \beta^2 E_m E_r^2 P_e^3 W - E_d^2 E_m P_e^3 \rho\alpha + \alpha E_m E_r^2 P_e^3 \rho\alpha + \beta E_d^2 E_m P_e^3 \rho\alpha - \beta E_m E_r^2 P_e^3 \rho\alpha)] / (-\alpha^2 E_d^2 E_r^2 P_e^4 + 4\alpha E_d^2 K P_e^2 + 4\alpha E_r^2 K P_e^2 + \beta^2 E_d^2 E_r^2 P_e^4 - 16K^2) = 0$$

第三篇

“双碳”目标驱动的智慧供应链仿真

供应链系统通常包含多个相互依赖的环节，这些环节的相互作用和外部环境的变化使供应链表现出高度的复杂性和动态性，仅采用优化模型和博弈模型去解析是不够的。供应链仿真能够模拟这些复杂的互动和变化，帮助研究者和决策者理解和预测供应链在不同情境下的行为。通过仿真，可以模拟各种风险情景，如自然灾害、政治变动、市场需求波动等，评估这些风险对供应链的潜在影响，并探索风险缓解策略。这有助于企业提高供应链的韧性和应对突发事件的能力。供应链仿真提供了一个虚拟的试验场，可以用来测试和验证理论模型和管理策略的有效性。在实际部署之前，通过仿真，我们可以发现潜在的问题并进行调整，从而减少实际操作中的风险和成本。仿真还可以帮助决策者在多种可能的方案中进行选择，通过模拟不同决策的后果，提供定量的分析结果，辅助决策者作出更加科学和合理的决策。供应链仿真可以促进企业内部不同部门之间的沟通和协作，通过共同参与仿真模型的构建和分析，增进对供应链整体运作的理解和支持。综上所述，供应链仿真研究不仅能够补充优化和协调研究的不足，还能够提供一个全面的框架，用于评估、管理和改进供应链系统的性能。因此，在第一篇“双碳”目标驱动的智慧供应链运作优化和第二篇“双碳”目标驱动的智慧供应链协调管理研究的基础上，本篇将围绕“双碳”目标驱动的智慧供应链仿真问题展开。

通过研发一种基于仿真的优化方法，旨在联合设计和规划全球供应链，以最小化成本和二氧化碳排放，分析和优化全球供应链所需的假设，包括确定交货时间、中央配送设施的无延误交货以及补充供应链节点库存的二次方案。探讨当这些假设被放宽时，分析优化过程中的决策如何以及是否发生变化，并将该方法应用于实际供应链结构，揭示供应链节点的最佳交货周期、中央配送设施可以选择的服务水平运作、在最佳条件下网络的成本和二氧化碳排放量降低水平、战略网络设计决策解决方案等。

第 13 章　基于仿真的全球化供应链设计与规划优化

全球化供应链的分析、设计和规划是一个复杂的过程，需要考虑多个假设才能得到有意义的解决方案。当额外的环境影响优化标准被纳入分析优化过程时，相关模型的复杂性显著增加。传统上，基于仿真的优化方法被用于复杂多级供应链网络的成本优化。然而，仿真优化过程的一个主要弱点是需要大量时间和资源来获得可靠的结果。与此同时，仿真的主要优势在于其能够灵活地放宽对复杂多层次供应链优化过程所需的关键假设，从而提供更为现实的解决方案。

本章采用仿真方法，探讨了在成本和二氧化碳排放最小化目标下，多级全球化供应链的联合设计和规划问题。对于这类网络的分析优化，需要考虑几个假设，如确定性的交货提前期、中央配送设施的无延期交货约束以及多级网络节点的二次幂补货周期。仿真方法能够放宽这些假设。本章旨在研究当这些假设被放宽时，分析优化过程中的决策是否发生变化以及在多大程度上发生变化。

在这一背景下，我们提出了一种离散事件仿真（DES）优化方法，可以逐步放宽上述的约束条件。我们选择采用这种仿真技术的原因在于，DES 已被证明是解决现实世界多级供应链管理问题的一种可靠有效的方法（Schmitt 和 Singh，2012）。为此，我们参考了 Mallidis 等（2014）的工作，提供了一个具有代表性的现实多层次供应链作为分析模型的参考场景。在该场景中实施了所提出的基于仿真的优化方法，然后将其结果以及得出的见解与分析优化过程的结果进行了比较。

本章的第 13. 1 节，我们回顾了与研究内容最相关的文献；第 13. 2 节，对所研究的供应链系统进行了描述；第 13. 3 节介绍了所提出的仿真优化方法和相关模型；第 13. 4 节通过一个现实案例研究展示了所提方法的适用性；相关的数值结果收录于第 13. 4 节；最后，第 13. 5 节总结了管理见解。

13.1 相关理论与文献综述

大量研究论文已经探索并采用了基于仿真的优化方法，以有效地管理多级供应链（SC）。通过所提出的基于仿真的优化工具，能够协调多级结构，并解决复杂的决策过程。具体而言，Cigolini 等（2014）开发了一种基于仿真的优化方法，用于研究供应链网络设计对在不同物料管理策略下供应链性能的影响，包括基于经济订单量（EOQ）和基于预测的策略。该基于仿真的优化过程允许同时采用多种和单一采购策略，并管理网络节点上更详细的库存水平记录。He 等（2015）开发了一种基于仿真的新型启发式模型，用于优化多级集装箱供应链网络，从而最大限度地降低供应链的总服务成本。仿真过程的贡献主要体现在优化四级供应链中集装箱物流的同时，制定出近乎最佳的集装箱运输计划。

Sha 和 Srinivasan（2016）提出了一个基于智能体的多站点化学品供应链仿真模型，旨在解决油罐车车队规模问题。该基于智能体的仿真模型为该挑战提供了实用的解决方案，通过增强网络节点之间的协调，并利用市场和客户智能体来确定供需均衡条件。另外，Jia 等（2016）开发了一种基于仿真的优化方法，用于评估与 3D 打印巧克力供应链相关的两种商业模式的财务可行性。该仿真过程的主要灵活性之一是同时考虑了两种类型的库存，即标准巧克力成品和半成品库存。

Schuh 等（2015）利用系统动力学仿真模型，解决了四阶段制造供应链中的实际复杂性和动态问题。一方面，Gan 和 Cheng（2015）开发了一个基于代理的集中式优化模型，重点关注回填供应链中业务实体之间的任务分配和合作。这个基于代理的工具允许建筑工地、垃圾填埋场和商业来源之间的合作，旨在优化分销结构以最小化回填运输成本。另一方面，Hennies 等（2014）对基于仿真的优化模型进行了回顾，并在简化的现实世界供应链中应用了介观仿真模型，凸显了介观方法在仿真优化过程中的主要优势。而 Long 和 Zhang（2014）提出了一种基于代理的库存、生产和运输模型，为用户提供了元代理类库和基于多代理的配送式供应链平台。他们提出的基于仿真的优化过程允许考虑多层和粒度，并具有高度的可重用性和可扩展性。

Chan 和 Zhang（2011）提出了一个基于仿真的优化模型，用于评估协同运输管理策略对供应链管理效率的影响。他们的模型允许：（a）建立零售商和运营商之间的长期合作关系，通过合作降低零售商成本；（b）最大限度地减少物流过程中的低效率，从而提高零售商的绩效。Seco 和 Vieira（2014）研究了供应链协调问题，提出了一种多智能体仿真方法，可以在不同的操作条件下探索各种协调机制。Mangla 等（2014）开发了一个蒙特卡罗仿真模型，用于评估延迟或干扰风险对绿色供应链管理的影响，特别适用于印度的聚塑料制造政策。最后，Carotenuto 等（2014）开发了一个基于仿真的优化模型，用于量化船舶交通对沿海仓库库存水平总体差异的影响，考虑了特定库存水平约束。

根据以上研究，我们可以观察到，在评估基于仿真方法相对于分析方法的优势时，缺乏专门的科学努力来定量研究基于仿真方法的优点，尤其是在追求成本和环境影响最小化的目标下。换句话说，存在对放宽分析方法所需的关键假设的影响进行定量化评估的差距。

为了解决这一挑战，我们开发了一个基于离散事件仿真（DES）的优化模型，旨在在成本和二氧化碳排放最小化的情况下联合设计和规划替代的多级配送结构。此外，我们进一步放宽了相关分析优化过程中的关键假设，如确定性交货时间、“2”的 n 次幂（Power - of - Two，PoT）政策以及供应链中央配送设施的无缺货情况。最后，我们将所提出的模型应用于对 Mallidis 等（2014）提出的两种替代配送结构，对其进行优化和分析。

13.2　系统描述

本章对 Mallidis 等（2014）提供的两种多层次配送结构进行了仿真，即 DC 情景和 M - DC 情景。在第一种结构（DC 情景）中，公司通过多个零售店（RS）将市场视为一个单一区域供应。零售店通过卡车运输从一个大型中央配送中心（DC）接收订单。为此，中央配送中心将其订单下达到遥远的远程制造（DM）站点（装载点，LP）。这些订单（集装箱）通过远洋运输运到入境港（EP），然后由重型卡车运送到中央配送中心。

在第二种结构（M - DC 情景）中，市场被分为两个区域，每个区域分配一个区域性配送中心（DC）。每个区域性配送中心通过远洋运输独立地从各自的入境港（EP）补充货物，而不依赖于装载点（LP）。该问题的简化实现如图 13 - 1 所示，展示了所研究的两个多层次配送结构。

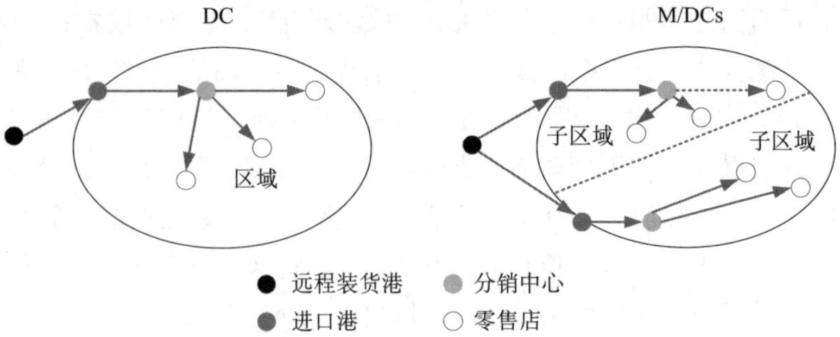

图 13－1　物流网络设计方案（Mallidis 等，2014）

审查周期的设定在配送中心（中央和区域）被认为是固定的，因为它们受到用于补给的班轮的交付频率的限制。然而，零售店的审查周期被视为决策变量。在此基础上，为了实现所研究的供应链网络各个层次之间的协调，我们假设零售店的审查周期是基本计划期的“2”的 n 次幂倍，并且是配送中心审查周期的因数。

对于这两种选择，从遥远的装载点到配送中心的交货时间较长，因此，配送中心的库存水平应该足够大，几乎可以满足其服务的所有零售店下的订单。这意味着需要运营相当大的配送中心，以确保提供高水平的服务，并且几乎可以忽略缺货的可能性。

管理上述物流网络设计方案的关键决策包括确定以下几个方面：（a）零售店的库存水平；（b）向零售店交付订单的频率；（c）成本和二氧化碳排放方面的最佳物流网络设计方案。为此，本章采用了两个优化标准。

第一个问题涉及物流总成本，包括以下方面：（a）产品在零售店和配送中心的每单位时间的持有成本；（b）每次延迟交货在零售店产生的延迟交货成本；（c）每单位时间的区域性配送中心运营成本；（d）从装载点到配送中心，以及从配送中心到零售店的每单位时间的运输成本。第二个优化标准涉及物流总二氧化碳排放量，包括从装载点到配送中心以及从配送中心到零售店的每单位时间的运输二氧化碳排放量，及配送中心每单位时间的运营二氧化碳排放量。

13.3　模型开发

使用离散事件仿真（DES）来模拟两个多梯级供应链的运行，并计算相关的成本和排放指标，以及整体关键绩效指标。DES 建模方法的逻辑见

图 13－2。仿真算法的图示基于其结构模块，以便更好地理解所采用的一般建模概念。这些基本模块可以被轻松地微调，并适应任何替代的网络设计情景。

13.3.1 仿真建模

在构建整体模型时，使用了两种基本类型的模块。第一个模块描述了不同供应链梯级之间的相互作用，包括消费者、零售店、配送中心和远程制造商。第二个模块负责计算零售店和配送中心感兴趣的指标和关键绩效指标。基于这些模块，开发了 8 个仿真循环（SL），作为结构建模单元。一般建模方法如图 13－2 所示。

13.3.1.1 消费者与零售店之间的交互（循环 1）

在循环 1 中，消费者到达零售店（RS）并确定每种产品（即冰箱、洗衣机和烤箱）的每日总需求量，这是一个随机过程。需求可能通过零售店现有的库存（OH）来满足，或者会导致延迟交货（部分或全部）。随后，零售店的现有库存、延迟交货（BO）需求和零售店的库存状况（IP）指标将相应地进行更新。

13.3.1.2 零售店和配送中心之间的交互（循环 2 和循环 3）

在循环 2 中，审核人员进入零售店（RS）并检查 OH 清单。审核结果决定了应向配送中心（DC）下达的订单（最高 S 政策）的规模。随后，零售店的订单（OO）库存和 IP 变量会相应地进行更新。订单离开零售店并到达配送中心，在那里确定交货的装运尺寸，同时，考虑到配送中心现有库存的可用性。现有库存、IP 和 BO 需求指标将相应地进行更新。

在循环 3 中，配送中心（DC）将订单交付给零售店（RS）。考虑到货物的大小（卡车总装载量），确定交付订单所需的卡车数量是通过考虑单位产品体积、卡车容量以及每条特定路线中使用的卡车类型来确定的。此外，相关的二氧化碳排放量是根据可用的卡车排放（每次往返）数据和所需的卡车数量（卡车行程）计算的。订单离开配送中心，在相关的交货时间后到达零售店，在那里更新现有库存（OH）、订单（OO）库存和延期交货（BO）需求指标。

13.3.1.3 配送中心与远距离制造商之间的交互（循环 4 和循环 5）

在循环 4 中，审核人员进入配送中心（DC）并检查 OH 清单。审核结果决定了应向位于 LP 的远距离制造商（DM）下达的订单（最高 S 策略）的大小。相应的订单（OO）清单和 IP 变量会相应地进行更新。订单离开配送中心并送达远距离制造商。

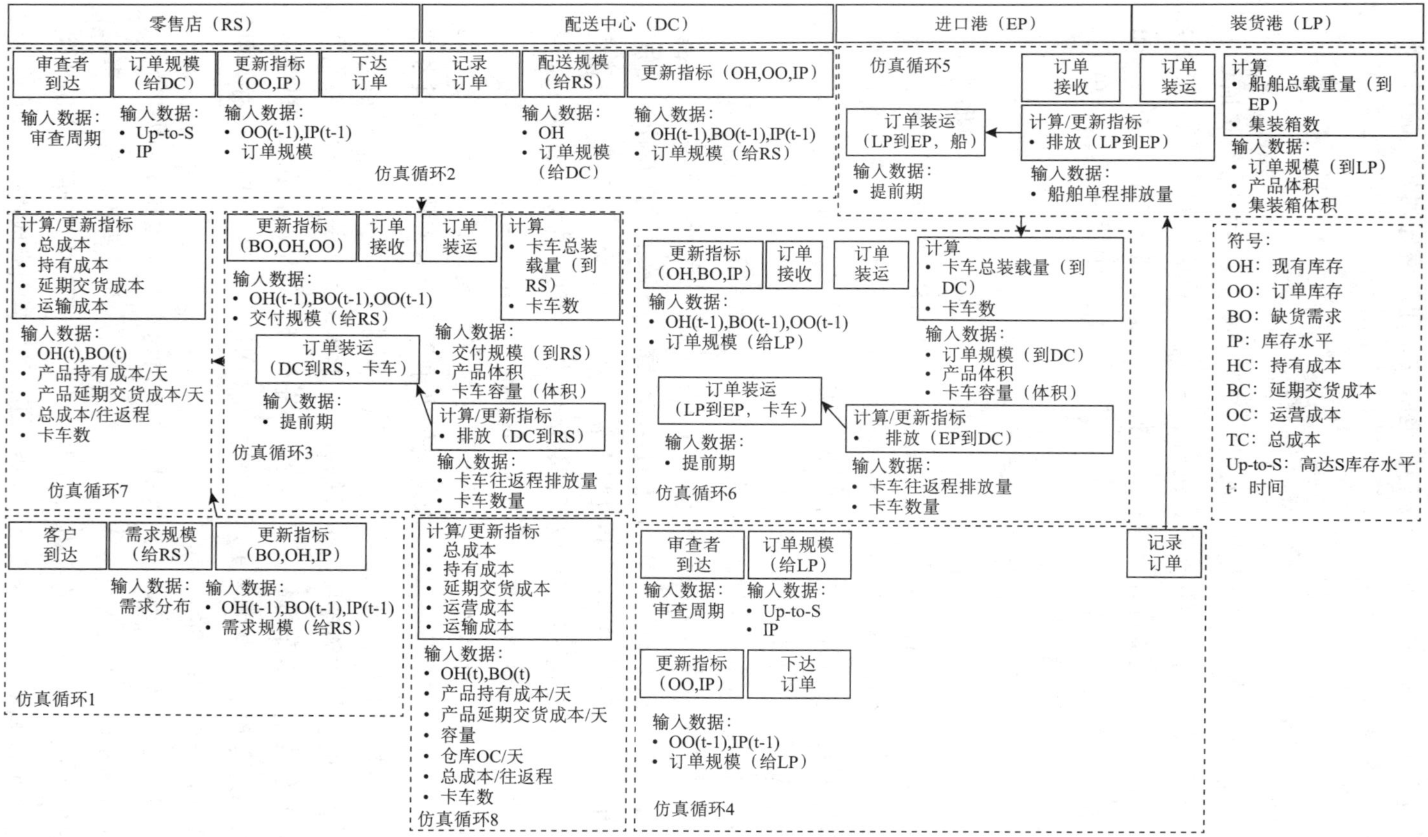

零售店（RS）
配送中心（DC）
进口港（EP）
装货港（LP）
审查者到达
输入数据：审查周期
订单规模（给DC）
输入数据：• Up-to-S • IP
更新指标（OO,IP）
输入数据：• OO(t-1),IP(t-1) • 订单规模
下达订单
记录订单
配送规模（给RS）
输入数据：• OH • 订单规模（给DC）
更新指标（OH,OO,IP）
输入数据：• OH(t-1),BO(t-1),IP(t-1) • 订单规模（给RS）
仿真循环2
仿真循环5
订单接收
订单装运
订单装运（LP到EP，船）
输入数据：• 提前期
计算/更新指标 • 排放（LP到EP）
输入数据：• 船舶单程排放量
计算 • 船舶总载重量（到EP） • 集装箱数
输入数据：• 订单规模（到LP） • 产品体积 • 集装箱体积
计算/更新指标 • 总成本 • 持有成本 • 延期交货成本 • 运输成本
输入数据：• OH(t),BO(t) • 产品持有成本/天 • 产品延期交货成本/天 • 总成本/往返程 • 卡车数
仿真循环7
更新指标（BO,OH,OO）
订单接收
订单装运
计算 • 卡车总装载量（到RS） • 卡车数
输入数据：• OH(t-1),BO(t-1),OO(t-1) • 交付规模（给RS）
订单装运（DC到RS，卡车）
输入数据：• 提前期
仿真循环3
输入数据：• 交付规模（到RS） • 产品体积 • 卡车容量（体积）
计算/更新指标 • 排放（DC到RS）
输入数据：• 卡车往返程排放量 • 卡车数量
更新指标（OH,BO,IP）
订单接收
订单装运
计算 • 卡车总装载量（到DC） • 卡车数
输入数据：• OH(t-1),BO(t-1),OO(t-1) • 订单规模（给LP）
输入数据：• 订单规模（到DC） • 产品体积 • 卡车容量（体积）
订单装运（LP到EP，卡车）
输入数据：• 提前期
计算/更新指标 • 排放（EP到DC）
输入数据：• 卡车往返程排放量 • 卡车数量
仿真循环6
符号：
OH：现有库存
OO：订单库存
BO：缺货需求
IP：库存水平
HC：持有成本
BC：延期交货成本
OC：运营成本
TC：总成本
Up-to-S：高达S库存水平
t：时间
客户到达
需求规模（给RS）
输入数据：需求分布
更新指标（BO,OH,IP）
输入数据：• OH(t-1),BO(t-1),IP(t-1) • 需求规模（给RS）
仿真循环1
计算/更新指标 • 总成本 • 持有成本 • 延期交货成本 • 运营成本 • 运输成本
输入数据：• OH(t),BO(t) • 产品持有成本/天 • 产品延期交货成本/天 • 容量 • 仓库OC/天 • 总成本/往返程 • 卡车数
仿真循环8
审查者到达
输入数据：审查周期
订单规模（给LP）
输入数据：• Up-to-S • IP
更新指标（OO,IP）
下达订单
输入数据：• OO(t-1),IP(t-1) • 订单规模（给LP）
仿真循环4
记录订单

图 13－2　仿真算法逻辑

在循环 5 中，远距离制造商（DM）将订单发送至配送中心（DC）。远距离制造商能够满足任何规模的需求（拥有无限的供应能力）。因此，考虑到装运量（总装船量），确定交付订单所需的必要的集装箱数量是通过考虑单位产品体积和单一集装箱容量来确定的。此外，相关的二氧化碳排放量是根据集装箱船的排放量（每次航行）数据计算的。随后，订单从远距离制造商处发货，并在随机的交货时间后到达进口港（EP）。

13.3.1.4　进口港和配送中心之间的交互（循环 6）

在循环 6 中，产品通过卡车从进口港（EP）转移到配送中心。总装运尺寸（卡车总装载量）通过考虑单位产品体积、卡车容量以及每条特定路线中使用的卡车类型来确定执行转移所需的卡车数量。此外，相关的二氧化碳排放量是根据卡车排放（每次往返）数据和所需的卡车数量（卡车行程）进行计算的。随后，订单离开进口港，并在交货时间后到达配送中心。OH 库存、OO 库存和 BO 需求指标会相应地进行更新。

13.3.1.5　总指标和关键绩效指标的计算（循环 7 和循环 8）

循环 7 和循环 8 分别负责计算物流和排放的相关指标，以及与零售商（RS）和配送中心（DC）相关的关键绩效指标。物流相关的指标包括以下内容：（a）RS 和 DC 的持有成本、延迟交货成本和运输成本；（b）区域配送中心的运营成本；（c）RS、DC 和整个供应网络的总成本。

与排放相关的指标包括以下内容：（a）卡车运输的排放，即产品从 EP 转移到 DC 和从 DC 转移到 RS 的二氧化碳排放水平；（b）船舶运输的排放，即将产品从 LP 运往 EP；（c）配送中心的运营排放，即处理产品所产生的排放量。这些指标和关键绩效指标每天和每年均会进行一次计算。

13.3.2　仿真优化过程的贡献

我们所提出的基于仿真的建模方法可以更真实地对库存计划策略进行建模，并更准确地确定卡车往返次数。因此，运输成本和二氧化碳排放量也可以更准确地计算。这进而使最终的决策过程更加贴近实际。最终结果是，相应的分析优化过程所需的关键假设逐渐得到了放松。

更具体地说，需要放宽的第一个假设是关于“二的幂（PoT）”，其中，所有涉及的审查周期都是 2 的 n 次幂倍，用于协调零售商（RS）之间以及 RS 与各自配送中心（DC）之间的库存控制。通过扩展审查周期决策变量的取值范围，所有整数值，可以放宽这一假设。

第二个假设是关于“无延期交货”的假设，即配送中心以几乎 100%

的固定服务水平运营。通过将配送中心的相关 OH 库存的安全库存因子（SF）考虑为决策变量，可以放宽这一假设。

第三个假设是关于“确定性提前期（LT）”的，即认为所有提前期都是恒定的。通过允许船舶行程的提前期是随机的，即从 LP 到 EP 行程的持续时间现在是一个随机变量（其方差系数为 0.27），可以放宽这一假设。假设放宽的过程执行两次，一次是针对供应链成本的最小化，另一次是针对二氧化碳排放的最小化。

13.3.3 仿真参数和程序

13.3.3.1 数据

用于输入仿真模型的数据包括物流成本、运输成本、运输和仓储排放、需求以及产品数据。这些数据是从 Mallidis 等（2014）的论文中获取的，在该论文中进行了广泛的分析和讨论。这些数据以原始形式使用，没有经过任何形式的转换或处理。

13.3.3.2 仿真过程

Matlab®的 SimEvents®仿真软件被用于开发相关模型并进行仿真。在每个优化过程中，对每个决策变量配置进行了 150 次复制。针对实际问题，每次复制的时间跨度为一年，其中，包括一个月的预热期。当连续进行了 300 次重复并且相应的目标函数没有改进后，备选方案的优化过程停止。每个优化过程的平均实时运行时间约为 12 小时，共评估了 12 种备选方案。这些仿真过程使用了 Intel® Core™ i7 – 3770 CPU @ 3.40GHz 处理器。

13.3.3.3 验证

该模型主要通过以下方式进行验证：（a）逐个检查模型元素以进行验证；（b）沿着仿真逻辑图跟踪可能的事件，并与相关仿真运行中的事件序列进行比较；（c）使用软件提供的可用错误检查程序。验证过程是基于对各种场景和问题设置的仿真结果与实际系统性能的比较，同时考虑了通过分析解决方案过程提供的结果。任何观察到的偏差都可以被忽略不计。此外，仿真模型已经在不同的初始条件和多个重复长度下进行了检查。经过验证，一年的重复时间已被证明足以产生准确可靠的结果。

13.4 案例研究

如 Mallidis 等（2014）在其论文中所述，所提出的方法是在为希腊市场提供服务的白色家电零售商的情景下进行实施的。替代网络设计情景遵循第 13.2 节中介绍的相关配置情景。

13.4.1 DC 情景

在首个网络设计情景中，供应链服务于一个大区域，即希腊市场。具体而言，该市场涵盖了位于雅典大都市区的两个私人拥有的零售店（RS1 - Marousi 和 RS2 - Argiroupoli）、位于伯罗奔尼撒地区的两个零售店（RS3 - Liberty 和 RS4 - Patra），以及分别位于 Ioannina、Larissa、Thessaloniki 和 Ksanthi 大都市区的四个零售店（RS5 - Ioannina、RS6 - Larissa、RS7 - Thessaloniki 和 RS8 - Ksanthi）。这些零售店由位于 Aspropirgos 的中央配送中心（DC1）进行补给。配送中心 1 通过比雷埃夫斯（P0）入境口岸（EP）提供服务。远距离制造商位于中国上海（装货港，LP）。

13.4.2 M - DC 情景

在第二个网络设计情景中，整个区域（希腊市场）被分成两个子区域。第一个子区域包括四个零售店（RS1 - 4），它们由 Aspropirgos 的配送中心 1（DC1）进行补给。配送中心 1 通过比雷埃夫斯（P0）入境口岸（EP）提供服务。第二个子区域包括另外四个零售店（RS5 - 8），由位于 Kalochori 的第二个配送中心 2（DC2）进行补给。Kalochori 配送中心从与第一个配送中心相同的远距离制造商处接收订单，但通过塞萨洛尼基（P）的入境口岸（EP1）接收信息。

上海深海船舶的调度计划将配送中心的审查周期定为 30 天。然而，考虑到相关分析解决方案中，零售店的审查周期是按照协调零售店和配送中心之间订单的二次幂倍时间单位来计算的，因此，实际上配送中心的审查周期被视为等于 32 天。

13.5　数值结果

本节介绍了基于仿真的优化结果，并将其与分析优化过程的结果进行了对比。在我们的案例中，将 Mallidis 等（2014）的工作中广泛讨论的各自的分析最优解决方案作为基本参考场景，以评估基于仿真的方法在相关决策过程中的优势。更具体地说，基本场景指的是当输入为相应的最优分析解时，通过所提出的仿真模型得出的指标和关键绩效指标的值。

13.5.1　DC 情景

研究的首个网络设计方案（DC 情景）的成本最优和二氧化碳排放最优的仿真结果分别列于表 13－1 和表 13－2。相应的决策变量（库存控制策略）的数值则详列于表 13－3。

表 13－1　　成本最优方案（DC 情景）的成本明细和二氧化碳排放

指标	假定					
	2 的幂		提前期		安全因子	
	绝对变化	相对变化（%）	绝对变化	相对变化（%）	绝对变化	相对变化（%）
持有成本（元/天）	7210	－1.85	7248	－1.33	7187	－2.16
延期交货成本（元/天）	80	－19.17	93	－6.03	116	17.53
运营成本（元/天）	1499	－0.54	1499	－0.54	1496	－0.72
交通费用（元/天）	36929	－0.55	36919	－0.58	36917	－0.59
总费用（元/天）	45674	－0.89	45737	－0.76	45692	－0.85
总排放量（吨/天）	17.09	－0.66	17.07	－0.75	17.07	－0.78

表 13－2　　二氧化碳排放最优方案（DC 情景）的成本明细和排放

指标	假定			
	2 的幂		提前期	
	绝对变化	相对变化（%）	绝对变化	相对变化（%）
持有成本（元/天）	11355	－1.17	11406	－0.72
延期交货成本（元/天）	332	－5.70	415	17.86
运营成本（元/天）	1496	－0.73	1493	－0.91

续表

指标	假定			
	2 的幂		提前期	
	绝对变化	相对变化（%）	绝对变化	相对变化（%）
交通费用（元/天）	36197	-0.74	36210	-0.71
总费用（元/天）	49381	-0.87	49520	-0.59
总排放量（吨/天）	16.75	-0.91	16.75	-0.87

表 13-3　所有问题实例的最佳服务级别（Ⅰ类）和审查期（DC 情景）

实体	准则									
	成本						二氧化碳排放			
	假定									
	2 的幂		提前期		安全因子		2 的幂		提前期	
	α（%）	R（天）	α（%）	R（天）	α（%）	R（天）	α（%）	α（天）	α（%）	R（天）
RS1	92	3	94	3	97	2	75	6	61	17
RS2	91	3	94	2	97	2	75	6	60	17
RS3	84	5	82	7	85	7	61	17	61	17
RS4	88	3	88	3	93	3	62	17	61	17
RS5	71	5	72	5	71	7	60	17	60	17
RS6	79	5	77	7	88	3	61	17	61	17
RS7	75	3	74	5	74	5	62	17	62	17
RS8	65	5	69	5	72	5	60	17	60	17
DC1	100	32	100	32	100	32	100	32	100	32

注：α 服务级别，R 审核期。

13.5.1.1　成本最小化

PoT 假设的放宽导致总成本降低约 0.89%，主要是由于持有和运输成本的降低。此外，尽管 RS 的审查周期不符合二次方规则，但 RS 似乎在审查周期方面形成了一种模式，即有一组 RS 每 3 天向 DC 下订单，另一组 RS 每 5 天审查一次库存。与参考情景相比，相关的二氧化碳排放量平均降低了 0.66%。

此外，当进一步放宽确定性提前期（LT）假设时，新的随机性来源给整个供应网络增加了额外成本。尽管网络为对冲不确定性而付出了更多努力，但总成本仍比参考情景低了 0.76%。现在，RS 的审查周期分为三种类型，即 RS 分别每 3 个周期、5 个周期和 7 个周期审查一次库存。二氧化碳排放量略有下降，比参考值低了约0.75%。

最后，当允许DC出现缺货时，即当100%安全库存因子（SF）假设放宽时，总成本将进一步降低，与参考方案相比降幅为0.85%。在这种情况下，RS也会根据其审查周期形成不同组，即有RS分别每2天、3天、5天和7天向DC下订单。结果表明，在99.9%的略低（I类）服务水平情况下，配送中心的运行效率很高。二氧化碳排放总量估计为0.78%。

13.5.1.2　二氧化碳排放最小化

在二氧化碳排放最小化目标函数下，放宽PoT假设，与相应的分析参考情景相比，总成本降低约0.87%。RS似乎根据其审查周期在分组中进行了强有力的协调，即一组由两个RS组成的每6天向DC下订单，另一组由6家商店组成，每17天审查一次库存。相关的一氧化碳排放量平均降低0.99%。

此外，当进一步放宽确定性长期投资假设时，产生的额外成本最终将总收益限制在比参考值低0.59%的水平。RS仅形成一类审查周期，即所有零售店每17天审查一次库存。二氧化碳排放量也在增加，但仍比参考值低了约0.95%。

13.5.2　M－DC情景

第二个网络设计方案（M－DC情景）的成本最优和二氧化碳排放最优仿真结果已分别列于表13－4和表13－5。相应的决策变量（库存控制策略）数值则详列于表13－6。

表13－4　成本最优方案（M－DC情景）的成本明细和二氧化碳排放

指标	假定					
	2的幂		提前期		安全因子	
	绝对变化	相对变化（%）	绝对变化	相对变化（%）	绝对变化	相对变化（%）
持有成本（元/天）	7665	－0.89	7686	－0.62	7619	－1.48
延期交货成本（元/天）	73	－19.3	74	－18.52	76	－16.34
运营成本（元/天）	2213	－0.71	2214	－0.67	2212	－0.75
交通费用（元/天）	34866	－0.55	35040	－0.06	34417	－1.83
总费用（元/天）	44748	－0.81	44802	－0.69	44649	－1.03
总排放量（吨/天）	14.85	－0.36	14.85	－0.32	14.84	－0.41

表 13-5　二氧化碳排放最优方案（M-DC 情景）的成本明细和排放

指标	假定			
	2 的幂		提前期	
	绝对变化	相对变化（%）	绝对变化	相对变化（%）
持有成本（元/天）	11834	-1.10	11935	-0.25
延期交货成本（元/天）	323	-8.08	444	26.59
运营成本（元/天）	2206	-1.05	2207	-1.00
交通费用（元/天）	34252	-1.03	34163	-1.29
总费用（元/天）	48611	-1.11	48832	-0.66
总排放量（吨/天）	14.56	-1.01	14.58	-0.92

表 13-6　所有问题实例的最佳服务级别（Ⅰ类）和审查周期（M-DC 情景）

实体	准则									
	成本						二氧化碳排放			
	假定									
	2 的幂		提前期		安全因子		2 的幂		提前期	
	α（%）	R（天）	α（%）	R（天）	α（%）	R（天）	α（%）	α（天）	α（%）	R（天）
RS1	92	3	92	3	95	3	75	6	75	6
RS2	92	3	92	3	96	2	74	6	74	6
RS3	86	5	86	5	86	5	74	6	74	6
RS4	85	5	87	3	88	2	75	6	75	6
RS5	71	5	72	5	96	3	60	17	60	17
RS6	79	5	79	5	91	5	61	17	61	17
RS7	75	3	77	3	89	3	61	17	61	17
RS8	65	5	65	5	96	7	59	17	59	17
DC1	100	32	100	32	98	32	100	32	100	32
DC2	100	32	100	32	99	32	100	32	100	32

注：α 服务级别，R 审核期。

13.5.2.1　成本最小化

在这种网络设计方案中，放宽 PoT 假设可降低约 0.81% 的总成本。与配送中心网络设计情景一样，尽管 RS 的审查周期不遵循二次方规则，但 RS 根据其审查周期形成组，即第一组 RS 每 3 天向 DC 下订单，而属于第二组的 RS 每 5 天审核一次库存。与参考情景相比，相关的二氧化碳排放量平均减少了 0.36v。

此外，当进一步放宽确定性长期投资假设时，成本会增加，但仍比相关参考情景中的成本低0.69%。RS也被划分为相同的审查周期组，即RS的库存审查每3天或5天进行一次。二氧化碳排放量略有下降，比参考值低了约0.32%。

最终，当允许DC发生缺货时，总成本将进一步降低至比相应参考方案低1.03%的水平。在这种情况下，RS也会根据其审核周期组成组，即RS分别每2天、3天和5天向DC下订单。结果表明，在两个配送中心（子区域1和子区域2）的较低（Ⅰ类）服务水平分别为98%和99%的情况下，配送中心的运行效率很高。二氧化碳排放总量估计为0.41%。

13.5.2.2　二氧化碳排放最小化

在M－DC网络设计情景中，以最小化二氧化碳排放为目标函数，放宽PoT假设后，与相应的分析参考情景相比，总成本降低了约1.11%。每个子区域的RS根据其审查周期进行严格协调分组，即在第一个子区域，所有RS每6天审查一次其库存，在第二个子区域，每17天进行一次相应的库存控制。与相应的参考情景相比，相关的一氧化碳排放量平均降低了1.01%。

另外，若进一步放宽确定性长期投资假设，所产生的额外成本将使最终总收益降低至比参考值低0.66%的水平。RS的协调遵循与以前相同的模式。二氧化碳排放量也在增加，但仍比参考值低约0.92%。

就两种替代网络配置，即DC情景和M－DC情景而言，我们可以观察到以下几点。一是采用两个区域配送中心（M－DC情景网络配置）而不是单一中央配送中心（DC情景）会导致整个供应网络的运营成本和持有成本增加。这是相应风险分担效应的结果，因为M－DC情景中两个DC的总库存水平高于单一中央DC。二是采用两个区域配送中心（M－DC情景）的运营会导致供应链响应速度更快。响应能力的提高转化为RS缺货的减少，从而降低了延期交货成本。在M－DC情景中，运输成本也较低，因为长途卡车行程大大减少。DC情景似乎是最佳网络配置，与相应的分析优化结果一致。

最后，就两个优化标准，即成本和二氧化碳排放而言，我们可以观察到以下几点。在二氧化碳排放的最优解决方案下，可以降低运输成本。这是因为在二氧化碳排放最优解决方案下，较长的补给周期导致了较低的卡车交付频率。交货频率越低，就越可能在补货间隔期间发生缺货，导致延期交货成本增加。因此，为了应对由于补给周期延长而增加的不确定性，RS储备了较高水平的库存，从而表现出较高的持有成本。

13.6 本章小结

本章提出了一种基于仿真的优化方法，旨在联合设计和规划全球化多梯队供应链，同时实现成本和二氧化碳排放的最小化目标。Mallidis 等（2014）提出了一个现实案例，以证明基于仿真的方法在优化类似网络决策方面的优势。仿真方法的目的在于研究当放宽相关分析优化模型的关键假设时，最优决策和派生见解是否发生变化以及在何种程度上发生变化。

从网络设计的战略角度来看，研究结果显示，在 DC 和 M－DC 网络设计情境下，针对成本最小化目标，实现的成本改善分别为 0.7%～0.9%和 0.7%～1.0%。然而，对于这两种网络设计方案，相关的二氧化碳排放改善较低，在 0.6%～0.8%和 0.3%～0.4%之间。另外，若考虑二氧化碳减排目标，DC 和 M－DC 网络情境下的相关成本改善为 0.6%～0.9%和 0.7%～1.1%。在两种供应网络设计方案中，相关的二氧化碳排放量减少幅度为 0.9%～1.0%。此外，尽管 RS 的排序策略在某种程度上与通过各自的分析求解过程得出的策略不同，但结果与 Muckstadt 和 Sapra（2010）的一般结论一致，即在 PoT 假设下，总物流成本与最优成本之间的差异不超过 6%。值得注意的是，当运输成本纳入总成本函数时，本章证实了这一结论的有效性。

本章的分析得出的一个引人注目的结论是：在基于分析和仿真的优化过程中，M－DC 情景在成本和二氧化碳排放方面均为最佳的网络设计情景。这表明，在长期决策中，通过这两种方法得出的最佳解决方案趋于一致。因此，可以认为相关决策并未受到优化方法差异的严重影响。

然而，在库存管理的战术层面，决策发生了变化。具体而言，在这两种情景下，RS 的大多数衍生订单补充周期都是奇数。此外，在 M－DC 网络设计情景中，这些周期与通过分析得出的解决方案相比更为稳定。然而，正如 Mallidis 等（2014）的分析优化模型所假设的，RS 仍然根据其审查周期进行分组协调。此外，配送设施的安全库存因子也发生了变化，略低于以前。这导致了 DC 情景的服务水平为 99.89%，而 M－DC 情景的服务水平为 98.3%和 98.8%，不是相应分析解决方案中假设的几乎 100%的服务水平（或无延误交货）。此外，当放松分析模型的确定性提前期假设时，由于提前期的随机性而产生的额外隐藏成本估计为 0.1%～0.4%。

本章提出的方法可以进一步扩展，将其他类型的排放纳入整个优化过程，并评估它们对全球供应链设计和规划相关决策的影响。除了二氧化碳排放外，常见的空气污染物还包括一氧化碳（CO）、氮氧化物（NOx）、碳氢化合物（HC）、颗粒物（PM）、甲烷（CH4）、一氧化二氮（N2O）等。在全球供应链的背景下，这些污染物主要由车辆（如卡车、叉车、跨运车、集装箱船等）排放，主要发生在产品运输和执行物流操作期间（例如在仓库、集装箱码头等）。从长远来看，这些污染物的累积排放量可能很大，给多级全球供应链带来了严重问题，因为这些排放直接导致气候变化和当地空气污染。

另外，本章提出的建模方法可以轻松进行调整，以考虑整个供应链（主要是运输）中消耗的燃料总量。运输燃料在面临自然资源枯竭等全球环境挑战时具有关键作用。因此，对燃料消耗的评估成为全球供应链设计和规划的必要前提。在这方面，一个有趣的研究问题是评估资源（如燃料）的消耗与交货时间之间的权衡。一个标志性的例子是慢速航行，这是航运公司经常采用的一种做法，通过牺牲显著增加的总行程时间来降低燃料消耗。

在不远的将来，对类似系统的研究将有助于丰富我们的知识，并激发我们对仿真在复杂的全球化多层次供应网络决策过程中优势的认识。在这些网络中，战略和战术决策结合了不同类型的客观标准，如物流和环境考量。这些研究可以进一步提升当前洞见的可信度，并促使其推广应用。尽管结果会因情境而异，但在多层次供应网络的设计和库存规划中考虑环境因素时，仿真已被证明是一种有意义的替代方法。

本章参考文献

[1] Carotenuto P, Giordani S and Zaccaro A (2014). A simulation based approach for evaluating the impact of maritime transport on the inventory levels of an oil supply chain. Transportation Research Procedia 3: 710 –719.

[2] Chan F and Zhang T (2011). The impact of Collaborative Transportation Management on supply chain performance: A simulation approach. Expert Systems with Applications 38 (3): 2319 –2329.

[3] Cigolini R, Pero M, Rossi T and Sianesi A (2014). Linking supply chain configuration to supply chain performance: A discrete event simulation model. Simulation Modelling Practice and Theory 40: 1 –11.

[4] Gan VJL and Cheng JCP (2015). Formulation and analysis of dynamic supply chain of backfill in construction waste management using agent –

based modeling. Advanced Engineering Informatics 29 (4): 878 –888.

[5] He J, Huang Y and Chang D (2015). Simulation – based heuristic method for container supply chain network optimization. Advanced Engineering Informatics 29 (3): 339 –354.

[6] Hennies T, Reggelina T, Tolujewa J and Piccut P (2014). Mesoscopic supply chain simulation. Journal of Computational Science 5 (3): 463 –470.

[7] Jia F, Wang X, Mustafee N and Hao L (2016). Investigating the feasibility of supply chain – centric business models in 3D chocolate printing: A simulation study. Technological Forecasting and Social Change 102: 202 –213.

[8] Long Q and Zhang W (2014). An integrated framework for agent based inventory – production – transportation modeling and distributed simulation of supply chains. Information Sciences 277: 567 –581.

[9] Mallidis I, Vlachos D, Iakovou E and Dekker R (2014). Design and planning for green global supply chains under periodic review replenishment policies. Transportation Research Part E 72: 210 –235.

[10] Mangla SK, Kumar P and Barua MK (2014). Monte Carlo simulation based approach to manage risks in operational networks in green supply chain. Procedia Engineering 97: 2186 –2194.

[11] Muckstadt JA and Sapra A (2010). Principles of Inventory Management. When you are down to four order more. Springer: New York.

[12] Schmitt AJ and Singh M (2012). A quantitative analysis of disruption risk in a multi – echelon supply chain. International Journal of Production Economics 139 (1): 22 –32.

[13] Schuh G, Schenk M and Servos N (2015). Design of a simulation model for the assessment of a real – time capable disturbance management in manufacturing supply chains. Procedia Manufacturing 3: 425 –432.

[14] Seco A and Vieira C (2014). A multi – agent supply chain simulation analysis through a statistical mixed model. Procedia Technology 16: 163 –171.

[15] Sha M and Srinivasan R (2016). Fleet sizing in chemical supply chains using agent – based simulation. Computers and Chemical Engineering 84: 180 –198.

第 14 章　结束语

14.1　主要结论

本书通过深入研究智慧供应链中的各个关键环节，提出了针对性的解决方案，并在不同章节中展示了对应问题的建模方法和算法设计。通过对碳排放规制下生鲜供应链异构车队路径规划、低碳冷链的电动车与燃油车混合车队路径优化、碳税政策下生鲜产品的“最后一公里”配送环节、校园无人车配送、考虑客户满意度的供应链路径规划、应急物资库存路径与供应链双层生产路径规划等问题的深入研究，本书探讨了在碳排放管制的背景下，如何优化物流运输过程以降低碳排放量，并在现实应用中优化资源利用、降低成本、提高效率，以及提升客户满意度的问题。通过引入优化算法、数学模型以及考虑各种约束条件和实际影响因素，本书在生鲜供应链和冷链物流、校园无人车配送、供应链物流运营、应急物资库存路径与供应链双层生产路径规划领域取得了一系列重要的研究成果。

从研究结果来看，不同的碳排放规制方式对物流运输企业的影响是多方面的。碳限额直接约束了企业的排放量，碳税则在经济上对企业施加了一定的压力，碳交易则为企业提供了一种市场化的减排方式，而碳补偿对企业影响较小。在这些规制下，企业需要根据自身情况和政策环境作出合理的决策，以平衡经济效益和环境效益。

此外，通过对闭环供应链、价格敏感和绿色化水平敏感需求、碳排放减少率和全球多级供应链的研究，我们可以得出以下结论：政府在供应链中的干预对推动可持续性发展至关重要，各种博弈结构可以帮助优化决策并提高供应链绩效。在面对环境挑战时，制造商和零售商需要权衡成本、利润和环保目标之间的关系，通过投资于减排技术来实现双赢局面。同时，基于仿真的优化方法可以帮助设计全球化多级供应链，实现成本和碳排放的最小化目标。

这些研究结论表明，“双碳”目标驱动的智慧供应链运作管理可以在减少碳排放的同时提升运作效率和企业竞争力，为构建低碳、绿色和可持续的供应链作出贡献。

14.2　研究展望

未来的研究可以在以下几个方面展开：首先，可以进一步探讨不同碳排放规制方式的组合效应，以及如何在全球范围内协调各国碳排放管制政策。其次，可以考虑引入更多现实因素和影响因素，如拥堵、突发事件、动态需求、不确定性需求、多种商品类型、软时间窗等，并通过引入更先进的算法和模型来提高问题求解的精度和效率，提高研究的逼真度和实用性。再次，可以将研究范围扩展到多个配送中心的协同配送问题，以更全面地考虑物流运输的复杂性和多样性。此外，还可以将更多的实际数据纳入研究范畴，以更好地验证模型的准确性和可行性，为实际应用提供更有力的支持。最后，在供应链协调决策研究中，可以进一步探讨不确定变量、非线性函数、合作模式和真实案例的应用，以提高模型的鲁棒性和实用性，从而更好地应对环境挑战并推动可持续发展。

综上所述，本书的研究成果为生鲜供应链和冷链物流、校园无人车配送、考虑客户满意度的供应链路径规划、应急物资库存路径与供应链双层生产路径规划领域的可持续发展与环境保护提供了重要的理论支持和实践指导，为供应链协调决策、全球供应链设计规划仿真等提供了参考借鉴，同时也为未来相关研究提供了有益的启示和展望。

总之，未来的“双碳”目标驱动的智慧供应链运作管理研究将更为深入和综合，注重智能化技术的应用、多方合作与共享经济的发展、循环经济与绿色创新的推进以及政策法规的完善与支持。这将促进供应链行业向低碳、绿色和可持续的方向持续发展。

后 记

本书是本人承担的国家社科基金后期资助项目"'双碳'目标驱动的智慧供应链运作管理研究"（23FGLB070）的结题研究成果。本书的写作初衷源于对全球气候变化与供应链数字化转型两大时代命题的思考。随着"碳达峰、碳中和"目标的提出，以及人工智能、大数据、物联网等技术的迅猛发展，传统供应链管理正面临前所未有的挑战与机遇。如何构建低碳、高效、智能的供应链体系，成为学术界和产业界共同关注的核心议题。本书围绕这一主题展开研究，力求在理论创新与实践应用之间架起一座桥梁。

在本书的撰写过程中，我们得到了许多专家学者的指导和帮助。首先，感谢中国社会科学院学部委员史丹研究员给予的大力支持，感谢东南大学经济管理学院赵林度教授、南京财经大学营销与物流管理学院乔均教授在本书写作过程中给予的指导和帮助。感谢教育部新文科建设工作组副组长、教育部高等学校物流管理与工程类专业教学指导委员会主任黄有方教授百忙之中为本书撰写了序，对本书研究给予了很高的评价和鼓励。同时，衷心感谢审稿专家和同行学者提出的宝贵意见，使本书的研究框架更加严谨，论证更加充分。此外，也要感谢合作企业提供的真实数据和案例支持，使本书的理论研究能够更好地落地实践。

本书的研究成果凝聚了我的研究生团队成员周丹、丁澍、汤雪暖、张磊、宗梦环、徐正义、单杰的智慧与汗水。在数据收集、模型构建、算法优化和案例分析等环节，团队成员付出了大量努力，克服了诸多技术难题。在此，向每一位为本书作出贡献的研究者表示诚挚的谢意。

当然，智慧供应链与"双碳"目标的融合仍是一个不断发展的研究领域，本书的探索只是阶段性的成果。未来，随着政策环境、技术手段和市场需求的持续变化，相关研究仍需进一步深化。我们期待更多学者和实践者加入这一领域，共同推动绿色、智能供应链的发展，为实现可持续发展目标贡献力量。

最后，特别感谢中国财政经济出版社在本书出版过程中给予的支持和帮助，他们的辛勤工作使本书得以顺利出版。

由于作者水平有限，书中难免存在不足之处，恳请广大读者批评指正，以便我们在后续研究中不断完善。

邱玉琢

2024 年 12 月

图书在版编目（CIP）数据

“双碳”目标驱动的智慧供应链运作管理研究 / 邱玉琢著. -- 北京 : 中国财政经济出版社, 2025. 3.

ISBN 978-7-5223-3533-9

Ⅰ. F252.1-39

中国国家版本馆CIP数据核字第2024DJ5832号

责任编辑：贾延平　　责任校对：胡永立

封面设计：陈宇琰　　责任印制：党　辉

“双碳”目标驱动的智慧供应链运作管理研究

“SHUANGTAN” MUBIAO QUDONG DE ZHIHUI GONGYINGLIAN YUNZUO GUANLI YANJIU

中国财政经济出版社 出版

URL：http：//www. cfeph. cn

E－mail：cfeph@ cfeph. cn

社址：北京市海淀区阜成路甲 28 号　邮政编码：100142

营销中心电话：010－88191522

天猫网店：中国财政经济出版社旗舰店

网址：https：//zgczjjcbs. tmall. com

涿州汇美亿浓印刷有限公司印刷　各地新华书店经销

成品尺寸：165mm×238mm　16 开　25. 5 印张　427 000 字

2025 年 3 月第 1 版　2025 年 3 月河北第 1 次印刷

定价：98. 00 元

ISBN 978－7－5223－3533－9

（图书出现印装问题，本社负责调换，电话：010－88190548）

本社质量投诉电话：010－88190744

打击盗版举报热线：010－88191661　QQ：2242791300